Andreas Blank, Helge Meyer

Betriebswirtschaftslehre

für Berufsfachschulen

7. Auflage

Bestellnummer 31058

Bildungsverlag EINS
a Wolters Kluwer business

Anmerkung:

Um den Lernenden das Verständnis von Zusammenhängen der Fächer Betriebswirtschafts-lehre, Rechnungswesen und Informationswirtschaft zu erleichtern, werden entsprechende Verbindungsstellen und Erweiterungsmöglichkeiten mit den jeweiligen Fachsymbolen gekennzeichnet:

  = Hinweis auf das Informationswirtschaftsbuch

  = Hinweis auf das Rechnungswesen-Buch

  = Hinweis auf das VWL-Buch

www.bildungsverlag1.de

Unter dem Dach des Bildungsverlages EINS sind die Verlage Gehlen, Kieser, Stam, Dähmlow, Dümmler, Wolf, Dürr + Kessler, Konkordia und Fortis zusammengeführt.

Bildungsverlag EINS
Sieglarer Straße 2, 53842 Troisdorf

ISBN 3-441-**31058**-6

Dieses Lehr- und Arbeitsbuch erfüllt die Anforderungen der Lehrpläne für das Fach Allgemeine Betriebswirtschaftslehre für die Berufsfachschulen. Es folgt insbesondere den Richtlinien für das Land Nordrhein-Westfalen.

Um den Schülerinnen und Schülern die Lerninhalte zu veranschaulichen, wird bei der Erarbeitung sämtlicher Lerninhalte ein Modellunternehmen, die „RAND OHG", zugrunde gelegt. Dies unterstützt die Anschauung und bietet einen Fundus an konkreten betrieblichen Handlungssituationen.

Die Themenkreise 1 bis 11 bilden die einzelnen Kapitel und sind in sachlogisch strukturierte Unterrichtseinheiten gegliedert. Jede Unterrichtseinheit ist folgendermaßen aufgebaut:

1. Handlungssituation   3. Zusammenfassung

2. Sachinhalt   4. Aufgaben

Der Umfang der einzelnen Kapitel entspricht den Stundenrichtwerten der Richtlinien. Das Prinzip der Handlungsorientierung sowie die Orientierung am Erfahrungshorizont der Schülerinnen und Schüler sind durchgehend verwirklicht, um die geforderte Fach-, Methoden- und Sozialkompetenz zu vermitteln.

Jede Unterrichtseinheit (= Gliederungspunkt im Buch) wird mit einer unternehmenstypischen Handlungssituation eingeleitet. Über Arbeitsaufträge werden die Schüler zur eigenständigen Lösung aufgefordert. Mit der verständlichen und anschaulichen Darstellung und der Erläuterung der Inhalte anhand einer Vielzahl von Beispielen werden Hilfen zur selbstständigen Lösung konkreter Probleme angeboten. Dabei verzichten die Autoren bewusst auf die Darstellung von Spezialkenntnissen. Stattdessen vermitteln sie betriebswirtschaftliche Zusammenhänge als Grundstruktur des Faches und beachten zudem das exemplarische Prinzip.

Jedes Kapitel schließt mit einer Zusammenfassung der Lerninhalte und einem Aufgabenteil ab. Bei den Aufgaben wird unterschieden zwischen Übungs-, Prüfungsaufgaben (Normtestaufgaben), Aufgaben, die in erster Linie der Entwicklung von Methoden-, Sozial- und Humankompetenz ☞ dienen, und Aufgaben, die mithilfe eines PC fachübergreifend ꝏ zu lösen sind. Jedes der acht Kapitel wird mit einer zusammenfassenden Wiederholung abgeschlossen.

Im Materialienband sind alle Aufgaben ausführlich gelöst. Ferner wird zu jedem Themenkreis eine handlungsorientierte Unterrichtsskizze vorgestellt. Darüber hinaus sind eine Vielzahl von Kopiervorlagen für den Lehrer, z.B. zum Zahlungsverkehr, und ergänzende Materialien zum jeweiligen Thema enthalten. Der Materialienband wird durch eine CD-ROM mit weiteren Aufgaben und Excel-Tabellen zu den Aufgaben, die am Rechner zu lösen sind, ergänzt.

Der kaufmännische Schriftverkehr ist in die Themenkreise integriert. Ein Verzeichnis der Gesetzesabkürzungen sowie ein ausführliches Sachwortverzeichnis am Schluss des Buches erleichtern das Auffinden der gesuchten Sachinhalte.

Die Erhöhung der Mehrwertsteuer (Umsatzsteuer) zum 1. Januar 2007 wurde im vorliegenden Werk bereits durchgehend eingearbeitet.

Die Verfasser

Inhaltsverzeichnis

Ein Unternehmen stellt sich vor

Die Betriebswirtschaftslehre beschäftigt sich mit dem Verhalten von Unternehmen am Markt. Jedes Unternehmen ist gleichzeitig Kunde bei anderen Unternehmen (Lieferanten) und hat selbst Abnehmer (Kunden). Großhandelsunternehmen beschaffen Waren in großen Mengen und verkaufen sie in kleineren Mengeneinheiten an Abnehmer im Einzelhandel, im Handwerk oder in der Industrie.

Damit Sie die vielfältigen Probleme und Methoden der Betriebswirtschaftslehre leichter kennen lernen, haben wir in diesem Buch für Sie ein mittelständisches Großhandelsunternehmen als Modellbetrieb gewählt, die **RAND OHG.** An typischen Situationen dieses Unternehmens lernen Sie die wesentlichen Themen kennen, mit der sich die Betriebswirtschaftslehre beschäftigt. Sie erfahren, wie betriebswirtschaftliche Entscheidungen zustande kommen und welche Methoden eingesetzt werden, damit ein Unternehmen Erfolg hat.

Betrachten Sie die **RAND OHG** als „Ihren Ausbildungsbetrieb", um betriebswirtschaftliches Denken und Handeln zu lernen. Hierzu wollen Sie sicher einige Details über dieses Unternehmen erfahren. Auf den nächsten Seiten wird Ihre Neugier gestillt.

Sie erfahren, wo die RAND OHG ihren Sitz hat, wie das Unternehmen aufgebaut ist, welche Abteilungen vorhanden sind und welche Menschen in diesem Unternehmen arbeiten. Den Mitarbeitern werden Sie in diesem Buch häufig begegnen. Sie beobachten sie in typischen betrieblichen Situationen.

Sie finden auch einen Auszug aus dem Katalog der Waren, die von der RAND OHG vertrieben werden, sowie einen Auszug aus der Kunden- und Liefererdatei. Außerdem wird der Gesellschaftsvertrag der RAND OHG vorgestellt. Schließlich erfahren Sie, in welchen Verbänden die RAND OHG Mitglied ist.

Auf diese Informationen werden Sie bei Ihrer Arbeit sicher häufiger zurückgreifen müssen. Deshalb haben wir sie zusammengefasst und vor das erste Lernkapitel gesetzt.

● Der Standort

Die Geschäfts- und Lagerräume der RAND OHG liegen in Düsseldorf, in der Völklinger Straße 49. Hier hat das Unternehmen Lagerräume angemietet. Die Büroräume befinden sich in einem Nebengebäude, das Eigentum der RAND OHG ist.

Über die Münchener Straße und den Südring sind die A46 und in wenigen Minuten die A3 und die A57 zu erreichen. Der Güterbahnhof Düsseldorf-Bilk und der Handelshafen am Rhein befinden sich ebenfalls in unmittelbarer Nähe.

Die Arbeitnehmer können mit der S-Bahn unmittelbar zum Betriebsgelände fahren. Auf dem Betriebsgelände befinden sich nur wenige Parkplätze für Mitarbeiter und Kunden, da die Geschäftsleitung der RAND OHG über die Ausgabe von Jobtickets für die öffentlichen Verkehrsmittel die Mitarbeiter zu umweltbewusstem Verhalten anhalten möchte.

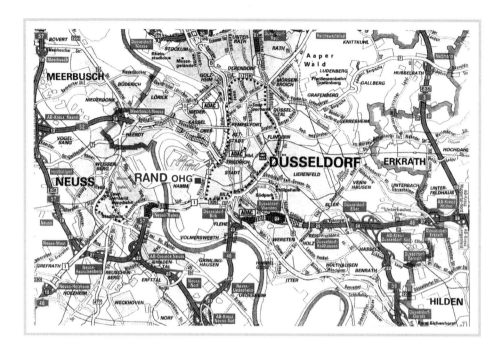

● *Die Abteilungen*

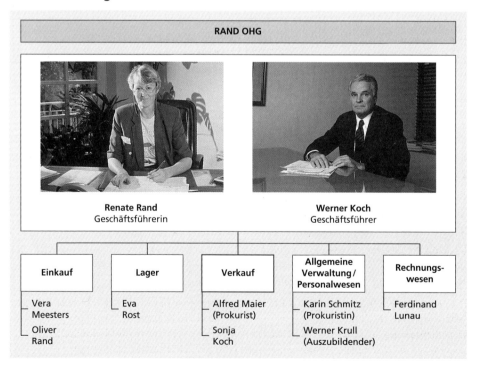

RAND OHG

Renate Rand
Geschäftsführerin

Werner Koch
Geschäftsführer

Einkauf	Lager	Verkauf	Allgemeine Verwaltung / Personalwesen	Rechnungs- wesen
Vera Meesters	Eva Rost	Alfred Maier (Prokurist)	Karin Schmitz (Prokuristin)	Ferdinand Lunau
Oliver Rand		Sonja Koch	Werner Krull (Auszubildender)	

● Die Verbände

Gemäß § 1 IHK-Gesetz ist die RAND OHG Zwangsmitglied in der Industrie- und Handelskammer Düsseldorf. Renate Rand ist Mitglied im Prüfungsausschuss für Bürokaufleute der IHK. Das Unternehmen ist im Landesverband Großhandel Nordwest e.V. organisiert, zwei Mitarbeiter sind Mitglieder in der Gewerkschaft ver.di (Vereinte Dienstleistungsgewerkschaft).

● Finanzamt und Krankenkasse

Zuständiges Finanzamt:	Düsseldorf Altstadt
Steuer-Nr.:	103/120/0123
Betriebs-Nr. für Sozialversicherung:	10020030
Ust-IDNr.:	DE-34721508

● Die Bankverbindungen

Die RAND OHG unterhält Konten bei folgenden Kreditinstituten:

Kreditinstitut	Bankleitzahl	Kontonummer
Stadtsparkasse Düsseldorf	300 501 10	014 201 6978
Postbank Dortmund	440 100 46	63 565 - 302

● Telefon, Telefax, E-Mail und Internet

Telefon: 0211 40760	E-Mail: RANDOHG@t-online.de
Telefax: 0211 40761	Internet: http://www.RAND.OHG.de

● Das Sortiment

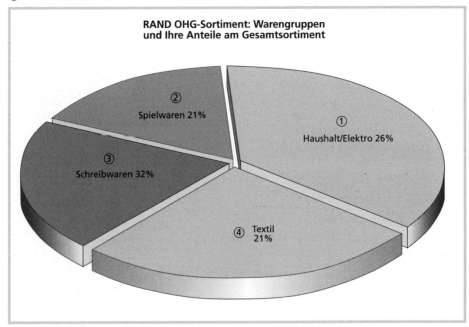

RAND OHG-Sortiment: Warengruppen und Ihre Anteile am Gesamtsortiment

② Spielwaren 21%
① Haushalt/Elektro 26%
③ Schreibwaren 32%
④ Textil 21%

Sortimentsliste (Einkauf)   RAND OHG

Waren-gruppe	Art.-Nr.	Artikel-bezeichnung	Verkaufs-preis EUR	Einkaufs-preis EUR	Höchst-bestand Stck./Set	Lieferanten Lieferanten-Nr.
1	0100	Kaffeeautomat „Aromastar"	29,09	11,25	2 500	71 001 71 002 75 011 75 012
1	0200	Gemüsereibe „Schnibbelfix"	1,33	0,69	5 000	71 003 71 004 75 011 75 012
1	0300	Besteckgarnitur „Tischfein"	44,33	24,00	1 000	71 003 71 004 75 011 75 012
3	0401	Papiertischdecke „Sommerblume"	2,33	0,99	2 000	71 003 71 004 75 011 75 012
3	0402	Papiertischdecke „Herbstlicht"	2,33	0,99	2 000	71 003 71 004 75 011 75 012
1	0500	Kerzenleuchter „Windlicht"	4,96	1,73	1 000	71 003 71 004 75 011 75 012
1	0600	Blumentöpfe „Klassik"	18,32	8,50	1 250	71 003 71 004 75 011 75 012
2	0700	Spielesammlung „Joker"	13,79	6,40	3 000	72 005 72 006 75 011 75 012
2	0800	Stoffbär „Knuddel"	4,92	1,90	600	72 005 72 006 75 011 75 012
2	0900	Puppe „Marlies"	24,57	9,50	1 000	72 005 72 006 75 011 75 012
2	1000	Modellautos „Viererpack"	1,94	0,68	2 000	72 005 72 006 75 011 75 012
3	1100	Schreibset „Duo"	6,76	3,40	1 500	73 007 73 008 75 011 75 012
3	1200	Schreibblock „Schule"	0,97	0,38	2 500	73 007 73 008 75 011 75 012
3	1300	Schreibtischlampe „Schwenkarm"	10,56	4,90	500	71 001 71 002 75 011 75 012
3	1400	Kugelschreiber „Favorit"	0,92	0,43	4 000	73 007 73 008 75 011 75 012
4	1500	Tennissocken „Boris"	4,57	2,05	3 000	74 009 74 010 75 011 75 012
4	1600	Polohemden „Steffi"	6,79	3,15	6 000	74 009 74 010 75 011 75 012
4	1700	Damenbluse „Sommerfrische"	16,16	7,25	5 000	74 009 74 010 75 011 75 012
4	1800	Trainingsanzug „Sprint"	23,06	10,70	600	74 009 74 010 75 011 75 012

Sortimentsliste (Lager) **RAND**OHG

Waren-gruppe	Art.-Nr.	Artikel-bezeichnung	Höchst-bestand	Melde-bestand	Inventurbestand am		
			Stck./Set	Stck./Set	31.03	30.06	...
1	0100	Kaffeeautomat „Aromastar"	2 500	100	380		
1	0200	Gemüsereibe „Schnibbelfix"	5 000	200	1 000		
1	0300	Besteckgarnitur „Tischfein"	1 000	100	125		
3	0401	Papiertischdecke „Sommerblume"	2 000	150	600		
3	0402	Papiertischdecke „Herbstlicht"	2 000	150	300		
1	0500	Kerzenleuchter „Windlicht"	1 000	350	480		
1	0600	Blumentöpfe „Klassik"	1 250	150	250		
2	0700	Spielesammlung „Joker"	3 000	300	800		
2	0800	Stoffbär „Knuddel"	600	80	120		
2	0900	Puppe „Marlies"	1 000	50	75		
2	1000	Modellautos „Viererpack"	2 000	250	660		
3	1100	Schreibset „Duo"	1 500	75	100		
3	1200	Schreibblock „Schule"	2 500	150	180		
3	1300	Schreibtischlampe „Schwenkarm"	500	30	50		
3	1400	Kugelschreiber „Favorit"	4 000	250	400		
4	1500	Tennissocken „Boris"	3 000	200	300		
4	1600	Polohemden „Steffi"	6 000	500	900		
4	1700	Damenbluse „Sommerfrische"	5 000	500	700		
4	1800	Trainingsanzug „Sprint"	600	75	125		

Sortiments- und Preisliste (Verkauf)   RAND OHG

Waren-gruppe	Art.-Nr.	Artikelbezeichnung	Verkaufs-preis	Kundenrabatt in %		
			EUR	Gr. 1	Gr. 2	Gr. 3
1	0100	Kaffeeautomat „Aromastar", 10 Tass., Schwenkfilter 1x4, Aufnahmeleist. 700 Watt, Warmhalteplatte, 6 Monate Garantie	29,09	40	45	50
1	0200	Gemüsereibe „Schnibbelfix", Allzweckreibe aus nichtrostendem Edelstahl	1,33	23	28	33
1	0300	Besteckgarnitur „Tischfein", hochwertige Garnitur aus Chrom-Nickel-Stahl, 24-tlg., spülmaschinenfest, in schwarzer Schatulle	44,33	20	25	30
3	0401	Papiertischdecke „Sommerblume", Blumenmotive auf gewachstem Papier	2,33	35	40	45
3	0402	Papiertischdecke „Herbstlicht", Herbstmotive auf gewachstem Papier	2,33	35	40	45
1	0500	Kerzenleuchter „Windlicht", nostalgischer Kerzen-leuchter aus Messing mit einem Glaszylinder	4,96	45	50	55
1	0600	Blumentöpfe „Klassik", Keramik weiß, 3er Set, Durchmesser 8, 10 und 12 cm	18,32	30	35	40
2	0700	Spielesammlung „Joker", unterschiedlich sortierte Spielesammlungen mit je vier bekannten Gesell-schaftsspielen im attrak-tiven Kunststoffkoffer	13,79	30	35	40
2	0800	Stoffbär „Knuddel" Koalabär aus Plüsch, waschmaschinenfest bis 30°	4,92	40	45	50
2	0900	Puppe „Marlies" Sprechpuppe mit kämm-baren Haaren und Schlaf-augen, Körper Vinyl, Kleidung Polyester, Haare Kanekolon, vollwaschbar	24,57	40	45	50

Sortiments- und Preisliste (Verkauf)   **RAND**OHG

Waren-gruppe	Art.-Nr.	Artikelbezeichnung	Verkaufs-preis	Kundenrabatt in %		
			EUR	Gr. 1	Gr. 2	Gr. 3
2	1000	Modellautos „Viererpack", vier unterschiedlich sortierte Metallautos in Pappschachteln mit Klarsichtfenster	1,94	45	50	55
3	1100	Schreibset „Duo", Druckkugelschreiber (Vierfarbstift) und Druck-bleistift im Metallic-Design im Kunstlederetui	6,76	25	30	35
3	1200	Schreibblock „Schule", A4, 100 Blatt 80 g Papier, blanko mit Lösch- und Linienpapier	0,97	40	45	50
3	1300	Schreibtischlampe „Schwenkarm", Lampenfuß und Reflektor aus Kunststoff, Schwenk-arm aus Metall, in rot, weiß oder schwarz, 35 Watt Halogenbirne beigelegt	10,56	30	35	40
3	1400	Kugelschreiber „Favorit", mattschwarzer Drehkugel-schreiber aus Kunststoff, mit schwarzer, blauer oder roter Mine	0,92	30	35	40
4	1500	Tennissocken „Boris", Universalgröße, weiß mit blauen Stickapplikationen, 100 %, Baumwolle	4,57	32	37	42
4	1600	Polohemden „Steffi", Universalgröße, halber Arm, Farben sortiert, 65 % Polyester und 35 % Baumwolle	6,79	30	35	40
4	1700	Damenbluse „Sommerfrische", Universalgröße, 100 % Viskose	16,16	32	37	42
4	1800	Trainingsanzug „Sprint", Universalgröße, 70 % Polyester und 30 % Baumwolle, Jacke mit Reißverschluss, Hose mit zwei Taschen	23,06	30	35	40

Liefererverzeichnis RAND OHG

Liefer-/Kreditor-Nr.	Name Anschrift	Bank	Telefon/Telefax
Warengruppe Elektrohaushaltsgeräte			
K 71001	Hage AG Elektrogeräteherstellung Heerstraße 109 81247 München	Deutsche Bank München BLZ 700 700 10 Konto-Nr. 700 009 018	089 8109 089 8106
K 71002	Robert Blusch GmbH Elektrogeräte Kablower Weg 18 12526 Berlin	Postbank Berlin BLZ 100 100 10 Konto-Nr. 810 123-417	030 1018 030 1020
Warengruppe Haushaltswaren			
K 71003	Pullmann KG Haushaltswaren Ruhrstraße 198 45219 Essen	Postbank Dortmund BLZ 440 100 46 Konto-Nr. 891 325-987	0201 3198 0201 3190
K 71004	HaWa AG Haushaltswaren Mainzer Landstraße 75 60329 Frankfurt	Commerzbank Frankfurt BLZ 500 400 00 Konto-Nr. 501 057 820	069 62875 069 62879
Warengruppe Spielwaren			
K 72005	Otto Meyer & Co. OHG Spielwaren Riethof 38 82418 Murnau	Volksbank München BLZ 701 900 00 Konto-Nr. 701 000 831	08841 811818 08841 811819
K 72006	Spila GmbH Spielwaren Neuer Weg 27 26135 Oldenburg	Sparkasse Oldenburg BLZ 280 501 00 Konto-Nr. 281 009 272	0441 272929 0441 272930
Warengruppe Schreibwaren			
K 73007	Drupa AG Schreibwarenherstellung Blumenweg 118 55595 Gutenberg	Postbank Frankfurt BLZ 500 100 60 Konto-Nr. 811 857-823	06706 155656 06706 155659
K 73008	Karl Bunz e. K. Schreibwaren Rheinstraße 25 35260 Stadtallendorf	Postbank Hannover BLZ 250 100 30 Konto-Nr. 423 78-145	06429 774021 06429 774021
Warengruppe Textilien			
K 74009	Stricker AG Textilherstellung Nelkenweg 5 44532 Lünen	Sparkasse Lünen BLZ 441 523 70 Konto-Nr. 441 008 264	02306 285460 02306 285470
K 74010	Wollmann OHG Bachstraße 38 75180 Pforzheim	BfG Pforzheim BLZ 666 101 11 Konto-Nr. 100 110 345	07231 2587 07231 2588
Warengruppe Importeure (bieten Produkte aller 5 Warengruppen an)			
K 75011	Universa AG Import- und Export-handelsgesellschaft Hafentor 8 20459 Hamburg	Dresdner Bank Hamburg BLZ 200 800 00 Konto-Nr. 100 458 302	040 3082 040 3088
K 75012	Heinz Holland e. K. Weserweg 12 28279 Bremen	Volksbank Bremen BLZ 291 903 30 Konto-Nr. 345 002 841	0421 1428 0421 1429

● Die Kunden

Kundenverzeichnis RAND OHG

Kund.-/De- bitor-Nr.	Name Anschrift	RG*	Bank	Telefon / Telefax
D 10001	Tempelmann GmbH & Co. KG Friedenstraße 18 45470 Mülheim	2	Postbank Dortmund BLZ 440 100 46 Konto-Nr. 13 344 - 439	0208 14323 0208 14343
D 10002	ARI Albert Richmann e. K. Viktoriastraße 3 45468 Mülheim	3	Stadtsparkasse Mülheim BLZ 362 500 00 Konto-Nr. 350 004 334	0208 3334 0208 3343
D 10003	ARI Alfred Richmann e. K. Falkstraße 98 45147 Essen	3	BfG Essen BLZ 360 101 11 Konto-Nr. 360 043 981	0201 96358 0201 96360
D 10004	EBEKA eG Grünewaldstraße 12 47447 Moers	1	Sparkasse Moers BLZ 354 500 00 Konto-Nr. 101 207 7300	02841 21658 02841 21660
D 10005	Einkaufsgenossenschaft ReWo eG Nelkenstraße 3 50733 Köln	1	Westdeutsche Genossen- schafts-Zentralbank BLZ 370 600 00 Konto-Nr. 660 333	0221 16532 0221 16533
D 10006	COLO AG Warenhaus Junoweg 55 44388 Dortmund	1	BfG Dortmund BLZ 440 101 11 Konto-Nr. 440 004 665	0231 556470 0231 556480
D 10007	Karlstadt AG Warenhaus Grabenacker 48 47228 Duisburg	2	Deutsche Bank Duisburg BLZ 350 700 30 Konto-Nr. 350 004 148	0203 57739 0203 57740

* RG = Rabattgruppe

● Der Gesellschaftsvertrag

Gesellschaftsvertrag der RAND OHG

durch die Gesellschaftsversammlung am 2. Mai.. in 40221 Düsseldorf, Völklinger Straße 49, festgelegt:

§ 1 Die Firma der Gesellschaft lautet RAND OHG.

§ 2 Der Geschäftssitz der Gesellschaft ist in 40221 Düsseldorf.

§ 3 Die Gesellschaft betreibt den Vertrieb von Handelswaren aller Art. Nach Möglichkeit sollen umweltverträgliche Waren berücksichtigt werden.

§ 4 Änderungen des Betriebszweckes und der Branche sind nur mit einer 3/4-Mehrheit der Gesellschafter möglich. Die Gesellschaft kann andere Unternehmen gleicher oder ähnlicher Art übernehmen, vertreten und sich an solchen Unternehmen beteiligen. Sie kann auch Zweigniederlassungen gründen.

§ 5 Das Eigenkapital der Gesellschaft beträgt 300 000,00 EUR.

§ 6 Das Eigenkapital wird aufgebracht:
1. Gesellschafterin Renate Rand mit einer Einlage von 180 000,00 EUR.
2. Gesellschafter Werner Koch mit einer Einlage von 120 000,00 EUR.
Renate Rand bringt in das Unternehmen den Namen, das Vermögen und die Rechte der Renate Rand, Fachgroßhandlung für Randsortimente des Einzelhandels ein. Der Wert dieser Einlage beträgt 180 000,00 EUR. Werner Koch bringt 120 000,00 EUR bar in die Gesellschaft ein.

§ 7 Der Gewinn der Gesellschaft wird wie folgt verteilt: Jeder Gesellschafter hat Anspruch auf eine 4 %ige Verzinsung seines Kapitalanteils. Der verbleibende Restgewinn wird zu gleichen Teilen auf die beiden Gesellschafter verteilt und den jeweiligen Kapitalkonten zugeschrieben. Ein Verlust der Gesellschaft wird nach Köpfen verteilt und vom Kapitalkonto der Gesellschafter abgezogen.

§ 8 Ist nicht schon gesetzlich eine gerichtliche oder notarielle Beurkundung vorgeschrieben, müssen alle das Gesellschaftsverhältnis betreffenden Vereinbarungen der Gesellschafter untereinander schriftlich erfolgen. Mündliche Absprachen haben keine Gültigkeit.

§ 9 Jeder Gesellschafter kann aus wichtigem Grund seinen Austritt aus der Gesellschaft erklären. Der Austritt ist nur zum Ende eines Geschäftsjahres zulässig. Er hat durch Einschreibebrief mit einer Frist von sechs Monaten zu erfolgen. Kündigt ein Gesellschafter, so ist der andere Gesellschafter berechtigt, das Geschäft zu übernehmen und unter der bisherigen Firma fortzuführen.

§ 10 Stirbt ein Gesellschafter, so können seine Erben als Kommanditisten an seine Stelle treten.

§ 11 Das Entgelt für einen übertragenen Geschäftsanteil bestimmt sich nach dem von der Finanzbehörde zuletzt festgestellten Wert des Geschäftsanteils.

§ 12 Zuständiges Gericht für alle Streitigkeiten aus diesem Vertrag ist nur das Gericht am Sitz der Gesellschaft.

§ 13 Sollten einzelne Bestimmungen dieses Gesellschaftsvertrages unwirksam sein, so bleibt der Vertrag im Übrigen davon unberührt. In diesem Fall haben die Gesellschafter die ungültigen Bestimmungen durch Beschluss so umzuformen oder zu ergänzen, dass der mit der ungültigen Bestimmung beabsichtigte wirtschaftliche Zweck erreicht werden kann. Dasselbe gilt, wenn bei der Durchführung des Gesellschaftsvertrages eine ergänzungsbedürftige Lücke offenbar wird.

§ 14 Vorstehendes Protokoll wurde den Gesellschaftern vom Notar vorgelesen, von ihnen genehmigt und eigenhändig wie folgt gegengezeichnet:

Renate Rand   *Werner Koch*

● *Die Oliver Rand GmbH*

Um den Abverkauf von Ladenhütern, die in der RAND OHG festgestellt werden, zu fördern, hat Oliver Rand mit Genehmigung der RAND OHG ein Einzelhandelsgeschäft gegründet, die Oliver Rand GmbH, in dem diese Waren zu Diskontpreisen vertrieben werden.

Der Betrieb und seine Umwelt

1

1.1 Die Stellung der RAND OHG in der Gesamtwirtschaft

In der RAND OHG wird gefeiert! Das Unternehmen besteht seit 30 Jahren. Gestern hatten die beiden Geschäftsführer, Frau Renate Rand und Herr Werner Koch, ihre Angestellten zu einem großen Essen eingeladen. Heute hat sich eine Journalistin der Westdeutschen Zeitung angesagt, die über das Unternehmen und das Jubiläum berichten will. Frau Rand hat den Kaffee gekocht, und Herr Koch legt einige Unterlagen bereit, als es an der Bürotür klopft.

Arbeitsauftrag   Lesen Sie das folgende Interview mit verteilten Rollen!

Rand: *„Ja bitte?"*

Journalistin: *„Guten Morgen, mein Name ist Elisabeth Degen von der Westdeutschen Zeitung."*

Rand: *„Schön, dass Sie die Zeit gefunden haben. Darf ich Ihnen meinen Kollegen und Mitinhaber Herrn Koch vorstellen?"*

Koch: *„Guten Morgen Frau Degen, bitte nehmen Sie doch Platz. Einen Kaffee?"*

Journalistin: *„Danke gern, bitte ohne Zucker und mit viel Milch. Schön haben Sie es hier."*

Rand: *„Ja, die neuen Büroräume sind unser ganzer Stolz. Wir haben die Renovierung letzten Monat durchgeführt, da wir der Meinung sind, dass wir von unseren Mitarbeitern nur bei einer optimalen Ausstattung mit **Betriebsmitteln** Höchstleistungen verlangen können."*

Koch: *„Und in einem **erwerbswirtschaftlichen Unternehmen** müssen alle Höchstleistungen bringen."*

Rand: *„Wenn ich da an die Anfänge denke ..."*

Koch: *„30 Jahre sind eine lange Zeit in den heutigen turbulenten Tagen."*

Journalistin: *„Wie war denn das, als alles anfing, vor 30 Jahren?"*

Koch: *„Frau Rand hat den Grundstein für dieses Unternehmen gelegt. Vor 30 Jahren gründete sie das Unternehmen Renate-Rand – **Fachgroßhandel** für Randsortimente des **Einzelhandels**."*

Rand: *„Als Büro diente unser Wohnzimmer, und das **Lager** war die Garage. Fünf Jahre später kam dann Werner Koch dazu, und wir wandelten das Unternehmen in eine **offene Handelsgesellschaft** um."*

Journalistin: *„Und wie sind Sie auf das **Sortiment** der RAND OHG gekommen?"*

Rand: *„Meine Eltern hatten ein Lebensmittel-Einzelhandelsgeschäft, in dem ich als junges Mädchen oft ausgeholfen habe. Schon damals ist mir die Idee gekommen, dass man das Standardsortiment eines Lebensmittel-Einzelhändlers um modisch-aktuelle, im Trend liegende oder saisonbezogene Artikel ergänzen könnte."*

Journalistin:	*„So wie die Kaffeeröster mit ihren Filialen!"*
Koch:	*„Ja, eigentlich ist das unsere Idee, das klassische Kernsortiment um ein im Trend liegendes **Randsortiment** zu ergänzen. Wenn wir die Marktmacht der großen Kaffeeröster gehabt hätten ..."*
Journalistin:	*„... dann wären Sie heute ein Großunternehmen!"*
Rand:	*„Ich bin als Gesellschafterin eines mittelständischen Unternehmens ganz zufrieden und du doch eigentlich auch, Werner!"*
Koch:	*„Ganz bestimmt. Bei uns geht es familiär zu, wir haben zum Beispiel gestern gemeinsam unser Jubiläum gefeiert. Da ging es hoch her, wenn ich an die Witze von Herrn Lunau denke ..."*
Rand:	*„Frau Degen ist bestimmt nicht gekommen, um die Witze von Herrn Lunau zu hören, Werner."*
Journalistin:	*„Da haben Sie Recht. Vielleicht können Sie mir ein paar Informationen über das Unternehmen geben."*
Koch:	*„Ich habe hier einige Zahlen für Sie vorbereitet. Wir beschäftigen zurzeit sieben Mitarbeiter und einen **Auszubildenden**. Mit Frau Rand und mir besteht das Team der RAND OHG also aus zehn Personen."*
Rand:	*„Das Sortiment, wir haben es ja bereits angedeutet, besteht aus modisch aktuellen Artikeln für das Randsortiment des Lebensmitteleinzelhandels. Das Randsortiment heißt übrigens nicht so, weil ich es erfunden habe, sondern weil es das Kernsortiment des Einzelhandels, also die Lebensmittel, sinnvoll ergänzt."*
Journalistin:	*„Können Sie einige Beispiele für Artikel Ihres **Sortiments** nennen?"*
Koch:	*„Das Sortiment ist so bunt wie die Wünsche der Kunden. Zurzeit bieten wir z. B. einen Kaffeeautomaten, eine Besteckgarnitur, eine Spielesammlung oder Polohemden an. Durch intensive **Marktforschung** versuchen wir unser Sortiment genau auf den Bedarf unserer Kunden abzustellen."*
Rand:	*„Und am besten laufen der Stoffbär ‚Knuddel‘ und der Kugelschreiber ‚Favorit‘."*
Journalistin:	*„Und wer sind Ihre Kunden?"*
Rand:	*„Der **Warenverkauf** und unser Kundenstamm sind unser ganzer Stolz! Wir haben in den letzten 30 Jahren fast alle großen Lebensmittelketten als Kunden gewinnen können: ARI, Tempelmann, EBEKA, ReWo, COLO und die Karlstadt AG."*
Journalistin:	*„Und die Lieferanten?"*
Koch:	*„Auf unser **Beschaffungsmarketing** sind wir genauso stolz wie auf unsere Kunden, denn wir beziehen einen großen Teil unserer Ware aus der Bundesrepublik Deutschland. Made in Germany ist unsere Devise. Einen kleinen Teil der Waren importieren wir aus Europa und Südostasien."*
Journalistin:	*„Aber in einem vereinten Europa ..."*
Koch:	*„... wir setzen auf Qualitätsarbeit!"*
Rand:	*„Was Herr Koch sagen will ist, dass für uns die Qualität der Ware, die wir unseren Kunden anbieten, im Vordergrund steht."*

Koch: „Ich sage ja, made in …“

Rand: „… Europe! Vielleicht kannst du noch etwas zu den Umsätzen sagen, Werner.“

Koch: „In den letzten fünf Jahren ist der Umsatz der RAND OHG von rund 1 Mio. auf 1,3 Mio. im laufenden Jahr gestiegen, und im kommenden Jahr hoffen wir die 1,5 Mio. EUR zu überschreiten.“

Rand: „Um dieses ehrgeizige Ziel zu erreichen, haben wir uns Verstärkung geholt. Gestern haben mein Sohn Oliver und Sonja Koch, die Tochter von Herrn Koch, ihren Arbeitsvertrag als Mitarbeiter der RAND OHG unterschrieben.“

Journalistin: „Mit der Kraft der Familie in die nächsten 30 Jahre!“

Koch: „Ja, so könnte man es sehen. Unsere Kinder haben ihre Ausbildung im Frühjahr abgeschlossen und wir sind froh, dass sie uns jetzt bei unserer Arbeit unterstützen. Meine Tochter Sonja hat bei der ReWo eG in Köln eine Ausbildung als Kauffrau im Groß- und Außenhandel absolviert. Sie wird Herrn Maier in der Verkaufsabteilung entlasten.“

Rand: „Und mein Sohn Oliver hat eine Ausbildung als Bürokaufmann bei der Tempelmann GmbH & Co. KG in Mülheim abgeschlossen. Er wird die Abteilung Einkauf unterstützen. Mein Sohn plant übrigens die Gründung eines kleinen Einzelhandelsbetriebes, den er neben seiner Tätigkeit bei uns betreiben will und in dem er Waren des Auslaufsortiments der RAND OHG günstig anbieten möchte.“

Koch: „Ganz die Mutter …“

Journalistin: „Hat es einen bestimmten Grund, dass Sie Ihre beiden neuen Mitarbeiter gerade in den Abteilungen ‚Verkauf‘ und ‚Rechnungswesen‘ einsetzen?“

Koch: „Genau das ist der Punkt! Wir sehen unsere Zukunft in einer Stärkung der kundenorientierten Verkaufsbemühungen nach außen und der Kontrolle der Kosten nach innen. Meine Tochter Sonja möchte unsere Verkaufsabteilung darüber hinaus in eine Marketingabteilung umbauen.“

Journalistin: „Marketing?“

Rand: „Die Führung des Unternehmens vom Markt her. Wir bieten unseren Kunden nicht die Waren an, die wir für die besten halten, sondern wir versuchen, die Wünsche unserer Kunden zu ermitteln und erst dann die dazu passenden Waren zu beschaffen.“

Koch: „Wobei die Qualität der Waren im Vordergrund steht. Made in …“

Rand: „… Europe ist unsere Devise.“

Journalistin: „Ich glaube, das ist ein guter Abschluss für unser Gespräch. Ich danke Ihnen für die aufschlussreiche Unterhaltung.“

Koch: „Wann meinen Sie, können wir mit Ihrem Artikel rechnen?“

Journalistin: „Ich denke, in der nächsten Wochenendausgabe können Sie etwas über die RAND OHG lesen.“

1 *Schlagen Sie Fremdwörter oder Begriffe, die Sie nicht verstehen, im Buch nach. Benutzen Sie dafür das Sachwortverzeichnis auf den Seiten 302 ff. und lernen Sie so das
Buch kennen!*

2 *Stellen Sie fest, welche Waren von der RAND OHG angeboten werden!*

3 *Beschreiben Sie, aus welchen Abteilungen die RAND OHG besteht!*

4 *Renate Rand und Werner Koch sind Gesellschafter und Geschäftsführer der RAND
OHG. Beide haben Kapital in das Unternehmen eingebracht. Stellen Sie anhand des
Gesellschaftsvertrages fest, wie hoch die jeweiligen Einlagen sind und über welches
Kapital die Gesellschaft verfügt!*

5 *Untersuchen Sie, in welchen Verbänden die RAND OHG Mitglied ist und stellen Sie
fest, welche Bedeutung diese Verbände haben!*

6 *Schreiben Sie auf der Grundlage des Interviews und der Ausführungen „Ein Unternehmen stellt sich vor" einen Artikel über das Jubiläum der RAND OHG!*

1.2 Unternehmensziele und Arten von Unternehmen

*„Ein toller Artikel", sagt Frau Rand zu Herrn Koch, und legt die Westdeutsche Zeitung aus
der Hand. „Und sogar ein Foto von uns beiden. Ich denke, dass wird uns die Verkaufsge-
spräche bei der METRI AG erleichtern." „Du denkst immer nur an den Gewinn", erwidert
Frau Rand, „mir ist unser Ansehen in der Öffentlichkeit viel wichtiger. Der Hinweis, daß
wir in schwierigen Zeiten Arbeitsplätze geschaffen haben und umweltverträglichen
Waren den Vorzug geben, ist für mich der Kern des Zeitungsartikels". Herr Koch reagiert
ungehalten: „Aber trotzdem bleiben wir ein Handelsbetrieb, der Kapital investiert, um
Gewinn zu erwirtschaften!" „Selbstverständlich", entgegnet Frau Rand, „ein Unternehmen
kann doch gleichzeitig mehrere Ziele verfolgen."*

Arbeitsauftrag

❑ *Erstellen Sie eine Liste der Ziele, die die RAND OHG Ihrer Meinung nach verfolgt!*

❑ *Stellen Sie fest, wie sich diese Ziele gegenseitig beeinflussen!*

❑ *Unternehmen können anhand der angestrebten betrieblichen Ziele in verschiedene Arten
eingeteilt werden. Stellen Sie fest, zu welcher Art von Unternehmen die RAND OHG
gehört!*

❑ *Ordnen Sie die RAND OHG anhand der Art und dem Verwendungszweck der erbrachten
Leistung den verschiedenen Arten von Unternehmen zu!*

VWL

● **Unternehmensziele**

Alle Wirtschaftsbetriebe verfolgen Ziele, die sie mit unterschiedlichen Methoden und
Maßnahmen erreichen wollen.

▷ **Sachziele:** Unter einem Sachziel versteht man den sachlichen Inhalt bzw. den sachlichen Zweck eines Unternehmens, der bei der Gründung eines Unternehmens im Handelsregister (= Verzeichnis aller Unternehmen in einem Bezirk, vgl. S. 207) angegeben werden muss.

Beispiele

❑ Die RAND OHG sieht ihre Aufgabe darin, Handelswaren einzukaufen und zu verkaufen. Dies
ist ihr Sachziel.

❑ Die Hage AG Elektrogeräteherstellung in München ist ein wichtiger Lieferer der RAND OHG
für Elektrogeräte. Ihr Sachziel ist die Herstellung von Elektrohaushaltsgeräten.

❑ Mit der Stadtsparkasse Düsseldorf arbeitet die RAND OHG eng zusammen, ihr Sachziel ist die
Bereitstellung und die Anlage von Kapital sowie die Beratung in Geldgeschäften.

▷ **Wirtschaftliche Ziele:** Das Sachziel eines Unternehmens ist letztlich nur ein Mittel zur Erreichung anderer, nämlich wirtschaftlicher Ziele.

Beispiel Die RAND OHG möchte Gewinne erwirtschaften, Kosten senken, rentabel arbeiten, Marktanteile sichern und ausweiten.

❑ In **erwerbswirtschaftlichen Betrieben** wird Kapital investiert, um **Gewinn** zu erwirtschaften. Die Aussicht auf Gewinn veranlasst den Unternehmer, sein Kapital in dem Bereich einzusetzen, in dem er die höchste Verzinsung (Rentabilität) erwartet. So lenkt der erwartete Gewinn das Kapital in den rentabelsten Bereich und wirkt als „ Motor der Wirtschaft".

Beispiel Die RAND OHG investiert in die Renovierung ihrer Büroräume, da die Gesellschafter der Meinung sind, dass die Arbeitnehmer aufgrund der angenehmeren Arbeitsumgebung optimale Arbeitsleistungen erbringen und so maximale Gewinne erwirtschaften.

❑ In **gemeinwirtschaftlichen Betrieben** steht nicht die Gewinnerzielung, sondern die bestmögliche **Versorgung der Bevölkerung** mit Waren und Dienstleistungen im Vordergrund. Man unterscheidet hier zwischen **Kostendeckungsbetrieben** und **Zuschussbetrieben.**

Beispiele
- Deutsche Bahn AG, Stadtwerke (Kostendeckungsbetriebe)
- städtische Krankenhäuser, Theater (Zuschussbetriebe)

▷ **Soziale Ziele:** Unternehmen verfolgen auch soziale Ziele, die sich vorwiegend auf ihre Mitarbeiter beziehen.

Beispiele
❑ Die Arbeitsplätze der Mitarbeiter der RAND OHG sollen gesichert werden.
❑ Die Arbeitsbedingungen der Mitarbeiter sollen verbessert werden.
❑ Die im Unternehmen ausgebildeten Nachwuchskräfte der RAND OHG sollen in ein festes Arbeitsverhältnis übernommen werden.

Zu den sozialen Zielen gehört auch die Übernahme von sozialer Verantwortung, insbesondere gegenüber sozial benachteiligten Gruppen.

Beispiele
❑ Die Hage AG Elektrogeräteherstellung beschäftigt zwei Rollstuhlfahrer in ihrem Betrieb. Einer ist in der Datenerfassung der Buchführung an einem Computer-Arbeitsplatz eingesetzt, einer in der Fertigung als Qualitätsprüfer.
❑ Die RAND OHG gewährt sozialen Institutionen einen Sonderrabatt, z.B. Blindenwerkstätten, Heimen für Behinderte usw.

▷ **Ökologische Ziele:** Ziele, die sich auf die Umwelt (Ökologie) beziehen, werden im Zielsystem eines Unternehmens zunehmend wichtiger. Das Anstreben ökologischer Ziele drückt die Verantwortung von Unternehmen gegenüber ihrer Umwelt aus (vgl. S. 33 ff.).

Beispiel Die RAND OHG bezieht nur Ware von Lieferanten, die dem Dualen System Deutschland angehören und deren Artikel mit dem grünen Punkt gekennzeichnet sind.

▷ **Zielbündel bzw. Zielsystem:** Jedes Unternehmen verfolgt gleichzeitig mehrere Ziele. So hat jedes Unternehmen ein ganzes Zielbündel bzw. Zielsystem, das erreicht werden soll.

Das Zielsystem eines Unternehmens verändert sich mit den sich wandelnden Einflussfaktoren auf das Unternehmen aus Politik, Gesellschaft, von Konkurrenz und Kunden. Neue Ziele werden erkannt oder die Bedeutung einiger Ziele kann sich ändern.

Beispiel Noch vor 15 Jahren hatten ökologische Ziele bei vielen Unternehmen keinen hohen Stellenwert. Heute hingegen werden diese Ziele mit hoher Priorität verfolgt.

● *Arten von Unternehmen*

Je nach der erbrachten Leistung, dem Verwendungszweck der Leistung, dem Wirtschaftszweig und der betrieblichen Ziele können Unternehmen in verschiedene Arten eingeteilt werden.

▷ Art der erbrachten Leistung

Sachleistungsbetriebe	Maschinenfabriken, Möbelfabriken, Bergbau, Schreinereien
Dienstleistungs-betriebe	Groß- und Einzelhandel (z.B. RAND OHG), Banken, Versicherungen, Verkehrsbetriebe, Reinigungsunternehmen, Speditionen, Steuerberater

▷ Verwendungszweck der Leistungen

Konsumgüterbetriebe	Betriebe, die Güter herstellen, die von privaten Haushalten zum Ge- oder Verbrauch gekauft werden (Lebensmittel, Elektrogeräte, Möbel)
Produktivgüter-betriebe (Investitions-güterbetriebe)	Betriebe, die Güter herstellen, die von anderen Unternehmen zu ihrer eigenen Leistungserstellung gekauft werden (Maschinen, Büromöbel)

▷ Wirtschaftszweig

Industriebetriebe	❏ **Grundstoffindustrie** (Elektrizitätswerke, Bergbau, Erdölraffinerien) ❏ **Investitionsgüterindustrie** (Maschinen-, Fahrzeugbau, Stahlwerk) ❏ **Konsumgüterindustrie** (Nahrungs- u. Genussmittel-, Textilindustrie)
Handwerksbetriebe	Bäckerei, Friseur, Uhrmacherei, Dachdeckerei, Kfz-Reparaturbetrieb
Handelsbetriebe	❏ **Großhandel** bezieht Güter von Herstellern und verkauft sie an den Einzelhandel und Großverbraucher (z.B. RAND OHG) ❏ **Einzelhandel** verkauft Güter an den Endverbraucher ❏ **Außenhandel** importiert aus anderen Staaten Güter oder exportiert sie in andere Staaten
Verkehrsbetriebe	Speditionen, Reedereien, Deutsche Bahn AG, Lufthansa AG
Kreditinstitute	Banken, Sparkassen, Postbank AG
Versicherungsbetriebe	Lebensversicherungen, Sachversicherungen
Sonstige Dienstleister	Steuerberater, Makler, Unternehmensberater, Werbeagenturen

▷ Zielsetzung

Erwerbswirtschaftliche Betriebe	Ziel ist die Erwirtschaftung von **Gewinn** (RAND OHG)
Gemeinwirtschaftliche Betriebe	Ziel ist die Versorgung der Bevölkerung mit Gütern und Dienstleistungen, wobei lediglich **Kostendeckung** und keine Gewinnerzielung angestrebt wird. (Städtische Verkehrsbetriebe, Wasserwerk).

Unternehmensziele und Arten von Unternehmen

▷ **Zielsystem von Unternehmen**

Sachziele	Wirtschaftliche Ziele	Soziale Ziele	Ökologische Ziele
❑ Herstellen und Vertreiben von Sachgütern ❑ Erbringen von Dienstleistungen	❑ Erwirtschaften von Gewinn ❑ Kapitalverzinsung ❑ Festigung und Ausweitung der Marktstellung	❑ Sicherung von Arbeitsplätzen ❑ Menschengerechte Gestaltung von Arbeitsplätzen ❑ Soziale Verantwortung	❑ Verantwortungsbewusster Umgang mit Ressourcen ❑ Vermeidung von Umweltbelastungen

▷ Betriebliche Ziele können sich gegenseitig behindern (**Zielkonflikt**) oder günstig beeinflussen (**Zielharmonie**)

▷ **Arten von Betrieben**

Art der erbrachten Leistung	Verwendungszweck der Leistungen	Wirtschaftszweig	Zielsetzung
❑ Sachleistungsbetriebe ❑ Dienstleistungsbetriebe	❑ Konsumgüterbetriebe ❑ Produktivgüterbetriebe (Investitionsgüterbetriebe)	❑ Industriebetriebe ❑ Handwerksbetriebe ❑ Handelsbetriebe ❑ Verkehrsbetriebe ❑ Kreditinstitute ❑ Versicherungsbetriebe ❑ sonstige Dienstleistungsbetriebe	❑ erwerbswirtschaftliche Betriebe ❑ gemeinwirtschaftliche Betriebe

1 *Formulieren Sie das Sachziel der RAND OHG!*

2 *Erstellen Sie eine Liste der wirtschaftlichen Ziele der RAND OHG!*

3 ☞ *Formulieren Sie soziale Ziele für ein Unternehmen aus der Sicht des Arbeitnehmers!*

4 *Erstellen Sie einen Katalog von ökologischen Zielen der RAND OHG und erläutern Sie, wie diese Ziele erreicht werden können!*

5 *Nehmen Sie Stellung zu der These: „Ökologische und soziale Ziele lassen sich nicht mit wirtschaftlichen Zielen vereinbaren. Der Zielkonflikt ist nicht lösbar."*

1.3 Betriebliche Grundfunktionen

Werner Krull, der Auszubildende des Berufsbildes „Bürokaufmann/Bürokauffrau" der RAND OHG, beschwert sich bei Frau Rand: „In unserer Berufsschulklasse sitzen Auszubildende aus Versicherungs-, Industrie-, Handwerksbetrieben und von der Stadtverwaltung. Jasmine Müller und ich, wir sind die Einzigen, die bei einem Großhandelsbetrieb beschäftigt sind! Wie können denn so unterschiedliche Betriebe für den gleichen Beruf ausbilden?" Frau Rand antwortet: „Bei allen Betrieben sind die Grundfunktionen gleich, deshalb sind auch Auszubildende aus so unterschiedlichen Betrieben in einer Klasse."

Arbeitsauftrag

❑ *Stellen Sie fest, welche betrieblichen Grundfunktionen es gibt!*
❑ *Erläutern Sie diese Grundfunktionen am Beispiel der RAND OHG!*

Durch den betrieblichen Leistungsprozess werden die betrieblichen Ziele verwirklicht. Der betriebliche Leistungsprozess aller Betriebe vollzieht sich dabei in drei Stufen: Beschaffung, Produktion (bei Industriebetrieben) oder Lagerung (bei Handelsbetrieben), Absatz. Diese Stufen können bei Industriebetrieben durch den Einsatz von Lagern verbunden sein, die mengenmäßige Schwankungen im Beschaffungs-, Produktions- und Absatzprozess ausgleichen sollen.

● Beschaffung der Produktionsfaktoren

Auf dem Beschaffungsmarkt werden die Mittel zur Leistungserstellung beschafft. Dies sind die **betrieblichen Produktionsfaktoren.**

Produktionsfaktoren	Erläuterungen	Beispiele
Arbeitskräfte	❑ Leitende Arbeit ❑ Ausführende Arbeit	Geschäftsführer, Abteilungsleiter Verkäufer, Lagerarbeiter
Betriebsmittel	Sie werden über einen längeren Zeitraum genutzt	Maschinen, Fuhrpark, Geschäftsausstattung
Werkstoffe (bei Industrie- betrieben)	Sie werden zur Herstellung der Sachleistungen benötigt: ❑ Rohstoffe (Hauptbestand- teile von Produkten) ❑ Hilfsstoffe (Nebenbestand- teile von Produkten) ❑ Betriebsstoffe (Keine Bestandteile von Produkten)	Bei der Herstellung eines Schreibtisches: Spanplatten, Stahlrohre, Holz Farbe, Leim Energie, Schleifpapier
Handelswaren (bei Handelsbetrieben)	Waren, die von anderen Unternehmen bezogen und ohne weitere wesentliche Veränderungen veräußert werden.	Bei der RAND OHG: Kaffeeautomaten, Blumentöpfe, Modellautos usw.

Einige Produktionsfaktoren sind lagerfähig. Sie werden in Eingangslagern bzw. Vorratslagern bis zu ihrem Verbrauch gelagert.

Beispiele
❑ Die Hage AG beschafft Roh-, Hilfs- und Betriebsstoffe und lagert sie, bis sie in den Produktionsabteilungen benötigt werden.
❑ Die RAND OHG lagert die Waren, bis sie an die Kunden verkauft bzw. ausgeliefert werden.

● Produktion (Leistungserstellung) und Lagerhaltung

Aus der Kombination von betrieblichen Produktionsfaktoren, von Informationen über die Märkte und der Nutzung von Rechten (Lizenzen, Patente) entstehen betriebliche Leistungen. Hierzu gehören **Sachleistungen** und **Dienstleistungen.**

Beispiele
❑ Die Hage AG produziert Elektrohaushaltsgeräte (Sachleistung). Ferner berät sie Kunden bei der Auswahl, hält Ersatzteile bereit und liefert ihre Produkte mit eigenem Fuhrpark (Dienstleistungen) an den Kunden.
❑ Die RAND OHG lagert die beschafften Waren, bis ihre Kunden die Waren nachfragen.

Sachleistungen können als unfertige (Zwischenlager) oder fertige Erzeugnisse (Absatzlager) gelagert werden, bis sie in den Absatz gelangen.

● Absatz (Leistungsverwertung)

Am Ende des betrieblichen Leistungsprozesses steht der Absatz (Verkauf) der erstellten Leistungen oder beschafften Handelswaren auf dem Absatzmarkt durch den Einsatz des absatzpolitischen Instrumentariums (vgl. S. 238). Sachleistungsbetriebe können auf Vorrat produzieren und unterhalten hierzu Lager für fertige und unfertige Produkte. Handelsbetriebe lagern die gekauften Waren, bis sie für diese Abnehmer gefunden haben. Dienstleistungen sind nicht lagerfähig, bei Dienstleistungsbetrieben erfolgt die Leistungserstellung deshalb zeitgleich mit deren Absatz.

● Zusammenwirken von Produktions- und Dienstleistungsbetrieben bei der Leistungserstellung

Im Wirtschaftsalltag sind Unternehmen aufeinander angewiesen. Sie tauschen Güter und Dienstleistungen aus, um ihre jeweiligen Ziele zu erreichen (volkswirtschaftliche Arbeitsteilung). Bei der Leistungserstellung arbeiten somit Sachleistungs- und Dienstleistungbetriebe unterschiedlicher Wirtschaftsstufen zusammen. Die auf dem Markt angebotenen Sach- und Dienstleistungen des einen Unternehmens können Beschaffungsobjekte von anderen Unternehmen sein. Hierdurch entsteht ein weites Netz des Güteraustausches und der Arbeitsteilung.

Beispiel Damit die RAND OHG ihre Leistungen erbringen kann, werden verschiedene Güter- und Dienstleistungen benötigt. Somit sind eine Vielzahl verschiedener Sach- und Dienstleistungsbetriebe aus unterschiedlichen Wirtschaftszweigen an der Erbringung der Leistung eines Unternehmens beteiligt.

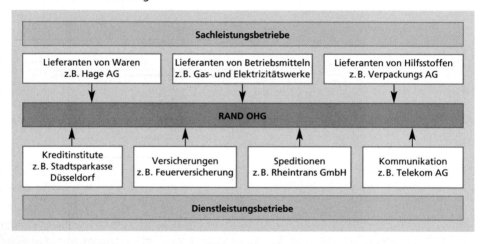

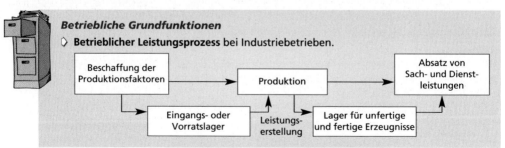

Betriebliche Grundfunktionen

▷ **Betrieblicher Leistungsprozess** bei Industriebetrieben.

24

◇ **Betrieblicher Leistungsprozess** bei Handelsbetrieben.

Beschaffung	→	Lagerung	→	Absatz

◇ Bei der betrieblichen Leistungserstellung ist eine Vielzahl von Unternehmen mittelbar beteiligt **(volkswirtschaftliche Arbeitsteilung).**

1 *Beschreiben Sie den Leistungsprozess der RAND OHG!*

a) Erstellen Sie eine Liste aller Produktionsfaktoren, die in der RAND OHG beschafft werden!

b) Fertigen Sie eine Aufstellung aller Sach- und Dienstleistungen an, die von der RAND OHG erstellt und auf dem Absatzmarkt angeboten werden!

c) Beschreiben Sie die Bedeutung der Funktion „Lager" in der RAND OHG!

2 *Erläutern Sie an zwei selbst gewählten Beispielen, weshalb die betrieblichen Grund-funktionen sowohl in Sachleistungs- als auch in Dienstleistungsbetrieben vorkommen!*

3 *Zu welchem Produktionsfaktor zählen in der RAND OHG*

a) Lagerregale   *f) Gabelstapler*

b) Ersatzteile   *g) kaufmännischer Angestellter*

c) Handelswaren   *h) Auszubildender*

d) Heizöl   *i) Computer-Software*

e) Schraubenzieher für Reparaturen   *j) Geschäftsführer?*

4 *Erläutern Sie am Beispiel einer Bank, dass in einem Dienstleistungsunternehmen Leistungserstellung und -absatz gleichzeitig stattfinden!*

5 *Erläutern Sie das Zusammenwirken von verschiedenen Produktions- und Dienst-leistungsbetrieben am Beispiel der Herstellung eines Bleistiftes!*

1.4 Die betriebliche Leistungserstellung

1.4.1 Die Leistungserstellung der Produktionsbetriebe

Herr Maier und Sonja Koch, die für den Verkauf zuständige Mitarbeiterin der RAND OHG, kommen von einem Verkaufsgespräch mit der Karlstadt AG und berichten der Geschäfts-leitung. „Die Kunden werden immer anspruchsvoller", sagt Sonja Koch aufgebracht, „Karlstadt will unseren Kaffeeautomaten ‚Aromastar' nur im Sortiment behalten, wenn wir das Gerät mit Thermoskanne und Zeitschaltuhr liefern." „Soviel ich weiß, ist eine sol-che Kombination im Moment am Markt nicht zu haben", entgegnet Frau Meesters aus der Einkaufsabteilung. „Dann müssen die sie eben herstellen lassen", meint Sonja. „Elek-trohaushaltsgeräte werden als Großserien im Wege der Mehrfachfertigung hergestellt. Bei unseren geringen Stückzahlen lohnt eine Umrüstung der Maschinen beim Hersteller nicht", klärt Herr Koch die Gruppe auf.

Arbeitsauftrag

❑ *Erläutern Sie die Begriffe der Einzel- und Mehrfachfertigung und stellen Sie die Vor- und Nachteile der Verfahren gegenüber!*

❑ *Sie werden im nachfolgenden Sachinhalt unterschiedliche Organisationstypen der Ferti-gung kennen lernen. Stellen Sie fest, welche Produkte des Sortiments der RAND OHG in welchem Verfahren gefertigt werden könnten!*

● **Fertigungsverfahren (Produktionstypen)**

Hinsichtlich der Menge der gleichartigen Erzeugnisse und der Wiederholung des Fertigungsvorgangs wird in folgende Produktionstypen unterschieden:

Produktionstyp	Erläuterungen	*Beispiele*
❏ Einzelfertigung	Jedes Erzeugnis wird nur ein einziges Mal hergestellt, es ist also ein Unikat.	Sonderanfertigung eines Schreibtisches mit Schnitz- und Intarsienarbeiten, Maßanzug, Kleid vom Schneider
❏ Mehrfachfertigung	Erzeugnisse werden mehrfach hergestellt.	
– Serienfertigung Serie = begrenzte Anzahl einheitlicher Produktarten	Mehrere Erzeugnisse mit gleichen Roh-, Hilfs- und Betriebsstoffen werden gemeinsam als Serie hergestellt. Wird die Serie verändert, so werden Maschinen umgerüstet und gegebenenfalls einzelne Bauteile des Produktes verändert.	– **Großserien:** Automobilproduktion, Herstellung von Elektrohaushaltsgeräten – **Kleinserien:** Maschinenanlagen, Fernsehkameras
– Sortenfertigung Sorte = noch verwandte Produkte, die aus gleichartigen Ausgangsstoffen hergestellt werden	Von der Zusammensetzung her gleichartige Erzeugnisse werden mit geringen Variationen in verschiedenen Sorten produziert. Die Änderung einer Sorte führt nicht zu Umrüstungen der Maschinen.	– Brauerei mit den Sorten Pils, Starkbier, Light-Bier, alkoholfreies Bier – Farben mit verschiedenen Tönungen
– Massenfertigung	Über einen längeren Zeitraum wird ein Produkt in großen Stückzahlen hergestellt.	– Elektrizitätswerk – Herstellung von Schrauben

● **Organisationstypen der Fertigung**

Bei der industriellen Fertigung ist der organisatorische Ablauf der einzelnen Produktionsschritte zu planen und festzulegen. Dabei kommt es darauf an, dass der Einsatz der Betriebsmittel und der Durchlauf der Werkstücke durch die einzelnen Arbeitsplätze der Fertigung so organisiert ist, dass

❏ die **Durchlaufzeiten** so kurz wie möglich sind,

❏ die **innerbetrieblichen Transporte** möglichst gering sind,

❏ die **Kapazitäten der Maschinen** möglichst optimal ausgelastet werden,

❏ der **Personaleinsatz** flexibel gestaltet wird.

Nur so kann ein reibungsloser Ablauf der Produktion garantiert werden. Hierzu gibt es verschiede Organisationstypen der Fertigung:

Organisationstypen	Erläuterungen	*Beispiele*
❏ Werkstattfertigung	Gleichartige Arbeitsgänge werden räumlich in einer Werkstatt zusammengefasst. Hier befinden sich gleichartige Maschinen und Werkzeuge und alle zusammengehöri-	– **Produktion einer Empfangstheke:** Schreinerei, Bohrerei, Lackiererei, Montage

Organisationstypen	Erläuterungen	*Beispiele*
	gen Arbeiten werden in dieser Werkstatt vollzogen. Das Werkstück wird von Werkstatt zu Werkstatt transportiert.	
❑ **Gruppenfertigung**	Verschiedene Mitarbeiter bilden eine Gruppe. Sie fertigen mit unterschiedlichen Maschinen und Werkzeugen ein Erzeugnis. Die Gruppe ist für Planung, Personal- und Maschineneinsatz sowie für die Kontrolle und Qualitätssicherung eigenverantwortlich.	– **Schreibtischproduktion:** In einer Gruppe werden alle Arbeitsgänge bis zur Fertigmontage zusammengefasst.
❑ **Fließfertigung**	Die Werkstücke werden auf einem Fließband an die einzelnen Arbeitsstationen (Mitarbeiter) in bestimmten Zeittakten transportiert. Die Mitarbeiter vollziehen nur wenige stets gleich bleibende Handgriffe. Der Produktionsprozess ist somit in kleinste Arbeitstakte zergliedert.	– **Automobilproduktion:** Ein Fließband wird in einem bestimmten Zeittakt an den verschiedenen Arbeitsplätzen vorbeigeführt, wo jeweils nur wenige Handgriffe an dem Werkstück ausgeführt werden.
❑ **Vollautomatische Fertigung**	Weitgehend ohne menschliche Arbeitskraft werden Güter von maschinellen Anlagen produziert (Roboter).	– **Regalproduktion:** Holzplatten werden in die Maschinenanlage eingeführt, der Zuschnitt der einzelnen Elemente, Grundieren, Lackieren und Trocknen und Stapeln werden vollautomatisch durchgeführt.

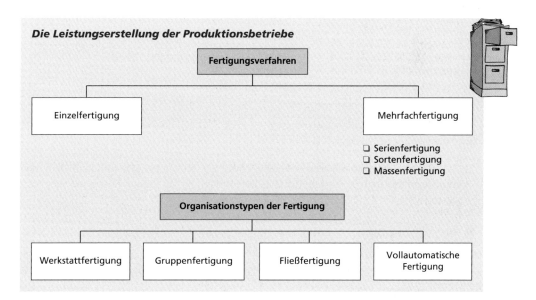

27

1 Nennen Sie Betriebe mit ihren jeweiligen Produkten für
a) Einzelfertigung,　　　　c) Sortenfertigung,
b) Serienfertigung,　　　　d) Massenfertigung!

2 Nehmen Sie Stellung zu der Aussage: „Einzelfertigung ist nur als Werkstattfertigung möglich!"

3 Beschreiben Sie, welche Gesichtspunkte bei der Organisation der Fertigung zu berücksichtigen sind!

4 Erläutern Sie, welche Auswirkungen die Automation in der Fertigung auf ungelernte Arbeitskräfte und ausgebildete Fachkräfte haben kann!

5 Welche der folgenden Aussagen treffen auf die verschiedenen Organisationstypen der Fertigung zu?
a) Werkstattfertigung
b) Gruppenfertigung
c) Fließfertigung
d) vollautomatische Fertigung

1. Es werden verschiedene Maschinen und Werkzeuge an einem Arbeitsplatz eingesetzt.
2. Das Werkstück wird zu den verschiedenen Arbeitsplätzen auf einem Band transportiert.
3. Das Werkstück wird zu den verschiedenen Arbeitsplätzen transportiert.
4. Mehrere Mitarbeiter bearbeiten das Werkstück in einer Gruppe.
5. Der Mensch übernimmt nur noch Kontrollarbeiten.
6. Es wird nur in bestimmten kurzen Zeittakten gearbeitet.

1.4.2　Die Leistungserstellung der Dienstleistungsbetriebe

Der Auszubildende der RAND OHG, Werner Krull, kommt niedergeschlagen aus der Berufsschule in den Betrieb. Es hat Streit mit den Auszubildenden aus Industrie- und Handwerk gegeben. „Nur in Produktionsbetrieben werde tatsächlich etwas geleistet", sagt Werner, „der Großhandel würde keine Leistung erbringen, sondern die Ware nur unnötig verteuern". „Immer mit der Ruhe", entgegnet Frau Rand, „ohne uns Dienstleistungsbetriebe wäre die Leistung der Industrie gar nicht möglich"!

Arbeitsauftrag
❏ Beschreiben Sie den Leistungsprozess eines Großhandelsbetriebes!
❏ Stellen Sie den Leistungsprozess von Produktionsbetrieb und Dienstleistungsbetrieb gegenüber!

Da der Dienstleistungssektor sehr unterschiedliche Leistungen erstellt, sind auch die Organisationsformen und die Arten der Leistungserstellung in diesen Betrieben sehr verschieden.

● Handelsbetriebe

Handelsbetriebe kaufen Güter in großen Mengen ein und verkaufen sie meist unverändert in kleineren Mengen. Die Dienstleistung für ihre Kunden besteht u.a. in den nachfolgenden Funktionen.

Funktionen	Erläuterungen
❑ Kundenberatung	Informationen über Eigenschaften und Verwendungsmöglichkeiten von Waren, über Produktneuerungen und Trends.
❑ Sortimentsbildung	Auswahl und Bereithaltung von Gütern nach kundenorientierten Gesichtspunkten (Markterschließung).
❑ Warenverteilung	Mengenausgleichsfunktion durch Einkauf großer Mengen und Verkauf in kundengerechten Mengen.
❑ Lagerhaltung	Bevorratung von Gütern in großen Mengen für Kunden mit geringer Vorratshaltung oder geringer Lagerkapazität.
❑ Raumüberbrückung	Ware wird in die Nähe des Verbrauchers gebracht.

Häufig übernehmen Handelsbetriebe zusätzliche Dienstleistungen für ihre Kunden, wie Finanzierung, Garantie- und Gewährleistung (vgl. S. 248) und Anlieferung von Waren.

▷ **Einzelhandelsbetriebe** kaufen bei Herstellern oder Großhändlern Ware ein und verkaufen sie an den Endverbraucher. Der Einzelhandel kommt in verschiedenen Vertriebsformen vor.

Beispiele
- ❑ **Ladenhandel:** Fachgeschäft, Warenhaus, Verbrauchermarkt, Kaufhaus, Diskontgeschäft
- ❑ **Ambulanter Handel:** Markthandel (Wochenmarkt, Flohmarkt)
- ❑ **Versandhandel:** Über Kataloge, Teleshopping, E-Commerce (Verkauf über Internet)

▷ **Großhandelsbetriebe** kaufen Waren von Herstellern und verkaufen sie an Einzelhändler oder Großabnehmer bzw. Wiederverkäufer.

Beispiel

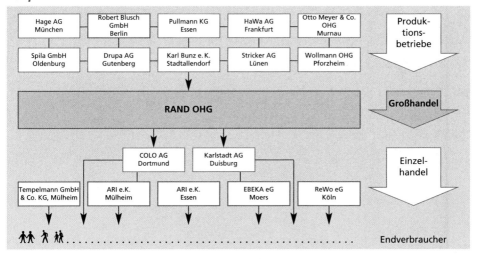

▷ **Außenhandelsbetriebe** importieren Waren aus anderen Staaten bzw. exportieren Waren in andere Staaten.

Beispiel Universa AG Import- und Exporthandelsgesellschaft, Heinz Holland e. K.

Der Leistungsprozess der Handelsbetriebe besteht aus folgenden Stufen:

Leistungsstufen	Erläuterungen	*Beispiele aus der RAND OHG*
❑ Erfassen von Kundenwünschen und Zusammenstellung eines Sortiments	Kundenbefragungen, Sammeln von Kundenwünschen, Festlegung des Sortiments	Sonja Koch und Herr Maier aus der Verkaufsabteilung halten alle Kundenwünsche in einer Datei fest. Häufen sich Kundenwünsche zu bestimmten Artikeln, wird über eine Erweiterung des Sortiments nachgedacht.
❑ Beschaffung von Waren	Verschaffen von Marktübersicht über benötigte Produkte, Ermitteln von Bezugsquellen, Kauf von Waren in benötigter Menge, zu günstigen Preisen, zu erforderlichen Terminen	Frau Meesters aus der Einkaufsabteilung hat alle gängigen Lieferanten und deren Produktionsprogramm in einer Datenbank zusammengefasst. Sie kann so in kurzer Zeit feststellen, welcher Lieferant einen gewünschten Artikel in welcher Menge, zu welchen Preisen und in welcher Zeit liefern kann.
❑ Lagerung von Waren	Berücksichtigung der Lieferbereitschaft und der Lagerkosten	Frau Rost aus dem Lager ist dafür verantwortlich, dass immer alle Waren in ausreichender Menge am Lager sind und sachgerecht gelagert werden.
❑ Beratung von Kunden und Verkauf	Information u. a. über Verwendungsmöglichkeiten der Ware, Preise usw.	Sonja Koch und Herr Maier sind in der Verkaufsabteilung für die Beratung der Kunden und den Verkauf verantwortlich. Da die RAND OHG nach den Gesichtspunkten des Marketing geführt wird, ist die Beschaffung von Informationen über den Markt eine wichtige Aufgabe.
❑ Service und Kundendienst	Auslieferung und Aufbau der Ware, Finanzierungshilfen usw.	Bei Service und Kundendienst arbeiten alle Abteilungen der Rand OHG zusammen. Die Orientierung an den Wünschen der Kunden ist für alle oberstes Gebot.

● *Versicherungsbetriebe*

Versicherungsunternehmen übernehmen gegen Zahlung von Prämien Risiken. Ihr Leistungsprozess ist folgendermaßen organisiert:

Leistungsstufen	Erläuterungen
❑ Anwerben von Kunden (Akquisition)	Angestellte oder freiberufliche Versicherungsvertreter stellen bei Kunden den Versicherungsbedarf fest und beraten sie über die Absicherung möglicher Risiken.
❑ Antragsannahme und Antragsprüfung	Der Antrag des Versicherungsnehmers wird auf Vollständigkeit und Richtigkeit aller Angaben geprüft. Das Risiko des Schadensfalles wird untersucht und die Versicherungsprämie wird festgesetzt.

Leistungsstufen	Erläuterungen
❏ **Vertragsverwaltung**	Die Versicherungsverträge werden verwaltet und die Daten bei Bedarf geändert (neue Anschrift eines Versicherungsnehmers, Erhöhung des Risikos und neue Prämienfestsetzung), Einzug der Versicherungsprämien
❏ **Schadensregulierung**	Im Schadensfall wird die Höhe des Schadens festgestellt, geprüft, ob die Versicherung zahlungspflichtig ist und die Schadenssumme an den Versicherungsnehmer ausgezahlt.

● *Kreditinstitute*

Das Leistungsangebot von Kreditinstituten ist sehr vielfältig. Hierzu gehört insbesondere

❏ die Abwicklung des Zahlungsverkehrs (vgl. S. 123 ff.),

❏ die Beratung bei der Anlage von Vermögen,

❏ das Abwickeln von Wertpapiergeschäften an der Börse,

❏ die Beratung bei der Finanzierung von Investitionen (vgl. S. 273 ff.),

❏ die Abwicklung von Auslandsgeschäften,

❏ die Vergabe von Krediten,

❏ die Vermittlung von Geschäftsbeziehungen,

❏ der Ankauf und Verkauf von ausländischen Zahlungsmitteln.

Bei ihrem Leistungsprozess sind die Kreditinstitute stark von der gesamtwirtschaftlichen Lage abhängig. Deshalb ist eine zentrale Voraussetzung für ihre Leistungserbringung eine permanente Erfassung und Auswertung von Wirtschaftsdaten des In- und Auslandes. Ihr Leistungsprozess ist folgendermaßen organisiert:

Leistungsstufen	Erläuterungen
❏ **Erfassen von Wirtschaftsdaten**	Preisniveauentwicklungen, Wirtschaftswachstum, Arbeitslosenquote, wirtschaftspolitische Entscheidungen der Bundesregierung, Entwicklung des europäischen Binnenmarktes, Entwicklung von außenwirtschaftlichen Aktivitäten
❏ **Aufbereitung und Auswerten der Wirtschaftsdaten**	Feststellen von Trends in der Geldwertstabilität, Beurteilen und Vorhersagen von Entwicklungen (Branchen, Wirtschaftszweige, Auslandsaktivitäten)
❏ **Beschaffung von Geld**	Kurz-, mittel- und langfristige Einlagen von Anlegern durch Angebot von attraktiven Zinsen; Provisionen und Gebühren für Wertpapiergeschäfte und Beratungen; Erwirtschaften von Zinserträgen durch Anlage eigener liquider Mittel; Zinserträge durch Vergabe von Krediten.
❏ **Kundengerechte Abwicklung der Dienstleistungen**	Beratung bei der Geldanlage, Kleinkredite, Dispositionskredite (vgl. S. 285 f.), Sicherungsübereignungskredit (vgl. S. 293 f.), Electronic-Banking, Schalterverkehr, Zahlungsvereinfachungen bei halbbarer und bargeldloser Zahlung

● Öffentliche Verwaltung

Zur öffentlichen Verwaltung gehören Behörden (z.B. Stadtverwaltung) und öffentliche Betriebe (Städtische Müllabfuhr, Straßenbahn, Wasserwerk usw.). Sie erbringen für die Bürger Dienstleistungen, die z.T. von privaten Betrieben nicht erbracht werden können oder aufgrund gesetzlicher Bestimmungen nicht erbracht werden dürfen.

Beispiele
- ❏ Das Führen des Handelsregisters (vgl. S. 207) bei den Amtsgerichten ist eine öffentliche Aufgabe, die nicht von einem privaten Unternehmen geleistet werden kann.
- ❏ Die Finanzämter ziehen die Steuern von natürlichen und juristischen Personen für Bund, Länder und Kommunen ein. Die entsprechenden Verfahren sind gesetzlich geregelt.

Der Leistungsprozess in der öffentlichen Verwaltung ist wegen der Vielzahl der verschiedenen Aufgaben bei den einzelnen Institutionen sehr unterschiedlich.

Beispiel **Leistungsprozess bei einer städtischen Müllabfuhr:**
- ❏ Erfassen des Müllaufkommens in der Kommune
- ❏ Beratung der Bürger bei der Trennung von Abfall (Kunststoffe, Metalle, Glas, Papier usw.)
- ❏ Umweltgerechtes Deponieren des Restmülls
- ❏ Beratung der Bürger bei der Abfallvermeidung
- ❏ Abholung des Mülls beim Bürger (Entsorgung)
- ❏ Aufbereitung, Recycling und Verwertung der Abfälle

Die Leistungserstellung der Dienstleistungsbetriebe

◊ Leistungsprozess von **Handelsbetrieben** (Groß- und Außenhandel, Einzelhandel)
- ❏ Erfassen von Kundenwünschen
- ❏ Zusammenstellung eines Sortiments
- ❏ Beschaffung von Waren
- ❏ Lagerung von Waren
- ❏ Kundenberatung
- ❏ Verkauf von Waren

◊ Leistungsprozess von **Versicherungsbetrieben**
- ❏ Anwerben von Kunden
- ❏ Antragsannahme und Antragsprüfung
- ❏ Vertragsverwaltung
- ❏ Schadensregulierung

◊ Leistungsprozess von **Kreditinstituten**
- ❏ Erfassen von Wirtschaftsdaten
- ❏ Beschaffung von Geld
- ❏ Aufbereiten und Auswerten der Wirtschaftsdaten
- ❏ Kundengerechtes Abwickeln der Dienstleistungen

◊ Der Leistungsprozess der **öffentlichen Verwaltung** umfasst gesetzlich geregelte Aufgaben von Behörden für die Bürger.

1 Unterscheiden Sie die verschiedenen Formen der Handelsbetriebe!

2 Aus Ihrer persönlichen Erfahrung kennen Sie verschiedene Einzelhandelsbetriebe. Erstellen Sie eine Liste aller Dienstleistungen, die von diesen Betrieben angeboten werden!

3 Beschreiben Sie den Leistungsprozess
a) eines Reisebüros,
b) einer Spedition,
c) eines Steuerberaters,
d) eines Handwerksbetriebes,
e) eines Immobilienmaklers,
f) der städtischen Verkehrsbetriebe!

4 Geben Sie an, wodurch sich die Leistungsprozesse bei Kreditinstituten und Versicherungsbetrieben unterscheiden!

5 Beschreiben Sie den Leistungsprozess in der öffentlichen Verwaltung anhand eines eigenen Beispiels!

6 Beschreiben Sie den Leistungsprozess der RAND OHG!

1.5 Ökologische Aspekte der Leistungserstellung

Die RAND OHG erhält von der Stadtverwaltung Düsseldorf einen Brief, in dem eine Erhöhung der Gebühren für die Müll- und Abfallbeseitigung für das kommende Jahr angekündigt wird. Herr Koch ist empört: „Die Stadt will die Gebühren um 15 % erhöhen, außerdem sollen wir unseren Müll sortieren und in gesonderten Behältern deponieren. Das führt zu erheblich höheren Kosten!", sagt Herr Koch. Frau Rand meint: „So schlimm ist das doch nicht, zu Hause sortieren wir unseren Abfall doch auch. Ich z. B. habe drei Mülltonnen, eine für Kunststoffe, eine für kompostierbare Abfälle und eine für Metall. Papier und Glas sammle ich getrennt und bringe es zu den entsprechenden Containern. In unserem Betrieb müssen wir auch so verfahren. Damit leisten wir einen Beitrag zur Verringerung der Belastung unserer Umwelt." „Wir sollten uns überlegen, wie wir Müll vermeiden können!", entgegnet Herr Koch. „Wenn die Abfallbeseitigung teurer wird, dann müssen diese Kosten durch Müllvermeidung eingespart werden."

Arbeitsauftrag   Neben der Müllvermeidung bei der Beschaffung kann sich ein Handelsbetrieb auf allen Stufen des Leistungsprozesses umweltverträglich verhalten. Diskutieren Sie, welchen Beitrag die RAND OHG zur Verringerung der Belastung unserer Umwelt leisten kann!

● Durchlaufstrategie

Die traditionelle Beschaffungspolitik eines Unternehmens betrachtete Beschaffungsobjekte ausschließlich als Input für den Produktionsprozess. Dabei wurde nicht daran gedacht, welche ökologischen Folgen die Beschaffung eines Gutes haben kann. Bei der Auswahl von Roh-, Hilfs- und Betriebsstoffen und Waren und der Entscheidung für Lieferer wurden allein produktionstechnische und wirtschaftliche Aspekte zugrunde gelegt. Die Auswahl von Betriebsmitteln und von Lieferanten berücksichtigte selten die Umweltverträglichkeit der Güter, ihrer Verpackung und ihrer Transportwege.

Beispiele
❏ Vor 20 Jahren bestellte die RAND OHG Produkte, ohne zu berücksichtigen, wie die Verpackungen zu entsorgen waren. Styropor und Kunststofffolien wurden mit den anderen Abfällen durch die städtische Müllabfuhr auf der Mülldeponie entsorgt. Dort lagern diese z. T. nicht abbaufähigen Materialien noch heute und belasten durch Gifte das Grundwasser und den Boden.
❏ Die Anlieferung der Waren der RAND OHG erfolgt meist mit Lkw. Quer durch Deutschland fahren Lieferer, belasten die Luft durch Abgase und tragen zum Waldsterben bei. Ferner verbrauchen sie große Mengen an Treibstoff. Umweltverträgliche Anlieferungen, z. B. durch Bahnfracht, sind auch bei der RAND OHG erst seit kurzem ein wichtiges Auswahlkriterium für Lieferer.

Diese **„Durchlaufstrategie"** ist unter ökologischen Maßstäben nicht vertretbar.

„Die jährlich in der Bundesrepublik Deutschland weggeworfene Menge Abfall füllt einen Güterzug von Berlin bis nach Zentralafrika, 250 Millionen Tonnen, darunter 40 Millionen Tonnen Hausmüll. Das bedeutet: Statistisch gesehen erzeugt jeder Bundesbürger – vom Säugling bis zum Greis – rund 365 kg Müll im Jahr (zum Vergleich: USA 864 kg; Niederlande 467 kg; Portugal 231 kg). Darunter sind ein Drittel Verpackungsabfälle. Seit 1950 hat sich der Verpackungsmüll in den alten Bundesländern vervierfacht."

(Quelle: Presse- und Informationsamt der Bundesregierung: Umweltpolitik – Chancen für unsere Zukunft, Bonn.)

Unternehmen können durch gezielte Maßnahmen im Beschaffungsmarketing dazu beitragen, dass das Aufkommen von Müll reduziert wird und dass unvermeidbarer Müll entweder umweltverträglich entsorgt oder recycelt wird. Sie tragen so zu einem Kreislauf der Rohstoffe bei.

● **Kreislaufstrategie**

Bereits bei der Beschaffung von Gütern muss über deren **ökologische Bedeutung** nachgedacht werden. Statt einer „Durchlaufstrategie" wird eine „Kreislaufstrategie" verfolgt.

◌ Das **Kreislaufwirtschaftsgesetz** legt hierzu Rahmenbedingungen und Ziele für einen Übergang von der Abfall- bzw. Durchlaufwirtschaft zu einer Kreislaufwirtschaft fest. Kern des Gesetzes sind verursachergerechte Pflichten zur Vermeidung, Verwertung und Beseitigung von Abfällen (§§ 5, 11 KreislWG). Die Wirtschaft soll lernen, künftig „vom Abfall her zu denken". Dies bedeutet, dass

❑ Produkte nach ihrem Gebrauch **wieder verwendbar** sind,
❑ nach einer Aufbereitung einem weiteren Produktionsprozess zugeführt werden können **(Recycling)** oder
❑ zur Energieerzeugung verwendbar sind **(thermische Verwertung).**

Dadurch entsteht ein **Kreislauf der Stoffe** und ein sparsamer Verbrauch von Ressourcen.

◌ Nicht nur die Roh-, Hilfs-, Betriebsstoffe und Handelswaren müssen ökologisch vertretbar sein, auch deren Verpackung muss bei konsequenter Anwendung der Kreislaufstrategie recyclingfähig oder wieder verwendbar sein. Hierzu hat der Gesetzgeber durch Erlass der **Verpackungsverordnung** weitere Rahmenbedingungen geschaffen. Danach müssen Handel und Hersteller Verpackungen zurücknehmen und dem Recyclingprozess zuführen.

Der Verpackungsmüll

In Deutschland wurden im Jahr 2002 rund 12,5 Millionen Tonnen Verpackungen* verbraucht

davon aus (in 1 000 t):

davon wurden recycelt/verwertet (in %):

Papier	6 193	89,0
Glas	3 202	85,0
Kunststoffe	2 059	51,2
Weißblech	712	77,3
Flüssigkeits-karton	220	65,5
Aluminium	107	71,3

*ohne Holz, Kork, Feinblech u. Ä.

G
9210 © **Globus**   Quelle: GVM

Die deutschen Verbraucher „produzieren" Jahr für Jahr einen tonnenschweren Müllberg. Im Jahr 2002 waren darunter über zwölf Millionen Tonnen Verpackungen – von der Zahnpastatube über Würstchengläser bis hin zu Getränkekartons. Viele Verpackungen sind mit dem „Grünen Punkt" gekennzeichnet und werden in Recyclingprozessen wieder zu neuen Verpackungen oder zu anderen Produkten verarbeitet. Die Recyclingquote erreicht heute im Durchschnitt einen Wert von über 80 Prozent – gegenüber 48 Prozent Anfang der 90er-Jahre. Besonders hohe Verwertungsquoten gibt es beim Papier mit 89 Prozent und beim Glas mit 85 Prozent.

Beispiel Die RAND OHG hat als Bewertungskriterium für Lieferer den Aspekt der Verpackung in die Bewertungsliste aufgenommen. Bevorzugt werden Lieferer, die mehrfach verwendbare Verpackungen einsetzen, z.B. kleine Container. Verpackungsmaterial wie Holzwolle, Pappe usw. erhält den Vorzug gegenüber Kunststofffolien und Styropor. Auch die Entsorgung von Verpackungsmaterial wird berücksichtigt.

● *Verträglichkeit von Ökologie und Ökonomie*

Die Beachtung von ökologischen Aspekten kann in Unternehmen auch **wirtschaftliche Ziele** unterstützen. Es können Kosten eingespart werden, insbesondere durch

- ❑ den Einsatz von wieder verwendbaren Verpackungen bei Anlieferung,
- ❑ das Recycling von Abfallstoffen,
- ❑ die Rückführung von Materialien in den Produktionsprozess,
- ❑ die konsequente Vermeidung von Müll,
- ❑ den Einsatz von Energie sparenden Maschinen und Fahrzeugen.

Im Rahmen des **ganzheitlichen Qualitätsmanagements (Total Quality Management, TQM)** unterziehen sich Unternehmen zunehmend auf freiwilliger Basis einer **Umweltbetriebsprüfung (Ökoaudit).** Wird diese EU-Umwelt-Audit-Verordnung erfüllt, erhält das Unternehmen ein **Zertifikat** über die erfolgreiche Teilnahme.

Ökologische Aspekte der Leistungserstellung

▷ Statt einer Strategie des **Materialdurchlaufs** sollte die Strategie des **Materialkreislaufs** beschritten werden. Hierbei ist zu beachten:
  - ❑ Recyclingfähigkeit (Wiederverwendbarkeit) von Material
  - ❑ Vermeidung umweltschädlicher Abfallstoffe
  - ❑ umweltgerechte Entsorgung von Verpackung und Materialresten
  - ❑ Einsatz umweltschonender Transportmittel bei der Beschaffung
  - ❑ Beschaffung von energiesparenden und abgasarmen Maschinen und Fahrzeugen
▷ **Gesetzliche Maßnahmen:** Kreislaufwirtschaftsgesetz, Verpackungsverordnung
▷ **Ökologische** Ziele können **wirtschaftliche Ziele** unterstützen, u.a. durch **Kosteneinsparung.**

---

1 *Finden Sie heraus, was mit dem Begriff „Ökologie" beschrieben wird! Verwenden Sie hierzu Lexika, Wörterbücher usw.!*

2 *Erörtern Sie die traditionelle Beschaffungsstrategie des Materialdurchlaufs! Welche Gesichtspunkte werden hierbei besonders betont?*

3 *Beschreiben Sie die Strategie des Materialkreislaufs und erläutern Sie, weshalb ökologische Aspekte bei der Materialbeschaffung besonders wichtig sind!*

4 ☞ *Bearbeiten Sie in Ihrer Klasse gruppenweise als **Projekt** das Thema „Ökologische Aspekte in der Schule"! Präsentieren Sie Ihre Ergebnisse in einer Ausstellung in der Schule!*

Gruppe 1 „Materialien und Produkte": *Erstellen Sie eine Liste aller Materialien und Produkte, die von Ihren Mitschülern für die Schule benötigt werden (Hefte, Schreibmaterial, Schultasche usw.). Bewerten Sie alle Materialien nach ökologischen Gesichtspunkten (Recyclingfähigkeit, Verpackung, Möglichkeiten zur Einsparung und Entsorgung usw.). Geben Sie zu allen Produkten Alternativen an, die umweltverträglicher als die bisher verwendeten sind!*

Gruppe 2 „Anfahrtswege": Untersuchen Sie die Anfahrtswege Ihrer Mitschüler und Lehrer zur Schule. Bewerten Sie sie unter ökologischen Aspekten. Überlegen Sie sich Alternativen, wie Anfahrten zur Schule durch Veränderung der Gewohnheiten unter ökologischen Gesichtspunkten verbessert werden können!

Gruppe 3 „Müll": Untersuchen Sie das Müllaufkommen in Ihrer Schule unter folgenden Leitfragen: Wer verursacht Müll (Schüler, Lehrer, Verwaltung, Reinigungskräfte)? Welche Arten und Mengen an Müll „produziert" Ihre Schule in einem Jahr? Welche Möglichkeiten der Müllvermeidung und -verwertung können genutzt werden?

Gruppe 4 „Energie": Untersuchen Sie, welche Energie Ihre Schule pro Jahr verbraucht! Berücksichtigen Sie Heizung, Licht, Wasserverbrauch usw. und führen Sie Möglichkeiten an, Energie einzusparen!

1 Erläutern Sie, welche Sachziele folgende Unternehmen verfolgen!
a) RAND OHG
e) Deutsche Bahn AG
b) Reisebüro
f) Steuerberatungsbüro
c) Telekom AG
g) Werbeagentur
d) Stadtsparkasse Düsseldorf
h) Walzwerk

2 Entwickeln Sie einen Katalog von wirtschaftlichen Zielen, die von der RAND OHG verfolgt werden können!

3 Beschreiben Sie
a) welche sozialen Ziele ein Unternehmen verfolgen kann,
b) weshalb ein Unternehmen auf soziale Ziele nicht verzichten kann!

4 Erstellen Sie eine Liste von ökologischen Zielen für die RAND OHG und einen Katalog von Maßnahmen, diese Ziele zu verfolgen!

5 Nennen Sie jeweils zwei Beispiele für Ziele, die sich gegenseitig ergänzen (Zielharmonie), und für Ziele, die in Konkurrenz zueinander stehen (Zielkonflikt). Geben Sie an, mit welchen Maßnahmen die Zielkonflikte gelöst werden können!

6 Beschreiben Sie mit Beispielen, auf welche Marktdaten die RAND OHG zurückgreifen muss, wenn sie ihre Ziele formulieren möchte!

7 Nennen Sie jeweils drei Beispiele für folgende Betriebe:
a) Sachleistungs-, Dienstleistungsbetrieb   c) Industrie-, Handels-, Handwerksbetrieb
b) Konsum-, Produktionsgüterbetrieb   d) Erwerbs-, gemeinwirtschaftlicher Betrieb

8 Beschreiben Sie die einzelnen Stufen des Leistungsprozesses eines Großhandelsbetriebes am Beispiel der RAND OHG!

9 Erläutern Sie am Beispiel der Herstellung des Kaffeeautomaten „Aromastar" das Zusammenwirken verschiedener Betriebe von der Urproduktion über Industriebetriebe bis zu Handels- und sonstigen Dienstleistungsbetrieben!

10 Geben Sie für die Hage AG Elektrogeräteherstellung typische Produkte an, die
a) in Einzelfertigung produziert werden können,
b) in Serien-, Sorten-, Massenfertigung produziert werden können!

11 Sie haben die Wahl, als Mitarbeiter der Produktion in der Werkstattfertigung, der Gruppenfertigung oder der Fließfertigung eingesetzt zu werden.
a) Begründen Sie, in welchem Organisationstyp Sie am liebsten eingesetzt würden!
b) Bei welchem Organisationstyp werden an die Mitarbeiter die höchsten Anforderungen gestellt? Begründen Sie Ihre Antwort!
c) Erläutern Sie, weshalb bei der vollautomatischen Fertigung die Gefahr sozialer Konflikte gegeben ist!

12 Ordnen Sie die folgenden Maßnahmen (a bis f) den Beispielen (1. bis 3.) zu!
a) Abfallvermeidung   c) Recycling   e) Energieeinsparung
b) Abfalltrennung   d) Abfallbeseitigung   f) Restmülldeponierung

1. Im Betrieb werden für die Steuerung der Heizkörper Zeituhren und Raumthermostate eingebaut.
2. Eine Papierfabrik verwendet zur Papierherstellung 50 % Altpapier.
3. Ein Betrieb verkauft seine Produkte nur noch ohne Verpackung.

13 Bei welcher Recycling-Maßnahme handelt es sich um Wiederverwertung?
a) Eine leere Batterie wird als Sondermüll gelagert.
b) Das Gewicht einer Getränkedose wird um 40 % gesenkt.
c) Das in Containern gesammelte Altglas wird bei der Herstellung von neuen Flaschen verwendet.
d) Das im Einzelhandel anfallende Altpapier wird zur Stromerzeugung in einer Müllverbrennungsanlage verbrannt.
e) Leere Bierflaschen werden von der Brauerei zurückgenommen und nach der Reinigung wieder mit Bier gefüllt.

14 Welche der folgenden Aussagen kennzeichnet vollständig das Sachziel eines Automobilherstellers?
a) Herstellung von Kraftfahrzeugen
b) Verkauf und Finanzierung von Kraftfahrzeugen
c) Herstellung und Verkauf von Kraftfahrzeugen sowie Ersatzteilbevorratung
d) Verkauf von Neufahrzeugen und Ankauf von Gebrauchtfahrzeugen
e) Sicherung von Arbeitsplätzen

15 Ordnen Sie die folgenden Stufen des Leistungsprozesses eines Industriebetriebes in der richtigen Reihenfolge an!
a) Lagerung der Fertigerzeugnisse   d) Verkauf der Fertigerzeugnisse
b) Beschaffung der Produktionsfaktoren   e) Lagerung der halbfertigen Erzeugnisse
c) Lagerung der Rohstoffe

16 Ordnen Sie die Produkte (a bis e) den Fertigungsverfahren (1. bis 4.) zu!
a) Personenkraftwagen   1. Massenfertigung
b) Maßanzug   2. Sortenfertigung
c) Produktion von Bier in drei Ausführungen   3. Serienfertigung
d) Disketten   4. Einzelfertigung
e) Wegwerffeuerzeuge

17 Eine Maschinenfabrik stellt ihren Arbeitern Werkzeuge zur Verfügung. Zu welchem betriebswirtschaftlichen Produktionsfaktor gehören sie?
a) Sie gehören zum Produktionsfaktor Werkstoffe, weil sie als Hilfsstoffe zur Bearbeitung des herzustellenden Werkstückes eingesetzt werden!
b) Sie gehören zum Produktionsfaktor Werkstoffe, weil sie als Betriebsstoffe zur Bearbeitung des herzustellenden Werkstückes eingesetzt werden!
c) Sie gehören zum Produktionsfaktor Betriebsmittel, weil sie als Bestandteil der produktionstechnischen Ausrüstung des Betriebes eingesetzt werden.
d) Sie gehören zum Produktionsfaktor Arbeit, weil sie zur Ausführung von angeordneten Arbeiten eingesetzt werden.
e) Sie gehören zum Produktionsfaktor Betriebsmittel, weil sie aufgrund einer Entscheidung der Geschäftsleitung eingesetzt werden.

18 Ordnen Sie den Betrieben die jeweils typischen Grundfunktionen zu!
Betriebe: Grundfunktionen:
a) Handelsbetrieb   1. Abwicklung des Zahlungsverkehrs   4. Fertigung
b) Versicherung   2. Sortimentsbildung   5. Risikoübernahme
c) Industriebetrieb   3. Handel mit Wertpapieren
d) Kreditinstitute

2.1 Rechtsgeschäfte, Willenserklärungen und Vertragsarten

Die RAND OHG benötigt zur Erweiterung ihrer Lagerkapazitäten einen zusätzlichen Lagerraum. Bei Durchsicht der Rubrik „Mietangebote für gewerbliche Lagerräume" der Rheinischen Post findet Oliver Rand, der von Renate Rand mit der Suche nach einem geeigneten Lagerraum beauftragt wurde, eine Anzeige. Aus Sorge, dass ihm ein anderer Mieter zuvorkommen könnte, teilt er dem Vermieter Klaus Lage nach Besichtigung des Lagerraums telefonisch mit, dass die RAND OHG den Lagerraum zu den vereinbarten Konditionen mieten möchte. Einen Tag später wird der Mietvertrag mit einer Laufzeit von fünf Jahren unterschrieben, wobei eine Miete von 1 500,00 EUR pro Monat vereinbart wird. Zwei Tage später erhält Oliver Rand von einem Immobilienmakler ein wesentlich günstigeres Angebot. Umgehend schreibt er dem Vermieter Lage, dass er kein Interesse mehr an dem Lagerraum habe, da ihm ein wesentlich günstigeres Angebot eines anderen Vermieters vorliege. Der Vermieter besteht aber auf der Einhaltung des Mietvertrages.

Arbeitsauftrag

❏ Überprüfen Sie, ob die RAND OHG von der getroffenen Mietvereinbarung zurücktreten kann, um das günstigere Angebot des Immobilienmaklers anzunehmen!
❏ Stellen Sie fest, welche Verträge Sie bisher abgeschlossen haben!

● **Willenserklärungen und Rechtsgeschäfte**

Rechtsgeschäfte, z. B. Mietverträge, kommen durch Willenserklärungen einer oder mehrerer Personen zustande. Unter einer **Willenserklärung** versteht man die rechtlich wirksame Äußerung einer geschäftsfähigen Person, durch welche bewusst eine Rechtsfolge herbeigeführt werden soll.

Beispiel

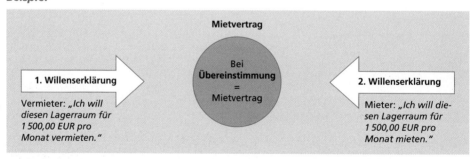

Willenserklärungen können

❏ schriftlich,
❏ mündlich oder
❏ durch bloßes schlüssiges Handeln abgegeben werden.

Beispiele Kauf einer Zeitung am Kiosk, ohne dass Käufer und Verkäufer miteinander reden.

● Arten von Rechtsgeschäften

Man unterscheidet **einseitige und zweiseitige Rechtsgeschäfte.**

▷ Bei den **einseitigen Rechtsgeschäften** ist die Willenserklärung **einer** Person erforderlich.

Beispiele   Abfassung eines Testaments, Mahnung, Kündigung eines Arbeitsvertrages.

Einseitige Rechtsgeschäfte können empfangsbedürftig oder nicht empfangsbedürftig sein. Zu den **nicht empfangsbedürftigen Rechtsgeschäften** zählen die Aufgabe eines Eigentumsanspruchs und das Testament, d. h., die Willenserklärung einer Person ist hier gültig, ohne dass sie einer anderen Person zugegangen sein muss.

Beispiel   Als beim Tennisschläger von Oliver Rand mehrere Saiten reißen, lässt er den Schläger in einem Mülleimer auf dem Tennisplatz zurück. Heinz, der dies sieht, nimmt den Tennisschläger an sich und lässt ihn neu bespannen. Später sieht Oliver den reparierten Schläger und wirft Heinz vor, er habe sich sein Eigentum angeeignet. Er verlangt den Schläger zurück. Heinz lehnt dies ab, da Oliver in dem Moment seinen Eigentumsanspruch an den Schläger aufgegeben hatte, als er ihn in den Mülleimer warf.

Zu den **empfangsbedürftigen Rechtsgeschäften** zählen die Kündigung eines Arbeitsvertrages und die Mahnung. Die Willenserklärung wird erst dann wirksam, wenn sie einer anderen Person zugeht.

Beispiel   Eine Auszubildende möchte innerhalb der Probezeit ihren Ausbildungsvertrag bei der RAND OHG kündigen. Sie muss dafür Sorge tragen, dass ihrem Arbeitgeber die Kündigung auch tatsächlich zugeht, da es sich um ein empfangsbedürftiges Rechtsgeschäft handelt. Es empfiehlt sich deshalb, die Kündigung per Einschreiben zu versenden.

▷ **Zwei- oder mehrseitige Rechtsgeschäfte (= Verträge),** bei der die Willenserklärungen zweier oder mehrerer Personen erforderlich sind, werden nur durch **übereinstimmende Willenserklärungen** aller beteiligten Personen rechtswirksam (§ 151 BGB).

Alle Verträge haben gemeinsam, dass sie durch **Antrag und Annahme** zustande kommen. Die zuerst abgegebene Willenserklärung heißt Antrag, wobei sie von jedem Vertragspartner ausgehen kann. Die zustimmende Willenserklärung nennt man Annahme. Im Vertragsrecht gilt der **Grundsatz: Verträge müssen eingehalten werden.**

Beispiel   Oliver Rand hat für die Rand OHG einen verbindlichen Mietvertrag über Lagerräume abgeschlossen. Die OHG kann von diesem Mietvertrag nur dann zurücktreten, wenn sie dem Vermieter einen anderen Mieter vermittelt, der den abgeschlossenen Mietvertrag übernimmt.

▷ Folgende **zweiseitige Rechtsgeschäfte** (= Verträge), die im Wirtschaftsleben eine wichtige Rolle spielen, können unterschieden werden:

Vertragsart	Vertragsgegenstand	*Beispiele aus der Praxis*	Gesetzliche Regelung §§
❏ Kaufvertrag	Entgeltliche Veräußerung und Kauf von Sachen und Rechten (vgl. S. 49 f.).	Die RAND OHG verkauft an die ReWo eG 500 Trainingsanzüge.	BGB §§ 433–514
❏ Mietvertrag	Entgeltliche Überlassung von Sachen zum Gebrauch (vgl. S. 305).	Die RAND OHG mietet Lagerräume.	BGB §§ 535–580

Vertragsart	Vertragsgegenstand	*Beispiele aus der Praxis*	Gesetzliche Regelung §§
❏ Leihvertrag	Unentgeltliche Über-lassung von beweglichen Sachen o. Grundstücken zum Gebrauch; Rückgabe derselben Sachen.	Die RAND OHG überlässt für zwei Wochen der Colo AG Warenhaus einen Verpackungsbehälter.	BGB §§ 598–605
❏ Pacht-vertrag	Entgeltliche Überlassung von Sachen zum Gebrauch und Frucht-genuss.	Die RAND OHG pachtet ein Grund-stück für die Abstellung des be-triebseigenen Fuhrparks. Die sich auf dem Grundstück befindenden Obstbäume dürfen von der RAND OHG abgeerntet werden.	BGB §§ 581–597
❏ Arbeits-vertrag	Entgeltliche Leistung von Arbeitnehmern (vgl. S. 162 f.).	Die RAND OHG stellt einen neuen Mitarbeiter für das Lager ein.	BGB §§ 611–630
❏ Berufsaus-bildungs-vertrag	Ausbildung in einem an-erkannten Ausbildungs-beruf (vgl. S. 157 ff.).	Die RAND OHG stellt eine Aus-zubildende für die Ausbildung zur Bürokauffrau ein.	BBiG §§ 3–16
❏ Werk-vertrag	Herstellung eines Werkes gegen Vergütung, zu dem der Besteller das Material liefert.	Die Wollmann OHG stellt 300 Polohemden mit Werbedruck für die RAND OHG her, zu denen die RAND OHG den Baumwollstoff liefert.	BGB §§ 633 ff.
❏ Werkliefe-rungs-vertrag	Herstellung eines Werkes gegen Vergütung, zu dem der Hersteller das Material liefert.	Die Stricker AG Textilherstellung stellt Polohemden aus den von ihr beschafften Materialien her.	BGB § 651

Rechtsgeschäfte, Willenserklärungen und Vertragsarten

▷ **Rechtsgeschäfte** kommen durch Willenserklärungen zustande.

▷ **Willenserklärungen** können schriftlich, mündlich und stillschweigend abgegeben werden.

```
                        Rechtsgeschäfte
           ┌──────────────────────┴──────────────────────┐
    einseitige                                      zweiseitige
(Willenserklärung einer Person)        (Übereinstimmende Willenserklärung
                                          von zwei oder mehr Personen)
```

❏ Kündigung ❏ Mahnung	**empfangsbedürftig**	alle Verträge ❏ Kaufvertrag ❏ Mietvertrag ❏ Leihvertrag ❏ Pachtvertrag ❏ Arbeitsvertrag ❏ Berufsausbildungsvertrag ❏ Werkvertrag ❏ Werklieferungsvertrag
❏ Aufgabe eines Eigentumsanspruchs ❏ Testament	**nicht empfangs-bedürftig**	

▷ **Zweiseitige Rechtsgeschäfte (= Verträge)** kommen durch übereinstimmende Willens-erklärungen von zwei oder mehr Personen zustande (Antrag und Annahme).

1 Beschreiben Sie am Beispiel des Kaufes einer CD, wie ein Vertrag zustande kommt!

2 Erklären Sie a) Kauf-, b) Leih-, c) Miet-, d) Pacht-, e) Werksvertrag!

3 Beurteilen Sie folgende Fälle danach, um welche Vertragsarten es sich handelt:
a) Eva Rost „leiht" sich für eine Woche gegen Zahlung von 1,50 EUR im „Videoshop 2000" eine Videokassette.
b) Ein Küchenmöbelstudio verarbeitet beim Einbau einer Küche Eichenbalken, die der Kunde gestellt hat.
c) Ein Schneider stellt für eine Kundin ein Hochzeitskleid her und stellt den dazugehörigen Stoff zur Verfügung.
d) Der Auszubildende Werner Krull erwirbt am Kiosk die neueste Ausgabe der Zeitschrift „Hardrock".

4 Auf welche Art können Willenserklärungen abgegeben werden? Geben Sie jeweils ein Beispiel an!

5 Nennen Sie Beispiele für einseitige Rechtsgeschäfte!

6 Begründen Sie, warum das Testament zu den nicht empfangsbedürftigen Rechtsgeschäften zählt!

7 ☞ Sonja Koch besucht den Verbrauchermarkt „Preiskauf". Da sie nur wenig Zeit hat, stellt sie drei leere Pfandflaschen an der Leergutannahme auf dem Boden ab, da ihr die Warteschlange vor der Annahmestelle zu lang ist. Am nächsten Tag erscheint Sonja wieder bei der Leergutannahme und verlangt die Herausgabe des Pfandbetrages. Begründen Sie, ob Sonja einen Rechtsanspruch auf die Herausgabe des Pfandbetrages hat!

2.2 Rechtssubjekte

Der 15-jährige Thomas Bach erhält von seinen Eltern im Monat 50,00 EUR Taschengeld. Mit der Oliver Rand GmbH schließt er einen Kaufvertrag für einen CD-Player über 350,00 EUR ab. Thomas zahlt den Kaufbetrag von seinem gesparten Taschengeld. Als seine Eltern von dem Kaufvertrag erfahren, widerrufen sie bei der Oliver Rand GmbH den Vertrag mit der Begründung, dass ihr Sohn noch nicht voll geschäftsfähig sei und folglich auch keine rechtswirksame Willenserklärung abgeben könne.

Arbeitsauftrag
❏ Stellen Sie fest, welche Stufen der Geschäftsfähigkeit unterschieden werden!
❏ Überprüfen Sie, ob die Oliver Rand GmbH den Kaufpreis nach Rückgabe des CD-Players herausgeben muss!
❏ Erläutern Sie Privatrecht und öffentliches Recht!

Rechtssubjekte im rechtlichen Sinne sind Personen. Das Recht unterscheidet natürliche und juristische Personen.

● Natürliche Personen

Alle Menschen sind natürliche Personen im Sinne des § 1 BGB. Sie sind rechtsfähig und – abgesehen von Ausnahmen – mit dem Erreichen bestimmter Altersstufen unbeschränkt oder beschränkt geschäftsfähig.

▷ **Rechtsfähigkeit** ist die **Fähigkeit von Personen, Träger von Rechten und Pflichten zu sein.**

Beispiele Recht, ein Vermögen zu erben; Pflicht, Steuern zu zahlen.

Alle **natürlichen Personen** sind mit Vollendung der Geburt bis zum Tod (§ 1 BGB) rechtsfähig.

▷ **Geschäftsfähigkeit** ist die **Fähigkeit von Personen, Rechtsgeschäfte wirksam abschließen** zu können, somit Rechte zu erwerben und Pflichten einzugehen. Der Gesetzgeber hat wegen der unterschiedlichen Einsichtsfähigkeit in die Rechtsfolgen von Willenserklärungen drei Stufen der Geschäftsfähigkeit vorgesehen.

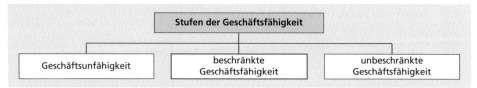

❑ **Geschäftsunfähig** (§ 104 BGB) sind:
– alle natürlichen Personen unter sieben Jahren
– Personen mit dauerhafter, krankhafter Störung der Geistestätigkeit

Die Willenserklärungen geschäftsunfähiger Personen sind unwirksam (nichtig), folglich kann ein Geschäftsunfähiger auch keine rechtswirksamen Verpflichtungen eingehen. Für die Geschäftsunfähigen handelt ein gesetzlicher Vertreter (bei Kindern unter sieben Jahren meistens die Eltern, für alle anderen ein Vormund oder ein Betreuer; vgl. S. 43).

Beispiele
– Ein 5-jähriges Mädchen „kauft" eine Tüte Bonbons.
– Der 20-jährige Edmund, dessen Geistestätigkeit dauernd krankhaft gestört ist, „kauft" eine CD.
In beiden Fällen ist kein Vertrag zustande gekommen.

Geschäftsunfähige können im Auftrag des gesetzlichen Vertreters für diesen Geschäfte als Bote wirksam abschließen, der Bote ist in diesem Fall Erfüllungsgehilfe des Auftraggebers.
Beispiel Der 6-jährige Klaus wird von seiner Mutter zum Bäcker geschickt, um 20 Brötchen zu holen. Die Mutter gibt Klaus abgezähltes Geld mit. Da Klaus im Auftrag der Mutter als Bote handelt, kommt zwischen der Mutter und dem Bäcker ein Kaufvertrag über 20 Brötchen zustande.

❑ **Beschränkt geschäftsfähig** (§ 106 BGB) sind alle Personen vom vollendeten 7. bis zum vollendeten 18. Lebensjahr.

Beschränkt Geschäftsfähige können Rechtsgeschäfte mit Einwilligung des gesetzlichen Vertreters abschließen. Ihre Rechtsgeschäfte sind bis zur Zustimmung des gesetzlichen Vertreters **schwebend unwirksam,** d. h., ein von einem beschränkt Geschäftsfähigen abgeschlossener Vertrag wird erst durch die nachträgliche Genehmigung des gesetzlichen Vertreters, die auch stillschweigend erfolgen kann, rechtskräftig. Wenn der gesetzliche Vertreter die ausdrückliche Zustimmung verweigert, ist der Vertrag nichtig (§ 108 BGB).
Beispiel Die 16-jährige Angelika kauft für 350,00 EUR einen DVD-Rekorder, ohne dass sie ihre Eltern um Erlaubnis gefragt hat. Als die Eltern vom Kauf des DVD-Rekorders erfahren, erheben sie keine Einwände. Somit ist der Kaufvertrag durch die stillschweigende Billigung der Eltern zustande gekommen.

Die **Zustimmung des gesetzlichen Vertreters ist in folgenden Fällen nicht erforderlich**: Der beschränkt Geschäftsfähige
– **bestreitet den Kauf mit Mitteln, die ihm vom gesetzlichen Vertreter zur freien Verfügung überlassen worden sind,** wobei man von einem normalerweise üblichen, dem Alter entsprechenden Betrag auszugehen hat (**Bewirkung der Leistung mit eigenen Mitteln,** § 110 BGB)

Beispiele
- Die 15-jährige Julia kauft von einem Geldgeschenk ihres Onkels die neue CD einer Hardrockgruppe. Die Eltern sind von diesem Kauf nicht begeistert. Der Kaufvertrag ist zustande gekommen, auch wenn die Eltern nicht einverstanden sind.
- Der 15-jährige Thomas Bach kauft von seinem Taschengeld einen CD-Player für 350,00 EUR. Da der Betrag von 350,00 EUR weit über das monatliche Taschengeld von 50,00 EUR hinausgeht, ist die Zustimmung der Eltern für das Zustandekommen des Kaufvertrages erforderlich.

- erlangt durch das Rechtsgeschäft nur **einen rechtlichen Vorteil** (§ 107 BGB)

Beispiel Der 13-jährige Frank erhält von seiner Tante ein Geldgeschenk über 3000,00 EUR. Die Eltern von Frank lehnen dieses Geschenk der Tante ab, weil sie seit Jahren mit der Tante zerstritten sind. Frank kann das Geld auch gegen den Willen der Eltern annehmen.

- schließt **Geschäfte im Rahmen eines Dienst- oder Arbeitsverhältnisses** ab, die der gesetzliche Vertreter genehmigt hat (§ 113 BGB, **Pauschalzustimmung**)

Beispiel Die 17-jährige Diana Schmitz ist noch Schülerin und schließt mit Einwilligung der Eltern für die Sommerferien einen Arbeitsvertrag über vier Wochen mit der RAND OHG ab. Diana darf jetzt ohne Zustimmung der gesetzlichen Vertreter Arbeitskleidung kaufen oder ein Gehaltskonto bei einem Geldinstitut eröffnen, da sie zur Erfüllung aller sich aus dem Arbeitsverhältnis ergebenden Verpflichtungen ermächtigt worden ist. Nach dem Gesetz gilt diese Regelung nicht für Ausbildungsverhältnisse.

❏ **Unbeschränkt geschäftsfähig** sind **alle natürlichen Personen ab 18 Jahren**, sofern sie nicht zum Personenkreis der Geschäftsunfähigen gehören.

Für volljährige Personen kann vom Vormundschaftsgericht ein sog. **Betreuer** bestellt werden (§ 1896 BGB). **Voraussetzungen** für die Bestellung des Betreuers sind

- Vorliegen einer psychischen Krankheit oder einer körperlichen, geistigen oder seelischen Behinderung **und**
- Unfähigkeit zur Besorgung eigener Angelegenheiten **und**
- Notwendigkeit einer Betreuung.

Der Betreuer ist gesetzlicher Vertreter des Betreuten.

- Der Betreute ist im Regelfall voll geschäftsfähig, d.h., er ist **ohne Einwilligungsvorbehalt** des Betreuers zur Abgabe rechtswirksamer Willenserklärungen berechtigt.

Beispiel Der 54-jährige Michael Lenz hat einen Schlaganfall erlitten, wodurch er halbseitig gelähmt und dauernd bettlägrig ist. Hieraus ergibt sich die Notwendigkeit der Betreuung. Das Vormundschaftsgericht bestellt einen Betreuer, der für ihn rechtswirksam Willenserklärungen abschließen kann.

- Wenn es für die Abwendung einer erheblichen Gefahr für die Person oder das Vermögen des Betreuten erforderlich ist, kann das Vormundschaftsgericht anordnen, dass die Willenserklärungen des Betreuten der Einwilligung des Betreuers bedürfen (**Einwilligungsvorbehalt**). In diesem Fall hat der Betreute den **Status eines beschränkt Geschäftsfähigen**.

Beispiel Der 35-jährige Dieter ist aufgrund jahrelangen übermäßigen Alkoholkonsums und der sich daraus ergebenden Verwirrtheit nicht mehr in der Lage, mit dem ihm zur Verfügung stehenden Geld umzugehen. Sobald er Bargeld in Händen hält, verschenkt er dieses an zufällig vorbeigehende Passanten. Er erhält vom Vormundschaftsgericht einen Betreuer und darf Rechtsgeschäfte nur noch mit Einwilligung des Betreuers abschließen.

In der Rechtsordnung unterscheidet man zwei Bereiche, das öffentliche Recht und das Privatrecht. Das **öffentliche Recht** regelt die Rechtsbeziehungen zwischen dem Staat (Bundesrepublik Deutschland), den öffentlichen Körperschaften (Länder, Gemeinden, Verwaltungsbehörden) und dem einzelnen Bürger. Zum öffentlichen Recht gehören u. a. das Grundgesetz, das Verwaltungs-, Steuer-, Straf- und Prozessrecht. Das öffentliche Recht wird vom **Grundsatz der Über- und Unterordnung** beherrscht, d. h., der Staat, die Länder und die Kommunen sind z. B. als übergeordnete Institutionen berechtigt, den Bürgern Steuern aufzuerlegen. Öffentliches Recht ist somit **zwingendes Recht.** Jeder Bürger muss sich diesem Recht unterwerfen.

Das **Privatrecht** regelt die Rechtsbeziehungen der Bürger untereinander, die sich als gleichberechtigte Partner **(Grundsatz der Gleichordnung)** gegenüberstehen. Privatrecht ist weitgehend **nachgiebiges Recht,** d. h., die Vertragspartner können ihre Rechtsbeziehungen abweichend von den gesetzlichen Regelungen frei gestalten. Zum Privatrecht gehören u. a. das Bürgerliche Recht, Handels- und Gesellschaftsrecht, das Urheber- und Patentrecht.

● *Juristische Personen*

Juristische Personen (§§ 21 ff. BGB) werden vom Gesetz wie natürliche Personen behandelt. Sie haben volle Handlungsfreiheit, d. h., sie sind rechts- und unbeschränkt geschäftsfähig. Zu den juristischen Personen zählen die juristischen Personen des öffentlichen Rechts und des Privatrechts.

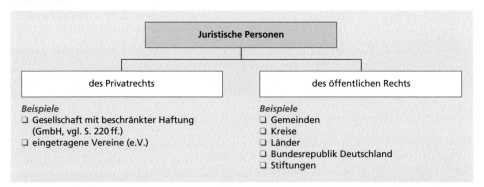

Bei juristischen Personen beginnt die Rechtsfähigkeit mit der Eintragung in das jeweilige Register (z. B.: Handels-, Vereinsregister) und endet mit Löschung in diesem Register.

Juristische Personen sind immer über ihre Organe (z. B. bei der AG durch Vorstand, bei der GmbH durch Geschäftsführer) geschäftsfähig. Sie handeln durch die Organe, die in der Satzung oder in der jeweiligen Rechtsvorschrift festgelegt sind.

Beispiel Bei der Robert Blusch GmbH handelt der Geschäftsführer, Robert Blusch, für die GmbH.

Rechtssubjekte

◊ Rechtssubjekte sind natürliche und juristische Personen.

◊ **Rechtsfähigkeit ist die Fähigkeit, Träger von Rechten und Pflichten zu sein.** Sie beginnt bei natürlichen Personen mit der Geburt und endet mit dem Tod. Bei juristischen Personen beginnt sie mit der Eintragung in ein öffentliches Register und endet mit der Löschung in diesem Register.

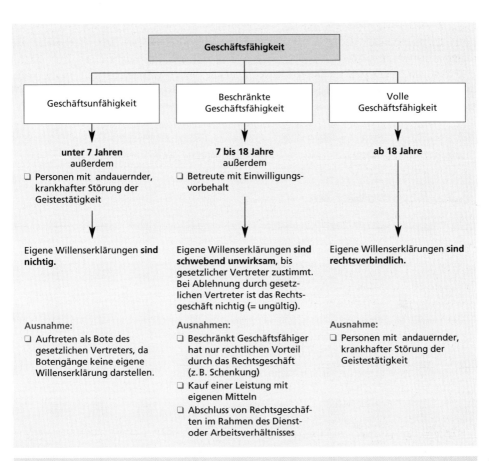

Geschäftsfähigkeit

Geschäftsunfähigkeit	Beschränkte Geschäftsfähigkeit	Volle Geschäftsfähigkeit

unter 7 Jahren
außerdem
❏ Personen mit andauernder, krankhafter Störung der Geistestätigkeit

7 bis 18 Jahre
außerdem
❏ Betreute mit Einwilligungsvorbehalt

ab 18 Jahre

Eigene Willenserklärungen **sind nichtig.**

Eigene Willenserklärungen **sind schwebend unwirksam,** bis gesetzlicher Vertreter zustimmt. Bei Ablehnung durch gesetzlichen Vertreter ist das Rechtsgeschäft nichtig (= ungültig).

Eigene Willenserklärungen **sind rechtsverbindlich.**

Ausnahme:
❏ Auftreten als Bote des gesetzlichen Vertreters, da Botengänge keine eigene Willenserklärung darstellen.

Ausnahmen:
❏ Beschränkt Geschäftsfähiger hat nur rechtlichen Vorteil durch das Rechtsgeschäft (z.B. Schenkung)
❏ Kauf einer Leistung mit eigenen Mitteln
❏ Abschluss von Rechtsgeschäften im Rahmen des Dienst- oder Arbeitsverhältnisses

Ausnahme:
❏ Personen mit andauernder, krankhafter Störung der Geistestätigkeit

1 Die 12-jährige Christina bekommt von ihrem Onkel einen CD-Player geschenkt. Ihre Eltern verbieten ihr die Annahme des Gerätes, da sie seit Jahren mit dem Onkel zerstritten sind. Begründen Sie, ob Christinas Eltern ihrer Tochter die Annahme des Geschenkes verwehren können!

2 Erläutern Sie, warum unter Umständen auch Erwachsene beschränkt geschäftsfähig oder geschäftsunfähig sein können!

3 Erklären Sie Rechtsfähigkeit!

4 Der 6-jährige Wolfgang kauft ohne Wissen der Eltern im benachbarten Schreibwarengeschäft von seinem Taschengeld ein Malbuch. Die Eltern sind mit dem Kauf des Malbuches nicht einverstanden und verlangen vom Einzelhändler die Herausgabe des Kaufpreises. Muss der Einzelhändler unter Beachtung der gesetzlichen Bestimmungen das Buch zurücknehmen und den Kaufpreis erstatten? Nehmen Sie zu den folgenden Aussagen Stellung!

a) Nein, denn das Buch ist bereits bemalt worden und daher nicht mehr verkäuflich.

b) Nein, mit sechs Jahren ist der Junge beschränkt geschäftsfähig. Er kann im Rahmen des Taschengeldes ohne Einwilligung der Erziehungsberechtigten rechtswirksam Rechtsgeschäfte abschließen.

c) Nein, denn die Eltern hätten im Rahmen ihrer Sorgfaltspflicht verhindern müssen, dass das Kind alleine das Schreibwarengeschäft aufsucht.

d) *Ja, denn es ist kein Kaufvertrag abgeschlossen worden.*
e) *Ja, denn erst ab sieben Jahren ist man geschäftsfähig.*
f) *Ja, denn Kinder unter sieben Jahren sind noch nicht rechtsfähig.*

5 *Die 75-jährige Elfriede Bütt hat in ihrem Testament als Alleinerben ihren 10-jährigen Pudel eingesetzt. Begründen Sie, ob man Tieren nach deutschem Recht etwas vererben kann!*

6 *Erläutern Sie, welche Rechtssubjekte unterschieden werden!*

7 *Ein 14-jähriger Junge kauft sich von seinem Taschengeld in einer Tierhandlung einen Hamster. Begründen Sie, ob ein Kaufvertrag zustande gekommen ist!*

2.3 Rechtsobjekte

Der Auszubildende Werner Krull verleiht sein Rechnungswesenbuch an seinen Klassenkameraden Roland Weiß. Nach einer Woche verlangt Werner das Buch von seinem Klassenkameraden zurück, da er es selbst zur Vorbereitung auf eine Klassenarbeit benötigt. Roland lehnt die Herausgabe des Buches mit der Begründung ab, er sei noch nicht fertig mit den Aufgaben, die er machen wollte, und außerdem habe Werner bei der Übergabe des Buches keinen Termin für die Rückgabe genannt.

Arbeitsauftrag

❑ *Stellen Sie fest, ob Werner die sofortige Herausgabe des Buches verlangen kann!*
❑ *Überprüfen Sie, worin der Unterschied zwischen Besitz und Eigentum besteht!*

Rechtsobjekte im rechtlichen Sinne sind Sachen und Rechte.

● Sachen und Rechte

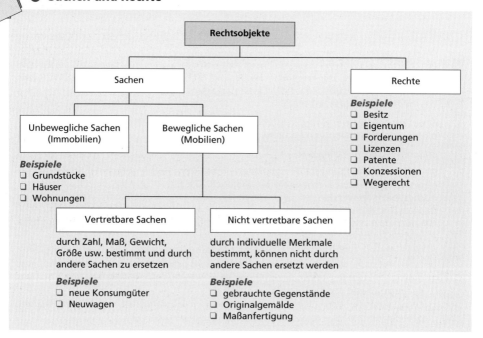

Als **Rechtsobjekte** bezeichnet man die Gegenstände des Rechtsverkehrs. Hierbei unterscheidet man körperliche Rechtsobjekte (Sachen) und nichtkörperliche Rechtsobjekte (Rechte). **Sachen** werden in unbewegliche (Immobilien) und bewegliche (vertretbare und nicht vertretbare Sachen) unterschieden. **Vertretbare Sachen** sind untereinander austauschbar, **nicht vertretbare Sachen** können nicht durch andere ersetzt werden (z. B. ein Originalbild von Picasso). Im Vertragsleben spielt diese Unterscheidung eine große Rolle, weil in Fällen der Unmöglichkeit der Leistung die vertretbare Sache durch eine artgleiche ausgetauscht werden kann.

● Besitz und Eigentum als Rechte

Zu den nichtkörperlichen Rechtsobjekten zählen die Rechte Besitz und Eigentum. **Besitz ist die tatsächliche Herrschaft über eine Sache (§ 854 BGB).** Jemand benutzt eine Sache, die ihm nicht gehört. **Eigentum ist die rechtliche Herrschaft über eine Sache.** Dem Eigentümer gehört die Sache, er kann damit nach Belieben verfahren (§ 903 BGB).

Beispiele	Besitzer ist der	Eigentümer ist der
❏ Miete eines Autos	Mieter	Vermieter
❏ Leihe eines Buches	Leiher	Verleiher
❏ Pacht eines Grundstückes	Pächter	Verpächter
❏ Kauf einer CD	Käufer	Käufer

Die Eigentumsübertragung ist bei beweglichen und unbeweglichen Sachen unterschiedlich geregelt.

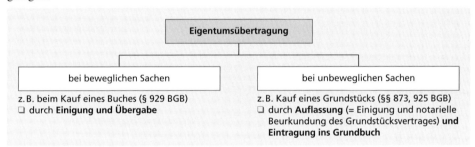

Beispiel Ein Kunde kauft in der Oliver Rand GmbH einen Trainingsanzug. Der Verkäufer übergibt dem Kunden den Anzug. Im Moment der Übergabe ist das Eigentum an dem Anzug von der Oliver Rand GmbH auf den Kunden übergegangen.

Im **Ausnahmefall** kann man auch Eigentümer einer Sache werden, die dem Verkäufer nicht gehört. Voraussetzung ist, dass **der Käufer in gutem Glauben gehandelt hat (§ 932 BGB).** Unter gutgläubig ist zu verstehen, dass man den Verkäufer den Umständen nach für den Eigentümer halten darf.

Beispiel Der Auszubildende Peter Kant hat seit einem halben Jahr ein Surfbrett von einem Bekannten geliehen. Peter bietet seinem Freund Werner dieses Surfbrett zum Kauf an. Zum Beweis, dass er Eigentümer ist, legt er eine gut gefälschte Kaufquittung vor. Werner, der nicht wusste, dass das Surfbrett nicht Eigentum von Peter Kant ist, zahlt den gewünschten Kaufpreis und wird Eigentümer des Surfbrettes, da er in gutem Glauben gehandelt hat.

Ein **Dieb kann niemals Eigentümer einer gestohlenen Sache werden**, sondern nur dessen Besitzer. An gestohlenen Sachen kann grundsätzlich kein Eigentum erworben werden, selbst wenn der Käufer die gestohlene Sache in gutem Glauben gekauft hat. Normalerweise kann also nur der Eigentümer einer Sache das Eigentum auf eine andere Person übertragen.

Rechtsobjekte

▷ Zu den Rechtsobjekten zählen Sachen und Rechte.

Besitz (Wer hat eine Sache?)	**Eigentum** (Wem gehört eine Sache?)

= tatsächliche   = rechtliche

Herrschaft über eine Sache

▷ Die **Eigentumsübertragung** erfolgt bei beweglichen Sachen durch Einigung und Übergabe, bei unbeweglichen Sachen durch Auflassung und Eintragung.

▷ An gestohlenen Sachen kann man **nie** Eigentum erwerben.

1 Erläutern Sie den Unterschied zwischen Besitz und Eigentum!

2 Peter kauft von einem guten Bekannten ein gebrauchtes Fahrrad. Nach zwei Wochen wird Peter bei einer Polizeikontrolle darauf aufmerksam gemacht, dass das Fahrrad vor zwei Monaten gestohlen wurde. Peter argumentiert, dass er das Fahrrad in gutem Glauben von seinem Bekannten gekauft hat, er sei damit rechtmäßiger Eigentümer des Fahrrades. Begründen Sie, ob Peter Recht hat!

3 Erläutern Sie die Eigentumsübertragung bei unbeweglichen Sachen!

4 Die Bürodesign GmbH überlässt einem Kunden für drei Tage probeweise einen Schreibtischstuhl. Nach drei Tagen ruft der Kunde an und teilt der Bürodesign GmbH mit, dass er den Stuhl kaufen wolle, da ihm dieser sehr gut gefalle. Am nächsten Tag kommt der Kunde in das Verkaufsstudio der Bürodesign GmbH und zahlt den geforderten Kaufpreis.

a) Erläutern Sie die Besitz- und Eigentumsverhältnisse am Stuhl bis zum Anruf des Kunden!

b) Beschreiben Sie, wie im obigen Fall die Eigentumsübertragung stattfindet!

c) Erklären Sie, wann der Kunde Eigentümer des Stuhls wird!

5 Stellen Sie in den unten stehenden Fällen fest, welche Person

1. nur Eigentümer ist,
2. nur Besitzer ist,
3. Eigentümer und Besitzer ist,
4. weder Eigentümer noch Besitzer ist!

a) Ein Kfz-Händler verkauft im Kundenauftrag einen Pkw an Wilhelm Straub.

b) Die Hans Krämer OHG mietet für ein Jahr von einem Büromaschinenhersteller vier Fotokopierer.

c) Eine Kundin kauft in einem Textilfachgeschäft ein Halstuch. Auf dem Nachhauseweg verliert sie das Halstuch, ein Spaziergänger findet es.

d) Ein Kunde kauft in einem Radio- und Fernsehgeschäft einen Videorekorder, den der Hersteller dem Einzelhändler zu Vorführzwecken leihweise überlassen hatte.

e) Eine Industriekauffrau schließt mit ihrem Nachbarn einen nicht notariell beurkundeten Kaufvertrag über ein Grundstück ab.

6 Erläutern Sie, welche Rechtsobjekte sich unterscheiden lassen, und nennen Sie jeweils drei Beispiele!

2.4 Vertragsrecht am Beispiel des Kaufvertrages

Oliver Rand sitzt aufgeregt am Schreibtisch. Er hat einen potenziellen Lieferer für Kugelschreiber, die Skribo Pencil AG, ermittelt. Diese bietet Kugelschreiber für 0,30 EUR/Stück bei einer Mindestabnahme von 50000 Stück an. Telefonisch vereinbart er mit dem zuständigen Disponenten der AG die Lieferung von 50000 Kugelschreibern. „Jetzt habe ich für die RAND OHG ein tolles Geschäft gemacht", sagt Oliver zu seiner Mutter Renate Rand, „bisher mussten wir für Kugelschreiber 0,43 EUR je Stück im Einkauf bezahlen, ich habe gerade 50000 Stück für 0,30 EUR je Stück telefonisch bestellt." „Das darf doch nicht wahr sein", stöhnt Frau Rand. „Wir haben doch bisher nur 30000 Kugelschreiber pro Jahr verkauft, was sollen wir denn mit den 20000 überzähligen Stiften machen?" „Das ist doch kein Problem", sagt Oliver, „dann rufe ich schnell bei der Skribo Pencil AG an und sage denen, dass wir die Kugelschreiber nicht brauchen. Es ist ja ohnehin kein Kaufvertrag zustande gekommen, da ich noch nicht schriftlich bestellt habe."

Arbeitsauftrag
- ❏ *Überprüfen Sie, ob Oliver für die RAND OHG einen Kaufvertrag abgeschlossen hat!*
- ❏ *Stellen Sie fest, welche Pflichten sich aus einem Kaufvertrag für einen Käufer und einen Verkäufer ergeben und wie diese Pflichten erfüllt werden können!*

● Zustandekommen des Kaufvertrages

Der Kaufvertrag (§§ 433 ff. BGB) des Verkäufers mit dem Käufer kommt durch **zwei übereinstimmende Willenserklärungen** zustande. Die Willenserklärung zum Abschluss eines Kaufvertrages kann schriftlich, fernschriftlich, mündlich oder fernmündlich abgegeben werden. Dabei kann die Initiative zum Abschluss des Kaufvertrages (**Antrag**) sowohl vom Verkäufer als auch vom Käufer ausgehen. Die Zustimmung zum Kaufvertrag erfolgt durch die **Annahme** des Käufers bzw. des Verkäufers. Folgende Möglichkeiten des Zustandekommens eines Kaufvertrages sind denkbar:

❏ **Der Verkäufer macht den Antrag:**

Der Kaufvertrag kommt zustande, wenn die **Bestellung (Annahme) des Käufers** inhaltlich mit dem **Angebot (Antrag) des Verkäufers** übereinstimmt.

❏ **Der Käufer macht den Antrag:**

Der Kaufvertrag kommt zustande, wenn der Verkäufer (**Annahme**) die Bestellung des Käufers (**Antrag**) annimmt.

● Verpflichtungs- und Erfüllungsgeschäft

Aus dem Kaufvertrag entstehen für die Vertragsparteien Pflichten und Rechte. Mit dem Vertragsabschluss (**Verpflichtungsgeschäft**) verpflichten sich die Vertragsparteien, den Vertrag zu erfüllen (**Erfüllungsgeschäft**). Die Pflichten des Verkäufers entsprechen den Rechten des Käufers und umgekehrt.

Pflichten des Verkäufers	Pflichten des Käufers
❑ Übergabe und Übereignung der mangelfreien Ware zur rechten Zeit und am rechten Ort ❑ Annahme des Kaufpreises	❑ Annahme der ordnungsgemäß gelieferten Ware ❑ rechtzeitige Zahlung des vereinbarten Kaufpreises

Die Vertragspartner können den Kaufvertrag erfüllen, indem sie ihren jeweiligen Verpflichtungen nachkommen. Zeitlich können zwischen dem Abschluss (**Verpflichtungsgeschäft**) und der Erfüllung (**Erfüllungsgeschäft**) des Kaufvertrages oft mehrere Wochen oder Monate liegen.

Beispiel Die RAND OHG bestellt bei der Pullmann KG 1 000 Gemüsereiben, die erst in acht Wochen lieferbar sind. Nach acht Wochen liefert die Pullmann KG die bestellten Gemüsereiben, die RAND OHG zahlt bei Lieferung. Die **Verpflichtung** beider Vertragspartner entstand beim Abschluss des Kaufvertrages, der Vertrag wurde von der Pullmann KG durch die rechtzeitige und mangelfreie Lieferung und die Annahme des Kaufpreises und von der RAND OHG durch die Annahme der bestellten Gemüsereiben und rechtzeitige Bezahlung **erfüllt**.

Vertragsrecht am Beispiel des Kaufvertrages

◊ Der **Kaufvertrag** kommt durch **übereinstimmende Willenserklärungen** von zwei oder mehr Personen zustande **(Antrag und Annahme)**.

◊ Der **Verkäufer verpflichtet sich,**
   ❑ rechtzeitig und mangelfrei zu liefern und
   ❑ dem Käufer das Eigentum an der Ware zu verschaffen.

◊ Der **Käufer verpflichtet sich,**
   ❑ die ordnungsgemäß gelieferte Ware anzunehmen und
   ❑ den Kaufpreis rechtzeitig zu zahlen.

◊ Beide **Vertragspartner** müssen ihre **Pflichten erfüllen**.

1 *Erläutern Sie, wodurch sich Verpflichtungs- und Erfüllungsgeschäft unterscheiden!*

2 *Erklären Sie anhand von drei Beispielen, wie Verpflichtungs- und Erfüllungsgeschäft zeitlich auseinander fallen können!*

3 *Welche Aussage über den Kaufvertrag ist richtig?*
   a) Die Eigentumsübertragung ist immer mit der Übergabe der Sache verbunden.
   b) Die Eigentumsübertragung an beweglichen Sachen erfolgt in der Regel durch Einigung und Übergabe.
   c) Beim Kaufvertrag geht die Initiative zum Abschluss des Kaufvertrages immer vom Verkäufer aus.
   d) Der Kaufvertrag kommt schon durch den Antrag des Käufers an den Verkäufer zustande.
   e) Beim Kaufvertrag über gestohlene Waren kann der Käufer das Eigentum gutgläubig erwerben.

2.5 Vertragsfreiheit und Form der Rechtsgeschäfte

Geschäftsführer Werner Koch hat sich mit Dieter Schnell, dem Eigentümer eines Nachbargrundstückes, zusammengesetzt, um über den Kauf des Grundstückes zu verhandeln. Nach einer Stunde hat man sich über den Preis geeinigt. Zur Sicherheit lässt sich Herr Koch von Dieter Schnell eine schriftliche Bestätigung über die getroffene Vereinbarung geben. Nach vier Tagen teilt Herr Schnell der RAND OHG mit, dass er nicht mehr gewillt sei, das Grundstück zu den vereinbarten Konditionen zu verkaufen.

Arbeitsauftrag

❑ *Überprüfen Sie, ob Herr Koch auf dem Verkauf des Grundstückes zu den vereinbarten Konditionen bestehen kann!*
❑ *Erläutern Sie die unterschiedlichen Formvorschriften für Rechtsgeschäfte!*

● *Vertragsfreiheit*

In der Bundesrepublik Deutschland gilt der Grundsatz der **Vertragsfreiheit,** d. h. es kann niemand zum Abschluss eines Vertrages gezwungen werden **(Abschlussfreiheit).** Jeder kann seinen Vertragspartner selbst aussuchen. Ein Kaufmann kann jederzeit den Kaufantrag eines Kunden ablehnen. Außerdem kann der Inhalt der Verträge frei bestimmt werden **(Gestaltungsfreiheit),** solange dieser nicht gegen bestehende Gesetze verstößt (vgl. S. 52).

Vorteil der Vertragsfreiheit ist, dass die Vertragspartner die Möglichkeiten haben, Verträge so abzufassen, dass sie genau auf den Einzelfall passen. Vertragsfreiheit ist somit Voraussetzung für einen funktionierenden Wettbewerb. **Nachteil der Vertragsfreiheit** ist, dass jeder Vertrag, wenn er nicht gegen bestehende Gesetze verstößt, von den Vertragspartnern eingehalten werden muss.

Beispiel Sonja Koch nimmt an einer Verkaufsfahrt nach Helgoland teil. Diese kostet nur 29,00 EUR. Während der Überfahrt nach Helgoland nimmt sie auf dem Schiff an einer Verkaufsveranstaltung teil und bestellt für 1 200,00 EUR Ware. Als sie die Waren nach vier Wochen zugesandt bekommt, stellt sie fest, dass diese wesentlich teurer als in jedem Einzelhandelsgeschäft sind. Sie muss die Ware trotzdem abnehmen, da sie sich mit dem Vertragsabschluss dazu verpflichtet hat.

In einigen Fällen muss ein Unternehmen kraft Gesetz einen Vertrag mit einem Antragsteller schließen, sobald diese Person einen Antrag an dieses Unternehmen stellt **(Kontrahierungszwang).** Dieser **Abschlusszwang** gilt gesetzlich u. a. für die Briefbeförderung der Deutschen Post AG, die Personenbeförderung der Deutschen Bahn AG, die Energieversorgung der Haushalte durch Gas- und Elektrizitätswerke.

● Form der Rechtsgeschäfte

Die meisten Rechtsgeschäfte können formlos abgeschlossen werden (**Formfreiheit**). Bei einigen Rechtsgeschäften besteht der Gesetzgeber auf der Einhaltung bestehender Formvorschriften (**Formzwang**). Hier liegen die Grenzen der Vertragsfreiheit. Bei Nichtbeachtung dieser Formvorschriften ist das Rechtsgeschäft nichtig (§ 125 BGB), d.h. der Vertrag ist von Anfang an nicht zustande gekommen (vgl. S. 53 f.).

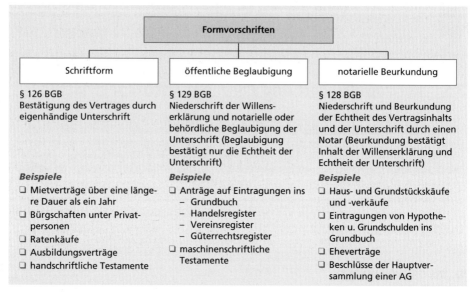

Schriftform	öffentliche Beglaubigung	notarielle Beurkundung
§ 126 BGB Bestätigung des Vertrages durch eigenhändige Unterschrift	§ 129 BGB Niederschrift der Willenserklärung und notarielle oder behördliche Beglaubigung der Unterschrift (Beglaubigung bestätigt nur die Echtheit der Unterschrift)	§ 128 BGB Niederschrift und Beurkundung der Echtheit des Vertragsinhalts und der Unterschrift durch einen Notar (Beurkundung bestätigt Inhalt der Willenserklärung und Echtheit der Unterschrift)
Beispiele	*Beispiele*	*Beispiele*
❑ Mietverträge über eine längere Dauer als ein Jahr ❑ Bürgschaften unter Privatpersonen ❑ Ratenkäufe ❑ Ausbildungsverträge ❑ handschriftliche Testamente	❑ Anträge auf Eintragungen ins – Grundbuch – Handelsregister – Vereinsregister – Güterrechtsregister ❑ maschinenschriftliche Testamente	❑ Haus- und Grundstückskäufe und -verkäufe ❑ Eintragungen von Hypotheken u. Grundschulden ins Grundbuch ❑ Eheverträge ❑ Beschlüsse der Hauptversammlung einer AG

Der Gesetzgeber verfolgt mit dem **Formzwang** bei bestimmten Rechtsgeschäften das Ziel, die Vertragspartner vor leichtfertigem und übereiltem Handeln zu bewahren und erhöhte Sicherheit und leichte Beweisbarkeit zu gewährleisten.

Vertragsfreiheit und Form der Rechtsgeschäfte
▷ Bei der **Gestaltung** gegenseitiger **Vereinbarungen** sind die Vertragspartner **frei**.
▷ Niemand kann zum Abschluss eines Vertrages gezwungen werden.
▷ Jeder kann seinen Vertragspartner selbst aussuchen.
▷ **Die meisten Rechtsgeschäfte** des täglichen Lebens können **formfrei** abgeschlossen werden.
▷ Einige Rechtsgeschäfte müssen **schriftlich abgeschlossen**, einige **öffentlich beglaubigt oder notariell beurkundet** werden.

1 *Erläutern Sie den Begriff der Vertragsfreiheit!*

2 ☞ *Die Geschäftsführer Rand und Koch besuchen an einem Mittwochabend gegen 20:00 Uhr ein Restaurant, um den Arbeitstag mit einem schönen Essen zu beschließen. Der Restaurantinhaber erklärt ihnen aber, er wolle nach Hause gehen, um im Fernsehen das Endspiel um den Fußballeuropapokal zu sehen. Auf einem Schild im Schaufenster steht aber, dass die Küche bis 23:00 Uhr geöffnet sei. Begründen Sie, ob das Restaurant Herrn Koch und Frau Rand noch eine Mahlzeit zubereiten muss!*

3 Erläutern Sie an je einem Beispiel den Unterschied zwischen öffentlicher Beglaubigung und notarieller Beurkundung!

4 Welche Formvorschriften sind in den folgenden Fällen vorgeschrieben?
a) Kauf eines gebrauchten Pkw.
b) Aufstellung eines handgeschriebenen Testaments.
c) Eine Gruppe von 20 Freizeitjoggern beschließt, einen Sportverein zu gründen.
d) Ein Kunde kauft eine Wohnzimmereinrichtung in einem Möbelhaus mit der Vereinbarung einer Ratenzahlung.
e) Die 18-jährige Andrea schließt einen Ausbildungsvertrag mit einem Industriebetrieb ab.
f) Hans Huber schließt mit Theodor Körner einen dreijährigen Mietvertrag für eine Apartmentwohnung ab.

5 Der 70-jährige Anton Schmitz möchte ein Testament aufstellen. Geben Sie an, welche Formvorschriften Herr Schmitz beachten muss!

2.6 Nichtigkeit und Anfechtbarkeit von Rechtsgeschäften

Sonja Koch kommt in guter Stimmung an einem heißen Sommerabend in ihr Stammlokal. Sie verspricht, demjenigen ihr neues Auto zu schenken, der ihr am schnellsten ein kaltes Bier bringt. Ihr Freund Klaus bringt ihr sofort ein Bier und verlangt die Herausgabe der Autopapiere und des Schlüssels.

Arbeitsauftrag
❏ Begründen Sie, ob Sonja ihrem Freund das Auto überlassen muss!
❏ Erläutern Sie anhand von Beispielen Nichtigkeit und Anfechtbarkeit von Rechtsgeschäften!

● **Nichtigkeit von Rechtsgeschäften**

Rechtsgeschäfte können von Anfang an nichtig (= ungültig) sein, d.h., das Rechtsgeschäft hat keine Rechtsfolgen. Folgende Gründe können **zur Nichtigkeit** von Rechtsgeschäften **führen**:

▷ **Geschäfte mit geschäftsunfähigen Personen (§ 105 BGB,** vgl. S. 42)

▷ **Geschäfte mit beschränkt geschäftsfähigen Personen ohne Zustimmung der Erziehungsberechtigten oder des Betreuers (§ 108 BGB,** vgl. S. 42 f.)

▷ **Geschäfte, die gegen die guten Sitten verstoßen (§ 138 BGB)**

Beispiel Ein Einzelhändler verlangt von einer Kundin bei einem Ratenvertrag einen Zinssatz von 50 %. In diesem Fall liegt ein Wucherzins vor, der Vertrag ist nichtig. (Ein Wucherzins liegt in der Regel vor, wenn der dreifache Marktzins überschritten wird.)

▷ **Geschäfte, die gegen ein gesetzliches Verbot verstoßen (§ 134 BGB)**

Beispiel Ein Kaufmann schließt mit einem Dieb einen Vertrag über gestohlene Waren.

▷ **Geschäfte, die gegen gesetzliche Formvorschriften verstoßen (§ 125 BGB,** vgl. S. 52)

Beispiel Kaufvertrag über ein Grundstück ohne notarielle Beurkundung

▷ **Scherzgeschäfte:** Verträge, die im Scherz abgeschlossen werden.

Beispiel Sonja Koch verspricht in einem Lokal, demjenigen ihr neues Auto zu schenken, der ihr am schnellsten ein Bier bringt. Für jeden ist ersichtlich, dass es sich um einen Scherz handelt. Folglich ist auch kein Vertrag zustande gekommen, wenn ihr jemand tatsächlich ein Bier bringt.

Ausnahme: Bei einem Scherzgeschäft muss für jedermann erkennbar sein, dass es sich um einen Scherz handelt.

Beispiel Der 20-jährige Adrian will seiner 17-jährigen Freundin Ursula auf einem Pferdemarkt in Hannover imponieren. Er verspricht seiner Freundin, dass er es schaffen werde, ein bestimmtes Pferd bei einem Händler für 1 500,00 EUR zu kaufen. Er schafft es tatsächlich in zähen Verhandlungen mit dem Pferdehändler, den Kaufpreis von 3 000,00 EUR auf 1 500,00 EUR runterzuhandeln und besiegelt den Kaufvertrag mit einem Handschlag. Anschließend erklärt er dem Pferdehändler, dass es sich um einen Scherz gehandelt habe. Der Pferdehändler verlangt die Abnahme des Pferdes und Zahlung der 1 500,00 EUR. Der Pferdehändler konnte nicht ersehen, dass es sich um einen Scherz handelt. Somit ist ein Kaufvertrag zustande gekommen.

▷ **Scheingeschäfte (§ 117 BGB):** Verträge, die zum Schein abgeschlossen werden.

Beispiel Der Kaufmann Peter Schneller lässt im notariellen Kaufvertrag über ein Grundstück einen geringeren Kaufpreis mit Einwilligung des Verkäufers eintragen, um einen Teil der Grunderwerbsteuer zu sparen. Der Kaufvertrag ist nichtig.

● *Anfechtbarkeit von Rechtsgeschäften*

Rechtsgeschäfte können durch besondere Erklärungen gegenüber dem Vertragspartner nachträglich ungültig werden. Man nennt diese Erklärung Anfechtung. **Anfechtbare Rechtsgeschäfte sind bis zur Anfechtung gültig.** Folgende Gründe können zur Anfechtung von Rechtsgeschäften führen:

▷ **Anfechtung wegen Irrtum in der Erklärung (§ 119 BGB)**

Beispiel Der Reisende der HaWa AG Haushaltswaren, Klaus Barrig, bietet im Verkaufsgespräch einem Kunden irrtümlich einen Artikel für 795,00 EUR statt des tatsächlichen Preises von 995,00 EUR an.

▷ **Anfechtung wegen Irrtum in der Übermittlung (§ 120 BGB)**

Beispiel Herr Barrig bietet einem Kunden telefonisch einen Artikel für 1 999,00 EUR an. Durch die schlechte Telefonleitung versteht der Kunde aber 999,00 EUR.

Ausnahme: Bei einem **Motivirrtum (Irrtum im Beweggrund)** liegt kein Grund zur Anfechtung vor.

Beispiel Eine Kundin hat in Anbetracht ihrer bevorstehenden Hochzeit einen Kaufvertrag über ein teures Porzellanservice unterschrieben. Zwei Tage später erscheint die Kundin und erklärt, ihr Verlobter hätte die Verlobung gelöst und sie wolle das Porzellanservice nicht mehr haben. Der Kaufvertrag bleibt aber bestehen, da ein Irrtum im Motiv rechtlich unerheblich ist, d. h. für die Verbindlichkeit des Kaufvertrages ist es ohne Bedeutung, aus welchem Grund (= Motiv „Hochzeit") die Kundin das Service bestellt hat.

▷ **Anfechtung wegen arglistiger Täuschung (§ 123 BGB)**

Beispiel Der Autohändler Franz Foltz bietet einem Kunden einen ausdrücklich unfallfreien Gebrauchtwagen für 6 000,00 EUR an. Der Käufer erwirbt den Wagen, stellt aber nach zwei Monaten fest, dass der Wagen einen Unfall hatte. Der Käufer kann den Kaufvertrag anfechten und sein Geld zurückverlangen.

▷ **Anfechtung wegen widerrechtlicher Drohung (§ 123 BGB)**

Beispiel Ein Angestellter droht seinem Arbeitgeber wegen eines Umweltvergehens mit einer Anzeige beim Ordnungsamt, falls dieser seine Forderung nach einer Gehaltserhöhung ablehnt. Auch wenn sich der Arbeitgeber damit einverstanden erklärt, ist er zwar an die Abmachung gebunden, er kann sie aber anfechten.

Nichtigkeit und Anfechtbarkeit von Verträgen

Nichtigkeit von Rechtsgeschäften	Anfechtbarkeit von Rechtsgeschäften
❏ Vertrag mit Geschäftsunfähigen ❏ Vertrag mit beschränkt Geschäftsfähigen ohne Zustimmung der Erziehungsberechtigten oder des Betreuers ❏ Verstoß gegen die guten Sitten ❏ Verstoß gegen gesetzliches Verbot ❏ Verstoß gegen die Formvorschriften ❏ Scherzgeschäfte ❏ Scheingeschäfte	❏ wegen Irrtum in der Erklärung ❏ wegen Irrtum in der Übermittlung ❏ wegen arglistiger Täuschung ❏ wegen widerrechtlicher Drohung

Rechtsgeschäfte sind von Anfang an ungültig.

Bis zur Anfechtung sind die Rechtsgeschäfte gültig.

1 Erläutern Sie die wesentlichen Unterschiede zwischen Nichtigkeit und Anfechtbarkeit von Rechtsgeschäften!

2 Beschreiben Sie, wovon das Zustandekommen von Verträgen mit beschränkt Geschäftsfähigen abhängt!

3 Der Industriekaufmann Hilbig verkauft an einen guten Bekannten ein Wochenendgrundstück, ohne dass ein Notar in Anspruch genommen und der Verkauf ins Grundbuch eingetragen wird, da beide Vertragspartner die Notargebühren sparen wollen. Begründen Sie, ob ein rechtswirksamer Vertrag zustande gekommen ist!

4 Beurteilen Sie nachfolgende Fälle danach, ob sie rechtsgültig, anfechtbar oder nichtig sind!

a) Der Auszubildende Peter erwirbt in einer Discothek eine Pistole, obwohl er keinen Waffenschein besitzt.

b) Die 5-jährige Nicole kauft sich in einer Bäckerei ein Stück Kuchen.

c) Der 19-jährige Hermann erwirbt bei einem Bekannten eine neue Hifianlage, die einen Wert von 3 000,00 EUR hat, für 2 000,00 EUR.

d) Ein Hersteller bietet einem Kunden telefonisch einen Artikel für 59,00 EUR an. Der Kunde versteht aber 49,00 EUR.

e) Der 16-jährige Engelbert erwirbt mit seinem Taschengeld eine CD. Die Eltern sind mit diesem Kauf nicht einverstanden.

f) Eine Verkäuferin verkauft eine Kunststoffjacke mit dem Hinweis, dass die Jacke aus Leder gefertigt sei.

5 Stellen Sie bei nachstehenden Willenserklärungen fest, ob sie

1. von Anfang an wirksam sind,
2. schwebend unwirksam sind, solange die Zustimmung des gesetzlichen Vertreters fehlt,
3. von Anfang an unwirksam sind!

a) Ein 6-Jähriger Junge kauft ein Spielzeugauto. Er zahlt den Kaufpreis mit seinem Taschengeld, das ihm seine Eltern zur freien Verfügung gegeben haben.

b) Ein 14-Jähriges Mädchen nimmt gegen den Willen ihrer Eltern von ihrer Tante ein Geldgeschenk an.

c) Eine 16-Jährige schließt ohne Wissen ihrer Eltern mit einem Industriebetrieb einen Ausbildungsvertrag ab.

d) Ein 18-Jähriger beantragt bei seiner Bank ein Kleindarlehen zur Anschaffung eines Gebrauchtwagens.

e) Ein 11-Jähriger kauft von seinem Taschengeld ein gebrauchtes Fahrrad.

2.7 Anbahnung, Durchführung und Erfüllung des Kaufvertrages

2.7.1 Anfrage und Angebot

Die RAND OHG holt von verschiedenen Unternehmen schriftliche Angebote für Damenblusen ein. U.a. erhält sie ein Angebot der Wollmann OHG. Unter dem Angebot dieses Unternehmens steht u.a.: „Lieferung solange der Vorrat reicht". Die RAND OHG bestellt einen Tag nach Erhalt des Angebots 2000 Damenblusen. Nach einer Woche erhält sie von der Wollmann OHG folgende Nachricht: „Leider müssen wir Ihnen mitteilen, dass unser gesamter Lagerbestand an Blusen bereits verkauft worden ist." Vera Meesters, Leiterin der Beschaffungsabteilung der RAND OHG, ruft empört bei der Wollmann OHG an und verlangt die Lieferung der bestellten Waren.

Arbeitsauftrag
❑ *Stellen Sie fest, welche rechtliche Bedeutung ein Angebot für den Anbietenden hat!*
❑ *Überprüfen Sie, ob die RAND OHG Anspruch auf Lieferung der bestellten Waren hat!*
❑ *Erläutern Sie Freizeichnungsklauseln!*

● Die Anfrage

Bevor ein Kunde einen Kaufvertrag mit einem Lieferer abschließt, informiert er sich über **Preis, Qualität, Mengeneinheiten usw.** eines oder mehrerer Artikel. Diese Anfrage ist für Kunden und Lieferer unverbindlich, d.h. ohne rechtliche Wirkung. Die Anfrage ist **formfrei.** Sie kann schriftlich, mündlich, telefonisch oder fernschriftlich (Telefax, Onlinedienste, Internet) erfolgen.

Durch den **elektronischen Datenaustausch (EDI = Electronic Data Interchange)** von Computer zu Computer können Anfragen zwischen Kunden und Lieferanten usw., z.B. über Onlinenetze, z.B. T-Online, schnell und rationell abgewickelt werden (vgl. S. 138 f.).

Mit der Anfrage können neue Geschäftsbeziehungen angebahnt oder bekannte Lieferer zur Abgabe eines Angebotes aufgefordert werden.

▷ **Allgemeine Anfrage:** Bittet ein Kunde nur um einen Katalog, eine Preisliste, ein Warenmuster oder um einen Vertreterbesuch, spricht man von einer allgemeinen Anfrage.

▷ **Bestimmte Anfrage:** Ein Kunde will vom Verkäufer konkrete Angaben über bestimmte Waren und Konditionen (Liefer- und Zahlungsbedingungen) erhalten, so z.B. Angaben über Güte (Qualität und Beschaffenheit) der Produkte, Mindestabnahmemengen, Preis, Lieferzeit.

● Das Angebot

INFO Ein Angebot ist eine an eine **bestimmte Person gerichtete Willenserklärung** (vgl. S. 38), mit der der Anbietende zu erkennen gibt, dass er bestimmte Waren zu bestimmten Bedingungen liefern will. Das Angebot unterliegt ebenso wie die Anfrage **keinen Formvorschriften.** Es kann mündlich, schriftlich, telefonisch oder fernschriftlich abgegeben werden. Zur Vermeidung von Irrtümern sollte immer die Schriftform gewählt werden.

Ein **Angebot** ist nur dann **rechtsverbindlich,** wenn es **an eine bestimmte Person gerichtet ist (§ 145 BGB).** Das **Ausstellen von Waren** in Schaufenstern, Automaten, Verkaufsräumen, ebenso das **Anpreisen von Waren** in Prospekten, Katalogen, Postwurfsendungen und Anzeigen in Zeitungen sind im rechtlichen Sinne kein Angebot, sondern eine an die Allgemeinheit gerichtete **Anpreisung.** Diese beinhalten lediglich die **Aufforderung an den Kunden, selbst einen Antrag an den Verkäufer zu richten.**

▷ **Bindung an das Angebot:** Grundsätzlich sind alle Angebote verbindlich. Will der Verkäufer die Bindung des Angebots einschränken oder ausschließen, so nimmt er in sein Angebot so genannte **Freizeichnungsklauseln** auf:

Freizeichnungsklauseln	verbindlich	unverbindlich
❑ solange Vorrat reicht	Preis, Lieferzeit	Menge
❑ freibleibend	–	alles
❑ ohne Gewähr, ohne Obligo	–	alles
❑ Preise freibleibend	Lieferzeit, Menge	Preis
❑ Lieferzeit freibleibend	Preis, Menge	Lieferzeit

Beispiel   AGB der RAND OHG „1. Vertragsschluss: Unsere Angebote sind freibleibend." (vgl. S. 67)

Beinhaltet ein **schriftliches Angebot** keine Freizeichnungsklauseln, so ist der Anbietende so lange an sein Angebot gebunden, **wie er unter verkehrsüblichen Umständen mit einer Antwort rechnen kann**, d. h., der Kunde muss auf dem gleichen oder einem schnelleren Weg antworten. Zu berücksichtigen sind hierbei die Beförderungsdauer des Angebots, eine angemessene Überlegungsfrist des Kunden und die Beförderungsdauer der Bestellung.

Beispiele
- ❑ Angebot per Brief: zweimal Postweg in sechs Tagen (vom Anbieter zum Empfänger und zurück), ein Tag Bearbeitung, Gültigkeitsdauer höchstens sieben Tage
- ❑ Angebot per Telefax: ein Tag

Bei einem **mündlichen Angebot** ist der Anbietende **während des Verkaufsgesprächs** an sein Angebot gebunden. Nach Beendigung des Gesprächs ist das mündliche Angebot erloschen. Angebote während eines Telefongespräches gelten ebenfalls nur für die Dauer des Gesprächs.

Der Lieferer ist nicht mehr an sein Angebot gebunden, wenn

❑ **das Angebot vom Kunden abgeändert wurde,**
   Beispiel   Statt zu 3,00 EUR/Stück bestellt der Kunde zu 2,80 EUR/Stück.

❑ **das Angebot vom Lieferer rechtzeitig widerrufen wurde;** der Widerruf muss aber spätestens gleichzeitig mit dem Angebot beim Kunden eintreffen,
   Beispiel   Ein Angebot wurde brieflich an den Kunden gesandt; nach einem Tag will der Verkäufer aufgrund eines Irrtums widerrufen, es empfiehlt sich ein Widerruf per Telefon oder Telefax, damit der Widerruf spätestens mit dem Brief eintrifft.

❑ **zu spät vom Kunden bestellt wurde,**
   Beispiel   Ein Kunde bestellt nach einem brieflichen Angebot ohne Fristsetzung erst nach drei Wochen.

❑ **der Kunde das Angebot ablehnt.**

▷ **Zusendung unbestellter Ware:**
❑ Erhält ein **Kaufmann** unbestellte Waren eines Lieferers (zweiseitiger Handelskauf, vgl. S. 74), dann liegt ein Angebot des Lieferers vor. Es ist zu überprüfen, ob bereits zwischen dem Lieferer und dem Käufer Geschäftsbeziehungen bestehen.
   – Unterhält ein Kaufmann mit einem Lieferer bisher noch **keine Geschäftsbeziehungen**, dann gilt sein **Schweigen** bei Zusendung unbestellter Ware als **Ablehnung des Angebots**. Der Kaufmann ist nur verpflichtet, die unbestellte Ware eine angemessene Zeit aufzubewahren, nicht aber sie zurückzuschicken.

– Sendet ein Lieferer einem Kaufmann, mit dem er **bereits Geschäftsbeziehungen** pflegt, unbestellte Waren zu, und war das Zusenden unbestellter Ware bisher üblich (Handelsbrauch) zwischen den Vertragspartnern, dann gilt das **Stillschweigen** des Kaufmanns als **Annahme des Angebots.** Will der Kaufmann das Angebot nicht annehmen, so ist er verpflichtet, dem Lieferer **unverzüglich** eine Nachricht zukommen zu lassen (§ 362 HGB).

Beispiel Die RAND OHG erhält von der Wollmann OHG, die die RAND OHG seit vielen Jahren beliefert, einen Sonderposten Tennissocken zugesandt, ohne dass dieser bestellt worden war. Unterlässt es die RAND OHG, dem Lieferer unverzüglich Nachricht darüber zu geben, daß sie die Warenlieferung nicht haben möchte, dann muss die RAND OHG die Waren behalten.

❏ Wenn ein Verkäufer einer **Privatperson** (einseitiger Handelskauf, vgl. S. 74) unbestellte Ware zusendet, gilt das **Schweigen** der Privatperson als **Ablehnung.** Die Privatperson ist nur zur Aufbewahrung der Waren, aber nicht zu deren Rücksendung verpflichtet. Wurde die unbestellte Ware als Nachnahme versandt, und nimmt die Privatperson diese an, kommt ein Kaufvertrag zustande.

Beispiel Eine Versandbuchhandlung sendet Sonja Koch unbestellt ein Buch zum Vorzugspreis von 49,00 EUR. Sonja ist nicht verpflichtet, das Buch zu bezahlen. Sie muss das Buch auch nicht zurücksenden. Es genügt, wenn sie das Buch sorgfältig aufbewahrt.

Anfrage und Angebot

◇ Durch eine **Anfrage** kann sich ein Kunde Informationsmaterial über bestimmte Waren beschaffen.

   ❏ Bei der **unbestimmten Anfrage** bittet der Kunde um einen Katalog, einen Vertreterbesuch, eine Preisliste oder ein Muster.

   ❏ Bei der **bestimmten Anfrage** will der Kunde konkrete Informationen zu bestimmten Artikeln, z.B. Menge, Preise, Liefer- und Zahlungsbedingungen, Lieferzeit usw.

   ❏ Jede **Anfrage** ist **formfrei und rechtlich unverbindlich.**

◇ Ein **Angebot** ist eine verbindliche Willenserklärung, Waren zu den angegebenen Bedingungen zu verkaufen. Anpreisungen sind rechtlich unverbindlich.

	Angebot	Anpreisung
Zielgruppe	eine bestimmte Person	die Allgemeinheit
Form	schriftlich mündlich	Katalog, Prospekte Postwurfsendung Zeitungsanzeige Schaufenster
Rechtliche Bedeutung	Antrag	Aufforderung zur Abgabe eines Angebotes
Rechtsfolge	verbindlich	unverbindlich

◇ **Mündliche und telefonische Angebote** sind verbindlich, solange das Gespräch dauert (= Angebote unter Anwesenden).

◇ **Schriftliche Angebote** sind so lange verbindlich, wie der Anbieter unter verkehrsüblichen Umständen mit einer Antwort rechnen kann (= Angebote unter Abwesenden).

◇ Durch **Freizeichnungsklauseln** werden Angebote ganz oder teilweise unverbindlich.

◇ Bei **Zusendung unbestellter Ware** gilt Schweigen als Ablehnung. Ausnahme: Der Empfänger ist Kaufmann und steht mit dem Absender in ständiger Geschäftsbeziehung.

1 Beschreiben Sie den Zweck einer Anfrage!

2 ☞ Die RAND OHG erhält von der EBEKA eG eine schriftliche Anfrage bezüglich Damenblusen und Trainingsanzügen. Der Kunde äußert in seinem Schreiben konkrete Vorstellungen über die Anzahl, Farbe, Größe der Waren. Außerdem bittet er um einen Vertreterbesuch.

a) Um welche Art der Anfrage handelt es sich?
b) Geben Sie an, ob die Anfrage für den Kunden eine rechtliche Bedeutung hat!
c) Welche Inhaltspunkte sollte das Antwortschreiben der RAND OHG haben?
d) PC Schreiben Sie für die RAND OHG das Angebot an die EBEKA eG!

3 Erläutern Sie an einem Beispiel, wie sich die allgemeine und die bestimmte Anfrage unterscheiden!

4 Beschreiben Sie anhand von Beispielen, wie lange ein Lieferer an sein schriftliches Angebot gebunden ist!

5 Erläutern Sie, welche Möglichkeiten ein Lieferer hat, um die Bindung an ein Angebot einzuschränken oder auszuschließen!

6 Erläutern Sie folgende Freizeichnungsklauseln:
a) solange Vorrat reicht   c) ohne Obligo
b) Preis freibleibend   d) freibleibend

2.7.2   Inhalt des Angebotes

Die RAND OHG hat mit der Wollmann OHG einen Kaufvertrag über die Lieferung von 2 000 Damenblusen abgeschlossen. Der Lieferer verspricht, die bestellte Ware am nächsten Tag zu liefern, ohne dass dieses schriftlich festgehalten wird. Ebenfalls wurden keine vertraglichen Vereinbarungen bezüglich der Transport- und Verpackungskosten getroffen. Da der für die Auslieferung zuständige Fahrer erkrankt, kann die Ware erst eine Woche später ausgeliefert werden.

Arbeitsauftrag
❑ Stellen Sie fest, ob die RAND OHG die sofortige Lieferung der Ware verlangen kann!
❑ Überprüfen Sie, wer die Transport- und Verpackungskosten zu tragen hat!
❑ Geben Sie an, welcher Ort bei Streitigkeiten bezüglich der Transportkosten der Gerichtsstand wäre!

Es gibt keine gesetzlichen Vorschriften über den **Inhalt des Angebotes**. Dieser sollte jedoch alle wesentlichen Bestimmungen enthalten, die zur reibungslosen Erfüllung des Kaufvertrages erforderlich sind.

```
                        ┌─────────────────────────┐
                        │   Inhalte des Angebotes  │
                        └─────────────────────────┘
        ┌───────────────────────────┴───────────────────────────┐
┌───────────────────────────┐                 ┌───────────────────────────┐
│   Angaben über die Ware    │                 │      Sonstige Angaben      │
└───────────────────────────┘                 └───────────────────────────┘
```

❑ Art, Güte (Qualität und Beschaffenheit)
❑ Menge
❑ Preis

❑ Lieferzeit   ❑ Gerichtsstand
❑ Verpackungskosten   ❑ Erfüllungsort
❑ Zahlungsbedingungen
❑ Beförderungsbedingungen

Um nicht alle Inhaltspunkte immer wieder neu aushandeln zu müssen, verwenden die Lieferer oft vorgedruckte „Allgemeine Geschäftsbedingungen" (AGB vgl. S. 67 ff.). Wenn weder in den AGB noch im Kaufvertrag Regelungen zu bestimmten Einzelheiten getroffen worden sind, gelten die Bestimmungen des BGB und HGB.

INFO

● *Art der Ware*

Die Art der Ware wird durch **handelsübliche Bezeichnungen festgelegt**.

Beispiele Kaffeeautomat „Aromastar", Gemüsereibe „Schnibbelfix", Spielesammlung „Joker", Stoffbär „Knuddel", Kugelschreiber „Favorit"

● *Güte der Ware*

Gesetzliche Regelung: Sind **im Angebot des Lieferers keine Angaben** über die Güte der Ware gemacht worden, so ist bei Lieferung die **Ware in mittlerer Güte** zu liefern (§ 243 BGB).

Die Güte (Qualität und Beschaffenheit) einer Ware wird bestimmt durch:

▷ **Muster und Proben**

Beispiele Stoffbezüge, Tapeten, Papier (Muster), Wein, Waschmittel (Proben)

▷ **Güteklassen zur Angabe von Warenqualitäten**. Sie geben Auskunft über die **Handelsklassen** (I. Wahl, II. Wahl, DIN-Normen, Auslese), über **Typen** (Weizenmehl Type 405) und **Standards** (Faserlänge von Baumwolle).

VWL

▷ Marken (Markengesetz)

Beispiele

▷ Gütezeichen

Beispiele

▷ **Herkunft der Ware**, die durch das Anbaugebiet oder Herstellungsland gekennzeichnet ist (Markengesetz),
Beispiele Wein von der Mosel, Holz aus Finnland

▷ **Jahrgang der Ware**
Beispiele Antiquitäten, Whiskey, Wein

▷ **Zusammensetzung der Ware**
Beispiele Bestandteile bei Farben und Lacken, Fettanteile in Käse und Wurst, Silbergehalt bei Essbestecken.

● *Menge der Ware*

Gesetzliche Regelung: Enthält das Angebot keine Mengenangabe, die sich auf einen bestimmten Preis bezieht, dann gilt es für jede handelsübliche Menge.

Die Menge einer Ware wird in **gesetzlichen Maßeinheiten** (m, m², l, hl, kg), **in Stückzahlen oder in handelsüblichen Mengeneinheiten** (Stück, Dutzend, Sack, Fass, Kiste, Karton, Ballen, Ries) angegeben.

● *Preis der Ware*

Der Preis einer Ware bezieht sich entweder **auf eine handelsübliche Mengeneinheit oder eine bestimmte Gesamtmenge.** Von entscheidender Bedeutung für die Beurteilung der Vorteilhaftigkeit eines Angebotspreises ist die Berücksichtigung der Preisnachlässe (vgl. S. 249).

● *Lieferzeit*

▷ **Gesetzliche Regelung:** Ist im Kaufvertrag keine Regelung über den Zeitpunkt der Lieferung vereinbart worden, so **kann der Käufer sofortige Lieferung** verlangen und der Verkäufer muss sofort liefern (§ 271 BGB). Diese gesetzliche Regelung wird als Tages- oder Sofortkauf bezeichnet.

▷ Wenn der Käufer eine Ware verlangt, die nicht vorrätig ist, muss eine **vertragliche Regelung** über die Lieferzeit vereinbart werden. Hierbei hat der Käufer zwei Möglichkeiten:

❑ **Terminkauf: Lieferung innerhalb einer bestimmten Frist** (z.B. Lieferung innerhalb von 90 Tagen) oder zu einem bestimmten Zeitpunkt (Termin)
Beispiele Lieferung am 15. März .., Lieferung bis 30. Juni ..

❑ **Fixkauf: Lieferung zu einem kalendermäßig festgelegten Zeitpunkt**, wobei die Klauseln „fest", „fix", „genau", „exakt" angegeben werden müssen.
Beispiel Lieferung am 15. März .. fix

❑ **Kauf auf Abruf:** Bei diesem Kauf wird der Zeitpunkt der Lieferung bei Abschluss des Kaufvertrages nicht festgelegt, er ist in das Ermessen des Käufers gestellt. Bei Bedarf ruft der Käufer die Ware ab, die als Ganzes oder in Teilmengen geliefert werden kann. Hieraus ergeben sich für den Käufer folgende **Vorteile:**
  – geringere Lagerkosten
  – Lieferung frischer Waren
  – Ausnutzung von Rabatt durch den Kauf einer großen Menge
Beispiel Die EBEKA eG hat mit der RAND OHG einen Kaufvertrag über 1 000 Stoffbären „Knuddel" abgeschlossen. Durch die große Bestellung konnte der EBEKA eG ein Mengenrabatt von 40 % gewährt werden. Da die Lagerkapazität bei der EBEKA eG momentan erschöpft ist, wird mit der RAND OHG vereinbart, dass die Stoffbären in Teilmengen abgerufen werden können.

● Verpackungskosten

◊ **Gesetzliche Regelung:** Ist über die Berechnung der Verpackungskosten zwischen dem Verkäufer und dem Käufer nichts vereinbart worden, **trägt der Käufer die Kosten der Versandverpackung** (§ 448 BGB, § 380 HGB). Das **Gewicht der Versandverpackung** wird als **Tara** (= Verpackungsgewicht) bezeichnet. Man unterscheidet zwischen **tatsächlicher Tara** (wirkliches Gewicht der Verpackung) und **handelsüblicher Tara.** Als handelsübliche Tara wird je nach Ware ein bestimmter Prozentsatz des Bruttogewichts festgesetzt. Zieht man vom Bruttogewicht Tara ab, erhält man das Nettogewicht:

Bruttogewicht (Ware und Verpackung = Rohgewicht oder Gesamtgewicht)

– Tara　　　　　　(Verpackungsgewicht)

= Nettogewicht (Reingewicht der Ware)

◊ Vertraglich kann zwischen Lieferer und Käufer Folgendes vereinbart werden:

❑ **Reingewicht einschließlich Verpackung:** Die Verpackungskosten sind im Preis enthalten, die **Verpackung wird nicht berechnet.** Der Verkäufer trägt die Verpackungskosten.
　Beispiele Elektrogeräte, Fotokopierpapier

❑ **Reingewicht ausschließlich Verpackung:** Die **Verpackungskosten werden zusätzlich berechnet (gesetzliche Regelung),** der Käufer trägt die Verpackungskosten. Die Verpackung kann
　– **Eigentum des Käufers** werden oder
　– vom Lieferer dem Käufer **leihweise** überlassen werden. Bei Rückgabe schreibt der Lieferer die Verpackungskosten ganz oder teilweise gut.
　Beispiele Holzpaletten, faltbare Alubehälter, Getränkekästen

❑ **Rohgewicht einschließlich Verpackung (brutto für netto = bfn = b/n):** Die Verpackung wird wie Ware berechnet, die Verpackung geht in das Eigentum des Käufers über, der Käufer zahlt die Verpackung.
　Beispiele Obst und Gemüse in Kisten und Kartons, Schrauben und Nägel in Kartons

● Zahlungsbedingungen

◊ **Gesetzliche Regelung: Geldschulden sind Schickschulden** (§§ 270 f. BGB), d.h., der Käufer trägt die Kosten und die Gefahr der Geldübermittlung bis zum Verkäufer. Folglich muss der Käufer die Kosten der Zahlung (z.B. Überweisungsgebühren) tragen. Ferner sieht die gesetzliche Regelung **sofortige Bezahlung der Ware bei Lieferung** vor (§ 433 II BGB).
Beispiele Ware gegen Geld, Zug um Zug, netto Kasse, gegen bar, sofort

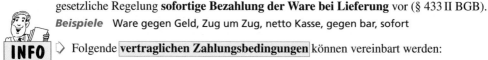

INFO

◊ Folgende vertraglichen Zahlungsbedingungen können vereinbart werden:

❑ **Vorauszahlung:** Der Lieferer verlangt bei neuen oder schlecht zahlenden Kunden einen Teil des Rechnungsbetrages oder den gesamten Rechnungsbetrag im Voraus.
　Beispiele Zahlung im Voraus, Lieferung gegen Vorkasse, Zahlung bei Vertragsabschluss/Bestellung

❑ **Zahlung mit Zahlungsziel** (Ziel- oder Kreditkauf): Der Lieferer gewährt dem Käufer einen kurzfristigen Kredit.
　Beispiele Zahlung innerhalb von 14 Tagen mit 3 % Skonto oder in 30 Tagen netto Kasse (vgl. AGB der RAND OHG „4. Zahlungsbedingungen", S. 68), Zahlung in einem Monat

● Beförderungsbedingungen

▷ **Gesetzliche Regelung: Warenschulden sind Holschulden** (§ 447 I BGB), danach trägt der **Käufer beim Versendungskauf alle entstehenden** Beförderungskosten **ab der Versandstation**. Die Kosten bis zur Versandstation (z. B. Bahnhof oder Poststelle des Verkäufers) und die Wiege- und Messkosten bei der Verladung trägt der Verkäufer. Diese Regelung gilt immer, wenn es sich um einen **Versendungskauf** handelt, d. h., Käufer und Verkäufer haben ihren Geschäftssitz an unterschiedlichen Orten.

Je nach Versandart können unterschiedliche Versandkosten anfallen:

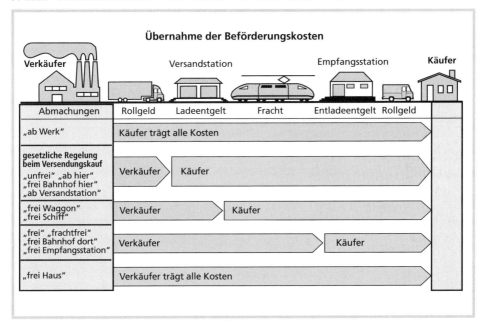

▷ **Vertragliche Regelung:** Die Vertragspartner können die gesetzliche Regelung durch vertragliche Regelungen abändern, diese müssen aber im Kaufvertrag vereinbart werden. Unabhängig von der vertraglichen Regelung wird der Verkäufer die anteiligen Beförderungskosten, die er übernimmt, in seine Verkaufspreise einkalkulieren, sodass der Käufer über den Listeneinkaufspreis in jedem Fall die vom Verkäufer übernommenen Beförderungskosten trägt. Die vertragliche Regelung der Beförderungskosten ist demnach nur eine Maßnahme im Rahmen der Preispolitik (vgl. S. 242 ff.).

● Erfüllungsort

Es ist der Ort, an dem die Vertragspartner ihre Leistungen zu erfüllen haben (§ 269 BGB).

▷ **Gesetzliche Regelung:**

❑ Der **Erfüllungsort für die Warenlieferung** ist der **Wohn- oder Geschäftssitz des Verkäufers.** Die Gefahr, dass Ware durch Beschädigung, Verderb, Verlust oder Vernichtung beeinträchtigt wird, geht am Erfüllungsort auf den Käufer über. Somit bestimmt der Erfüllungsort den Gefahrenübergang (vgl. AGB der RAND OHG „3. Gefahrenübergang", S. 67 f.).

Beispiel Bei der Auslieferung einer Ladung Haushaltswaren von der Pullmann KG an die RAND OHG verunglückt der Lkw des Spediteurs ohne Verschulden des Lkw-Fahrers, wobei die Waren zerstört werden. Es war keine vom Gesetz abweichende vertragliche Regelung getroffen worden, d.h., der Erfüllungsort ist der Geschäftssitz des Verkäufers. Obwohl die Ware nicht geliefert wird, kann der Lieferer von der RAND OHG trotzdem die Zahlung des Kaufpreises verlangen. Das Transportrisiko kann jedoch durch eine Transportversicherung abgedeckt werden.

Liegt bei der Warenlieferung an den Käufer bei Beschädigung oder Verlust einer Ware ein Verschulden des Verkäufers oder eines Frachtführers vor, so hat der Schuldige den Schaden zu tragen (**Verschuldensprinzip**). Ein Verschulden liegt vor, wenn der Verkäufer oder sein Erfüllungsgehilfe vorsätzlich oder fahrlässig handelt.

Beispiel Eine Warenlieferung wird wegen mangelhafter Verpackung beschädigt.

Darüber hinaus gelten folgende Bestimmungen:

– **Der Käufer holt die Ware ab:** Mit der Übergabe der Ware an den Käufer oder seinen Erfüllungsgehilfen geht die Gefahr auf den Käufer über.

  Beispiel In den Allgemeinen Geschäftsbedingungen der RAND OHG steht: „3. Gefahrenübergang: Der Käufer trägt die Gefahr der Lieferung ab unserem Auslieferungslager." (vgl. S. 67)

– **Die Ware wird auf Verlangen des Käufers versandt** (Schickschuld): Die Gefahr geht mit der Auslieferung an den Frachtführer auf den Käufer über.

Beim **Platzkauf,** d.h., Käufer und Verkäufer haben ihren Geschäftssitz am selben Wohnort, geht die Gefahr mit der Übergabe der verkauften Waren an den Käufer über.

❏ Der **Erfüllungsort für die Zahlung** ist der **Wohnsitz des Käufers,** da der Käufer an diesem Ort das Geld bereitzustellen bzw. zugunsten des Gläubigers aufzugeben hat. Da **Geldschulden Schickschulden** sind, hat der Käufer auf seine Gefahr und Kosten das Geld an den Wohn- oder Geschäftssitz des Verkäufers zu schicken. Der Erfüllungsort dient nur noch dem Nachweis, dass das Geld rechtzeitig bereitgestellt wurde.

  Beispiel Der Käufer lässt dem Lieferer das Geld durch das Kreditinstitut überweisen, dem Lieferer geht das Geld aber nicht zu. Der Lieferer kann weiterhin auf Zahlung bestehen, der Käufer kann aber das Kreditinstitut haftbar machen.

▷ **Vertragliche Regelung:** Im Kaufvertrag kann zwischen dem Käufer und dem Verkäufer ein vom Gesetz abweichender Erfüllungsort vereinbart werden. Dieser kann der Ort des Käufers, des Verkäufers oder ein anderer Ort sein.

● *Gerichtsstand*

▷ **Gesetzliche Regelung:** Bei Streitigkeiten zwischen dem Käufer und dem Verkäufer ist das Gericht zuständig, in dessen Bereich der Erfüllungsort liegt. Da der Erfüllungsort der Wohn- oder Geschäftssitz des Schuldners ist, befindet sich **der Gerichtsstand grundsätzlich an dem für den Wohn- bzw. Geschäftssitz des für den jeweiligen Schuldner zuständigen Amts- bzw. Landgerichts** (Amtsgericht bis zu 5 000,00 EUR Streitwert, Landgericht bei über 5 000,00 EUR Streitwert).

❏ **Der Sitz des Verkäufers** ist der Gerichtsstand für Streitigkeiten aus der Lieferung (**Warenschuld).**

❏ **Der Sitz des Käufers** ist der Gerichtsstand für Streitigkeiten um die Bezahlung (**Geldschuld**).

  Beispiel Die ReWo eG in Köln erhält von der RAND OHG in Düsseldorf eine Warenlieferung. Der gesetzliche Gerichtsstand für Streitigkeiten aus der Lieferung ist Düsseldorf, für die Streitigkeiten um die Zahlung Köln.

▷ **Vertragliche Regelung:** Abweichungen von der gesetzlichen Regelung sind **nur beim zweiseitigen Handelskauf (beide Vertragspartner sind Kaufleute) möglich.** In der Praxis wird meistens der Geschäftssitz des Lieferers als Gerichtsstand für beide Vertragspartner vereinbart.

Beispiel In den AGB der RAND OHG ist Folgendes festgelegt: „8. Gerichtsstand: Für Verträge mit Kaufleuten wird als Gerichtsstand Düsseldorf vereinbart" (vgl. S. 68).

Inhalt des Angebotes

▷ Es gibt **keine konkreten gesetzlichen Vorschriften über den Inhalt** eines Kaufvertrages.

▷ Ist im Kaufvertrag eine bestimmte Einzelheit nicht angegeben, dann gelten die **Vorschriften des BGB oder HGB.**

▷ Enthält der Kaufvertrag keine Angaben über die Güte der Ware, muss der Verkäufer **Waren mittlerer Güte liefern.**

▷ Die **Art einer Ware** wird durch handelsübliche Bezeichnungen bestimmt.

▷ Die **Güte einer Ware** wird bestimmt durch Muster und Proben, Güteklassen, Marken und Gütezeichen, Herkunft, Zusammensetzung und Jahrgang.

▷ Die **Menge der Ware** wird in gesetzlichen Maßeinheiten, in Stückzahlen oder in handelsüblichen Bezeichnungen angegeben.

▷ Der **Preis der Ware** bezieht sich auf eine handelsübliche Mengeneinheit oder eine bestimmte Gesamtmenge.

▷ Enthält ein Kaufvertrag **keine Aussage zur Lieferzeit,** dann muss der Verkäufer **sofort liefern.**

▷ Vertraglich kann im Kaufvertrag ein **Terminkauf** (Lieferung innerhalb einer bestimmten Frist oder zu einem bestimmten Zeitpunkt) oder ein **Fixkauf** (Lieferung zu einem genau festgelegten Zeitpunkt, Klauseln: fix, fest, genau) vereinbart werden.

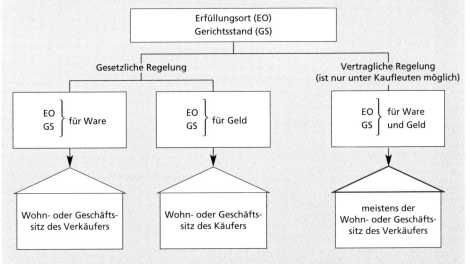

▷ Beim **Kauf auf Abruf** wird die Ware auf Anweisung des Käufers ganz oder in Teilmengen später geliefert.

◇ Wenn im Kaufvertrag **keine Regelung über die Verpackung** getroffen wurde, muss der Käufer die Kosten der Verpackung tragen.

◇ **Geldschulden sind Schickschulden,** d.h., der Käufer muss unverzüglich und auf seine Kosten das Geld an den Verkäufer schicken.

◇ **Warenschulden sind Holschulden,** d.h., der Käufer trägt alle entstehenden Beförderungskosten ab der Versandstation (Klauseln: unfrei, ab hier, ab Bahnhof) = gesetzliche Regelung.

◇ **Erfüllungsort** ist der Ort, an dem die Vertragspartner ihre Pflichten erfüllen.

◇ **Gerichtsstand** ist der Ort, an dem bei Streitigkeiten aus dem Kaufvertrag verhandelt wird.

1 *Erläutern Sie an Beispielen den Unterschied zwischen Gütezeichen und Marken!*

2 *Geben Sie die gesetzlichen Regelungen für den Fall an, dass im Angebot keine Angaben zu der angebotenen Menge und der Güte der Ware gemacht wurden!*

3 *Beschreiben Sie, worin der Unterschied zwischen einem Fix- und einem Terminkauf besteht!*

4 *Erläutern Sie die Aussage: „Geldschulden sind Schickschulden"!*

5 *Erläutern Sie die Klausel: „Zug-um-Zug"!*

6 *Die Lieferungsbedingung lautet „frachtfrei". Die Fracht beträgt 40,00 EUR, die Hausfracht für die An- und Abfuhr je 10,00 EUR. Ermitteln Sie, wie viel EUR der Käufer für den Transport bezahlen muss!*

7 *Erklären Sie die Klausel: „Warenschulden sind Holschulden"!*

8 *Die Lieferung einer Ware an einen Kunden erfolgt durch die Deutsche Bahn AG. An Kosten entstehen:*

Hausfracht (Rollgeld) am Ort des Käufers	*10,00 EUR*
Hausfracht (Rollgeld) am Ort des Lieferers	*10,00 EUR*
Fracht	*180,00 EUR*
Entladekosten	*10,00 EUR*
Verladekosten	*10,00 EUR*

Welchen Kostenanteil hat der Käufer bei Vereinbarung nachfolgender Lieferungsbedingungen jeweils zu übernehmen?

a) frei Waggon   *d) ab hier*
b) frachtfrei   *e) frei Bahnhof dort*
c) frei Bahnhof hier

9 *Erläutern Sie, welche Bedeutung der Erfüllungsort hat!*

10 *Geben Sie an, was man unter Gerichtsstand versteht und wo sich der Gerichtsstand*
a) für Warenschulden,
b) für Geldschulden befindet!

11 *Begründen Sie, warum ein Lieferer bei einem Zielverkauf meistens einen Kauf unter Eigentumsvorbehalt vereinbart!*

12 *Beschreiben Sie die Vorteile des Käufers aus dem*
a) Kauf auf Abruf,
b) Spezifikationskauf!

13 Sie finden in einem Angebot eines Verkäufers die Angabe „brutto für netto". Wie werden die Kosten für die Verpackung berechnet?
a) Die Verpackung bleibt unberechnet.
b) Die Verpackung wird wie Ware berechnet.
c) Die Verpackung muss zurückgesandt werden, ein Abnutzungsentgelt wird berechnet.
d) Die Verpackung wird leihweise überlassen.
e) Der Verkäufer zahlt die Kosten der Verpackung.
f) Die Verpackung wird gesondert in Rechnung gestellt.

2.7.3 Allgemeine Geschäftsbedingungen

Die RAND OHG hat der EBEKA eG, Grünewaldstraße 12, 47447 Moers, ein Angebot für 2 000 Kaffeemaschinen „Aromastar" zu einem Verkaufspreis von 29,09 EUR je Stück abzüglich 40 % Rabatt zugesandt. Die EBEKA eG bestellt daraufhin am 20. Februar .. 2 000 Kaffeemaschinen. Aufgrund von Lieferschwierigkeiten der Hage AG kann die RAND OHG die bestellte Ware nicht wie vereinbart am 5. März .. an die EBEKA eG liefern. Daher will die EBEKA eG am 8. März .. telefonisch vom Vertrag zurücktreten. Der Verkaufsleiter der RAND OHG, Alfred Maier, weist den Einkäufer der EBEKA eG auf die Allgemeinen Geschäftsbedingungen (AGB) der RAND OHG hin, die bei Vertragsabschluss zugrunde gelegt worden sind. In den AGB steht: „2. Lieferfristen: Bei Lieferverzögerungen kann der Käufer vom Vertrag nur dann zurücktreten, wenn die Lieferung auch innerhalb von zwei Wochen ohne rechtfertigenden Grund nicht erfolgt ... Dauert diese Beeinträchtigung länger als zwei Wochen, so kann jeder Vertragsteil schriftlich mit einwöchiger Frist vom Vertrag zurücktreten."

Arbeitsauftrag
❑ Überprüfen Sie anhand der AGB der RAND OHG, ob die EBEKA eG berechtigt ist, vom Vertrag zurückzutreten!
❑ Stellen Sie fest, welche weiteren Regelungen die AGB der RAND OHG enthalten!

Im Geschäftsleben wird täglich eine Vielzahl von Verträgen abgeschlossen. Zur Vereinfachung bedient man sich **vorgedruckter Vertragsformulare**. Die in diesen vorgedruckten Verträgen aufgeführten Bedingungen, das sog. **„Kleingedruckte"**, bezeichnet man als **Allgemeine Geschäftsbedingungen (AGB)**.

Allgemeine Geschäftsbedingungen (AGB) der RAND OHG

INFO

Die nachstehenden Bedingungen liegen allen unseren Lieferungen zugrunde, soweit nicht im Einzelfalle etwas anderes schriftlich vereinbart wurde. Sie gelten als vom Käufer angenommen, und zwar auch für zukünftige Lieferungen, wenn dieser nicht unverzüglich schriftlich widerspricht. Abweichende Bedingungen des Käufers gelten nur bei schriftlicher Bestätigung durch uns.

1. Vertragsschluss
Unsere Angebote sind freibleibend. Ein Vertrag kommt erst mit der Annahme einer Bestellung und nur insoweit zustande, als wir dies schriftlich bestätigen, oder durch Ausführung dieser Bestellung. Mündliche Nebenabreden oder nachträgliche Vertragsänderungen bedürfen zu ihrer Wirksamkeit unserer schriftlichen Bestätigung.

2. Lieferfristen
Bei Lieferverzögerungen kann der Käufer vom Vertrag nur dann zurücktreten, wenn die Lieferung auch innerhalb von zwei Wochen ohne rechtfertigenden Grund nicht erfolgt. Höhere Gewalt oder sonstige unverschuldete Beeinträchtigungen unserer Liefermöglichkeiten und Nichtlieferung durch den Vorlieferanten verlängert die Lieferfristen entsprechend. Dauert diese Beeinträchtigung länger als zwei Wochen, so kann jeder Vertragsteil schriftlich mit einwöchiger Frist vom Vertrag zurücktreten. Weiter gehende Ansprüche jeder Art, auch Schadenersatz statt der Leistung, sind ausgeschlossen.

3. Gefahrenübergang
Der Käufer trägt die Gefahr der Lieferung ab unserem Auslieferungslager. Wird die Lieferung

auf dem Transport oder beim Käufer – aus welchen Gründen auch immer – beschädigt, zerstört oder gestohlen, so sind Ersatzansprüche mit Ausnahme der durch Versicherungen abgedeckten Risiken ausgeschlossen. Die Verpflichtung des Käufers zur Bezahlung des Kaufpreises in voller Höhe bleibt bestehen. Verzögert sich der Versand infolge von Umständen, die wir nicht zu vertreten haben, so geht die Gefahr vom Tage der Versandbereitschaft ab auf den Käufer über.

4. Zahlungsbedingungen

Unsere Rechnungen sind innerhalb von 14 Tagen unter Abzug von 3 % Skonto oder innerhalb von 30 Tagen ohne Abzug ab Rechnungsdatum zur Zahlung fällig. Eine Skontierung ist ausgeschlossen, wenn aus früheren Lieferungen noch fällige Beträge offen stehen. Eingehende Zahlungen werden zur Tilgung der jeweils ältesten Schuld verwendet. Wir sind im Falle des Zahlungsverzuges berechtigt, 8 % Zinsen über dem jeweiligen Basiszinssatz zu verlangen. Gerät der Käufer mit der Zahlung in Verzug oder wird über sein Vermögen ein Insolvenzverfahren beantragt, so sind sämtliche Forderungen zur Zahlung fällig.

5. Eigentumsvorbehalt

Die Ware bleibt bis zur vollständigen Bezahlung aller Forderungen aus der Geschäftsverbindung, auch aus früheren Lieferungen, unser Eigentum. Der Käufer ist berechtigt, die unter Eigentumsvorbehalt stehende Ware im normalen Geschäftsbetrieb weiterzuveräußern, und zwar ebenfalls nur unter Eigentumsvorbehalt. Der Käufer tritt seine Rechte aus der Weiterveräußerung bereits heute unwiderruflich an uns ab, insbesondere die Rechte auf Erlös und aus Eigentumsvorbehalt gegenüber seinen Abnehmern. Im Falle der Veräußerung tritt an die Stelle der Ware deren Erlös, der gesondert zu verwahren ist. Auch für der Fall der Beschädigung, Zerstörung oder des Diebstahls unserer Ware tritt an deren Stelle eine Forderung aus Versicherungsverträgen oder eine Forderung gegenüber Dritten.

6. Beanstandungen

Beanstandungen unserer Waren werden nur anerkannt, wenn sie unverzüglich und bei erkennbaren Mängeln spätestens sieben Tage nach Auslieferung uns gegenüber schriftlich unter Angabe der Gründe geltend gemacht werden. Beanstandete Ware ist gesondert und ordnungsgemäß zu lagern, bis wir sie überprüft haben. Eine Rücksendung der Ware darf nur erfolgen, falls wir dies verlangen. Bei begründeten Rügen sind wir verpflichtet, Ersatz zu liefern. Andere Ansprüche jeder Art, vor allem Schadenersatz statt der Leistung, werden ausgeschlossen. Ist die Ersatzlieferung nicht möglich oder zwei Versuche der Ersatzlieferung fehlgeschlagen, so leben die Rechte des Käufers auf Rücktritt vom Kaufvertrag oder Minderung wieder auf. Schadenersatzansprüche wegen Verzug der Nachbesserung werden ausgeschlossen; der Käufer kann jedoch in einem solchen Fall vom Vertrag zurücktreten. Bei verspäteter Rüge sind Ansprüche jeder Art ausgeschlossen. Ansprüche aus Abweichungen in Art und Umfang der Lieferung werden nur anerkannt, wenn sie sofort bei Empfang der Ware festgestellt und auf der Empfangsquittung vermerkt werden. Auch in diesem Fall hat der Käufer lediglich die im vorigen Absatz festgestellten Ansprüche. Art und Gestaltung unserer Packungen behalten wir uns vor.

7. Schadenersatz

Sonstige Schadenersatzansprüche des Käufers aus Verletzungen von Pflichten bei Vertragsverhandlungen, positiven Vertragsverletzungen, unerlaubter Handlung usw. werden außer bei vorsätzlichem oder grob fahrlässigem Handeln durch uns, unsere gesetzlichen Vertreter oder Erfüllungsgehilfen ausgeschlossen. Wir haften in keinem Fall für Mangelfolgeschäden.

8. Gerichtsstand

Für Verträge mit Kaufleuten wird als Gerichtsstand Düsseldorf vereinbart. Im Übrigen gilt der gesetzliche Gerichtsstand.

9. Teilunwirksamkeit

Sollten eine oder mehrere Bestimmungen dieser AGB unwirksam sein, so bleibt die Wirksamkeit der AGB im Übrigen hiervon unberührt.

Die Bestimmungen der AGB können vom BGB abweichen. Hieraus ergibt sich ein **Interessenkonflikt** zwischen den **Interessen des Verkäufers** (Zeit-, Kostenersparnis und Besserstellung, als es das BGB vorsieht) und den **Interessen des Käufers.** Um zu verhindern, dass der Käufer unangemessen benachteiligt wird, hat der Gesetzgeber im BGB die Gestaltung rechtsgeschäftlicher Schuldverhältnisse durch Allgemeine Geschäftsbedingungen (§§ 305 ff. BGB) erlassen. Die meisten Bestimmungen zu den AGB im BGB gelten für einseitige Handelsgeschäfte, einige auch für zweiseitige Handelsgeschäfte:

● *Klauseln, die bei ein- und zweiseitigen Handelsgeschäften gelten*

▷ **Überraschende Klauseln (§ 305 c BGB):** Enthalten die AGB überraschende Klauseln, mit denen der Käufer nicht zu rechnen braucht, sind diese unwirksam.

Beispiel In den AGB der „Bürogeräte GmbH" ist eine Klausel enthalten, dass der Käufer eines Faxgerätes in den ersten zwei Jahren verpflichtet ist, das Faxpapier bei der Bürogeräte GmbH zu kaufen. Diese Klausel ist so überraschend, dass sie nicht Bestandteil des Vertrages wird.

68

▷ **Vorrang von persönlichen Absprachen (§ 305 b BGB):** Persönliche Absprachen zwischen dem Verkäufer und dem Käufer haben Vorrang vor den AGB.

Beispiel Als Liefertermin für einen Lkw wurde zwischen dem Verkäufer und der RAND OHG schriftlich der 1. Oktober vereinbart. In den AGB steht jedoch, dass Liefertermine grundsätzlich unverbindlich sind. Als Liefertermin gilt der 1. Oktober, da persönliche Absprachen Vorrang vor den AGB haben.

▷ **Rechtsfolgen bei Unwirksamkeit der AGB (§ 306 BGB):** Sind einzelne Teile der AGB unwirksam, so bleibt der Vertrag bestehen. Der Inhalt des Vertrages richtet sich dann nach den gesetzlichen Vorschriften. Diese sind meistens die Bestimmungen des BGB.

▷ **Generalklausel und Klauselverbote (§§ 308 f. BGB):** Bestimmungen in den AGB sind unwirksam, wenn sie den Vertragspartner entgegen dem Gebot von Treu und Glauben unangemessen benachteiligen.

Beispiel Ein Möbelhersteller liefert für den Besprechungsraum der RAND OHG eine Ledergarnitur nicht wie vereinbart in Schwarz, sondern in Braun. In den AGB steht: „Modelländerungen vorbehalten". Die RAND OHG muss aber nur Änderungen hinnehmen, die technisch unvermeidbar oder völlig belanglos sind, so können z.b. Lederbezüge nicht immer in völlig gleichem Farbton hergestellt werden. Eine Ledergarnitur, die in Schwarz bestellt wurde, kann folglich nicht in Braun geliefert werden. Der Verkäufer verstößt gegen das Gebot von Treu und Glauben.

● *Klauseln, die nur bei einseitigen Handelsgeschäften gelten*

▷ **Einbeziehung in den Vertrag (§ 305 BGB):** Die AGB werden nur dann Bestandteil des Vertrages, wenn der Käufer

❏ vor Vertragsabschluss ausdrücklich auf die AGB hingewiesen wird, dieses kann durch einen deutlich sichtbaren Aushang am Orte des Vertragsabschlusses (Geschäftsräume des Unternehmens) oder durch einen persönlichen Hinweis des Verkäufers geschehen,

❏ vom Inhalt der AGB Kenntnis nehmen kann,

❏ sein Einverständnis zu den AGB gegeben hat.

Beispiel Die Oliver Rand GmbH verkauft einem Kunden eine Kaffeemaschine. Der Verkäufer hatte den Kunden nicht auf die AGB hingewiesen, in denen steht: „Bei einem Mangel einer Ware hat der Käufer nur das Recht auf Ersatzlieferung." Diese sind auf der Rückseite der Kassenquittung aufgedruckt. Bringt der Kunde die Kaffeemaschine aufgrund eines Materialfehlers zurück, gelten die Bestimmungen des BGB, d.h., der Käufer kann z.B. sein Geld zurückverlangen.

▷ **Verbotene und damit unwirksame Klauseln in Kaufverträgen bei einseitigen Handelsgeschäften sind**

❏ nachträgliche kurzfristige Preiserhöhung (binnen vier Monaten nach Vertragsabschluss)

❏ Verkürzung der gesetzlichen Sachmängelhaftungsfristen (vgl. S. 102)

❏ Rücktrittsvorbehalte des Verkäufers (der Verkäufer behält sich vor, die versprochene Leistung zu ändern oder von ihr abzuweichen) und unangemessen lange Lieferfristen

❏ Ausschluss der Haftung des Verkäufers bei grobem Verschulden

❏ Ausschluss von Reklamationsrechten (Der Lieferer darf die gesetzlichen Sachmängelhaftungsrechte des Käufers nicht ausschließen. Der Käufer muss immer ein Recht auf Nachbesserung oder Ersatzlieferung behalten, vgl. S. 103 f.)

❏ Beschneidung von Kundenrechten bei verspäteter Lieferung

Diese Klauseln finden keine Anwendung bei zweiseitigen Handelskäufen, da Kaufleute die Probleme und Nachteile, die in diesen AGB des Vertragspartners stecken, erkennen und sich entsprechend wehren können.

Allgemeine Geschäftsbedingungen

◊ In den AGB legt ein Kaufmann die **grundsätzliche Ausgestaltung der Verträge** für seine Lieferungen fest.

◊ Durch die §§ 305 ff. BGB zu den Allgemeinen Geschäftsbedingungen wird ein Käufer vor unseriösen AGB geschützt.

◊ Grundsätzlich **haben persönliche Absprachen Vorrang** vor den AGB.

◊ Klauseln, die den Käufer entgegen dem **Grundsatz von Treu und Glauben** unangemessen benachteiligen, sind unwirksam.

◊ Wenn AGB unwirksam werden, richtet sich der Inhalt des Vertrages nach den **gesetzlichen Vorschriften** des BGB.

1 Begründen Sie, warum die RAND OHG ihre Allgemeinen Geschäftsbedingungen bereits vorformuliert hat!

2 Erläutern Sie, unter welchen Voraussetzungen bei einseitigen Handelsgeschäften die Allgemeinen Geschäftsbedingungen Bestandteil des Vertrages werden!

3 Erklären Sie, warum Allgemeine Geschäftsbedingungen Vorrang vor gesetzlichen Regelungen haben!

4 Begründen Sie in den folgenden Fällen, ob die §§ 305 ff. BGB verletzt wurden!
a) Beim Kauf einer HiFi-Anlage in einem Einzelhandelsgeschäft verkürzt der Verkäufer in den AGB die Gewährleistungsfrist auf einen Monat.
b) Zwei Wochen nach Vertragsabschluss teilt der Verkäufer dem Kunden mit, dass die bestellte Ware sich aufgrund einer Preiserhöhung um 20 % verteuert.
c) In den AGB steht: „Die Lieferfrist beträgt mindestens sechs Wochen". Der Verkäufer hat dem Kunden schriftlich zugesichert: Lieferung in drei Wochen. Welche Lieferfrist ist für den Verkäufer verbindlich?
d) In den AGB steht: „Die gelieferten Waren bleiben bis zur vollständigen Bezahlung des Kaufpreises Eigentum des Verkäufers."

5 Die Oliver Rand GmbH hat mit der Bürodesign GmbH am 1. Juni einen Kaufvertrag über die Lieferung zweier Verkaufstheken abgeschlossen.
a) Die Lieferung sollte in sechs Wochen erfolgen. Geliefert wird aber erst am 15. Oktober. Aus dem Rechnungsbeleg geht hervor, dass der Preis inzwischen um 10 % gestiegen ist. Kann die Bürodesign GmbH einen um 10 % höheren Preis verlangen?
b) Nachdem die Verkaufstheken aufgestellt worden sind, stellt Oliver Rand fest, dass der Farbton geringfügig heller als beim Ausstellungsstück ist. Muss Oliver Rand die geringfügige Farbabweichung akzeptieren? (Begründung)

6 Welche der folgenden Aussagen über die §§ 305 ff. BGB zu den AGB sind richtig?
a) Die Paragrafen im BGB zu den AGB schützen den Verkäufer vor überzogenen Wünschen der Kunden.
b) Die Paragrafen im BGB zu den AGB ermöglichen es dem Verkäufer, in seinen Allgemeinen Geschäftsbedingungen bei Sonderangeboten das gesetzliche Reklamationsrecht des Kunden auszuschließen.
c) Nach dem BGB sind die Allgemeinen Geschäftsbedingungen eines Verkäufers auch dann wirksam, wenn der Kunde bei Vertragsabschluss nicht ausdrücklich auf sie hingewiesen worden ist.
d) Eine Bestimmung aus den Allgemeinen Geschäftsbedingungen eines Verkäufers, die nach dem BGB nicht zulässig ist, fällt ersatzlos weg. Es gelten dann die gesetzlichen Regelungen.

7 Erläutern Sie anhand von Beispielen
a) Klauseln aus dem BGB zu den AGB, die bei ein- und zweiseitigen Handelsgeschäften gelten,
b) Klauseln aus dem BGB zu den AGB, die nur bei einseitigen Handelsgeschäften gelten!

2.7.4 Bestellung und Auftragsbestätigung

Die ReWo eG schickt aufgrund eines Angebotes vom 1. April .. mit nachfolgendem Schreiben der RAND OHG folgende Bestellung:

ReWo eG Einkaufs-genossenschaft

ReWo eG, Nelkenstraße 3, 50733 Köln

Telefon: 0221 16532-0
USt-ID Nr. 022 12001 23

RAND OHG
Völklinger Straße 49
40221 Düsseldorf

Ihr Zeichen, Ihre Nachricht vom	Unser Zeichen, unsere Nachricht vom	Telefon, Name	Datum
me-ra . . - 04 - 01	ka-wu . . - 03 - 10	280, Kaminski	. . - 04 - 20

Bestellung

Sehr geehrte Damen und Herren,

aufgrund Ihres Angebotes vom 1. April . . bestellen wir hiermit

400 Puppen „Marlies", Artikel 0900	24,57 EUR/Stück
300 Stoffbären „Knuddel", Artikel 0800	4,92 EUR/Stück

einschließlich Verpackung, abzüglich 20 % Rabatt.

Die Lieferung soll bis zum 20. Mai . . unfrei erfolgen.

Unsere Zahlung wird innerhalb von 30 Tagen oder innerhalb von 14 Tagen unter Abzug von 3 % Skonto ab Rechnungserhalt geleistet.

Wir erwarten Ihre termingerechte Lieferung.

Mit freundlichen Grüßen

ReWo eG

i. A. *Kaminski*

Kaminski
Abteilungsleiter Beschaffung

Westdeutsche Genossenschafts-Zentralbank
BLZ 370 600 00
Konto Nr. 660 333

Aufsichtsratsvorsitz: Roland Jüppchen
Vorstandsvorsitz: Gerd Schladow

Genossenschaftsregister
Amtsgericht Köln Nr. 1005

Nach einer Woche erhält die ReWo eG eine briefliche Antwort der RAND OHG, in der diese erklärt, sie könne die bestellten Waren nur noch zu einem um 10 % höheren Preis liefern, da die Zulieferer die Preise erhöht hätten.

Arbeitsauftrag

❑ *Begründen Sie, ob die ReWo eG auf eine Lieferung zu den alten Preisen bestehen kann!*
❑ *Überprüfen Sie, welche rechtliche Wirkung eine am 23. April an die ReWo eG abgesandte Auftragsbestätigung für die RAND OHG hätte!*

● Bestellung

Die Bestellung ist eine **Willenserklärung des Käufers, eine bestimmte Ware zu den im Angebot angegebenen Bedingungen zu kaufen.** Die Bestellung kann durch den Käufer schriftlich, fernschriftlich, mündlich oder telefonisch abgegeben werden, sie ist an keine Formvorschriften gebunden und für den Bestellenden immer verbindlich.

Die Bestellung soll folgende Angaben enthalten:

❑ Art und Güte (Qualität und Beschaffenheit) der Waren
❑ Menge

❑ Preis und Preisnachlässe
❑ Lieferungs- und Zahlungsbedingungen
❑ Lieferzeit

Wird in der Bestellung auf ein ausführliches Angebot Bezug genommen, ist die Wiederholung aller Angaben nicht erforderlich, es reicht dann die genaue Angabe der Ware (z.B. Artikelnummer), der Bestellmenge und des Preises der Ware.

Ein Besteller kann eine **Bestellung widerrufen,** wenn er dem Lieferer eine entsprechende Nachricht vor oder spätestens gleichzeitig mit der Bestellung zukommen lässt.

Beispiel Die ReWo eG hat in ihrer brieflichen Bestellung 100 Stück statt 10 Stück angegeben. Nach einem Tag bemerkt ein Mitarbeiter der ReWo eG den Irrtum und ruft die RAND OHG sofort an, um die Bestellung zu widerrufen. In der Regel dauert die Zustellung eines Briefes etwa zwei bis drei Tage, somit hat die ReWo eG rechtzeitig vor Eintreffen der Bestellung widerrufen.

● Auftragsbestätigung (Bestellungsannahme)

Ein Lieferer kann die Bestellung des Käufers mündlich, fernmündlich, schriftlich oder fernschriftlich bestätigen. Die **Auftragsbestätigung (Bestellungsannahme)** ist eine Willenserklärung des Lieferers, mit der er sich bereit erklärt, die bestellte Ware zu den angegebenen Bedingungen zu liefern.

Die Auftragsbestätigung kann für das **Zustandekommen eines Kaufvertrages** in folgenden Fällen **erforderlich** sein:

❑ **Der Bestellung ist kein Angebot vorausgegangen.**
   Beispiel Die ReWo eG bestellt bei der RAND OHG 2 000 Spielesammlungen „Joker", ohne dass der ReWo eG ein Angebot vorlag. Der Kaufvertrag kommt mit der Bestellungsannahme zustande.

   Bei sofortiger Lieferung kann auf eine Bestellungsannahme verzichtet werden, in diesem Fall gilt die Lieferung als Annahme der Bestellung.

❑ **Die Bestellung weicht vom Angebot ab.**
   Beispiel Die ReWo eG bestellt 200 Schreibtischlampen „Schwenkarm" zu 10,50 EUR/Stück, das Angebot der RAND OHG lautete über 10,56 EUR/Stück. Erst durch eine Bestellungsannahme über 10,50 EUR/Stück kommt der Kaufvertrag zustande.

❑ **Das Angebot des Lieferers ist freibleibend.**

Beispiel   Die ReWo eG bestellt aufgrund eines Angebotes der RAND OHG, in dem die Klausel „Preise freibleibend" vermerkt war. Erst durch die Bestellungsannahme kommt der Kaufvertrag zustande.

❑ **Die Bindungsfrist an das Angebot ist abgelaufen.**

Beispiel   Die ReWo eG bestellt bei der RAND OHG aufgrund eines Telefaxangebotes nach einer Woche einen Sonderposten Spielesammlungen. Erst durch die Bestellungsannahme kommt der Kaufvertrag zustande.

Bestellung und Auftragsbestätigung

◊ Die Bestellung ist die **Willenserkärung des Käufers, bestimmte Waren zu bestimmten Bedingungen zu kaufen.**

◊ Die Bestellung ist an **keine Formvorschrift** gebunden und kann **schriftlich, fernschriftlich, mündlich oder telefonisch** erteilt werden.

◊ Die Bestellung sollte möglichst alle Bedingungen eines Angebotes enthalten, **mindestens jedoch Warenart, Menge, Preis.**

◊ Der **Widerruf der Bestellung** muss **spätestens gleichzeitig mit der Bestellung** beim Lieferer eintreffen.

◊ Die **Bestellungsannahme (Auftragsbestätigung) ist in folgenden Fällen erforderlich,** damit ein **Kaufvertrag zustande kommt:** Abweichende Bestellung, Bestellung ohne vorliegendes Angebot oder aufgrund eines freibleibenden Angebots, abgelaufene Bindungsfrist an das Angebot.

---

1 *In welchen der nachfolgenden Fälle ist eine Bestellungsannahme (Auftragsbestätigung) für das Zustandekommen des Kaufvertrages erforderlich?*

a) Der Lieferer macht der RAND OHG ein telefonisches Angebot. Die RAND OHG bestellt einen Tag später schriftlich zu den telefonisch vereinbarten Bedingungen.

b) Der Lieferer macht der RAND OHG ein freibleibendes Angebot per Brief. Die RAND OHG bestellt zu den angegebenen Bedingungen per Telefax.

c) Der Lieferer bietet der RAND OHG einen Artikel zu 6,80 EUR/Stück an. Die RAND OHG bestellt termingerecht zu 6,60 EUR/Stück.

d) Die RAND OHG bestellt aufgrund eines brieflichen Angebotes des Lieferers sofort nach Erhalt des Briefes telefonisch zu den angegebenen Bedingungen.

2 *Die RAND OHG hat irrtümlich eine falsche Bestellung per Brief aufgegeben. Erläutern Sie, wie die RAND OHG sich verhalten soll, um die falsche Bestellung zu widerrufen!*

3 *Welche Angaben sollte eine Bestellung beinhalten, wenn die RAND OHG*
a) aufgrund eines ausführlichen Angebotes,
b) ohne Vorliegen eines Angebotes bestellt?

4 *Erläutern Sie, welche rechtliche Bedeutung eine Bestellung hat!*

5 *In welcher Form kann die RAND OHG eine Bestellung abgeben?*

6 🖳 *Entwerfen Sie für die RAND OHG am PC eine Auftragsbestätigung und einen Bestellvordruck!*

7 ☞ *Erläutern Sie in einem Kurzreferat, in welchen Fällen es für das Zustandekommen des Kaufvertrages erforderlich ist, eine Auftragsbestätigung an den Kunden zu schicken!*

2.8 Besondere Arten des Kaufvertrages

Die RAND OHG liefert der Firma ARI, Albert Richmann, 500 Kaffeeautomaten unter Eigentumsvorbehalt. Bei einem Einbruch im Lager der Firma ARI werden die 500 Kaffeeautomaten gestohlen. Die Firma ARI weigert sich, den offenen Rechnungsbetrag zu begleichen, da sie keine Verantwortung für den Einbruch treffe. Außerdem sei sie auch noch kein Eigentümer der gelieferten Waren geworden, da diese unter Eigentumsvorbehalt geliefert wurden. Die RAND OHG verweist auf ihre AGB „5. Eigentumsvorbehalt" und verlangt von der Firma ARI den Ausgleich der Rechnung.

Arbeitsauftrag

❑ *Stellen Sie fest, welche Art des Kaufes hinsichtlich der rechtlichen Stellung der Vertragspartner vorliegt!*

❑ *Überprüfen Sie unter Zuhilfenahme der AGB (vgl. S. 68), ob die Firma ARI den Rechnungsbetrag zahlen muss!*

Durch unterschiedliche Vereinbarungen zwischen Verkäufer und Käufer ergeben sich verschiedene Arten von Kaufverträgen.

● Unterscheidung nach der rechtlichen Stellung der Vertragspartner

▷ **Bürgerlicher Kauf:** Wenn zwei Privatpersonen einen Kaufvertrag abschließen, spricht man von einem bürgerlichen Kauf. Es gilt das BGB.
Beispiel Sonja Koch verkauft ihrer Freundin Nadine einen gebrauchten Walkman.

▷ **Handelskauf:** Wenn ein Vertragspartner Kaufmann und das Geschäft für ihn ein Handelsgeschäft ist, liegt ein **einseitiger Handelskauf** vor. Für den Kaufmann gilt zusätzlich zum BGB auch das HGB. Für den Privatmann gelten nur die Bestimmungen des BGB.
Beispiel Der Auszubildende Werner Krull kauft in der Karlstadt AG Warenhaus einen Massivholzschreibtisch.

Wenn beide Vertragspartner Kaufleute sind und im Rahmen ihres Handelsgewerbes Kaufverträge abschließen, liegt ein **zweiseitiger Handelskauf** vor. Es gelten die Bestimmungen des BGB und des HGB.
Beispiel Die Tempelmann GmbH & Co. KG bestellt bei der RAND OHG, Düsseldorf, 5 000 Tennissocken

● Unterscheidung nach der Festlegung der Warenart und -güte

▷ **Stückkauf:** Die Kaufgegenstände sind **nicht vertretbare Sachen**. Die Ware kann bei Verlust oder Zerstörung nicht durch eine andere Ware ersetzt werden, da sie entweder ein Einzelstück ist oder durch Gebrauch bestimmte Eigenschaften bekommen hat. Es handelt sich bei der Ware um ein Unikat.
Beispiele Kunstwerke, Sonderanfertigung eines Schreibtisches, gebrauchte Gegenstände

▷ **Gattungskauf:** Die Kaufgegenstände sind **vertretbare Sachen,** die nach allgemeinen Gattungsmerkmalen bestimmbar sind (z.B. Größe, Farbe, Zahl, Gewicht usw.). Von der Ware sind noch weitere gleichartige Stücke vorhanden, die untereinander austauschbar sind.
Beispiele Tennissocken, Blumentöpfe, Polohemden

▷ **Kauf auf Probe:** Der Käufer hat ein Rückgaberecht innerhalb einer vereinbarten Frist. Überschreitet der Käufer diese Frist, ist ein Kaufvertrag zwischen dem Verkäufer und dem Käufer zustande gekommen.

Beispiel Die RAND OHG darf 14 Tage lang einen Fotokopierer eines Herstellers ausprobieren. Bei Nichtgefallen kann sie den Fotokopierer innerhalb der Frist zurückgeben.

▷ **Kauf nach Probe (Muster):** Der Käufer kann die Ware anhand eines Musters oder einer Probe begutachten. Die Probe oder das Muster sind **kostenlos.** Wenn dem Käufer die Probe oder das Muster gefallen, bestellt der Käufer. Die dann vom Verkäufer gelieferte Ware muss mit dem Muster oder der Probe übereinstimmen, da die Eigenschaften durch die Probe oder das Muster zugesichert sind.

Beispiele Der Kauf von Tapeten, Stoffen, Leder, Papier, Lebensmitteln.

▷ **Kauf zur Probe:** Der Käufer kauft eine kleine Menge, um die Ware zu testen. Sagt die Ware dem Käufer zu, wird er eine größere Menge kaufen. Der Käufer muss die Probe bezahlen.

Beispiel Die RAND OHG kauft bei einem Lackhersteller eine kleine Menge schadstofffreie Wandfarbe, um sie für den Anstrich eines Büroraumes auszuprobieren.

▷ **Spezifikationskauf (Bestimmungskauf):** Bei Vertragsabschluss legen Lieferer und Käufer nur die Menge und die Warenart der Gattungsware fest. Der Käufer kann innerhalb einer festgelegten Frist die zu liefernden Waren nach Farbe, Form oder Maß bestimmen. Versäumt der Käufer eine Bestimmung der Ware innerhalb der Frist, kann der Verkäufer dem Käufer eine Nachfrist setzen und nach Ablauf dieser Frist die genaue Bestimmung der Ware selbst vornehmen. Für den Käufer hat der Bestimmungskauf den Vorteil, dass er zukünftige Entwicklungen (z.B. Mode, Nachfrageveränderungen) abwarten kann.

Beispiel Die RAND OHG behält sich bei der Bestellung von Polohemden vor, die Farben zu einem späteren Zeitpunkt zu bestimmen.

▷ **Ramschkauf (Kauf in Bausch und Bogen oder Kauf en bloc):** Der Käufer kauft einen bestimmten Warenposten zu einem Pauschalbetrag, ohne dass für die einzelnen Waren eine bestimmte Qualität zugesichert wird.

Beispiel Aus einem Insolvenzverfahren wird der gesamte Warenbestand eines Schreibwarengroßhändlers von der RAND OHG ersteigert.

▷ **Kauf nach Sicht:** Der Käufer kann die Waren vor Vertragsabschluss besichtigen und mögliche Mängel feststellen. Nach Kaufvertragsabschluss können keine Mängel mehr geltend gemacht werden.

Beispiele
❏ Vor einer Versteigerung können alle Gegenstände, die versteigert werden sollen, besichtigt werden. Wenn sich nach der Versteigerung ein Mangel herausstellt, kann der Käufer diesen nicht mehr geltend machen.
❏ Wenn ein gebrauchter Pkw bei einem bürgerlichen Kauf veräußert wird, wird meistens die Klausel „Kauf nach Sicht" vereinbart.

● *Unterscheidung nach dem Zeitpunkt der Zahlung*

▷ **Kauf gegen Anzahlung** (vgl. S. 62): Vor der Warenlieferung muss der Käufer eine Anzahlung leisten. Der Verkäufer verlangt insbesondere dann eine Anzahlung, wenn
❏ er für einen Kunden Sonderanfertigungen herstellen muss,
❏ der Kunde eine größere Bestellung tätigt,
❏ der Kunde sich Ware zurücklegen lässt.

▷ **Barkauf** (vgl. S. 62): Der Käufer muss die Ware sofort bei der Übergabe der Ware bezahlen (Zug-um-Zug-Geschäft).

▷ **Zielkauf** (vgl. S. 62): Der Verkäufer räumt seinen Kunden ein Zahlungsziel ein.

▷ **Abzahlungskauf (Ratenkauf** vgl. S. 249, 297): Durch den Raten- oder Teilzahlungskauf ermöglicht der Verkäufer im Einzelhandel seinen Kunden, ihren Zahlungsverpflichtungen in Teilbeträgen (Raten) nachzukommen.

Beispiel   Zahlung in sechs Monatsraten zu je 250,00 EUR

Der Käufer wird i.d.R. erst dann Eigentümer der Ware, wenn er sie vollständig bezahlt hat. Die Bestimmungen im BGB zu den Teilzahlungsgeschäften (§§ 501 ff. BGB) beinhalten einige wichtige Regelungen, die ein Verkäufer beachten muss:

❑ Teilzahlungsgeschäfte **müssen schriftlich** abgeschlossen werden.

❑ Der Käufer kann **innerhalb von zwei Wochen** nach Vertragsabschluss den Kaufvertrag **schriftlich widerrufen.**

❑ Der Kunde muss auf dieses **Widerspruchsrecht** im Kaufvertrag **hingewiesen werden** und den Hinweis getrennt vom Kaufvertrag unterschreiben.

❑ Der Kaufvertrag muss den Barzahlungspreis, den Teilzahlungspreis einschließlich aller Nebenkosten, den Betrag und die Zahl und Höhe der Teilzahlungen, Fälligkeit der Zahlungen, den effektiven Jahreszins und den Hinweis auf das gesetzliche Widerrufsrecht enthalten.

Beim Ratenkauf wird meistens zusätzlich vereinbart, dass die Weiterveräußerung der Ware nicht gestattet ist, solange der Käufer die Ware nicht vollständig bezahlt hat. Verkauft der Käufer die Ware trotzdem weiter, macht er sich der Unterschlagung (§ 246 Strafgesetzbuch StGB) schuldig.

● *Unterscheidung nach dem Zeitpunkt der Eigentumsübertragung*

Je nach Vereinbarung hinsichtlich des **Übergangs des Eigentums vom Verkäufer auf den Käufer** lassen sich folgende Sonderformen von Kaufverträgen unterscheiden:

INFO   ▷ Kauf unter Eigentumsvorbehalt (vgl. AGB der RAND OHG S. 68): In der kaufmännischen Praxis **sichert der Lieferant** einer Ware, der seinen Abnehmern ein Zahlungsziel gewährt, **seine Forderung durch einen Eigentumsvorbehalt ab** (§ 448 BGB).

Durch die Vereinbarung des Eigentumsvorbehalts im Kaufvertrag **bleibt der Verkäufer bis zur vollständigen Bezahlung** des Kaufpreises **Eigentümer** der Ware. Der **Käufer** wird zunächst **nur Besitzer.** Der Eigentumsvorbehalt muss ausdrücklich im Kaufvertrag vereinbart werden, es genügt nicht, dass er bei der Lieferung auf dem Lieferschein vermerkt wird. Der Eigentumsvorbehalt kann sowohl beim einseitigen als auch beim zweiseitigen Handelskauf (vgl. S. 74) vereinbart werden.

❑ **Einfacher Eigentumsvorbehalt:** Im Kaufvertrag wird folgende Klausel aufgenommen: **„Die Ware bleibt bis zur vollständigen Bezahlung mein/unser Eigentum".** Man spricht in diesem Fall vom einfachen Eigentumsvorbehalt. Bei Lieferung unter Eigentumsvorbehalt hat der Verkäufer das **Recht,** bei nicht rechtzeitiger Bezahlung oder bei Nichtzahlung **vom Kaufvertrag zurückzutreten und die Herausgabe der Ware zu verlangen.**

Der **Eigentumsvorbehalt erlischt** in dem Moment, in dem der Käufer den Kaufpreis vollständig bezahlt hat.

Der einfache Eigentumsvorbehalt hat für den Verkäufer **folgende Vorteile:**
- Herausgabe der Ware, falls der Käufer seinen Zahlungsverpflichtungen nicht nachkommt.
- Sollte der Käufer ein Insolvenzverfahren anmelden, kann der Verkäufer die Ware aus der Insolvenzmasse aussondern lassen, d. h., die unter Eigentumsvorbehalt gelieferte Ware wird dem Verkäufer zurückgegeben.
- Sollte die Ware beim Käufer durch einen Gerichtsvollzieher gepfändet werden, kann der Verkäufer die Freigabe der Ware verlangen (**Drittwiderspruchsklage** gegen den pfändenden Gläubiger).

Der einfache Eigentumsvorbehalt hat **folgende Nachteile:**
- **Die Ware kann an einen gutgläubigen Dritten weiterverkauft werden.**
  Beispiel Ein Büromöbeleinzelhändler verkauft die von der RAND OHG unter Eigentumsvorbehalt gelieferten Waren an seine Kunden weiter. Die Kunden werden Eigentümer der Ware, da sie die Waren gutgläubig erworben haben.
- **Die Ware kann verarbeitet, verbraucht, vernichtet oder mit einer unbeweglichen Sache fest verbunden werden.**
  Beispiele
  - Eine Kfz-Werkstatt schweißt an den Pkw eines Kunden den vom Hersteller unter Eigentumsvorbehalt gelieferten Kotflügel an. Der Kunde wird Eigentümer des Kotflügels **(Verarbeitung).**
  - Ein Gemüsegroßhändler beliefert die Kantine eines Betriebes mit Gemüse und Kartoffeln unter Eigentumsvorbehalt. Nach einer Woche ist die gesamte Lieferung verbraucht **(Verbrauch).**
  - Ein Unternehmen hat von einem Kfz-Händler einen Pkw unter Eigentumsvorbehalt gekauft. Nach vier Tagen wird der Pkw durch Verschulden eines Mitarbeiters des Unternehmens bei einem Unfall zerstört **(Vernichtung).** Um sich vor diesem Fall zu schützen, verlangt der Verkäufer vom Käufer den Abschluss einer Vollkaskoversicherung. Im Schadensfall erhält der Verkäufer Ersatz von der Versicherung.
  - Ein Baustoffhändler liefert einem Privatmann, der ein Haus baut, Steine. Die Steine werden in der Außenwand des Rohbaus vermauert **(Verbindung mit einer unbeweglichen Sache).**

In diesen Fällen erlischt der einfache Eigentumsvorbehalt.

❑ **Verlängerter Eigentumsvorbehalt:** Um sich vor den genannten Nachteilen zu schützen, vereinbart der Lieferer mit seinen Kunden den **verlängerten Eigentumsvorbehalt,** d. h., die beim Weiterverkauf entstehenden Forderungen werden an den Lieferer abgetreten, bei Verarbeitung erwirbt der Lieferer Miteigentum an der hergestellten Sache.
Beispiel Die COLO AG Warenhaus verkauft von der RAND OHG unter Eigentumsvorbehalt gelieferte Ware an ihre Kunden weiter. Die COLO AG Warenhaus hat ihre Kaufpreisforderung gegen ihre Kunden im Voraus an die RAND OHG abgetreten.

▷ **Kommissionskauf:** Beim Kommissionsgeschäft (vgl. S. 252 f.) schließt ein Unternehmen (Kommissionär) mit seinem Lieferer (Kommittent) einen **Kommissionsvertrag** ab, wobei der **Kommittent** Eigentümer der Ware bleibt (§ 383 HGB). Der **Kommissionär** wird Besitzer der gelieferten Ware. Er verkauft die Kommissionsware in seinem Namen. Die verkaufte Ware rechnet der Kommissionär mit dem Lieferer ab **(Verkauf in eigenem Namen für fremde Rechnung).** Nicht verkaufte Ware gibt der Kommissionär an den Kommittenten zurück.

Besondere Arten des Kaufvertrages

◇ **Nach der rechtlichen Stellung der Vertragspartner** unterscheidet man bürgerlichen Kauf, einseitigen und zweiseitigen Handelskauf.

◇ **Nach der Art und Güte der Ware** lassen sich folgende Kaufverträge unterscheiden: Kauf auf Probe, Kauf nach Probe, Kauf zur Probe, Stück-, Gattungs-, Spezifikations-, Ramschkauf, Kauf nach Sicht.

◇ **Nach dem Zeitpunkt der Zahlung** unterscheidet man Kauf gegen Anzahlung, Barkauf, Zielkauf, Abzahlungskauf (Ratenkauf).

◇ **Nach der Lieferbedingung** unterscheidet man den Terminkauf, den Fixkauf und den Kauf auf Abruf.

◇ Beim **Kauf unter Eigentumsvorbehalt** bleibt der Verkäufer bis zur vollständigen Bezahlung durch den Käufer Eigentümer der Ware.
   Beim **verlängerten Eigentumsvorbehalt** werden die beim Weiterverkauf entstehenden Forderungen vom Käufer an den Lieferer abgetreten.

◇ Beim **Kommissionskauf** wird der Käufer nur Besitzer der Ware. Er verkauft sie im Auftrag des Lieferers und kann die nicht verkaufte Ware an den Lieferer zurückgeben.

1 *Erläutern Sie, welchen Vorteil der Kauf auf Probe für den Käufer und den Verkäufer hat!*

2 *Beschreiben Sie, wodurch sich Stück- und Gattungskauf unterscheiden!*

3 *Begründen Sie, warum ein Abzahlungskauf einem Kreditkauf entspricht!*

4 *Erläutern Sie an je einem Beispiel, wodurch ein bürgerlicher Kauf, einseitiger und zweiseitiger Handelskauf gekennzeichnet sind!*

5 *Erläutern Sie die Besonderheiten des Abzahlungskaufs (Ratenkaufs)!*

6 *Beschreiben Sie die Vorteile eines Käufers aus dem*
   a) Kauf auf Abruf   *c) Spezifikationskauf*
   b) Kauf nach Probe   *d) Kauf zur Probe!*

7 *Geben Sie Beispiele für die Fälle an, in denen der einfache Eigentumsvorbehalt erlischt!*

8 *Welche der folgenden Aussagen zum Eigentumsvorbehalt sind richtig?*
   a) Der Eigentumsvorbehalt ist eine Vereinbarung zwischen Käufer und Verkäufer, nach der der Verkäufer bis zur vollständigen Bezahlung Eigentümer der Ware bleibt.
   b) Solange der Eigentumsvorbehalt besteht, darf der Käufer die unter Eigentumsvorbehalt gelieferte Ware nicht verarbeiten.
   c) Der Eigentumsvorbehalt erlischt, wenn die Ware von einem gutgläubigen Dritten erworben wird.
   d) Wird eine unter Eigentumsvorbehalt gelieferte Ware gepfändet, kann der Verkäufer die Freigabe verlangen.
   e) Der Käufer darf die unter Eigentumsvorbehalt gelieferte Ware frühestens nach einer Teilzahlung verarbeiten.
   f) Wird eine Sache unter Eigentumsvorbehalt geliefert, so genügt es, wenn dieses auf dem Lieferschein vermerkt wird.

9 ☞ *Erstellen Sie ein Referat zum Thema: „Besondere Arten des Kaufvertrages"!*

2.9 Nicht-Rechtzeitig-Zahlung (Zahlungsverzug) als Störung des Kaufvertrages

Durch ein Versehen eines Mitarbeiters der Tempelmann GmbH & Co. KG wurde eine Eingangsrechnung der RAND OHG, die am 10. Januar .. fällig war, nicht bezahlt. Am 20. Februar erhält die Tempelmann GmbH & Co. KG eine Mahnung mit der Aufforderung, den Rechnungsbetrag zuzüglich 11 % Verzugszinsen zu bezahlen. Wütend ruft Herr Tempelmann bei der RAND OHG an und erklärt, er werde nur den Rechnungsbetrag begleichen, auf die Verzugszinsen hätte die RAND OHG keinen Anspruch, da es sich um ein Versehen gehandelt habe.

Arbeitsauftrag

- *Begründen Sie die Notwendigkeit der Überwachung von Zahlungsterminen!*
- *Stellen Sie fest, ob die Voraussetzungen des Zahlungsverzuges gegeben sind!*
- *Überprüfen Sie, ob die Tempelmann GmbH & Co. KG den Rechnungsbetrag einschließlich der Verzugszinsen bezahlen muss!*

Zahlt ein Käufer nicht oder nicht rechtzeitig, gerät er in **Zahlungsverzug** (§§ 286 ff. BGB).

▷ **Voraussetzung** für den Eintritt des Zahlungsverzuges ist die **Fälligkeit der Zahlung.** Der Schuldner kommt bei einem unbestimmten Zahlungstermin **30 Tage nach dem Erhalt einer Rechnung** automatisch in Verzug – ohne weitere Mahnung (§ 286 III BGB). Die 30-Tage-Frist beginnt mit der Zustellung der Rechnung. Den ordnungsgemäßen Zugang der Rechnung hat im Streitfall der Gläubiger zu beweisen. Diese Regelung gilt gegenüber einem Schuldner, der Verbraucher ist, nur, wenn der Verbraucher auf diese Folgen in der Rechnung oder Zahlungsaufstellung besonders hingewiesen worden ist. Ist der Zeitpunkt des Zugangs der Rechnung unsicher, kommt der Schuldner beim einseitigen Handelskauf spätestens 30 Tage nach Fälligkeit und Empfang der Waren in Verzug. Ist ein fester Termin zur Zahlung des Kaufpreises vereinbart, kommt der Käufer sofort in Verzug, wenn er nicht bis zum vereinbarten Termin zahlt (§ 286 II BGB). Der Zahlungsverzug tritt nur dann ein, wenn die vom Verkäufer geschuldete Leistung bereits vertragsgemäß erbracht wurde.

Das **Verschulden des Käufers ist** für den Eintritt des Zahlungsverzuges **erforderlich.**

▷ **Rechte des Verkäufers aus der Nicht-Rechtzeitig-Zahlung (Zahlungsverzug)**

Der Verkäufer kann zuerst nur Nacherfüllung verlangen, d. h., er kann

– **auf verspätete Zahlung bestehen,** d. h., der Käufer zahlt nach dem Zahlungstermin und der Verkäufer stellt keine weiteren Ansprüche; oder

– **auf verspätete Zahlung bestehen und Schadenersatz wegen Verzögerung der Leistung verlangen.** Der Schadenersatz (Ersatz des Verzugsschadens) kann die entgangenen Zinsen und den Kostenersatz (Mahnkosten) umfassen. Die Verzugszinsen betragen laut Gesetz (§ 353 HGB, § 288 BGB) beim einseitigen Handelskauf 5 % über dem Basiszinssatz für Kredite vom Tag des Verzugs an, beim zweiseitigen Handelskauf 8 % über dem Basiszinssatz.

Wenn die Nacherfüllung durch den Käufer nach einer Mahnung mit Fristsetzung nicht erfolgt, dann kann der Verkäufer

– **die Zahlung ablehnen und vom Vertrag zurücktreten (= Rücktritt),** d. h., der Verkäufer verlangt seine Waren zurück. Dieses ist besonders sinnvoll beim Verkauf unter Eigentumsvorbehalt oder bei großen Zahlungsschwierigkeiten des Käufers; und/oder

– **die Zahlung ablehnen und Schadenersatz statt der Leistung verlangen.** Der Verkäufer wird dieses Recht in Anspruch nehmen, wenn der Verkaufpreis der Waren inzwischen gesunken ist und er beim Verkauf an einen anderen Kunden einen geringeren Verkaufserlös erzielt. Der Schaden ist in Höhe der Differenz zwischen dem ursprünglichen und dem jetzt erzielten Verkaufspreis entstanden. Für die Inanspruchnahme dieses Rechts ist ein Verschulden des Verkäufers erforderlich.

79

RAND OHG
Großhandel für Randsortimente

RAND OHG · Völklinger Straße 49 · 40221 Düsseldorf

Telefon: 0211 4076-0
USt-ID Nr. 022 12001 23

Einschreiben
Tempelmann GmbH & Co. KG
Friedenstraße 18
45470 Mülheim

Ihr Zeichen, Ihre Nachricht vom	Unser Zeichen, unsere Nachricht vom	Telefon, Name	Datum
te-ho ..-12-08	ma-lu ..-01-30	603, Maier	..-02-13

Nicht-Rechtzeitig-Zahlung

Sehr geehrter Herr Tempelmann,

Sie erhielten von uns am 20. Dezember .. eine Lieferung Spielwaren. Gleichzeitig sandten wir Ihnen die Rechnung Nr. 308/97 über 34 800,00 EUR einschließlich 19 % USt. zu.

Gemäß den Zahlungsbedingungen sollten Sie die Rechnung innerhalb von 30 Tagen nach Rechnungserhalt begleichen, d. h. im vorliegenden Fall bis zum 20. Januar ... . Da wir bis zu diesem Termin keine Zahlung von Ihnen erhalten haben, schickten wir Ihnen am 30. Januar eine Mahnung, in der wir Ihnen eine Zahlungsfrist bis zum 10. Februar setzten. Leider ließen Sie auch diesen Zahlungstermin ungenutzt verstreichen.

Gemäß den AGB, die unserem Vertrag zugrunde gelegt wurden, sind wir berechtigt, für verspätete Zahlungen unseren Kunden 11 % Verzugszinsen in Rechnung zu stellen.

Wir bitten Sie daher, den Rechnungsbetrag **über 34 800,00 EUR zuzüglich 350,90 EUR Verzugszinsen, insgesamt 35 150,90 EUR bis spätestens zum 20. Februar ..** zu bezahlen.

Sollte bis zu diesem Termin die Zahlung bei uns nicht eingegangen sein, sehen wir uns gezwungen, vom Vertrag zurückzutreten oder Schadenersatz statt der Leistung zu verlangen.

Wir hoffen auf rechtzeitige Bezahlung.

Mit freundlichem Gruß

RAND OHG

i. A. *Maier*

Maier

Anlage
Rechnungskopie

Völklinger Straße 49 40221 Düsseldorf	Stadtsparkasse Düsseldorf BLZ 300 501 10 Konto-Nr 0 142 016978	Postbank Dortmund BLZ 440 100 46 Konto-Nr. 635 65-302	Geschäftsführer Renate Rand, Werner Koch Amtsgericht Düsseldorf HRA 593-0205	Die Lieferung erfolgt auf der Grundlage unserer Lieferungs- und Zahlungsbedingungen

Nicht-Rechtzeitig-Zahlung (Zahlungsverzug) als Störung des Kaufvertrages

▷ **Voraussetzung des Zahlungsverzuges:** Fälligkeit der Zahlung, Verschulden des Käufers

▷ Der **Zahlungsverzug tritt ein** bei unbestimmten Zahlungsterminen nach Ablauf von 30 Tagen seit Zugang einer Rechnung. Der Gläubiger hat den Zugang der Rechnung im Streitfall zu beweisen. Bei bestimmten Zahlungsterminen kommt der Käufer sofort in Verzug, wenn er zum vereinbarten Termin nicht zahlt.

❑ **Rechte des Verkäufers**
   – **Zahlung verlangen** oder
   – **Zahlung und Schadenersatz wegen Verzögerung der Leistung verlangen**
   Erfolgt durch den Käufer nach einer Mahnung mit Fristsetzung keine Nacherfüllung, kann der Verkäufer verlangen
   – **Ablehnung der Zahlung und Rücktritt vom Vertrag** oder
   – **Ablehnung der Zahlung und Schadenersatz statt der Leistung.**

❑ **Verzugszinsen** laut Gesetz 5 % beim einseitigen Handelskauf über dem jeweils gültigen Basiszinssatz für Kredite, beim zweiseitigen Handelskauf 8 % über dem Basiszinssatz.

---

1 *Geben Sie einige Gründe an, aus denen eine Zahlung verspätet erfolgen kann!*

2 *Erläutern Sie die Konsequenzen, die sich aus einer verspäteten Zahlung*
a) für den Zahlungspflichtigen,
b) für den Zahlungsempfänger
ergeben können!

3 *Erläutern Sie die Voraussetzungen des Zahlungsverzuges und die jeweiligen Rechte des Verkäufers!*

4 *Die RAND OHG hat der COLO AG Warenhaus am 20. September ordnungsgemäß eine Lieferung Waren per Lkw zugesandt. Die Rechnung wurde der AG am 21. September zugestellt.*
a) Überprüfen Sie, wann die AG in Verzug gerät!
b) Die AG befindet sich im Zahlungsverzug. Erläutern Sie, wovon die RAND OHG die Ausübung der einzelnen Rechte beim Zahlungsverzug abhängig machen wird!

5 PC *Schriftverkehr: Schreiben Sie anhand nachfolgender Angaben einen Brief!*
Die Lebensmitteleinzelhandlung ARI, Albert Richmann e.K., Viktoriastraße 3, 45468 Mülheim hat bei der RAND OHG Waren im Werte von 41 890,00 EUR gekauft. Fünf Wochen nach Ablauf des Zahlungstermins hat die Lebensmitteleinzelhandlung noch nicht bezahlt.

2.10 Das außergerichtliche (kaufmännische) und das gerichtliche Mahnverfahren

Trotz mehrfacher Mahnungen durch die RAND OHG hat die Tempelmann GmbH & Co. KG den ausstehenden Rechnungsbetrag über 34 800,00 EUR nicht bezahlt. An Mahnkosten sind bisher 23,00 EUR und an Verzugszinsen 350,90 EUR entstanden. Sonja Koch ist sich nicht sicher, wie sie sich verhalten soll.

Arbeitsauftrag *Machen Sie Vorschläge, welche Möglichkeiten die RAND OHG hat, wenn mehrere Mahnungen bei einem Kunden keine Wirkung gezeigt haben!*

● Außergerichtliches (kaufmännisches) Mahnverfahren

Man spricht von einem <u>außergerichtlichen oder kaufmännischen Mahnverfahren,</u> wenn der Verkäufer **ohne Einschaltung des Gerichts** versucht, seine ausstehenden Forderungen einzutreiben. Eine Mahnung sollte aber immer mit sehr viel „**Fingerspitzengefühl**" vorgenommen werden, da durch zu harte und ungeschickte Formulierungen Kunden verärgert werden können. Die Mahnung sollte einen Hinweis auf den fälligen Betrag und den überfälligen Zahlungstermin enthalten. **Aus Beweissicherungsgründen** sollte sie **schriftlich** abgefasst werden.

INFO

Ein kaufmännisches Mahnverfahren kann **z. B. in folgenden Schritten** durchgeführt werden:

❑ **Zahlungserinnerung:** Der Schuldner erhält 14 Tage nach Überschreiten des Fälligkeitstages in höflicher Form eine Rechnungskopie oder einen Kontoauszug.

❑ **1. Mahnung:** Nochmalige Zusendung einer Rechnungskopie oder eines Kontoauszuges nach weiteren 14 Tagen, wobei ein nachdrücklicher Ton angeschlagen wird.

❑ **2. Mahnung:** Nach weiteren 14 Tagen wird eine Mahnung mit Fristsetzung an den Kunden gesandt, wobei nachdrücklich auf die Fälligkeit, den Betrag und die Folgen der Nichtzahlung hingewiesen wird.

❑ **3. Mahnung:** Es wird nach 8 Tagen ein letzter Termin gesetzt und der Mahnbescheid (gerichtliche Mahnung) angedroht.

Eine besondere Form der Mahnung ist die Zustellung einer **Postnachnahme** (vgl. S. 128), wobei man Geldbeträge bis höchstens 1 600,00 EUR durch die Deutsche Post AG einziehen lassen kann. Hierbei werden die Forderungen mithilfe eines Nachnahmeformblattes mit Zahlschein eingezogen.

● Das gerichtliche Mahnverfahren

Wenn ein säumiger Kunde nicht auf die Maßnahmen des außergerichtlichen (kaufmännischen) Mahnverfahrens reagiert, kann ein Lieferer bei einem Amtsgericht[1] einen Antrag auf Erlass eines **Mahnbescheides** stellen. Dadurch wird das gerichtliche Mahnverfahren (ZPO §§ 688 ff.) eingeleitet. Der Mahnbescheid stellt eine Mahnung von Amts wegen dar, wodurch der Schuldner aufgefordert wird, den ausstehenden Betrag binnen einer Frist von zwei Wochen zu zahlen oder Widerspruch zu erheben.

Der Antrag muss auf einem besonderen Vordruck (Formularzwang) gestellt werden (vgl. S. 83) oder im Onlineverfahren dem Amtsgericht übermittelt werden.

Das Amtsgericht erlässt den Mahnbescheid, wobei nicht überprüft wird, ob der Anspruch zu Recht besteht oder nicht. Der Mahnbescheid wird dem Schuldner vom Gericht zugestellt. Der **Schuldner hat** nach Zustellung des Mahnbescheids durch das Amtsgericht **drei Möglichkeiten:**

❑ **Schuldner zahlt an den Gläubiger** (Forderungsbetrag und sämtliche Kosten des Verfahrens), **Verfahren ist beendet.**

---

[1] Aus Rationalisierungsgründen werden alle Mahnbescheide zentral je nach Bundesland bei einigen Amtsgerichten bearbeitet, rechtliche Wirkung hat der Antrag erst mit Eingang beim zuständigen Amtsgericht.

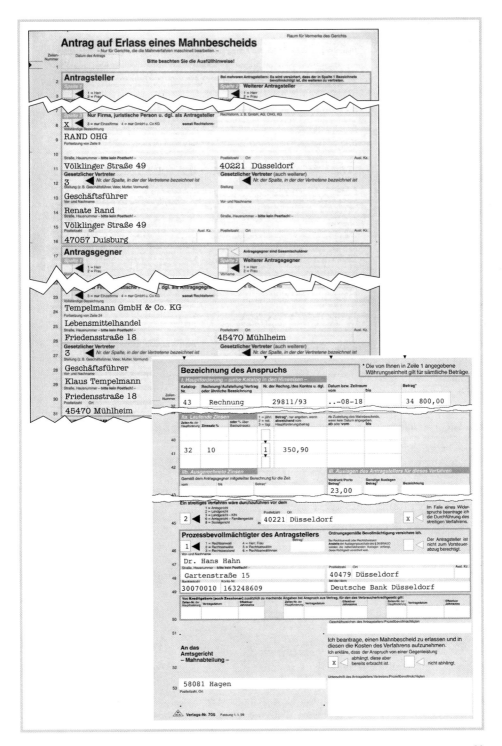

Antrag auf Erlass eines Mahnbescheids

– Nur für Gerichte, die die Mahnverfahren maschinell bearbeiten. –

Raum für Vermerke des Gerichts

Bitte beachten Sie die Ausfüllhinweise!

Datum des Antrags

Antragsteller

Spalte 1 — 1 = Herr 2 = Frau

Bei mehreren Antragstellern: Es wird versichert, dass der in Spalte 1 Bezeichnete bevollmächtigt ist, die weiteren zu vertreten.

Spalte 2 — **Weiterer Antragsteller**

Spalte 3 — Nur Firma, juristische Person u. dgl. als Antragsteller — 3 = nur Einzelfirma 4 = nur GmbH u. Co KG   sonst Rechtsform:

Rechtsform, z. B. GmbH, AG, OHG, KG

X

Vollständige Bezeichnung
RAND OHG
Fortsetzung von Zeile 9

Straße, Hausnummer – bitte kein Postfach! –
Völklinger Straße 49

Postleitzahl Ort
40221 Düsseldorf   Ausl. Kz.

Gesetzlicher Vertreter
3   Nr. der Spalte, in der der Vertretene bezeichnet ist

Gesetzlicher Vertreter (auch weiterer)
Nr. der Spalte, in der der Vertretene bezeichnet ist

Stellung (z. B. Geschäftsführer, Vater, Mutter, Vormund)
Geschäftsführer   Stellung

Vor- und Nachname
Renate Rand

Straße, Hausnummer – bitte kein Postfach! –
Völklinger Straße 49

Straße, Hausnummer – bitte kein Postfach! –

Postleitzahl Ort   Ausl. Kz.
47057 Duisburg

Postleitzahl Ort

Antragsgegner

Antragsgegner sind Gesamtschuldner

Spalte 1 — 1 = Herr 2 = Frau

Spalte 2 — **Weiterer Antragsgegner**
Vorname — 1 = Herr 2 = Frau

...sche ...als Antragsgegn... — 3 = nur Einzelfirma 4 = nur GmbH u. Co KG   sonst Rechtsform:

Vollständige Bezeichnung
Tempelmann GmbH & Co. KG
Fortsetzung von Zeile 24
Lebensmittelhandel

Straße, Hausnummer – bitte kein Postfach! –
Friedensstraße 18

Postleitzahl Ort   Ausl. Kz.
45470 Mühlheim

Gesetzlicher Vertreter
3   Nr. der Spalte, in der der Vertretene bezeichnet ist

Gesetzlicher Vertreter (auch weiterer)
Nr. der Spalte, in der der Vertretene bezeichnet ist

Stellung (z. B. Geschäftsführer, Vater, Mutter, Vormund)
Geschäftsführer

Vor- und Nachname
Klaus Tempelmann

Straße, Hausnummer – bitte kein Postfach! –
Friedensstraße 18

Postleitzahl Ort
45470 Mühlheim

Bezeichnung des Anspruchs

I. Hauptforderung – siehe Katalog in den Hinweisen –

* Die von Ihnen in Zeile 1 angegebene Währungseinheit gilt für sämtliche Beträge.

Katalog-Nr.	Rechnung/Aufstellung/Vertrag oder ähnliche Bezeichnung	Nr. der Rechng./des Kontos u. dgl.	Datum bzw. Zeitraum vom	bis	Betrag°
43	Rechnung	29811/93	..–08–18		34 800,00

IIa. Laufende Zinsen

Zeilen-Nr. der Hauptforderung	Zinssatz %	oder % über Basiszinssatz	1 = jährl. 3 = mtl. 5 = tgl.	Betrag°, nur angeben, wenn abweichend von Hauptforderungsbetrag	Ab Zustellung des Mahnbescheids, wenn kein Datum angegeben. ab oder vom	bis
32	10		1	350,90		

IIb. Ausgerechnete Zinsen

Gemäß dem Antragsgegner mitgeteilter Berechnung für die Zeit

vom	bis	Betrag°

III. Auslagen des Antragstellers für dieses Verfahren

Vordruck/Porto Betrag°	Sonstige Auslagen Betrag°	Bezeichnung
23,00		

Ein streitiges Verfahren wäre durchzuführen vor dem

2   1 = Amtsgericht 2 = Landgericht 3 = Landgericht - KfH 4 = Arbeitsgericht - Familiengericht 6 = Sozialgericht   in

Postleitzahl Ort
40221 Düsseldorf   X

Im Falle eines Widerspruchs beantrage ich die Durchführung des streitigen Verfahrens.

Prozessbevollmächtigter des Antragstellers

1   1 = Rechtsanwalt 2 = Rechtsbeistand 3 = Rechtsbeistand 4 = Herr 5 = Rechtsanwältin 6 = Rechtsanwältinnen   Betrag°

Ordnungsgemäße Bevollmächtigung versichere ich.

Bei Rechtsanwalt oder Rechtsbeistand: Anstelle der Auslagenpauschale des § 26 BRAGO werden die nebenstehenden Auslagen verlangt, deren Richtigkeit versichert wird.

Der Antragsteller ist nicht zum Vorsteuerabzug berechtigt.

Vor- und Nachname
Dr. Hans Hahn

Straße, Hausnummer – bitte kein Postfach! –
Gartenstraße 15

Postleitzahl Ort   Ausl. Kz.
40479 Düsseldorf

Bankleitzahl   Konto-Nr.
30070010   163248609

bei der/dem
Deutsche Bank Düsseldorf

Von Kreditgebern (auch Zessionar) zusätzlich zu machende Angaben bei Anspruch aus Vertrag, für den das Verbraucherkreditgesetz gilt:

Zeilen-Nr. der Hauptforderung	Vertragsdatum	Effektiver Jahreszins		Zeilen-Nr. der Hauptforderung	Vertragsdatum	Effektiver Jahreszins	Verzugsdatum	Effektiver Jahreszins

Geschäftszeichen des Antragstellers/Prozeßbevollmächtigten

An das Amtsgericht
– Mahnabteilung –

58081 Hagen
Postleitzahl, Ort

Ich beantrage, einen Mahnbescheid zu erlassen und in diesen die Kosten des Verfahrens aufzunehmen.

Ich erkläre, dass der Anspruch von einer Gegenleistung

X   abhängt, diese aber bereits erbracht ist.

nicht abhängt.

Unterschrift des Antragstellers/Vertreters/Prozeßbevollmächtigten

Verlags-Nr. 705   Fassung 1.1, 99

83

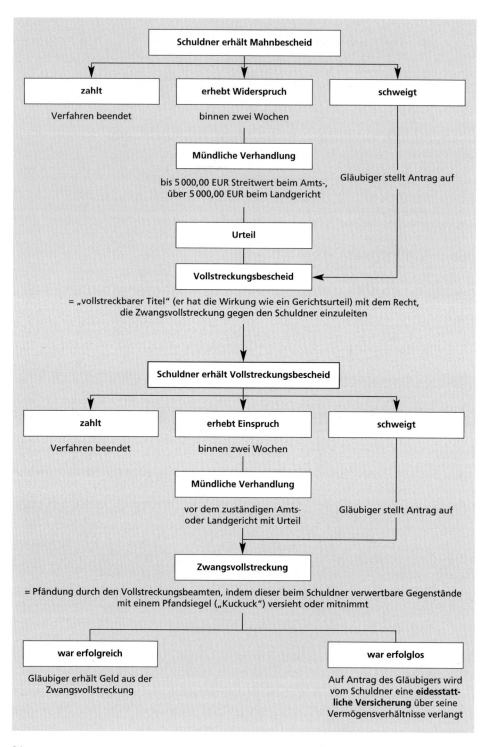

Schuldner erhält Mahnbescheid

zahlt

Verfahren beendet

erhebt Widerspruch

binnen zwei Wochen

schweigt

Mündliche Verhandlung

bis 5 000,00 EUR Streitwert beim Amts-,
über 5 000,00 EUR beim Landgericht

Gläubiger stellt Antrag auf

Urteil

Vollstreckungsbescheid

= „vollstreckbarer Titel" (er hat die Wirkung wie ein Gerichtsurteil) mit dem Recht,
die Zwangsvollstreckung gegen den Schuldner einzuleiten

Schuldner erhält Vollstreckungsbescheid

zahlt

Verfahren beendet

erhebt Einspruch

binnen zwei Wochen

schweigt

Mündliche Verhandlung

vor dem zuständigen Amts-
oder Landgericht mit Urteil

Gläubiger stellt Antrag auf

Zwangsvollstreckung

= Pfändung durch den Vollstreckungsbeamten, indem dieser beim Schuldner verwertbare Gegenstände
mit einem Pfandsiegel („Kuckuck") versieht oder mitnimmt

war erfolgreich

Gläubiger erhält Geld aus der
Zwangsvollstreckung

war erfolglos

Auf Antrag des Gläubigers wird
vom Schuldner eine **eidesstattliche Versicherung** über seine
Vermögensverhältnisse verlangt

❑ **Schuldner erhebt Widerspruch** beim zuständigen Amtsgericht innerhalb der Widerspruchsfrist von zwei Wochen. Auf Antrag des Gläubigers kommt es zum **Zivilprozess** beim zuständigen Amts- oder Landgericht (Streitwert bis 5 000,00 EUR Amtsgericht, über 5 000,00 EUR Landgericht). Zuständig ist bei einseitigen Handelskäufen das Prozessgericht, in dessen Bezirk der Schuldner seinen Wohn- oder Geschäftssitz hat, bei zweiseitigen Handelskäufen kann auch vertraglich ein anderer Gerichtsstand vereinbart werden. Der Widerspruch kann mündlich (bei einem zuständigen Beamten des Amtsgerichts) oder schriftlich (Einschreiben) eingelegt werden.

❑ **Schuldner unternimmt nichts,** Gläubiger kann nach Ablauf der Widerspruchsfrist einen **Vollstreckungsbescheid** binnen sechs Monaten beim Amtsgericht beantragen.

Hat der Gläubiger beim Amtsgericht einen Vollstreckungsbefehl beantragt, wird dieser dem Schuldner vom Amtsgericht durch den Vollstreckungsbeamten zugestellt. Der **Schuldner** hat wieder **drei Möglichkeiten:**

❑ **Schuldner zahlt an den Gläubiger** (Forderungsbetrag und sämtliche Kosten des Verfahrens), **Verfahren ist beendet.**

❑ **Schuldner erhebt Einspruch** innerhalb der Einspruchsfrist von zwei Wochen. Auf Antrag des Gläubigers kommt es zum **Zivilprozess** beim zuständigen Amts- oder Landgericht.

❑ **Schuldner übernimmt nichts,** Gläubiger kann nach Ablauf der Einspruchsfrist durch den Vollstreckungsbeamten beim Schuldner eine **Zwangsvollstreckung (= Pfändung,** d.h. der Vollstreckungsbeamte pfändet beim Schuldner verwertbare Gegenstände, indem er diese mit einem **Pfandsiegel = Kuckuck** versieht) vornehmen lassen.

Bei einer Zwangsvollstreckung dürfen nicht alle verwertbaren Gegenstände gepfändet werden. Nicht pfändbar sind Gegenstände, die für eine bescheidene Lebensführung benötigt werden.

Beispiele Kleidungsstücke, Einrichtungsgegenstände, Radiogerät

Hat der Vollstreckungsbeamte auf Antrag des Gläubigers beim Schuldner verwertbare Gegenstände gepfändet, werden diese nach einer Schonfrist von sieben Tagen versteigert. Der Gläubiger erhält den Erlös der Versteigerung abzüglich der entstandenen Versteigerungskosten bis zur Höhe seiner Forderungen.

Ist eine **Zwangsvollstreckung mangels verwertbarer Gegenstände beim Schuldner erfolglos** und hat der Gläubiger das Gefühl, dass der Schuldner verwertbare Gegenstände unterschlägt, muss der Schuldner auf Antrag des Gläubigers eine **eidesstattliche Versicherung** über seine Vermögensverhältnisse ablegen. Bei der eidesstattlichen Versicherung erklärt der Schuldner, dass sich außer den angegebenen Gegenständen keine weiteren Vermögensgegenstände in seinem Eigentum befinden.

Verweigert er die eidesstattliche Versicherung, kann der Schuldner auf Kosten des Gläubigers in eine Beugehaft bis zu sechs Monaten genommen werden. Macht er falsche Angaben über seine Vermögensverhältnisse, muss er mit einer Haftstrafe wegen Meineids rechnen.

Der Gläubiger kann auf das gerichtliche Mahnverfahren verzichten und gleich beim zuständigen Amts- oder Landgericht eine **Klage** wegen Vertragsbruch gegen den Schuldner einreichen.

Das außergerichtliche (kaufmännische) und das gerichtliche Mahnverfahren

◇ Das **außergerichtliche Mahnverfahren** wird angewandt, wenn von säumigen Schuldnern fällige Forderungen **ohne Einschaltung des Gerichts** eingetrieben werden.

◇ Der **Mahnbescheid** stellt eine Aufforderung des Gläubigers an den Schuldner dar, innerhalb einer bestimmten Frist die vom Gläubiger geforderte Summe zu zahlen oder sich vor Gericht zu verteidigen.

◇ Mit dem **Vollstreckungsbescheid** hat ein Gläubiger einen vollstreckbaren Titel mit dem Recht, die Zwangsvollstreckung gegen den Schuldner einzuleiten.

◇ **Die Zwangsvollstreckung** ist ein Verfahren, um mithilfe eines Vollstreckungsbeamten Geldforderungen bei einem Kunden einzutreiben.

1 Erläutern Sie einige Ursachen dafür, dass Kunden nicht oder nicht rechtzeitig zahlen!

2 Erklären Sie die Schritte beim außergerichtlichen Mahnverfahren!

3 Beschreiben Sie die Konsequenzen, die einem Unternehmen entstehen, wenn es seine Außenstände nicht rechtzeitig von den Kunden bezahlt bekommt!

4 Erläutern Sie, wovon es abhängen kann, in welcher Form und wie oft ein Unternehmen einen säumigen Käufer mahnt!

5 Beschreiben Sie den Ablauf des gerichtlichen Mahnverfahrens!

6 Sonja Koch erhält per Post einen Mahnbescheid zugesandt, in welchem sie von einer Versandhandlung aufgefordert wird, 3 000,00 EUR zu zahlen. Da Sonja keine Einkäufe bei der Versandhandlung getätigt hat, ist sie der Überzeugung, dass es sich um einen Irrtum handeln muss, der sich von selbst aufklärt. Infolgedessen unternimmt sie nichts. Beschreiben Sie die Folgen, die sich für Sonja aus ihrem Schweigen ergeben können!

7 Geben Sie an, welche Konsequenzen eine Zwangsvollstreckung für den Schuldner hat!

8 ☞ Die RAND OHG hat der ReWo eG, Nelkenstraße 3, 50733 Köln, Waren im Werte von 31 368,00 EUR geliefert. Als Zahlungstermin war vereinbart worden: „Zahlbar 30 Tage nach Erhalt der Rechnung netto Kasse". Die Rechnung wurde am 18. Februar .. per Brief versandt.

a) 〔PC〕 Schreiben Sie

1. eine Zahlungserinnerung am 25. März ..,
2. die 1. Mahnung am 9. April ..,
3. die 2. Mahnung am 23. April ..,
4. die 3. und letzte Mahnung am 30. April ..!
   (Die ReWo eG reagiert auf kein Mahnschreiben.)

b) Angenommen, die ReWo eG überweist nach der letzten Mahnung nur 30 000,00 EUR. Beschaffen Sie sich bei der Deutschen Post AG eine Postnachnahme und füllen Sie diese über den Restbetrag aus!

c) Trotz dreimaliger schriftlicher Mahnung (Mahnkosten = vorgerichtliche Kosten 68,00 EUR, Vordruck 3,50 EUR) zahlt die ReWo eG nicht. Am 15. Juni .. beantragt die RAND OHG einen Mahnbescheid. Sie beauftragt ihren Rechtsvertreter Dr. Hans Hahn, Gartenstraße 16, 40479 Düsseldorf, als Prozessbevollmächtigten mit der Wahrnehmung ihrer Interessen. Stellen Sie diesen Mahnbescheid aus!

9 〔PC〕 Erstellen Sie mithilfe einer Textverarbeitungssoftware ein Textbausteinsystem für das kaufmännische Mahnverfahren!

10 Erläutern Sie eidesstattliche Versicherung und Beugehaft!

1 Die RAND OHG erhält am 16. März .. die Anfrage eines neuen Kunden, der Lebens-
mitteleinzelhandelskette *Boese & Söhne OHG*. Diese bittet um ein Angebot für
Schreibwaren, insbesondere möchten Boese & Söhne nähere Informationen über
Schreibsets, Schreibblocks und Kugelschreiber erhalten.

a) Erklären Sie die rechtliche Bedeutung der Anfrage von der Boese & Söhne OHG!

b) Die RAND OHG sendet am 18. März folgendes Angebot per Brief an die Boese &
Söhne OHG:

- Schreibset „Duo", Druckkugelschreiber und Druckbleistift, liefer-
  bar zum Preis von 6,76 EUR je Set, Mindestbestellmenge 200
  Stück
- Schreibblock „Schule" A4, lieferbar zum Preis von 0,97 EUR,
  Mindestbestellmenge 500 Stück
- Kugelschreiber „Favorit", lieferbar zum Preis von 0,92 EUR,
  Mindestbestellmenge 2 000 Stück

Die Lieferung erfolgt unfrei. Unsere Rechnungen sind innerhalb von
14 Tagen unter Abzug von 3 % Skonto oder innerhalb von 30 Tagen

1. Untersuchen Sie, ob dieses Schreiben für die RAND OHG eine verbindliche Wirkung
   besitzt!
2. Erklären Sie, wie sich die Beförderungskosten aufgrund dieses Schreibens verteilen!
3. Nennen Sie die noch fehlenden Inhaltspunkte, die für den Kaufvertrag von Bedeutung sein können, und erklären Sie deren gesetzliche Regelung!
4. Erläutern Sie, warum die RAND OHG jeweils Mindestbestellmengen vorschreibt!

c) Die Boese & Söhne OHG bestellt am 29. März 1 000 Schreibblocks, 3 000 Kugelschreiber und 800 Schreibsets.

1. Begründen Sie, ob die RAND OHG zur Lieferung verpflichtet ist!
2. Erläutern Sie, durch welche Maßnahmen die RAND OHG zum Ausdruck bringen
   kann, dass sie die Bestellung annimmt!
3. Beschreiben Sie, wie Käufer und Verkäufer den Kaufvertrag erfüllen!

d) Laut Rechnung muss die Boese & Söhne OHG den Rechnungsbetrag bis zum 2. Mai
überwiesen haben. Wegen finanzieller Schwierigkeiten überweist die Boese & Söhne
OHG den Betrag erst 14 Tage später.

1. Begründen Sie, ob die Boese & Söhne OHG auch ohne Mahnung in Zahlungsverzug gerät!
2. Nennen Sie zwei Folgen, die die verspätete Zahlung für die RAND OHG haben
   kann!
3. Schreiben Sie eine Mahnung an die Boese & Söhne OHG für den Fall, dass auch bis
   zum 20. Mai noch keine Zahlung erfolgt ist!
4. Beschreiben Sie das außergerichtliche und das gerichtliche Mahnverfahren!

2 Die 17-jährige Gerda Peters, die mit Zustimmung ihres Vaters einen Ausbildungsvertrag mit der RAND OHG abgeschlossen hat, beabsichtigt die Ausbildungsstelle zu
wechseln und das derzeitige Ausbildungsverhältnis zu kündigen. Ihr Vater ist als gesetzlicher Vertreter von Gerda dagegen.

a) Erläutern Sie den Arbeits- und Ausbildungsvertrag!

b) Beschreiben Sie, wodurch sich die Kündigung und das Testament hinsichtlich der
Empfangsbedürftigkeit unterscheiden!

c) Begründen Sie, ob Gerda den Ausbildungsvertrag ohne Zustimmung des Erziehungsberechtigten kündigen kann!

d) Geben Sie an, ob Gerda einen neuen Ausbildungsvertrag ohne Zustimmung des
Erziehungsberechtigten abschließen kann!

3 Der Landwirt Alois Schindler verkauft ein Grundstück an die Klaus Siebert GmbH für 200 000,00 EUR. Im notariellen Vertrag geben beide Vertragpartner als Kaufpreis nur 120 000,00 EUR an, um Grunderwerbsteuern zu sparen. Der Eigentumsübergang wird im Grundbuch eingetragen.

a) Begründen Sie, ob ein Kaufvertrag über das Grundstück zustande gekommen ist!

b) Geben Sie an, wer Eigentümer des Grundstückes ist!

c) Erläutern Sie die Formvorschriften beim Kauf und Verkauf von Grundstücken und Gebäuden!

d) Die GmbH überweist nach Vertragsabschluss nur 120 000,00 EUR an den Landwirt. Sie weigert sich, die mündlich vereinbarten weiteren 80 000,00 EUR zu zahlen. Begründen Sie, ob die GmbH die 80 000,00 EUR noch zahlen muss!

e) Führen Sie einige Beispiele für die Nichtigkeit von Verträgen an!

4 Die RAND OHG sendet der COLO AG Warenhaus, mit der sie seit langem gute Geschäftsbeziehungen pflegt, unaufgefordert einen günstigen Posten Erzeugnisse zu. Die COLO AG Warenhaus reagiert nicht auf diese Erzeugnislieferung.

a) Beurteilen Sie, ob ein Kaufvertrag zustande gekommen ist!

b) Begründen Sie, ob sich die Sachlage ändert, wenn bisher keine Geschäftsbeziehungen zwischen der RAND OHG und der COLO AG Warenhaus bestanden haben!

5 Die RAND OHG hat bei der Stricker AG Textilherstellung schriftlich Textilien bestellt. Nach einer Woche bemerkt die RAND OHG, dass die falschen Textilien bestellt wurden. Daher widerruft sie per Telefax die Bestellung. Die Stricker AG Textilherstellung reagiert aber nicht auf diesen Widerruf. Nach drei weiteren Tagen liefert das Textilunternehmen die Ware.

a) Begründen Sie, ob ein Kaufvertrag zwischen der RAND OHG und der Stricker AG Textilherstellung zustande gekommen ist!

b) Welche Auswirkung hat der Widerruf der RAND OHG auf den Kaufvertrag? (Begründung)

c) Wie ist die Rechtslage, wenn die RAND OHG einen Tag nach der brieflichen Bestellung per Telefax widerrufen hätte?

6 Die RAND OHG in Düsseldorf liefert an die COLO AG Warenhaus in Dortmund Waren im Werte von 62 000,00 EUR. Unterwegs verunglückt der mit der Lieferung beauftragte Spediteur ohne dessen Verschulden. Die Ware wird vollständig zerstört. Erläutern Sie die Rechtslage, wenn

a) über den Erfüllungsort keine Vereinbarung getroffen wurde,

b) der Geschäftssitz der COLO AG Warenhaus als Erfüllungsort vertraglich festgelegt wurde,

c) über den Gerichtsstand keine Vereinbarung getroffen wurde!

7 a) Schreiben Sie nachfolgende Bestellung:

Absender: RAND OHG

Empfänger: Universa AG Import- und Exporthandelsgesellschaft, Hafentor 8, 20459 Hamburg

Vorgang: Die RAND OHG bestellt aufgrund eines vorausgegangenen Angebots bei der Universa AG Import- und Exporthandelsgesellschaft

3 000 Papiertischdecken „Sommerblume"	zu	0,99 EUR/Stück
1 000 Papiertischdecken „Herbstlicht"	zu	0,99 EUR/Stück
4 000 Schreibblöcke „Schule" DIN-A4	zu	0,38 EUR/Stück
10 000 Kugelschreiber „Favorit"	zu	0,43 EUR/Stück

Lieferzeit: Zwei Wochen, Zahlungsbedingungen 30 Tage nach Rechnungserhalt oder innerhalb 14 Tagen mit Abzug von 2 % Skonto

b) Schreiben Sie unter Berücksichtigung der folgenden Angaben einen unterschriftsreifen Brief für den Einzelhandelsbetrieb!

Absender: RAND OHG

Empfänger: Sportgeräte-Vertriebsgesellschaft mbH, Maarstraße 15, 54292 Trier

Vorgang: Die RAND OHG möchte ihr Sortiment um Fitnessgeräte erweitern. Hierzu fordert sie einen Katalog mit Preisliste und die Lieferungs- und Zahlungsbedingungen der Sportgeräte-Vertriebsgesellschaft mbH an.

8 Stellen Sie bei den nachfolgenden Sachverhalten fest, ob sie
1. einen einseitigen Handelskauf, 2. einen zweiseitigen Handelskauf, 3. einen bürgerlichen Kauf darstellen!

a) Die RAND OHG kauft bei der Drupa AG Büromaterialien.

b) Die Kantinenleiterin eines Industriebetriebes kauft bei einem Großhändler 100 Zentner Kartoffeln.

c) Der Geschäftsführer einer GmbH kauft für seinen Sohn in einem Sportfachgeschäft ein Paar Skier.

d) Ein Angestellter der RAND OHG verkauft an eine Arbeitskollegin ein gebrauchtes Motorrad.

e) Die Verkäuferin eines Verbrauchermarktes kauft für ihren Ehemann in einem Münzgeschäft zwei Silbermünzen als Geburtstagsgeschenk.

9 Es gibt unterschiedliche Kaufarten: Ordnen Sie die aufgeführten Kaufarten den Aussagen zu!

1. Stückkauf 4. Kauf zur Probe 7. Terminkauf
2. Bestimmungs-/Spezifikationskauf 5. Kauf nach Probe 8. Gattungskauf
3. Ramschkauf 6. Fixkauf

a) Ein Unternehmen kauft zwölf Stück eines neuen Artikels ein. Es gibt dabei dem Verkäufer zu erkennen, dass es bei entsprechendem Absatz des Artikels nachbestellen will.

b) Die RAND OHG lässt bei der Bürodesign GmbH für einen körperbehinderten Angestellten einen besonderen Bürostuhl anfertigen.

c) Ein Unternehmen kauft aus der Insolvenzmasse den gesamten Restbestand an Waren auf.

d) Ein Unternehmen bestellt einen Artikel, Lieferung bis zum 6. März.

e) Ein Unternehmen, das von einem Großhändler ein Warenmuster erhielt, bestellt diesen Artikel.

f) Ein Unternehmen kauft eine genau festgelegte Gesamtmenge an Waren ein, mit dem Recht, die Form, die Farbe und die Größen bis zu einem vereinbarten Termin festzulegen.

g) Kaufgegenstand ist eine nicht vertretbare Sache.

10 Stellen Sie fest, ob folgende Klauseln die Verbindlichkeit eines Angebotes
1. einschränken, 2. ausschließen, 3. nicht beeinflussen!

a) Preise gelten bis 31. Dezember d. J. d) Lieferung frei Haus
b) Solange der Vorrat reicht e) Lieferzeit freibleibend
c) Freibleibend f) Lieferung gegen Vorauszahlung

11 Ein Hersteller bietet der RAND OHG Taschenkalender zum Preis von 7,80 EUR je Stück an. Das Angebot erfolgt schriftlich per Brief und geht am 15. Oktober bei der RAND OHG ein. Bei welcher der folgenden Bestellungen ist ein Kaufvertrag zustande gekommen?

a) Die RAND OHG bestellt am 18. Oktober schriftlich 60 Taschenkalender zum Angebotspreis.

b) Die RAND OHG bestellt am 16. Oktober schriftlich 100 Taschenkalender zum Preis von 7,02 EUR je Stück. Sie gibt bei der Bestellung an, dass sie in Anbetracht der großen Bestellmenge 10 % Mengenrabatt verlangt.

c) Die RAND OHG bestellt am 16. Oktober telefonisch 60 Taschenkalender zum Angebotspreis und bestätigt das Telefonat am 28. Oktober schriftlich.

d) Die RAND OHG bestellt am 18. Oktober telefonisch 50 Taschenkalender zum Angebotspreis. Eine schriftliche Bestätigung erfolgt nicht.

e) Die RAND OHG bestellt am 16. Oktober schriftlich 50 Taschenkalender zum Angebotspreis. Der Lieferer hatte sein Angebot jedoch widerrufen, bevor es bei der RAND OHG eintraf.

12 Ein Hersteller, mit dem die RAND OHG keine Geschäftsbeziehung unterhält, sendet der RAND OHG unbestellt eine Ware zu einem besonders günstigen Einführungspreis zu. Trotz der günstigen Konditionen beabsichtigt die RAND OHG nach Prüfung der Sendung nicht, die Ware in ihr Sortiment aufzunehmen. Welche Verpflichtung hat die RAND OHG in dieser Situation?

a) Sie muss die Ware sofort zurücksenden.

b) Sie muss sich nicht äußern; sie muss die Ware aber auf Kosten und Gefahr des Herstellers sorgfältig aufbewahren.

c) Sie muss dem Hersteller sofort schriftlich mitteilen, dass sie die Ware nicht behalten will.

d) Sie muss die Ware behalten und bezahlen, weil durch die Warenannahme ein Kaufvertrag zustande gekommen ist.

13 Stellen Sie in den folgenden Fällen fest, ob ein

| 1. Werkvertrag | 3. Kaufvertrag | 5. Leihvertrag |
| 2. Werklieferungsvertrag | 4. Mietvertrag | 6. Pachtvertrag |

abgeschlossen wird!

a) Ein Unternehmer zahlt für die Dauer der Reparatur seines Geschäftsautos für ein ihm überlassenes Ersatzfahrzeug 50,00 EUR am Tag.

b) Eine Näherei fertigt 5 000 Mäntel an. Der Stoff wird vom Besteller – einer Textilfabrik – geliefert.

c) Ein Großhändler erhält vom Hersteller eine bestellte Lieferung Waschmaschinen.

d) Die Auszubildende Gerda erwirbt für 14,00 EUR eine CD.

e) Die Bürodesign GmbH erstellt für einen Kunden ein Regal für dessen Arbeitszimmer, wobei der Kunde das erforderliche Massivholz liefert.

f) Ein Landwirt überlässt einem Betonwerk eine Kiesgrube zur gewerblichen Nutzung gegen Entgelt.

14 Bei welcher der nachstehenden Vertragsarten handelt es sich um kein zweiseitiges Rechtsgeschäft?

a) Berufsausbildungsvertrag   d) Testament

b) Kaufvertrag   e) Kündigung eines Ausbildungsvertrages

c) Mietvertrag   f) Pachtvertrag

15 Ein Großhändler ließ seinem Kunden einen Mahnbescheid vom zuständigen Amtsgericht zustellen, auf den der Schuldner nicht reagiert. Was muss der Großhändler tun, um sein Geld zu erhalten?

a) Der Großhändler muss jetzt einen Mahnbescheid beim Landgericht beantragen.

b) Der Großhändler muss innerhalb von sechs Monaten beim zuständigen Amtsgericht einen Vollstreckungsbescheid beantragen.

c) Der Großhändler muss nichts unternehmen, da es ohnehin zu einer Gerichtsverhandlung kommt.

d) Der Großhändler kann einen Vollstreckungsbeamten mit der Durchführung einer Pfändung beim Schuldner beauftragen.

Beschaffung und Lagerhaltung

3.1 Beschaffungsmarketing und Beschaffungsplanung

In der RAND OHG findet eine Besprechung der Geschäftsleitung mit dem Einkauf und dem Verkauf statt. Auch der Auszubildende Werner Krull nimmt an dieser Besprechung teil. Es wird heftig darüber diskutiert, welche Artikel für die Warengruppe „Textil" für das nächste Jahr bestellt werden sollen. Alle Teilnehmer haben einen Berg von Listen und Tabellen vor sich und führen Berechnungen durch, bisweilen werden auf einem Computerterminal Daten der vergangenen Jahre abgerufen. Werner Krull denkt sich: „Was wollen die nur mit den alten Zahlen vom laufenden Geschäftsjahr? Es sollen doch Waren für das nächste Jahr bestellt werden! Da nutzen uns doch die Umsatzzahlen der Vergangenheit überhaupt nichts." Frau Rand sagt zu den Teilnehmern: „Wir sollten überlegen, ob wir nicht Jeanshosen in unser Sortiment aufnehmen. Die Kunden fragen zunehmend nach dieser Ware. Frau Meesters, finden Sie doch bitte bis Montag heraus, wo wir Jeans zu akzeptablen Preisen beschaffen können. Untersuchen Sie zudem, wie viele Jeans wir im kommenden Geschäftsjahr absetzen könnten!"

Arbeitsauftrag

❑ *Stellen Sie fest, ob es sinnvoll ist, Verkaufsdaten der Vormonate bei der Beschaffungsplanung zu verwenden!*

❑ *Überprüfen Sie, wie festgestellt werden kann, welche Mengen bei neuen Waren zu beschaffen sind und bei welchen Lieferern diese Waren beschafft werden können!*

❑ *Untersuchen Sie, wie oft eine Ware in einem Geschäftsjahr beschafft werden sollte!*

Zum Beschaffungsmarketing (vgl. S. 232 f.) gehören alle Tätigkeiten, die sich auf die **Beschaffung von Waren** beziehen, um die Kundenwünsche bezüglich Warenauswahl, Qualität, Preis usw. zu erfüllen. Grundlage des Beschaffungsmarketings sind die Informationen über die Wünsche und Ansprüche der Kunden. Die **Aufgabe der Beschaffungsplanung** ist es, die richtige Ware in der erforderlichen Menge und Qualität zum richtigen Zeitpunkt und zum günstigsten Preis beim richtigen Lieferer einzukaufen. Die Beschaffungsplanung beinhaltet somit die **Bedarfsermittlung** der Waren und die **Bezugsquellenermittlung**. **INFO**

● *Bedarfsermittlung*

Grundlage der Beschaffung sind die **Informationen über die Wünsche und Ansprüche der potenziellen Abnehmer (Kunden).** Für einen Großhandelsbetrieb ergeben sich somit folgende Fragen:

▷ **Beschaffungsplanung als Sortimentsplanung (Art der Waren):** Grundsätzlich sollen nur Waren beschafft werden, die auch verkauft werden können. Was eingekauft werden soll, lässt sich oft nicht genau vorhersagen. Als Unterlagen für die Sortimentsplanung können die

Erfahrungen und Absatzstatistiken der vergangenen Jahre herangezogen werden. Bei neuen Waren sollte ein Großhändler vorsichtig disponieren, da Vorhersagen über die Zukunftsentwicklung nicht ohne Risiko sind. Bei der Bedarfsermittlung der zu beschaffenden Waren spielt heute auch das berühmte „Fingerspitzengefühl" eine wichtige Rolle. Entscheidungen im Beschaffungsbereich beziehen sich immer auf die **Zukunft.**

Beispiele
❏ Im Spielwarenhandel werden fast acht Monate vor der Hauptumsatzzeit (Weihnachten) Waren geordert.
❏ Die Sommermode wird im Textilhandel spätestens im Herbst des Vorjahres bestellt.

Warenbeschaffungen dienen dazu, den Kunden ein optimales Sortiment zu präsentieren und dem Großhändler einen angemessenen Gewinn zu sichern. Um den Bedarf zu ermitteln, ist es notwendig, die Trends (Entwicklungen) des $\boxed{\text{Absatzmarktes}}$ genau zu untersuchen. Diese **Marktdaten** beeinflussen die Bedarfsermittlung.

Beispiel Die RAND OHG erkennt durch Untersuchung des Absatzmarktes, dass die Kunden eine steigende Vorliebe für hochwertige Spielwaren zeigen. Sie wird für ihren Betrieb prüfen, welchen Bedarf die Kunden des Einzelhandels für diese Ware haben.

Andererseits bieten aber auch die bisherigen Verkaufszahlen eines Artikels oder einer Warengruppe in einem Großhandelsbetrieb wichtige Grundlagen für Beschaffungsentscheidungen. Eine systematische Auswertung dieser Daten nennt man **Verkaufsdatenanalyse.**

Beispiel In einem Großhandelsbetrieb wird die Warengruppe „Spielwaren" untersucht. Hierzu werden die Verkaufszahlen der Waren betrachtet. Diese Informationen sind durch ein computergestütztes Warenwirtschaftssystem leicht und bei Bedarf artikelgenau zu erhalten.

Spielwaren – Preisgruppen-Analyse nach Quartalen, Absatzzahlen

Waren-gruppe	Preis-gruppe	1. Quartal lfd. Jahr	Vorjahr	2. Quartal lfd. Jahr	Vorjahr	3. Quartal lfd. Jahr	Vorjahr	4. Quartal lfd. Jahr	Vorjahr
2	untere	154	165	112	151	82	139	74	150
2	mittlere	175	153	183	161	191	177	202	181
2	gehobene	67	45	88	56	101	65	112	69

Aus diesen Zahlen ist ersichtlich, dass die Kunden vermehrt Spielwaren der gehobenen Preisklasse nachfragen, während preiswerte Spielwaren eine sinkende Tendenz zeigen. Ein Trend ist also klar zu erkennen. Offensichtlich haben sich die Verbraucherwünsche gewandelt. Diese Information ist für die Sortimentsgestaltung und somit für die Beschaffung sehr wichtig. Wenn sich der Trend fortsetzt, sollten künftig mehr hochpreisige Spielwaren geordert werden, um den Kunden in diesem Marktsegment mehr Auswahl zu bieten.

▷ **Beschaffungsplanung als Mengenplanung:** Der erforderliche Bedarf der zu beschaffenden Warenmenge kann anhand der im Unternehmen vorhandenen Ein- und Verkaufsstatistiken der Vergangenheit ermittelt werden. Allerdings sind hierbei künftige Entwicklungen, Trends und Veränderungen des Kundenverhaltens zu berücksichtigen. Diese Informationen werden im Rahmen der Beschaffungsmarktforschung beschafft (vgl. S. 234 f.). Ziel der Mengenplanung ist die Ermittlung der kostengünstigsten Bestellmenge (**optimale Bestellmenge**). Ein Großhandelsbetrieb hat bei der Ermittlung der Beschaffungsmengen zwei Alternativen:

❏ Beschaffung großer Mengen in großen Zeitabständen
❏ Beschaffung kleiner Mengen in kleinen Zeitabständen

Größere Bestellmengen binden viel Kapital und verursachen hohe Lagerkosten (vgl. S. 112), sie ermöglichen andererseits das Ausnutzen von Preis- und Kostenvorteilen (Rabatte, Einsparung von Transportkosten usw.). **Kleinere Bestellmengen** binden wenig Kapital und führen zu niedrigen Lagerkosten. Sie verursachen aber meist höhere Beschaffungskosten.

Unter **Bestellkosten** oder **Beschaffungskosten** werden alle Sach- und Personalkosten verstanden, die durch eine Bestellung (Beschaffung) von Waren verursacht werden. Hierzu zählen die Kosten für die Anfragen, Angebotsvergleiche, Vertragsverhandlungen usw.

Beschaffungskosten und Lagerkosten entwickeln sich gegenläufig. Je häufiger nachbestellt wird, desto geringer sind der Lagerbestand und die Lagerkosten. Je seltener aber für den gleichen Warenbedarf bestellt wird, desto geringer sind die Beschaffungskosten. Die Bestellmenge, bei der die Summe der Lagerkosten und der Beschaffungskosten so klein wie möglich ist (Minimum der Kosten), heißt **optimale Bestellmenge.** Hieraus lässt sich die **optimale Bestellhäufigkeit** bestimmen.

Beispiel In der RAND OHG wird ein neues Schreibset ins Sortiment aufgenommen. Die Verkaufsabteilung ist sicher, dass in einem Jahr mindestens 20 000 Schreibsets verkauft werden können. Herr Maier ist Einkäufer, aus Erfahrung weiß er, dass je Schreibset mit etwa 0,25 EUR Lagerkosten zu rechnen ist. Jede Bestellung verursacht etwa 50,00 EUR Beschaffungskosten. Er will die optimale Bestellmenge und -häufigkeit ermitteln. Die benötigte Warenmenge für ein Jahr (20 000 Schreibsets) kann er entweder auf einmal oder monatlich (12-mal im Jahr) bestellen. Um die Bestell- und Lagerkosten zu ermitteln, erstellt er eine Tabelle. Er rechnet für jede Anzahl der Bestellungen (von 1 bis 12) die Bestellmenge, den durchschnittlichen Lagerbestand, die Lagerkosten, die Bestellkosten und die Gesamtkosten aus. Dabei bedient er sich des Abteilungscomputers, um Zeit zu sparen.

Anzahl der Bestellungen	Bestellmenge in Stück	Ø Lagerbestand in Stück (= Bestellmenge : 2)	Ø Lagerkosten in EUR	Bestellkosten in EUR	Gesamtkosten in EUR
1	20 000	10 000	2 500,00	50,00	2 550,00
2	10 000	5 000	1 250,00	100,00	1 350,00
3	6 667	3 333	833,00	150,00	983,00
4	5 000	2 500	625,00	200,00	825,00
5	4 000	2 000	500,00	250,00	750,00
6	3 333	1 666	416,00	300,00	716,00
7	2 857	1 428	357,00	350,00	707,00
8	2 500	1 250	312,00	400,00	712,00
9	2 222	1 111	277,00	450,00	727,00
10	2 000	1 000	250,00	500,00	750,00
11	1 818	909	227,00	550,00	777,00
12	1 667	833	208,00	600,00	808,00

Formeln	Beispiel für 5 Bestellungen
Bestellmenge $= \dfrac{\text{Jahresbedarf}}{\text{Anzahl der Bestellungen}}$	$\dfrac{20\,000 \text{ Stück}}{5} = 4\,000 \text{ Stück}$
Lagerkosten = Ø Lagerbestand · Lagerkst./St. in EUR	2 000 · 0,25 EUR = 500,00 EUR
Bestellkosten = Anzahl der Bestellungen · Bestellkosten/Bestellung in EUR	5 · 50,00 EUR = 250,00 EUR
Gesamtkosten = Lagerkosten + Bestellkosten	500,00 EUR + 250,00 EUR = 750,00 EUR

Die geringsten Gesamtkosten (707,00 EUR) ergeben sich bei 7 Bestellungen im Jahr (357,00 EUR Lagerkosten und 350,00 EUR Bestellkosten). Unter diesen Bedingungen wäre es am wirtschaftlichsten, wenn 7-mal im Jahr eine Menge von 2 857 Schreibsets bestellt würde. Wenn im Jahr 7-mal bestellt werden soll, lassen sich die Bestelltermine (Bestellzeitpunkte) bestimmen.

▷ **Beschaffungsplanung als Zeitplanung:** Der Zeitpunkt für eine Warenbestellung hängt von vielen Faktoren ab. Grundlage für die Entscheidung über den **Bestellzeitpunkt** ist der Termin, zu dem die Ware im Großhandelsbetrieb zur Verfügung stehen muss. Von diesem Termin aus muss rückwärts gerechnet werden. Zu berücksichtigen sind:

❑ **Bestelldauer innerhalb des Hauses** (die Zeit von der Bedarfsermittlung, z. B. im Lager bei Standardartikeln, über die Bedarfsmeldung an die Beschaffungsabteilung, ggf. Angebotseinholung und -auswertung bei neuen Artikeln bis zum Schreiben und Versand der Bestellung)

❑ **Bearbeitung der Bestellung beim Lieferer** (Zeit für den Postweg der Bestellung, Posteingang und -bearbeitung beim Lieferer, Auftragsprüfung, ggf. Produktionszeit, Verpacken der Ware usw.)

❑ **Lieferzeit** (Versand der Ware durch Deutsche Post AG, Deutsche Bahn AG, Spediteur usw.)

❑ **Warenannahme, -prüfung und -lagerung** (beim Besteller)

Ferner ist bei der Festlegung des Bestellzeitpunktes die **Lagerfähigkeit** von Waren zu berücksichtigen (Verderb, Schwund, Modewechsel usw.), ebenso die freie **Lagerkapazität** beim Eintreffen der Ware (wichtig bei Saisonware). Bei Waren, die auf dem Beschaffungsmarkt häufigen **Preisänderungen** unterliegen, ist es ratsam, zu Zeiten niedriger Preise zu bestellen und die Ware vorübergehend einzulagern. Allerdings müssen die Preisvorteile gegen die höheren Lagerkosten und die längere Kapitalbindung abgewogen werden.

▷ **Beschaffungsplanung als Preisplanung:** Eine Grundregel im kaufmännischen Leben lautet: „Im günstigen Einkauf liegt der halbe Gewinn". Günstige Einkaufspreise fördern die Wettbewerbsfähigkeit eines Unternehmens und erhöhen infolgedessen den Gewinn eines Großhändlers. Es gilt somit, den preislich günstigsten Lieferer zu ermitteln. Dabei ist aber darauf zu achten, dass nicht immer der Anbieter mit dem niedrigsten Preis auch der günstigste Anbieter ist. Weitere Gesichtspunkte wie Lieferungs- und Zahlungsbedingungen, Zuverlässigkeit, Liefertermin, ökologische Gesichtspunkt müssen in die Entscheidung einbezogen werden (vgl. S. 96 ff.).

● *Bezugsquellenermittlung*

Der Ermittlung und Auswahl der Lieferer kommt eine entscheidende Bedeutung zu. Von ihr hängt die Kostensituation des Unternehmens ab. Um **Bezugsquellen** (Lieferer) für benötigte Waren zu erhalten, stehen dem Großhändler interne (innerbetriebliche) und externe (außerbetriebliche) Informationsmöglichkeiten zur Verfügung.

❑ **Interne Informationsquellen:** Informationen von eigenen Lieferern werden meist gesammelt. Je nach Größe, Informationsbedarf und Organisationsgrad eines Betriebes sind diese Daten in Karteien, Ordnern, Listen usw. aufbewahrt. Zunehmend werden aber die Möglichkeiten einer computergestützten Datensammlung und -auswertung genutzt. In einer Liefererdatei bzw. Angebotsdatei werden alle Angaben über bestehende Lieferer mit Namen, Anschrift, Sortiment, Preisen und Konditionen und Unterlagen von Vertreterbesuchen gespeichert. Die Bezugsquelleninformationen können nach bestimmten Merkmalen erfasst und abgerufen oder geändert werden. So stehen bei Bedarf gezielt Bezugsquellen zur Verfügung.

Beispiel In der RAND OHG fallen die Stammlieferanten für Haushaltswaren aus. Kurzfristig muss Ware bestellt werden, um die Kundennachfrage zu decken. Vera Meesters ist Einkaufsdisponentin. An ihrem Computer-Terminal ruft sie die Lieferer- und Angebotsdatei auf. Sie gibt als Suchkriterium „Haushaltswaren" ein. Sofort erscheint eine Liste auf dem Bildschirm, die alle Haushaltswarenlieferanten zeigt, bei denen bereits einmal Ware bestellt wurde.

Zusätzlich erscheinen Daten von Lieferern, die bisher nur Angebote abgegeben haben. Nun kann Frau Meesters kurzfristig (Telefon, Fax) nachfragen, ob und zu welchen Bedingungen geliefert werden kann.

❑ **Externe Informationsquellen:** Liegen intern keine Informationen über Bezugsquellen vor, so muss man sich betriebsfremder Quellen bedienen, die aber nicht immer kostenlos sind. Wenn ein Großhändler ein Unternehmen gründet oder wenn er ein völlig neues Produkt in ein vorhandenes Sortiment aufnehmen möchte, kann er selten auf interne Informationsquellen zurückgreifen. Er bedient sich betriebsfremder Quellen. Hierzu gibt es viele Möglichkeiten:

Beispiele
– Auswerten von Anzeigen in Fachzeitschriften
– Besuch von Messen, Ausstellungen
– Gespräche mit Handelsvertretern oder Reisenden
– Bezugsquellennachweise, Branchenadressbücher, Messekataloge, Gelbe Seiten
– Informationen von Banken, Fachverbänden, Industrie- und Handelskammern
– Datenbanken von Kreditinstituten, Kammern, öffentliche Datenbanken, im Internet
  (Auf diese elektronischen Daten kann der Großhändler am eigenen Computer-Terminal über Datenleitungen [Telefon] selbst zugreifen. Er kann diese Datenanalyse aber auch in Auftrag geben, z. B. an Banken oder spezielle Unternehmen, die Datenbanken betreuen.)

Alle Informationsquellen müssen sorgfältig ausgewertet werden. Sind **Bezugsquellen** bekannt, können gezielt Angebote, Warenproben, Muster usw. angefordert werden. Die Angebote werden verglichen und eine Bestellung der Ware kann erfolgen.

Eine besondere Stellung bei externen Informationsquellen nehmen **Datenbanken** ein. Zunehmend lösen sie herkömmliche Printmedien wie Adressbücher ab. Ein Interessent für bestimmte Lieferer oder Waren kann am eigenen Computer mit Datenleitungen (Telefon) auf diese Datensammlungen direkt zugreifen (**Onlinerecherche**). Er kann diese Datenrecherche aber auch bei Banken oder speziellen Datenbankbetreibern (Informationsbroker) gegen Honorar in Auftrag geben (**Offlinerecherche**). Alle Informationsquellen müssen sorgfältig ausgewertet werden. Sind Bezugsquellen bekannt, können gezielt Angebote (vgl. S. 56 ff.), Warenproben, Muster usw. angefordert werden.

● *Electronic Commerce (E-Commerce, E-Business)*

Unter Electronic Commerce versteht man den elektronischen Austausch und die elektronische Abwicklung von Informationen, Gütern, Dienstleistungen, Zahlungen und Geschäftstransaktionen.

▷ **Internet-Dienste:** Sie sind die wesentliche Kommunikationsplattform des E-Commerce.

Internet-Dienste	Erläuterungen	Beispiele
E-Mail	Elektronische Post: Informationen können weltweit und binnen Sekunden versandt werden, Anhänge sind möglich (alle Dateiformate, Texte, Grafiken, Videos, Sound usw.), Serienbriefe sind einfach erstellbar, direkte Antwortmöglichkeiten.	Die RAND OHG erstellt einen Newsletter für spezielle Kundengruppen, als Anhang können Fotos von neuen Produkten versandt werden. Kundenanfragen können per E-Mail schnellstens beantwortet werden.
Net-Phoning	Internet-Telefonie: Via Internet werden Verbindungen zum akustischen zeitgleichen Datenaustausch hergestellt. (Bei Einbeziehung einer Webkamera Videokonferenz).	Für kurzfristige Entscheidungen mit Lieferern setzt die RAND OHG Videokonferenzen ein, um Reisekosten zu sparen.

FTP	**File Transfer Protocol:** Dateien aller Formate (Texte, Grafiken, Datenbankauszüge, Video, Sound) können zwischen verschiedenen Rechnern übertragen werden (Upload, Download).	Die RAND OHG stellt auf ihrer Website downloadfiles zur Verfügung, bei Bedarf können Interessenten sich Videosequenzen von Produkten usw. downloaden und in Ruhe studieren.
IRC	**Internet Relay Chat:** Textbasierende Kommunikation zwischen mehreren Benutzern. In so genannten Chat-Räumen „unterhalten" sich Personen, indem sie kurze Textmeldungen versenden.	Im Chat-Raum der RAND OHG werden gezielte Fragen von Kunden beantwortet und Produkteigenschaften sowie Liefer- und Zahlungsbedingungen diskutiert.
Newsgroups	**Diskussionsforen:** Interessengruppen tauschen Informationen aus. Zu bestimmten Themen können Meinungen oder Fragen „gepostet" werden. Die Leser der Newsgroups senden dann ihre Stellungnahmen.	Die RAND OHG beteiligt sich an der Newsgroup „Spielwaren 3000". Hier erhält sie Anregungen zur Sortimentsverbesserung, sie kann aber auch eigene Anregungen abgeben und auf Stellungnahmen reagieren.
WWW	**World Wide Web:** In diesem Dienst werden die klassischen Internetdienste unter einer multimedialen Oberfläche zusammengefasst. Auf den Websites werden Informationen präsentiert und über Links wird auf weitere Seiten verwiesen (Hypertexte). Ferner werden Möglichkeiten zur Kommunikation (E-Mail, Gästebuch usw.) angeboten.	Die Webpräsenz der RAND OHG beginnt mit der Homepage. Dem Besucher der Seite werden Navigationshilfen geboten (Site-Map, Suchhilfe). Es können z.B. Produktbeschreibungen, Preislisten und AGB abgerufen werden und ein Newsletter abonniert werden, ferner kann direkt per E-Mail Kontakt aufgenommen werden.

E-Commerce kann einerseits sämtliche **Geschäftsprozesse** innerhalb eines Unternehmens und seiner Beziehungen zur Umwelt (Kunden, Lieferer, Banken, Spediteure usw.) tiefgreifend beeinflussen und andererseits völlig neue **Geschäftsmodelle** hervorbringen.

▷ **Akteure im E-Commerce:** Die Beteiligten im E-Commerce können Unternehmen (Business), Endverbraucher (Customer) oder staatliche Einrichtungen (Government) sein.

	Business	**Customer**	**Government**
Business	B-to-B, B2B Alle Transaktionen zwischen Unternehmen, z. B. Beschaffung, Zahlungsabwicklung, Kooperationen, Marktplätze	B-to-C, B2C Alle Vertriebsaktivitäten mit Endverbrauchern als Zielgruppe, z. B. Teleshopping, Teleservice, Homebanking, Reisen buchen	B-to-G, B2G Aktivitäten zwischen Unternehmen und staatlichen Einrichtungen, z. B. Umsatzsteuervoranmeldung, Nachfrage nach Gewerbeflächen
Customer	C-to-B, C2B Aktivitäten, die vom Endverbraucher ausgehen und sich an Unternehmen richten, z. B. Powershopping, elektronische Bewerbungen	C-to-C, C2C Transaktionen zwischen Privatleuten, z. B. Gebrauchtwarenbörsen, Kleinanzeigenmärkte, Gelegenheitsarbeiten	C-to-G, C2G Aktivitäten zwischen Privatleuten und staatlichen Einrichtungen, z. B. Anfragen, Steuererklärungen
Government	G-to-B, G2B Aktivitäten staatlicher Einrichtungen, die sich an Unternehmen richten, z. B. Steuerabwicklung, Vermittlung von Arbeitskräften	G-to-C, G2C Aktivitäten staatlicher Einrichtungen, die sich an Privatleute richten, z. B. Abrechnung von Gebühren, Bürgerinformationen	G-to-G, G2G Abwicklung von Prozessen zwischen staatlichen Einrichtungen, z. B. Kommunikation, gemeinsame Verarbeitung von Daten

▷ **E-Commerce-Geschäftsmodelle:** Die E-Commerce-Geschäftsmodelle zeigen eine breite Vielfalt auf. Sie entwickeln sich ständig weiter und es entstehen z.T. völlig neue Modelle.

Beispiele

E-Shop	Elektronischer Handel mit allen Aspekten der Werbung, Produktdemonstration (Onlinekataloge), Bestellung, Auftragsbestätigung, Rechnungsstellung, Versandüberwachung und Bezahlung, B2B oder B2C.
E-Mall	Virtueller Zusammenschluss unabhängiger E-Shops zu einem elektronischen Marktplatz, B2B oder B2C.
E-Procurement	Elektronisches Beschaffungssystem für Unternehmen, mit elektronischen Ausschreibungen (auch von Behörden) sowie Ausschreibungskooperationen, elektronischen Verhandlungen und Vertragsabschlüssen, B2B, G2B, B2G.
E-Auction	Virtuelle Auktionen im WWW bieten Käufern günstige Einkaufsmöglichkeiten und Verkäufern zusätzlichen Vertriebskanal, B2B, B2C, C2C.
Powershopping	Produkte werden im WWW mit einem Startpreis angeboten, je mehr Interessenten sich finden, desto günstiger wird der Endpreis. Hier können sich auch Einkaufsgemeinschaften bilden, um Rabatte zu erzielen.
Information-Broking	Qualifizierte Recherchedienste, z. B. für Marktforschungsdaten, Informationen über Branchen, Geschäftspartner usw.
Advertising Models	Sonderwerbeformen im Internet (Banner-, Link-Tausch) sowie Onlinemarktforschung.
Virtual Community	Spezielle Interessengruppen werden angesprochen (z. B. Heimwerker, Senioren, Schüler), sie bilden eine „Onlinegemeinde". Die Community ist gleichzeitig Kommunikations- und Einkaufsplattform.

▷ **Rechtliche Aspekte des E-Commerce:** Grundsätzlich gelten im E-Commerce die gleichen rechtlichen Bestimmungen (z. B. Kaufvertragsrecht, § 312 BGB) wie im nicht elektronischen Geschäftsleben auch. Probleme treten jedoch auf, wenn ausländische Geschäftspartner miteinander agieren. Hier sind vertragliche Regelungen erforderlich.

Beschaffungsmarketing und Beschaffungsplanung

◊ **Ziel der Beschaffung** ist die wirtschaftliche und kundenorientierte Warenbeschaffung.
◊ Die **Bedarfsermittlung** zur Beschaffung von Waren stützt sich u. a. auf die Untersuchung der Verkaufsdaten eines Großhandelsbetriebes.
◊ Durch **Verkaufsdatenanalysen** können Trends des Kundenverhaltens erkannt werden.
◊ Größere Bestellmengen binden viel Kapital und verursachen hohe Lagerkosten, kleinere Bestellmengen verursachen höhere Beschaffungskosten.
◊ Die **optimale Bestellmenge** liegt im Minimum der Gesamtkosten aus Lager- und Beschaffungskosten.
◊ Der **Bestellzeitpunkt** hängt davon ab, wann die bestellte Ware im Verkauf benötigt wird.
◊ Zur **Bezugsquellenermittlung** bedient sich der Großhändler innerbetrieblicher (Lieferer-, Angebotsdatei, Unterlagen von Vertreterbesuchen) und außerbetrieblicher Informationen (Messen, Fachzeitschriften, Verbände, spezielle Datenbanken, Adressenverzeichnisse).
◊ **E-Commerce:** Elektronischer Austausch von Informationen, Gütern, Dienstleistungen, Zahlungen und Geschäftstransaktionen.

1   Erläutern Sie die Aufgaben der Beschaffungsplanung!

2   Geben Sie an einem Beispiel für die RAND OHG an, welche Fragen im Rahmen der Bedarfsermittlung zu klären sind!

3   Beschreiben Sie, welche Bedeutung eine Verkaufsdatenanalyse im Rahmen der Beschaffung hat!

4   ☞ Von einem Artikel werden in der RAND OHG jährlich 20 000 Stück benötigt. Je Stück fallen 0,15 EUR Lagerkosten an, jede Bestellung verursacht 52,00 EUR Beschaffungskosten. Bestimmen Sie die optimale Bestellmenge und die optimale Bestellhäufigkeit. Erstellen Sie hierzu eine Tabelle und berechnen Sie die einzelnen Kosten für 1, 2, 3, ... 12 Bestellungen!

5   Die RAND OHG will einen neuen Artikel in ihr Sortiment aufnehmen. Erläutern Sie, wie geeignete Lieferer für diesen Artikel ermittelt werden können!

6   Eine alte Kaufmannsweisheit besagt: „Im Einkauf liegt der halbe Gewinn!" Erläutern Sie diese Aussage!

3.2 Die Lieferantenauswahl (Angebotsvergleich)

Oliver Rand legt Frau Meesters folgende Übersicht für Polohemden vor, von denen 6 000 Stück benötigt werden:

Lieferer	Wollmann OHG	Stricker AG	Schmitt & Co. KG
Listeneinkaufspreis je 10 000 Stück	63 000,00 EUR	60 000,00 EUR	75 000,00 EUR
Rabatt	12 %	12 %	20 %
Skonto	2 %	2 %	3 %
Lieferzeit	10 Tage	20 Tage	15 Tage
Lieferbedingungen	ab Werk	frei Haus	unfrei
Verpackungsrücknahme	ja	ja	nein
Mindestabnahme in Stück	6 000	6 000	7 500
Qualität	Baumwolle	Baumwolle	Polyacryl

Das Rollgeld für die An- und Abfuhr beträgt je 20,00 EUR, die Fracht 100,00 EUR. Oliver Rand schlägt vor, die Ware beim Lieferer Schmitt & Co. KG zu bestellen. Frau Meesters widerspricht ihm energisch.

Arbeitsauftrag

❑ Überlegen Sie, welche Gründe Frau Meesters haben könnte, Oliver Rand zu widersprechen!

❑ Erläutern Sie, welche Gesichtspunkte bei einem Angebotsvergleich zu berücksichtigen sind!

Die Beschaffungsabteilung eines Großhandelsbetriebes hat in der Regel mehrere Angebote unterschiedlicher Lieferer zur Auswahl. Der zuständige Einkäufer hat die Aufgabe, denjenigen Anbieter aus den vorhandenen auszuwählen, der das für das Unternehmen günstigste Angebot abgibt. Zu diesem Zweck führt er einen **Angebotsvergleich** durch. Dabei achtet der Einkäufer nicht nur auf Qualität, Preise, Mindestbestellmengen, Lieferbedingungen, Liefertermine, sondern auch auf die Zuverlässigkeit, den Service und die Kreditgewährung des Lieferers und ökologische Gesichtspunkte.

▷ **Qualitätsvergleich:** Nicht das preiswerteste Angebot ist automatisch das beste. Es sind die Ansprüche des Unternehmens, die Ansprüche, die sich aus der Ware ergeben, und die Ansprüche der Kunden zu berücksichtigen.

Beispiel Die Lieferer Wollmann OHG und Stricker AG Textilherstellung haben eine bessere Qualität als der Lieferer Schmitt angeboten.

▷ **Preisvergleich / Mindestbestellmengen / Lieferbedingungen:** Die angebotenen Preise sind auf eine einheitliche Basis zu bringen, wobei die gewährten Preisnachlässe (Rabatte, Bonus) und Skonto zu berücksichtigen sind. Ebenfalls sind die Bezugskosten (Fracht, Rollgeld, und Mindestbestellmengen) zu berücksichtigen.

Beispiel In der RAND OHG werden folgende Bezugspreise für Polohemden ermittelt:

Lieferer	Wollmann OHG		Stricker AG		Schmitt & Co. KG	
Stückzahl (Mindestbestellmenge)	6 000		6 000		7 500	
Preis je Stück		6,30 EUR		6,00 EUR		6,20 EUR
Listeneinkaufspreis		37 800,00 EUR		36 000,00 EUR		46 500,00 EUR
– Rabatt	12 %	4 536,00 EUR	12 %	4 320,00 EUR	20 %	9 300,00 EUR
Zieleinkaufspreis		33 264,00 EUR		31 680,00 EUR		37 200,00 EUR
– Skonto	2 %	665,28 EUR	3 %	950,40 EUR	3 %	1 116,00 EUR
Bareinkaufspreis		32 598,72 EUR		30 729,60 EUR		36 084,00 EUR
+ Bezugskosten		140,00 EUR		–		120,00 EUR
Bezugspreis insgesamt		32 738,72 EUR		30 729,60 EUR		36 204,00 EUR
Bezugspreis je Stück		5,46 EUR		5,12 EUR		4,83 EUR

Wäre nur der Preis ausschlaggebend, hätte Lieferer Schmitt & Co. KG das günstigste Angebot abgegeben.

▷ **Terminvergleich:** Insbesondere wenn die schnelle Belieferung eine große Rolle spielt, ist die Lieferzeit ein wesentliches Kriterium für die Auswahl des Lieferers. Dies ist dann besonders wichtig, wenn Waren für bestimmte Saisongeschäfte (z. B. Weihnachten, Ostern, Karneval) eingekauft werden.

▷ **Zuverlässigkeit des Lieferers:** Wenn bestimmte Lieferer in der Vergangenheit unzuverlässig gearbeitet haben, sollte auch dieser Aspekt berücksichtigt werden. Umgekehrt kann besonders zuverlässigen Lieferern selbst bei geringfügig höheren Preisen der Vorzug gegeben werden.

▷ **Kreditgewährung:** Einige Lieferer bieten großzügige Zahlungsziele an, sodass selbst bei höheren Bezugspreisen diesem Lieferer ein Auftrag erteilt werden kann, da bei Ausnutzung des Zahlungszieles der für die Bezahlung des Rechnungsbetrages erforderliche Geldbetrag kurzfristig anderweitig zur Verfügung steht.

▷ **Service des Lieferers:** Der Service kann ein entscheidendes Auswahlkriterium für die Wahl des Lieferers sein.

Beispiele Ersatzteilgarantie, Rücknahme von Verpackungsmaterial, Kulanz

▷ **Ökologische Gesichtspunkte:** Sie treten in zunehmendem Maße in den Vordergrund. So sollten Transport-, Verpackungsgesichtspunkte und die sich aus der bei der Herstellung oder Verwendung von Produkten ergebenden Umweltbelastungen unter diesem Aspekt beachtet werden.

Beispiel Die RAND OHG bezieht einen Großteil ihrer Waren per Bahntransport, um die umweltschädigenden Belastungen des Güterkraftverkehrs zu vermeiden. Ebenfalls vereinbart sie mit allen Lieferern eine recyclinggerechte Entsorgung der Verpackungen. Bei der Auswahl von Lieferern werden solche bevorzugt, die umweltverträgliche Produktionsverfahren einsetzen und schadstoffarme Materialien liefern.

Der Angebotsvergleich

▷ Um das günstigste Angebot für eine Ware zu ermitteln, werden die Angebote mehrerer Lieferer miteinander verglichen. Dabei berücksichtigen Unternehmen Preise, Preisabzüge, Mindestbestellmengen, Bezugskosten, Lieferzeit, Qualität der Ware, Zuverlässigkeit des Lieferers, Kreditgewährung und ökologische Gesichtspunkte.

1 ☞ *Die RAND OHG will von einem bestimmten Artikel 400 Stück bestellen. Hierzu liegen ihr drei Angebote vor. Geben Sie an, für welchen Lieferer sich die RAND OHG entscheiden solle, und begründen Sie Ihre Antwort!*

Rollgeld für die An- und Abfuhr je 30,00 EUR und für die Fracht 180,00 EUR.

1. Angebot: *3,00 EUR/Stück einschließlich Verpackung, unfrei, 15 % Rabatt bei Abnahme von mindestens 300 Stück, Lieferung sofort, Zahlung innerhalb von 10 Tagen mit 2 % Skonto oder in 30 Tagen netto Kasse*

2. Angebot: *2,80 EUR/Stück zuzüglich 0,10 EUR/Stück für Verpackung, frachtfrei, 10 % Mengenrabatt, Lieferung in 14 Tagen, Zahlung innerhalb von 14 Tagen mit 3 % Skonto oder in 40 Tagen netto Kasse*

3. Angebot: *2,70 EUR/Stück einschließlich Verpackung, ab Werk, 5 % Wiederverkäuferrabatt, Lieferung in 8 Tagen, Zahlung sofort netto Kasse*

2 *Ein Großhändler benötigt 1 200 Stück einer Ware. Es liegen drei Angebote verschiedener Lieferer vor. Ermitteln Sie den günstigsten Lieferer (Begründung)!*

Angebot Lieferer Klein: *Karton mit 12 Stück zu 78,00 EUR einschließlich Verpackung, Mengenrabatt ab 5 Kartons 4 %, ab 10 Kartons 10 %, ab 20 Kartons 15 %, Beförderungskosten 2 % vom Warenwert, Lieferzeit 8 Tage, Zahlungsbedingung: 2 % Skonto bei Zahlung innerhalb von 8 Tagen oder 30 Tage netto Kasse.*

Angebot Lieferer Stefer: *Karton mit 6 Stück zu 36,00 EUR, Verpackung 0,20 EUR je Karton, Mengenrabatt 10 %, frei Haus, Lieferzeit 3 Tage, Zahlungsbedingung: 3 % Skonto bei Zahlung innerhalb von 10 Tagen oder 40 Tage netto Kasse*

Angebot Lieferer Schmitt-Blass: *Stück 5,50 EUR, Verpackungskosten 0,40 EUR je Stück, ab Werk (Rollgeld für An- und Abfuhr je 30,00 EUR, Fracht 80,00 EUR), Lieferzeit: 1 Tag, Zahlungsbedingung: 2 % Skonto bei Zahlung innerhalb von 8 Tagen oder 20 Tage netto Kasse.*

3 *Begründen Sie, warum unter Umständen ein Großhändler einen Lieferer bevorzugt, der höhere Bezugspreise als andere Lieferer hat!*

3.3 Schlechtleistung (Mängelrüge) als Störung des Kaufvertrages

Die RAND OHG erhält von der Wollmann OHG in Pforzheim am Nachmittag des 9. August eine Warenlieferung. Infolge Arbeitsüberlastung in der Warenannahme prüft Frau Rost nur die Menge der gelieferten Ware. Der Inhalt der gelieferten Kartons wird erst am nächsten Tag überprüft. Dabei stellt sich heraus, dass statt der bestellten 6 000 Paar Tennissocken aus Baumwolle (Naturfaser) Tennissocken aus Acryl (Chemiefaser) geliefert worden sind. Ferner weisen 50 Polohemden Webfehler auf, sodass sie nur mit Preisabschlägen verkauft werden können. Außerdem wurden 500 Trainingsanzüge „Sprint" statt 500 Damenblusen „Sommerfrische" geliefert. Frau Rost ruft sofort nach Entdeckung der Mängel beim Hersteller an und rügt die fehlerhafte Lieferung. Die Wollmann OHG lehnt die Rücknahme

Beispiel Ein Kunde bringt einen Monat nach Kaufvertragsabschluss einen defekten Kaffee-automaten zur Oliver Rand GmbH. Für die Reparatur und eine weitere Reparatur nach zwei Monaten benötigt der Hersteller, die Hage AG Elektrogeräteherstellung, insgesamt acht Wochen. Die gesetzliche Sachmängelhaftungsfrist von zwei Jahren verlängert sich somit um acht Wochen.

Häufig wird die gesetzliche Sachmängelhaftungsfrist von zwei Jahren durch eine **Garantie des Herstellers** auf mehrere Jahre erweitert. Die **Garantie des Herstellers muss ausdrücklich** zwischen dem Verkäufer und dem Kunden **im Kaufvertrag vereinbart werden,** wobei Inhalt, Umfang und Garantiefrist geregelt werden. Wird eine Garantie angeboten, hat der Käufer innerhalb der zweijährigen gesetzlichen Gewährleistungspflicht das Wahlrecht, ob er bei Auftreten eines Mangels seine Rechte aus der Garantie oder aus der gesetzlichen Sachmängelhaftung in Anspruch nimmt.

Verkäufer gewähren häufig ihren Kunden, wenn die Sachmängelhaftungsfrist abgelaufen ist, aus **Kulanzgründen** (vgl. S. 249) die Rechte aus der Mängelrüge, obwohl sie gesetzlich dazu nicht verpflichtet sind. Auf diese Weise erhofft sich das Unternehmen Wettbewerbsvorteile gegenüber der Konkurrenz und eine Bindung des Kunden an das eigene Unternehmen.

Schlechtleistung (Mängelrüge) als Störung des Kaufvertrages

▷ **Aufgaben beim Wareneingang:** Bei der Warenannahme muss die gelieferte Ware geprüft werden, damit der Großhändler nicht das Recht auf Reklamationen (Mängel-rüge) beim Lieferer verliert. Es wird geprüft:

❏ **sofort in Anwesenheit des Frachtführers:**
 – Berechtigung der Lieferung
 – Zustand der Verpackung
 – Zahl der Versandstücke
 Bei Beanstandungen: **Tatbestandsaufnahme** (Schadensprotokoll)

❏ **unverzüglich:**
 – Art – Menge – Beschaffenheit der Ware
 Bei Beanstandungen: Mängelrüge

Pflichten des Käufers	zweiseitiger Handelskauf	einseitiger Handelskauf und bürgerlicher Kauf
❏ **Prüfpflicht**	unverzüglich	keine gesetzliche Regelung
❏ **Rügepflicht** Feststellung von		
– offenen	unverzüglich	innerhalb von zwei Jahren
– versteckten	unverzüglich nach Entdeckung innerhalb von zwei Jahren	innerhalb von zwei Jahren
– arglistig verschwiegenen Mängeln	unverzüglich nach Entdeckung innerhalb von 3 Jahren	innerhalb von 3 Jahren
❏ **Mängelarten**	▷ **Sachmängel** – Mangel in der Menge (Quantitätsmangel) – Mangel in der Art (Falschlieferung) – Mangel durch fehlerhafte Ware, Montagefehler oder mangelhafte Bedienungsanleitungen – Mangel durch falsche Werbeversprechungen und falsche Kennzeichnungen ▷ **Rechtsmängel** (Sache ist durch Rechte anderer belastet)	

```
                            ┌─────────────────────────┐
                            │   Rechte des Käufers     │
                            └─────────────────────────┘
              ┌──────────────────┴───────────────────┐
```

┌─────────────────────────────────────┐
│   Kaufvertrag bleibt bestehen   │
└─────────────────────────────────────┘   ┌──────────────────────────────────────┐
❑ wahlweise Ersatzlieferung oder Nachbesserung   │   Kaufvertrag wird aufgelöst   │
   Gelingt die Nacherfüllung nicht, hat der   └──────────────────────────────────────┘
   Käufer wahlweise folgende Rechte: 2. Rücktritt vom Kaufvertrag und/oder
   1. Minderung (Preisnachlass) oder   3. Schadenersatz statt der Leistung oder Ersatz
                                                   vergeblicher Aufwendungen

◊ Eine über die gesetzliche Sachmängelhaftungspflicht hinausgehende **Garantie** berechtigt
  nach Ablauf der zweijährigen Sachmängelhaftungspflicht grundsätzlich nur zur Reparatur.
◊ Im Rahmen der **Kulanz** gewähren Verkäufer dem Käufer Rechte, ohne dazu gesetzlich
  verpflichtet zu sein.

1 *Bei der Überprüfung eingehender Lieferungen stellt ein Zuliefergroßhändler für
Büromöbelhersteller folgende Mängel an der Ware fest:*
1. 2000 Stahlrohre wurden statt in der Länge von 55 cm in der Länge von 45 cm geliefert.
2. 50 m Bezugsstoffe für Bürostühle weisen Verschmutzungen auf.
3. Statt 10 m Bezugsstoffe wurden 12 m geliefert.
4. Statt mit Holzfurnier beschichtete Spanplatten wurden kunststoffbeschichtete geliefert.
5. 20 Schlösser für Schubladen haben defekte Schließzylinder.

a) Geben Sie an, welche Mängelarten vorliegen!
b) Erläutern Sie, welche Rechte der Großhändler in Anspruch nehmen sollte!

2 *Wählen Sie drei Produkte aus dem Sortiment der RAND OHG aus und erläutern Sie
anhand dieser Artikel offene, versteckte und arglistig verschwiegene Mängel!*

3 *Nennen Sie die Prüf- und Rügefristen beim ein- und zweiseitigen Handelskauf bei*
a) offenen Mängeln, b) versteckten Mängeln, c) arglistig verschwiegenen Mängeln!

4 *Erläutern Sie an einem Beispiel den Unterschied zwischen Garantie und Kulanz!*

5 ☞ *Führen Sie den Schriftverkehr anhand folgender Daten:*
*a) Am 15. August .. trifft bei der RAND OHG eine Sendung Spielwaren ein, die am
17. Juli .. bei der Spila GmbH bestellt worden war.*

*Bei der unverzüglichen Überprüfung durch die Warenannahme wurden folgende
Mängel festgestellt:*
1. Bei 10 Stoffbären „Knuddel" fehlte je ein Glasauge.
2. Statt 300 Puppen „Marlies" wurden 300 Puppen „Eva" geliefert.
3. Statt 500 Spielesammlungen „Joker" wurden 600 Stück geliefert.
*Die Puppen „Eva" können noch verkauft werden; die Stoffbären sind unverkäuflich,
die 100 zusätzlichen Spielesammlungen sollen behalten werden.*

*b) Am 26. März .. trifft eine Sendung der Wollmann OHG bei der RAND OHG ein. Frau
Meesters erhält von Frau Rost, die die Warensendung unverzüglich überprüfte,
nachfolgende Fehlermeldung (siehe S. 105).*

Folgende Sachmängelhaftungsansprüche werden geltend gemacht:
1. Tennissocken: Ersatzlieferung
2. Trainingsanzug: Minderung des Kaufpreises
3. Damenblusen: Nachlieferung

Schreiben Sie die Briefe für die RAND OHG!

Fehlermeldung	Sachbearbeiter: Rost				Datum: .. - 03 - 26
Artikel-nummer:	Benennung	gelieferte Stücke	Stückpreis in EUR	fehlerhafte Stücke	Beanstandung
1500	Tennis-socken „Boris"	400	2,05	80	Statt Tennissocken aus Baumwolle wurden Tennissocken aus Acryl geliefert.
1800	Trainings-anzug „Sprint"	30	10,70	2	Trainingsanzüge haben defekte Reißverschlüsse.
1700	Damen-blusen „Sommer-frische"	180	7,25	20	Statt 200 wurden nur 180 geliefert.

3.4 Aufgaben der Lagerhaltung, Lagerarten, -grundsätze und Arbeiten im Lager

Renate und Oliver Rand und Werner und Sonja Koch haben sich zu einer Besprechung mit Frau Rost zusammengesetzt. Thema ist der Neubau einer Lagerhalle, da der vorhandene Lagerraum sich als zu klein erwiesen hat. Oliver Rand plädiert dafür, kein neues Lager zu bauen, sondern die Waren in kürzeren Abständen und in kleineren Mengen zu bestellen. Somit wäre kein Neubau erforderlich, da der vorhandene Lagerraum dann für die geringere Warenmenge ausreichen würde. „Und was machst du, wenn ein Lieferer uns ein günstiges Angebot macht, und wir können aufgrund fehlenden Lagerraums keine Waren bestellen?", erwidert Sonja Koch, „stell dir vor, einer unserer Kunden benötigt dringend einen bestimmten Artikel, dann müssen wir erst mit dem Lieferer verhandeln, dass dieser möglichst schnell die Waren liefert. Wenn wir aber die Waren vorrätig haben, dann ..." „Moment mal", fährt Renate Rand dazwischen, „typisch junge Leute, erst reden, dann denken. Natürlich brauchen wir ein neues Lager, aber wir sollten uns jetzt Gedanken darüber machen, wie wir dieses Lager gestalten wollen."

Arbeitsauftrag
❑ Erläutern Sie die Aufgaben der Lagerhaltung!
❑ Beschreiben Sie die verschiedenen Lagerarten!
❑ Geben Sie an, welche Anforderungen ein Lager erfüllen muss!

● **Aufgaben der Lagerhaltung**

Ein Großhändler kann auf ein Vorratslager nicht verzichten, denn er weiß niemals genau, welche Waren in welcher Menge seine Kunden nachfragen, Das Lager in einem Groß-handelsunternehmen gleicht Unterschiede zwischen Warenbeschaffung und Warenverkauf aus. Dabei erfüllt es verschiedene Aufgaben:

▷ **Ausnutzung von Preisvorteilen:** Häufig gewähren Lieferer dem Großhändler Mengenrabatte, wenn größere Mengen bestellt werden. Ferner können sich bei größeren Mengen die Bezugskosten (Transport usw.) verringern.

Beispiel Die RAND OHG verkauft täglich rund 300 Schreibblöcke „Schule" A4. Die RAND OHG kann sie zu folgenden Bedingungen einkaufen: bis 1 000 Stück 0,38 EUR/Stück, bis 2 000 Stück 0,34 EUR/Stück, größere Mengen 0,30 EUR/Stück, ab 2 000 Stück erfolgt die Lieferung frei Haus, für kleinere Mengen werden je Lieferung 12,00 EUR Versandkosten berechnet.

Bei steigenden Preisen für eine Ware kann der Großhändler durch einen Vorratskauf günstige Einkaufspreise wahrnehmen.

Beispiel Ein Lebensmittelgroßhändler bestellt einen größeren Posten Kaffee und lagert ihn, weil abzusehen ist, dass der Kaffeepreis im nächsten Monat steigen wird.

▷ **Sicherung der Verkaufsbereitschaft:** Die Lagerhaltung sichert dem Großhändler einen gleichmäßigen kundengerechten Warenverkauf, wenn die Lieferung der Ware Schwankungen oder Verzögerungen ausgesetzt ist, z.B. durch Ernten, lange Liefer- und Produktionszeiten, Streiks, Verkehrsstörungen usw. Schwankungen des Verkaufs und der Beschaffung von Waren können aus modischen oder saisonbedingten Gründen auftreten.

Beispiel Modische Sommertextilien werden vom Großhändler bereits im Herbst des Vorjahres bestellt. Sie werden meist am Anfang des Jahres geliefert und können dadurch im Frühjahr, wenn die Nachfrage einsetzt, angeboten werden.

▷ **Umformung, Veredelung:** Im Lager eines Großhändlers wird die Ware häufig erst verkaufsfähig gemacht. Hier wird umgepackt, sortiert, gemischt usw. Ferner wird die Ware für den Kunden in bedarfsgerechte Mengen portioniert. Einige Waren benötigen eine bestimmte Reifezeit, um in den Verkauf zu kommen. Die Reifung erfolgt im Lager.

Beispiele
- ❏ In einem Lebensmittelgroßhandel erhält die Frischfleischabteilung am Donnerstag u.a. 45 Schweinehälften, hieraus müssen kundengerechte Portionen erstellt werden.
- ❏ In einem Textilgroßhandel werden 18 000 Paar Tennissocken angeliefert. Im Lager müssen sie nach Größe und Farbe sortiert werden.
- ❏ Im Lebensmittelgroßhandel wird durch die Lagerung die Qualität einiger Waren verbessert, insbesondere bei Wein, Käse, Obst.

● *Lagerarten*

Im Großhandel gibt es verschiedene Lagerarten. Sie unterscheiden sich nach Branche oder Größe. Die Lagerarten können hinsichtlich der gelagerten Güter in **Warenlager** (für die Verkaufswaren) und **Zusatzlager** (für Verpackung usw.) eingeteilt werden.

▷ **Warenlager:**

❏ **Warenlager im Großhandel:** Großhandelsbetriebe benötigen in der Regel große Warenlager, da sie die Waren in großen Mengen an Industrie-, Handwerks- oder Einzelhandelsbetriebe verkaufen. Die meisten Großhandelsbetriebe lagern ihre Waren in eigenen Lagern **(Eigenlager).** Bei Bedarf kann geeignete Lagerfläche bei selbstständigen Lagerhaltern auch angemietet werden **(Fremdlager).** Fremdlager sind insbesondere dann zweckmäßig, wenn die eigene Lagerkapazität nicht ausreicht oder Waren bis zur Schaffung eigener Lagerräume zwischenzulagern sind.

Beispiel Die RAND OHG hat ein Warenlager in der Völklinger Straße in Düsseldorf angemietet.

In einigen Fällen kommt es vor, dass Großhändler kein Lager benötigen, da sie so genannte **Streckengeschäfte** betreiben. Sie benötigen kein Lager, weil die verkaufte Ware direkt vom Hersteller zum Kunden geliefert wird. In diesem Fall hat der Großhändler nur noch eine Vermittlungsfunktion.

❑ **Warenlager im Einzelhandel:**
  – **Verkaufslager:** Im Einzelhandel wird der **Verkaufsraum** gleichzeitig **als Vorratslager** genutzt. Die Waren werden nach kundengerechten Gesichtspunkten präsentiert und werbewirksam ausgestellt.
  – **Reservelager:** Das Reservelager dient im Einzelhandel dem schnellen Auffüllen der Bestände im Verkaufsraum. Häufig befindet es sich unmittelbar neben dem Verkaufsraum, um Transportwege und -zeiten zu sparen. Hier wird auch die Warenannahme abgewickelt, die Ware ausgepackt, ausgezeichnet usw. Die Kunden haben zum Reservelager keinen Zutritt.

Große Großhandelsunternehmen mit mehreren Filialen unterhalten noch großflächige **Außenlager,** die aus Kostengründen in verkehrsgünstigen Stadtrandlagen angelegt werden. Hier lagern oft Waren für mehrere Filialen. Die Außenlager sind häufig Zentrallager, von denen die Filialen eines Gebietes beliefert werden. Die Lieferanten bringen die Waren zum Zentrallager, die dann an die einzelnen Filialen in den angeforderten Mengen verteilt werden.

▷ **Zusatzlager:** Neben dem Warenlager benötigen Großhandelsunternehmen noch besondere Räume und Flächen für die Lagerung von Verpackungsmaterial und Transporthilfsmittel, welche bei der Warenanlieferung anfallen und nicht sofort entsorgt werden können, z.B. Lager für Euro-Paletten, Kisten, Kartons u. Ä.

● *Lagergrundsätze und Arbeiten im Lager*

Ein Lager muss so **organisiert sein,** dass alle notwendigen Arbeiten schnell und reibungslos erledigt werden können. Sehr häufig benötigte Artikel sollten in der Nähe des Verkaufsraumes gelagert werden, um die Auffüllarbeiten in den Verkaufsregalen zu beschleunigen. Es gilt der Grundsatz, dass **Transportwege und -zeiten möglichst gering** bleiben sollen. Die Mitarbeiter, die Zugang zum Lager haben und im Lager arbeiten, müssen über die einzelnen Lagerarbeiten entsprechend informiert sein.

Damit die Aufgaben des Lagers im Großhandel erfüllt werden können, muss ein Lager bestimmten Anforderungen genügen. Diese Anforderungen sind zwar von Branche, Betriebsform und -größe abhängig, doch lassen sich auch allgemeine Grundsätze festlegen.

▷ **Warengerechte Lagerung:** Einige Waren haben bestimmte Eigenschaften, auf die bei ihrer Lagerung besonders Rücksicht genommen werden muss. Die Lagerbedingungen müssen den Erfordernissen der Ware angepasst werden, sonst kann es zu kostspieligen Warenverlusten kommen.

Beispiele
❑ **Belüftung:** Holz, Bücher, Papierwaren, Textilien, Tabakwaren u. a. bedürfen gut durchlüfteter Lagerräume.
❑ **Licht:** Bestimmte Nahrungsmittel und einige Textilien sind lichtempfindlich, sie dürfen keinen starken Lichtquellen ausgesetzt sein.
❑ **Temperatur:** Einige Lebensmittel müssen kühl gelagert werden, bei Tiefkülkost darf auf keinen Fall die Kühlkette unterbrochen werden; einige Waren (Farben, Lacke, Disketten, Tonbandkassetten usw.) dürfen nicht zu kalt gelagert werden.

- **Luftfeuchtigkeit:** Papierwaren, Metallwaren, Holz- und Lederwaren benötigen eine bestimmte Luftfeuchtigkeit.

- **Staubschutz:** Unverpackte Ware muss vor Staub geschützt werden (Bekleidung, einige Lebensmittel).

- **Schädlingsbefall:** Motten bei Textilien, Schimmel bei Lebensmitteln, Holzwurm bei Möbeln usw. Es müssen geeignete Maßnahmen zum Schutz der Waren ergriffen werden.

Jede Ware muss nach ihren Eigenarten im Lager geschützt werden, um Verderb und Beschädigungen zu vermeiden.

▷ **Geräumigkeit:** Im Großhandel werden im Lager häufig noch zusätzliche Arbeiten erledigt. Die Ware wird angenommen, aus- und umgepackt, gewogen usw. Hierzu muss genügend Platz vorhanden sein, damit durch Umräumarbeiten nicht zusätzlich Zeit benötigt wird und zusätzliche Kosten verursacht werden. Die Artikel müssen mühelos aus den Regalen entnommen und transportiert werden können. Es muss auch genügend Platz für unvorhergesehene Warenlagerungen vorhanden sein, z. B. für einen günstigen Großeinkauf. Ist ein Lager nicht groß genug, so können keine maschinellen Hilfen, wie Gabelstapler, Hubwagen usw., eingesetzt werden. Nicht nur die Fläche, sondern auch die Höhe eines Lagers ist wichtig. So können bei geeigneten Regalsystemen (Hochlager) Lagerflächen vergrößert werden.

▷ **Übersichtlichkeit:** Ein Lager muss so gestaltet sein, dass benötigte Ware schnell und ohne Verwechslung gefunden werden kann. Dies wird bereits durch eine systematische planvolle Wareneinlagerung erreicht. Für jedes Lager wird ein geeigneter Plan entworfen, nach dem die Ware eingelagert wird. Jeder Artikel hat also einen festen Platz. Das Lager wird in übersichtliche Zonen gegliedert, jede Warengruppe erhält einen eigenen Bereich. Dies ermöglicht auch eine zügige Bestandskontrolle und die Inventurarbeiten. Es gilt meist der Grundsatz **„first in – first out (fifo)"**, d.h., neue Ware wird hinter der alten einsortiert. Damit wird vermieden, dass alte Ware noch mehr veraltet und unverkäuflich wird.

▷ **Sachgerechte Einrichtung von Lagern:** Art und Umfang der Lagerausstattung müssen zweckmäßig sein. Die Lagerarbeiten müssen reibungslos ablaufen. Hierzu ist eine sinnvolle Lagerausstattung erforderlich. Sie hängt wesentlich von Art und Menge der Ware ab. Zur Lagerausstattung gehören alle Hilfsmittel, die der Aufbewahrung, der Pflege, dem Auffinden und dem Transport der Ware dienen. Hierzu gehören Regale, Ständer, Leitern, Transportkörbe, Hebemaschinen (z.B. Gabelstapler) usw. Aber auch Beleuchtung, Heizung, Klimaanlage, Kühltruhen sowie Alarm- und Feuerschutzanlagen gehören zur Lagerausstattung.

▷ **Sicherheit (Berücksichtigung von Vorschriften zur Lagerhaltung):** Im Lager eines Großhandelsbetriebes ist häufig ein großer Teil des Betriebskapitals gebunden. Durch entsprechende Maßnahmen muss sichergestellt werden, dass die Risiken des Verlustes durch **Brand und Diebstahl** gemindert werden (Feuer-, Diebstahlversicherungen). Die Brandgefahr wird verringert, wenn von allen Mitarbeitern die Brandschutzvorschriften genau eingehalten werden (Rauchverbot, Schließen von Brandschutztüren usw.). Die Mitarbeiter müssen mit diesen Vorschriften vertraut gemacht werden, und die Unternehmensleitung muss über die Beachtung der Vorschriften wachen. Zusätzlich sollten Feuerlöscher, Rauchmelder und Sprinkleranlagen installiert werden. Die Gefahr von Einbrüchen und Diebstählen im Lager kann durch Vorrichtungen wie Stahltüren, Sicherheitsschlösser und Zugangsberechtigungen gemindert werden.

Ein wichtiger Aspekt ist der **Unfallschutz** im Lager, insbesondere im Umgang mit technischen Geräten (Gabelstapler, Hubwagen, Leitern). Hierbei müssen die Unfallschutzvorschriften unbedingt eingehalten werden. Die Berufsgenossenschaften (vgl. S. 186 f.) haben entsprechende Vorschriften erlassen, sie müssen für die Mitarbeiter deutlich sichtbar aushängen.

▷ **Grundsätze zur Warenpflege:** Die gelagerten Güter sind Vermögenswerte. Um Beschädigungen und Verderb zu vermeiden, müssen sie gepflegt werden. Die Warenpflege umfasst neben der warengerechten Lagerung (vgl. S. 107 f.) alle Arbeiten, um die Waren in einen verkaufsfähigen Zustand zu versetzen und zu erhalten.

Beispiel Aufbügeln von Kleidungsstücken; Aussortieren verdorbener Ware (bei Obst, Gemüse usw.); Aussortieren von Lebensmitteln, deren Verfallsdatum überschritten ist; Reinigen, Entstauben von unverpackter Ware; Polieren von Bestecken, Schmuck, Glasware usw.

Aufgaben der Lagerhaltung, Lagerarten, -grundsätze und Arbeiten im Lager

▷ **Aufgaben der Lagerhaltung**
   Ein Lager ist der Ort, an dem Ware auf Vorrat aufbewahrt wird, es hat folgende Aufgaben:
   ❑ Ausnutzung von Preis- und Kostenvorteilen
   ❑ Sicherung der Verkaufsbereitschaft bei Lieferstörungen
   ❑ Umformung (bedarfsgerechte Verkaufsmengen, -packungen)
   ❑ Veredelung (Reifezeit bei Lebensmitteln)

▷ **Lagerarten**
   ❑ **Warenlager:** Waren werden für den Verkauf gelagert.
   ❑ **Zusatzlager:** Lager für Verpackungen, Dekorationen, Leergut usw.
   ❑ **Eigenlager:** Lager gehört dem Großhändler.
   ❑ **Fremdlager:** Lagerraum ist angemietet (z.T. nur kurzfristig).

◇ **Lagergrundsätze und Arbeiten im Lager**
- ❑ **Warengerechte Lagerung:** Berücksichtigung der Wirkungen von Licht, Temperatur, Feuchtigkeit, Staubbildung usw.
- ❑ **Geräumigkeit:** Transportwege und Arbeitsflächen sind zu berücksichtigen.
- ❑ **Übersichtlichkeit:** Lagerplan einhalten, kurze Lagerwege, alte Ware vor neuer Ware lagern (first in – first out = fifo).
- ❑ **Lagerausstattung:** Regale, Ständer, Leitern, Körbe, Hubwagen, Gabelstapler.
- ❑ **Sicherheit:** Einbruch-, Diebstahl-, Brand-, Unfallschutz.
- ❑ **Warenpflege:** Waren verkaufsfähig erhalten; Beschädigungen, Verderb usw. vermeiden.

1 *Erläutern Sie die Aufgaben der Lagerhaltung in einem Großhandelsbetrieb!*

2 *Beschreiben Sie die Unterschiede zwischen*
a) Verkaufs- und Reservelager,
b) Eigen- und Fremdlager!

3 *Die RAND OHG möchte eine Filiale in Dortmund errichten. Geben Sie an, woran bei der Planung des Lagers in dieser Filiale gedacht werden muss!*

4 *Bilden Sie je zwei Beispiele für die Umformung und Veredelung von Waren im Lager!*

5 ☞ *Die RAND OHG unterhält ein Lager, das einen Grundriss von 20 x 40 m hat. Erstellen Sie für dieses Lager einen Lagerplan, indem Sie die Waren des Sortiments (vgl. S. 9 ff.) in diesem Lager verteilen!*

6 *Lagerräume und -flächen sind teuer, warum sollte ein Lager trotzdem geräumig sein?*

7 *Welche besonderen Anforderungen an die Lagerhaltung stellen folgende Waren?*
a) Konserven	*e) Backwaren*	*i) Holz*
b) Frischfleisch	*f) Tuche*	*j) Papierwaren*
c) Korbwaren	*g) Anzüge, Mäntel, Kleider*	*k) Lederwaren*
d) Metallwaren	*h) Fotoartikel*	*l) Elektrogeräte*

8 *Erklären Sie den Grundsatz „first in – first out" und erläutern Sie, wie dieser Grundsatz bei der Einlagerung berücksichtigt werden kann!*

3.5 Risiken der Lagerhaltung und Lagerkosten

Die RAND OHG hat beschlossen, keine neue Lagerhalle zu bauen, sondern den zusätzlich erforderlichen Lagerraum zu mieten. Frau Rand hat schnell einen geeigneten Lagerraum gefunden, der in unmittelbarer Nachbarschaft zum Standort der RAND OHG gelegen ist. Sie einigt sich mit dem Vermieter auf einen monatlichen Mietpreis von 3 500,00 EUR. Als Oliver Rand von dem abgeschlossenen Mietvertrag erfährt, ist er zunächst wütend und sagt zu seiner Mutter: „So viel Geld für ein Lager, hätten wir unser eigenes Lager gebaut, könnten wir 3 500,00 EUR pro Monat sparen, denn ein eigenes Lager kostet nichts." Frau Rand beruhigt Oliver mit den Worten: „Ein eigenes Lager verursacht sehr wohl Kosten, denk doch mal in Ruhe darüber nach!"

Arbeitsauftrag
- ❑ *Überprüfen Sie, welche Risiken mit der Lagerhaltung verbunden sind!*
- ❑ *Erläutern Sie, welche Kosten der RAND OHG durch die Unterhaltung eines eigenen Lagers entstehen!*

● *Risiken der Lagerhaltung*

Jedes Warenlager birgt Risiken, die durch keine Versicherung abzudecken sind. Deshalb muss der Großhändler mit seinen Mitarbeitern darauf achten, diese Risiken möglichst gering zu halten. Die Risiken der Lagerhaltung sind:

▷ **Modeänderungen:** Von Änderungen der Mode sind besonders Textilien betroffen. Der Geschmack der Kunden verändert sich. Bestimmte Farben, Muster, Designs usw. von Textilien können plötzlich nicht mehr aktuell sein und werden deshalb nicht mehr gekauft. Es nutzt meist nichts, sie einzulagern und im nächsten Jahr wieder anzubieten. Ladenhüter können meist nur noch mit erheblicher Preisreduzierung oder im Rahmen von Sondermaßnahmen verkauft werden. Zu hohe Lagerbestände binden auch Kapital (vgl. S. 112 f.). Sind nicht genügend Kapitalmittel vorhanden, wird es schwierig, aktuelle Ware oder Trendartikel einzukaufen. Somit kann nicht auf die veränderten Wünsche der Kunden eingegangen werden, was zu Umsatzeinbußen führt.

Beispiel Um den Abverkauf von Ladenhütern, die in der RAND OHG festgestellt werden, zu fördern, hat Oliver Rand mit Zustimmung der Gesellschafter der RAND OHG ein Einzelhandelsgeschäft gegründet, die Oliver Rand GmbH, in dem diese Waren zu Diskontpreisen vertrieben werden.

▷ **Saisonwechsel:** Der Kauf von vielen Artikeln ist abhängig von bestimmten Saisonschwankungen. Besonders der Kauf von Oberbekleidung und Schuhen ist von der jeweiligen Jahreszeit abhängig. Überbestände von Waren sind mit erheblichen Kosten bis zur nächsten Saison zu lagern, und dann sind sie meist nicht mehr modern. Einen Ausweg bieten die Schlussverkäufe (Sommer- und Winterschlussverkauf im Einzelhandel). Doch auch hier müssen die Bestände mit Preisabschlägen verkauft werden.

▷ **Technischer Fortschritt:** Wer sich eine neue Stereo-Anlage kauft, möchte gern das technisch neueste Produkt. Neue Funktionen, neue Materialien, verbesserte Qualität, bequemere Handhabung usw. lassen bisherige Produkte rasch veralten, sie sind nur noch schwer verkäuflich. Dies gilt besonders für Elektroartikel (Kühlschränke, Herde, Waschmaschinen), Geräte der Unterhaltungselektronik (Fernseher, Videoanlagen usw.), Autozubehör, Werkzeuge, Computer, Fotoapparate usw.

▷ **Preisschwankungen:** Die Preise einiger Rohstoffe und Warenbestandteile schwanken z. T. erheblich (Edelmetalle, Erdöl, Getreide, Kakao, Kaffee usw.). Die Hersteller von Waren geben Preiserhöhungen möglichst an die Einzelhändler weiter. So kann ein großer Einkauf in einer Zeit mit hohen Preisen sehr viel Kapital binden. Da der Verkauf der Ware zeitlich später liegt, kann der Listeneinkaufspreis bereits wieder gefallen sein. Da das Lager aber gefüllt ist und die finanziellen Mittel erschöpft sind, ist ein Einkauf in Zeiten geringer Preise nun nicht mehr möglich.

Da diese Probleme durch den Großhändler nicht beeinflussbar sind, muss er hier besonders umsichtig handeln. Zu Produkten, die Preisschwankungen ausgesetzt sind, gehören z. B. Kaffee, Frischobst und -gemüse, Holzwaren, Schmuck, Fleisch.

▷ **Schwund:** Schwund (Mengenverlust) kann entstehen durch Verderb, Verdunsten, Vertrocknen, Bruch usw. Dies gilt insbesondere für Lebensmittel (Brot, Obst, Gemüse, Fleisch), die mit einem Verfalldatum gekennzeichnet sind. Ist das Verfalldatum abgelaufen, so ist die Ware schwer verkäuflich. Hier muss der Großhändler geschickt disponieren, damit er einerseits keine Überbestände aufbaut (zusätzliche Kosten), andererseits aber seine Verkaufsbereitschaft nicht beeinträchtigt (Gefahr von Umsatzeinbußen). Schwund kann auch durch Warendiebstahl entstehen. Hiergegen müssen entsprechende Schutzmaßnahmen getroffen werden.

● *Lagerkosten*

Jedes Lager verursacht Kosten. Einige Kosten, z. B. Miete für den Lagerraum, sind von der Menge und dem Wert der gelagerten Ware unabhängig. Man bezeichnet sie als **fixe Kosten,** sie sind über einen bestimmten Zeitraum unveränderlich.

Die Kosten der Lagervorräte sind vom Großhändler beeinflussbar, denn er kann entscheiden, wie viel Ware er auf Lager hält. Solche Kosten heißen **variable Kosten.** Fixe und variable Lagerkosten müssen in die Preiskalkulation des Großhändlers einfließen. Über den Verkaufspreis der einzelnen Artikel, d. h. über den Umsatz, müssen diese Kosten erwirtschaftet werden.

▷ **Sachkosten des Lagers:**
- ❑ **Reparaturen, Instandhaltung** der Lagereinrichtung (Regale, Ständer usw.), der Hilfsmittel (Hubwagen, Gabelstapler usw.)
- ❑ **Wartung** (Transportmittel, Heizung, Klimaanlage, Sprinkleranlage, Kühltruhen usw.)
- ❑ **Energiekosten** (Heizung, Beleuchtung, Kühlung usw.)
- ❑ **Versicherungsprämien** (für die Lagereinrichtung und Warenbestand)
- ❑ **Reinigungskosten**
- ❑ **Miete** (für Räume und Geräte)
- ❑ **Kosten der Warenpflege** (Abdeckhüllen, Staubsicherungen usw.)
- ❑ **Kosten der Lagerverwaltung und -organisation** (Lagerdatei, Entnahmescheine usw.)

▷ **Personalkosten:** Alle Mitarbeiter des Lagers, anteilig die Mitarbeiter des Verkaufs, die nur zeitweise mit Lagerarbeiten beschäftigt sind, verursachen Personalkosten. Es müssen hierbei sämtliche Arbeiten berücksichtigt werden, angefangen mit der Warenannahme, Warenprüfung usw. bis zur Bereitstellung der Ware für den Kunden.

▷ **Kosten des Lagerrisikos:** Schwund, Verderb, Ladenhüter durch Modewechsel usw. können auch bei sorgfältigster Arbeit nicht immer vermieden werden. Die so entstandenen Kosten sind meist nicht exakt planbar, hier können aber Erfahrungswerte und Schätzungen helfen.

● *Kosten der Kapitalbindung*

Die Lagerausstattung und die gelagerte Ware binden Kapital, d. h., die finanziellen Mittel, die hierfür aufgewendet werden, stehen für andere betriebliche Zwecke nicht zur Verfügung. Die Kosten der Kapitalbindung sind die Zinsen für das Kapital.

▷ **Kosten der gelagerten Ware:** Verzinsung des eingesetzten Kapitals.

Beispiel Die RAND OHG lagert im Durchschnitt pro Jahr für 150 000,00 EUR Waren. Würde die RAND OHG die dadurch gebundenen Mittel für 8 % Zinsen pro Jahr bei einer Bank anlegen, so erhielte sie hierfür 12 000,00 EUR Zinsen.

▷ **Kosten der Lagereinrichtung:** Verzinsung des eingesetzten Kapitals, Abschreibung.

Beispiel Die RAND OHG kauft einen Gabelstapler für 18 000,00 EUR für ihr Lager. Bei einem Zinssatz von 8 % entstehen 1 440,00 EUR Kapitalbindungskosten. Der Gabelstapler hat eine geschätzte Lebensdauer von sechs Jahren, über diesen Zeitraum sind die Anschaffungskosten zu verteilen, es entstehen somit jährlich Abschreibungen in Höhe von 3 000,00 EUR bei linearer Abschreibung.

◊ **Kosten der Lagerräume:** Baukosten für ein neues Lager, Erweiterungsbauten usw.

Die exakte Ermittlung der Lagerkosten ist nur mit einem gut funktionierenden betrieblichen Rechnungswesen möglich. Die Verkaufspreise der einzelnen Waren müssen so kalkuliert werden, dass diese Kosten langfristig gedeckt sind.

Risiken der Lagerhaltung und Lagerkosten

◊ **Risiken der Lagerhaltung**
- ❑ **Modeänderungen:** Der Geschmack der Kunden ändert sich.
- ❑ **Saisonwechsel:** Wechsel der Jahreszeiten.
- ❑ **Technischer Fortschritt:** Veraltung von Geräten durch technische Verbesserungen.
- ❑ **Preisschwankungen:** Häufige Änderungen der Einkaufspreise.
- ❑ **Schwund:** Mengenverluste durch Verderb, Ablauf des Verfalldatums.

◊ **Lagerkosten**
- ❑ **Sachkosten:** Alle Kosten zum Betrieb des Lagers, insbesondere Mieten, Energie, Reparaturen usw.
- ❑ **Personalkosten:** Kosten der Mitarbeiter, die Lagerarbeiten erledigen.
- ❑ **Kosten des Lagerrisikos:** Kosten durch Verderb, Diebstahl, Schwund.
- ❑ **Kosten der Kapitalbindung:** Zinsen für das eingesetzte Kapital.
  - – gelagerte Ware
  - – Anschaffung der Lagereinrichtung
  - – Anschaffung (Bau) der Lagerräume

---

1 Welchen Lagerrisiken sind folgende Waren ausgesetzt: Frischmilch, Campingartikel, CD-Player, Sonnencreme, Damenblusen, Weihnachtsgebäck, Schuhe, Import-Käse, Farben, Blumen, Hosen, Damenstrümpfe, CDs?

2 Erörtern Sie, wie sich ein Großhändler verhalten soll, dessen Waren häufigen technischen Veränderungen ausgesetzt sind!

3 Die Gesellschafter der RAND OHG stellen fest, dass im Sortimentsbereich „Textil" Überbestände und Ladenhüter vorhanden sind.
a) Nennen Sie Gründe, wie es zu diesen Überbeständen kommen konnte!
b) Welche Maßnahmen kann die Geschäftsleitung ergreifen, um die Ladenhüter zu verkaufen?

4 Beschreiben Sie, wie sich die Sachkosten des Lagers in der RAND OHG zusammensetzen!

5 Geben Sie an, wieso bei den Personalkosten des Lagers auch die Mitarbeiter des Verkaufs anteilig berücksichtigt werden!

6 Ein Einzelhändler rechnet für seine Artikel mit Lagerkosten in Höhe von 2,8 % vom Umsatz. Wie viel EUR Lagerkosten entstanden ihm in EUR, wenn er in einem Jahr 1 345 000,00 EUR Umsatz hatte?

7 ☞ Überprüfen Sie anhand der Sortimentsliste der RAND OHG (vgl. S. 10),
a) welchen Lagerrisiken diese Waren besonders ausgesetzt sind,
b) welche besonderen Anforderungen diese Waren an die Lagerhaltung der RAND OHG stellen,
c) welche Waren nur in kleinen Mengen gekauft werden sollten,
d) welche Waren in großen Mengen gekauft werden sollten!
Begründen Sie jeweils Ihre Entscheidung!

8 ☞ Erstellen Sie ein Kurzreferat zum Thema „Risiken der Lagerhaltung bei der RAND OHG"!

3.6 Lagerkennziffern als Mittel der Lagerüberwachung

Der Auszubildende Werner Krull liest einen Bericht von Frau Rost über die Lagerbestände der Warengruppe Haushalt/Elektro der RAND OHG. Hierin ist u.a. folgende Aufstellung enthalten:

Warengruppe: Haushalt / Elektro				
Artikel-nummer:	Artikelbezeichnung	Melde-bestand	Höchst-bestand	prozentualer Anteil an der Lagerfläche
0100	Kaffeeautomat „Aromastar"	100	2 500	16
0200	Gemüsereibe „Schnibbelfix"	200	5 000	5
0300	Besteckgarnitur „Tischfein"	100	1 000	7

Werner Krull überlegt, warum die RAND OHG Melde- und Höchstbestände für einzelne Artikel festlegt!

Arbeitsauftrag

❑ *Erklären Sie die Bedeutung von Melde- und Höchstbestand in einem Großhandelsbetrieb!*
❑ *Erläutern Sie Lagerbestands- und Lagerbewegungsdaten!*

● Lagerbestandsdaten

Die Lagervorräte in einem Großhandelsunternehmen müssen systematisch kontrolliert werden. Um die Lagerkosten zu senken, ist es notwendig,

❑ die **Lagerbestände so klein wie möglich zu halten,** das führt zu geringeren Kapital-, Sach- und Personalkosten und zu einem geringeren Lagerrisiko,

❑ die **Lagerbestände möglichst schnell zu verkaufen,** damit gebundenes Kapital freigesetzt wird.

Die Kontrolle des Lagerbestandes kann durch Stichtagsinventur erfolgen oder durch Fortschreibung in Listen, Büchern usw. Sehr häufig werden auch Computerprogramme eingesetzt, um die Lagerbestände zu überwachen (**Lagerbuchhaltung).**

Die Lagerkontrolle hat die Aufgabe, für jeden einzelnen Artikel den aktuellen Bestand festzustellen, um Nachbestellungen rechtzeitig durchzuführen, die Verkaufsbereitschaft zu gewährleisten und Überbestände zu erkennen. Für Waren, die hohe Bestände aufweisen, müssen Maßnahmen ergriffen werden, um die Vorräte zu senken. Zur Bestandsüberwachung werden im Lagerwesen so genannte **Lagerkennziffern (-zahlen)** verwendet. Diese Zahlen ermöglichen für alle Artikel genaue Aussagen über eine wirtschaftliche Vorratshaltung.

▷ **Höchstbestand:** Jedes Lager hat eine begrenzte Lagerkapazität, die nicht beliebig veränderbar ist. Somit kann in einem Lager nur eine beschränkte Anzahl von Gütern gelagert werden (**technischer Höchstbestand**). Ebenso beschränkt das Kapital, das zur Vorratshaltung zur Verfügung steht, die Menge der Lagergüter (**wirtschaftlicher Höchstbestand**).

▷ **Mindestbestand:** Der Mindestbestand wird häufig auch „**eiserne Reserve**" oder „**eiserner**
Bestand" genannt. Er soll die Verkaufsbereitschaft sichern, wenn durch unvorhersehbare
Ereignisse der Vorrat nicht ausreicht, um die Nachfrage der Kunden zu decken. Dies ist z.B.
der Fall, wenn die Beschaffung und Lieferung der Ware länger dauert als geplant (Streiks,
schlechte Witterungs- und Verkehrsverhältnisse usw.). Auch kann der Warenabsatz höher sein
als geplant. In diesem Fall muss aus Erfahrungswerten eine Reserve gebildet werden.

▷ **Meldebestand:** Von der Bestellung einer Ware bis zu ihrem Eintreffen im Lager vergeht
eine bestimmte Zeit (Lieferzeit, Transportweg, Zeit für die Warenprüfung usw.). Während
dieser Zeit muss aber der Verkauf weitergehen. Daher wird bereits bestellt, wenn der Mindestbestand noch nicht erreicht ist. Der Lagerbestand, bei dem nachbestellt werden muss, um
die Lieferzeit zu überbrücken, heißt Meldebestand.

Beispiel Die RAND OHG verkauft täglich 50 Spielesammlungen „Joker". Die Lieferzeit beträgt
zwei Tage. Der Mindestbestand wurde auf 200 Stück festgelegt. Bei welchem Lagerbestand
sollte die RAND OHG nachbestellen?

In zwei Tagen verkauft die RAND OHG 2 mal 50 = 100 Spielesammlungen. Hierzu wird der Mindestbestand addiert, 100 + 200 = 300 Stück. Dies ist der Meldebestand für den Artikel. Wenn
dieser Bestand erreicht ist, sollte sofort nachbestellt werden.

Meldebestand = (Tagesabsatz · Lieferzeit) + Mindestbestand

Wenn die Ware angeliefert wird, so ist meist der wirtschaftliche Höchstbestand erreicht. Er ist
mit folgender Formel zu berechnen:

Höchstbestand = Mindestbestand + Bestellmenge

Beispiel Die Spielesammlung „Joker" wird immer in Einheiten zu 100 geliefert. Es werden
jedes Mal 2 800 Spielesammlungen nachbestellt. Somit ist der Höchstbestand 200 + 2 800 =
3 000 Spielesammlungen.

▷ **Durchschnittlicher Lagerbestand:** Während eines Jahres ergeben sich für die Artikel
meist täglich oder stündlich verschiedene Lagerbestände durch Verkauf und Einkauf (Lager-
ab- und -zugänge). Zur Übersicht und zur leichteren Kontrolle werden deshalb Mittelwerte
(Durchschnittswerte) berechnet. Der durchschnittliche Lagerbestand (**DLB**) eines Artikels
gibt an, wie hoch der Vorratsbestand in Stück oder in EUR in einem bestimmten Zeitraum im
Durchschnitt ist.

Beispiel In der Haushalts-/Elektro-Abteilung der RAND OHG soll der DLB für den Kaffeeautomaten „Aromastar" ermittelt werden. Frau Rost ist mit dieser Aufgabe betraut. Der
Jahresanfangsbestand an Kaffeeautomaten beträgt 380 Stück, der Jahresendbestand (lt. Inventur) beträgt 600 Stück.

$$DLB = \frac{380 + 600}{2} = \frac{980}{2} = 490 \text{ Stück}$$

Durchschnittlicher Lagerbestand bei Jahresinventur = $\dfrac{\text{Anfangsbestand + Endbestand}}{2}$

Der durchschnittliche Lagerbestand kann auch als Wertkennziffer in EUR ausgerechnet werden, indem die Mengen mit ihren Bezugs- oder Einstandspreisen multipliziert werden. Die
Genauigkeit der Kennziffer „DLB" hängt davon ab, wie viele Bestände in die Berechnung
eingehen.

Beispiel Frau Rost möchte den DLB genauer berechnen. Sie nimmt zusätzlich zu dem Jahres-anfangsbestand noch 4 Quartalsbestände (Vierteljahreswerte) in ihre Berechnung auf.

Jahresanfangsbestand: 380 Stück
Bestand am Ende des 1. Quartals: 1 460 Stück
Bestand am Ende des 2. Quartals: 1 900 Stück
Bestand am Ende des 3. Quartals: 2 200 Stück
Bestand am Ende des 4. Quartals: 600 Stück (Jahresendbestand)

$$DLB = \frac{380 + 1\,460 + 1\,900 + 2\,200 + 600}{5} = \frac{6\,540}{5} = \underline{\underline{1\,308 \text{ Stück}}}$$

$$\text{Durchschnittlicher Lagerbestand bei Quartalsinventur} = \frac{\text{Anfangsbestand} + 4 \text{ Quartalsendbestände}}{5}$$

Die gleiche Berechnung kann ebenfalls mit EUR-Beträgen gemacht werden. Einen noch genaueren DLB erhält man, wenn zusätzlich zu dem Jahresanfangsbestand noch die zwölf Monatsinventurwerte hinzugenommen werden. So stehen 13 Werte zur Verfügung.

Beispiel Frau Rost ermittelt den DLB aufgrund der Monatsbestände.

Jahresanfangsbestand: 380 Stück

Monatsendbestände:

Januar: 500	Mai: 2 500	September: 2 200
Februar: 1 620	Juni: 1 900	Oktober: 1 600
März: 1 460	Juli: 1 400	November: 1 090
April: 800	August: 200	Dezember: 600

$$DLB = \frac{\begin{array}{c}380 + 500 + 1\,620 + 1\,460 + 800 + 2\,500 + 1\,900 + 1\,400 + 200 + \\ 2\,200 + 1\,600 + 1\,090 + 600\end{array}}{13} = \frac{16\,250}{13} = \underline{\underline{1\,250 \text{ Stück}}}$$

Durchschnittlich befanden sich also 1 250 Kaffeeautomaten auf Lager. Wenn jeder Kaffeeauto-mat durchschnittlich einen Bezugspreis/Einstandspreis von 11,25 EUR hat, so waren durch-schnittlich 14 062,50 EUR Kapital gebunden.

$$\text{Durchschnittlicher Lagerbestand bei Monatsinventur} = \frac{\text{Jahresanfangsbestand} + 12 \text{ Monatsendbestände}}{13}$$

Durch den Einsatz moderner Warenwirtschaftssysteme ist es möglich, zu jedem beliebigen Zeitpunkt den aktuellen Lagerbestand zu ermitteln. Diese genauen Zahlenwerte ermöglichen ein gezieltes Steuern der Bestände, um Lagerkosten zu senken.

● *Lagerbewegungsdaten*

Es ist wichtig, den Lagerbestand so gering wie möglich zu halten, damit nicht zu viel Kapital durch lagernde Waren gebunden wird. Lagerbewegungen und Lagerkosten werden mit ver-schiedenen Kennziffern kontrolliert.

INFO ▷ **Umschlagshäufigkeit:** Im Großhandel wird eine Ware „umgeschlagen", d.h., ein be-stimmter Lagerbestand wird möglichst schnell verkauft.

Beispiel In der RAND OHG wurde in einem Jahr für 1 050 000,00 EUR Ware eingekauft (= Wareneinsatz), wobei alle eingekauften Waren auch verkauft wurden. Der durchschnittliche Lagerbestand betrug 37 500,00 EUR. Hieraus kann abgeleitet werden, dass in einem Jahr der Lagerbestand 28-mal umgeschlagen wurde, d. h., der durchschnittliche Lagerbestand von 37 500,00 EUR wurde 28-mal verkauft.

$$\text{Umschlagshäufigkeit (UH)} = \frac{1\,050\,00,00\ \text{EUR}}{37\,500,00\ \text{EUR}} = \underline{\underline{28}}$$

In einem vergleichbaren Unternehmen betrug der Wareneinsatz ebenfalls 1 050 000,00 EUR. Der durchschnittliche Lagerbestand betrug aber 62 500,00 EUR, er wurde nur 16,8-mal umgeschlagen.

$$\text{Umschlagshäufigkeit (UH)} = \frac{1\,050\,000,00\ \text{EUR}}{62\,500,00\ \text{EUR}} = \underline{\underline{16,8}}$$

Bei der RAND OHG waren im Durchschnitt nur 37 500,00 EUR Kapital gebunden, beim zweiten Unternehmen 62 500,00 EUR, obwohl beide wertmäßig gleich viel verkauft haben. Der RAND OHG standen also regelmäßig 25 000,00 EUR mehr zur Verfügung. Die Kennziffern „28" bzw. „16,8" geben also an, wie häufig ein durchschnittlicher Lagerbestand (DLB) umgeschlagen wurde.

Hieraus lässt sich folgende Formel ableiten:

$$\text{Umschlagshäufigkeit (Umsatz)} = \frac{\text{Wareneinsatz}}{\text{DLB zu Einstandspreisen}}$$

Der **Wareneinsatz** entspricht dem Umsatz zu Einstands-/Bezugspreisen. Da zum Jahresanfang und -ende bei fast allen Artikeln Lagerbestände vorhanden sind, müssen sie bei der Berechnung des Wareneinsatzes berücksichtigt werden. Der Wareneinsatz ergibt sich, wenn zu dem Jahresanfangsbestand die Jahreseinkaufssumme (= alle Zugänge) addiert und der Jahresendbestand abgezogen wird.

$$\text{Wareneinsatz} = \text{Anfangsbestand} + \text{Zugänge} - \text{Endbestand}$$

Die Umschlagshäufigkeit kann auch auf den **Absatz** einer Ware bezogen werden, d. h., die Umschlagshäufigkeit bezieht sich auf die verkauften und gelagerten Stückzahlen einer Ware. Dies bietet sich an, wenn die Ware zu unterschiedlichen Bezugspreisen beschafft wurde.

Beispiel In der RAND OHG wurden in einem Jahr 24 000 Paar Tennissocken verkauft. Im Durchschnitt waren 1 000 Paar Tennissocken auf Lager.

$$\text{UH} = \frac{24\,000\ \text{Stück}}{1\,000\ \text{Stück}} = \underline{\underline{24}} \quad \text{Die Umschlagshäufigkeit für Tennissocken beträgt somit 24.}$$

Hieraus ergibt sich folgende Formel:

$$\text{Umschlagshäufigkeit (Absatz)} = \frac{\text{Jahresabsatz (Stück)}}{\text{DLB (Stück)}}$$

▷ **Durchschnittliche Lagerdauer:** Wenn die Umschlagshäufigkeit einer Ware bekannt ist, so kann daraus ihre durchschnittliche Lagerdauer berechnet werden. Hieraus erkennt man den Zeitraum vom Eintreffen der Ware im Lager bis zum Verkauf an den Kunden, also wie lange die Ware durchschnittlich gelagert wurde.

Beispiel Tennissocken haben in der RAND OHG eine Umschlagshäufigkeit von 24. Das (kaufmännische) Jahr zählt 360 Tage, 360 : 24 = 15. Das bedeutet, dass der Artikel durchschnittlich 15 Tage auf Lager war.

Hieraus lässt sich folgende Formel ableiten:

$$\text{Durchschnittliche Lagerdauer} = \frac{360\ (\text{Tage})}{\text{Umschlagshäufigkeit}}$$

Lagerkennziffern als Mittel der Lagerüberwachung

◇ **Lagerbestandsdaten**

- ❑ Lagerbestandsdaten werden benötigt, um eine wirtschaftliche Lagerführung zu sichern.
- ❑ **Mindestbestand:** Reserve, um Verkaufsbereitschaft zu sichern.
- ❑ **Höchstbestand:** Technischer HB = absolute Obergrenze, Lager ist vollständig gefüllt. Wirtschaftlicher HB = Bestand, bis zu dem ein Artikel unter wirtschaftlichen Gesichtspunkten höchstens gelagert wird.
- ❑ **Meldebestand:** Bestand, bei dem Ware nachbestellt werden muss, um die Lieferzeit zu überbrücken. MB = (Tagesabsatz · Lieferzeit) + Mindestbestand
- ❑ **Durchschnittlicher Lagerbestand:**

$$-\ \text{DLB bei Jahresinventur}\ =\ \frac{\text{Jahresanfangsbestand} + \text{Jahresendbestand}}{2}$$

$$-\ \text{DLB bei Quartalsinventur}\ =\ \frac{\text{Jahresanfangsbestand} + 4\ \text{Quartalsendbestände}}{5}$$

$$-\ \text{DLB bei Monatsinventur}\ =\ \frac{\text{Jahresanfangsbestand} + 12\ \text{Monatsendbestände}}{13}$$

◇ **Lagerbewegungsdaten:** Im Lagerwesen werden folgende Kennziffern zur Kontrolle der Lagerbestände und der Kapitalbindung eingesetzt:

$$-\ \textbf{Umschlagshäufigkeit}\quad =\ \frac{\text{Wareneinsatz}}{\text{DLB zu Einstandspreisen}}\ \text{oder}\ \frac{\text{Jahresabsatz (Stück)}}{\text{DLB in Stück}}$$

$$-\ \textbf{Durchschnittliche Lagerdauer} = \frac{360\ (\text{Tage})}{\text{Umschlagshäufigkeit}}$$

1 *Erläutern Sie, welchen Zweck ein Mindestbestand (eiserne Reserve) in einem Großhandelsbetrieb hat!*

2 *Von einer Ware werden im Durchschnitt täglich 15 Stück verkauft. Die Lieferzeit beträgt 6 Verkaufstage, der Mindestbestand beträgt 85 Stück. Wie hoch ist der Meldebestand?*

3 *In einem Großhandelsbetrieb werden für einen Artikel folgende Inventurbestände ausgewiesen: Anfangbestand 1. Januar: 200, Endbestand = EB*

EB 31. Januar:	*185*	*EB 31. Mai:*	*290*	*EB 30. September:*	*265*
EB 28. Februar:	*270*	*EB 30. Juni:*	*315*	*EB 31. Oktober:*	*295*
EB 31. März:	*315*	*EB 31. Juli:*	*275*	*EB 30. November:*	*310*
EB 30. April:	*295*	*EB 31. August:*	*281*	*EB 31. Dezember:*	*240*

a) Berechnen Sie den durchschnittlichen Lagerbestand mit Anfangs- und Endbestand!

b) Berechnen Sie den durchschnittlichen Lagerbestand mit den Quartals- und Monatsendbeständen!

c) Weshalb ergeben sich Unterschiede für den durchschnittlichen Lagerbestand?

4 In einem Großhandelsunternehmen liegen folgende Angaben vor: Wareneinsatz: 600 000,00 EUR, durchschnittlicher (= Ø) Lagerbestand 50 000,00 EUR. Berechnen Sie die Umschlagshäufigkeit!

5 Die Umschlagshäufigkeit für Fernseher in einem Elektrogroßhandelsbetrieb beträgt 8. Der Jahresabsatz beträgt 320 Stück. Wie viel Geräte befanden sich im Durchschnitt auf Lager?

6 Von einem Artikel sind bekannt: Durchschnittlicher Lagerbestand 4 000,00 EUR, Umschlagshäufigkeit 20. Ermitteln Sie, wie hoch der Wareneinsatz war!

7 Ein Artikel hat eine Umschlagshäufigkeit von 6. Berechnen Sie die Ø Lagerdauer!

8 Das Warenbestandskonto eines Großhändlers weist folgende Werte aus: Anfangsbestand 200 000,00 EUR, Endbestand 280 000,00 EUR. Auf dem Wareneingangskonto wurden Einkäufe in Höhe von 1 280 000,00 EUR gebucht. Berechnen Sie

a) den Wareneinsatz,   c) die Umschlagshäufigkeit,

b) den durchschnittlichen Lagerbestand, d) die durchschnittliche Lagerdauer!

---

1 Ein Großhändler behauptet, er habe bei einer Warengruppe eine Verdoppelung seiner Umschlagshäufigkeit festgestellt. Ist das für ihn eine gute oder schlechte Feststellung? Begründen Sie Ihre Antwort!

2 Werner Schmick betreibt einen Textilgroßhandel. Er berechnet die Umschlagshäufigkeit für Sakkos. Wenn er die Warenmenge zugrunde legt, erhält er als Ergebnis die Zahl „15", bezieht er seine Berechnungen auf den Warenwert, so errechnet er die Kennziffer „13". Wie kommt es zu diesem Unterschied?

3 Das Warenbestandskonto der Grevenbrock OHG weist folgende Werte aus: Anfangsbestand 180 000,00 EUR, Endbestand 210 000,00 EUR. Die Wareneinkäufe betragen 920 000,00 EUR. Berechnen Sie

a) den Wareneinsatz,   c) die Umschlagshäufigkeit,

b) den durchschnittlichen Lagerbestand, d) die durchschnittliche Lagerdauer!

4 Ein Großhandelsunternehmen berücksichtigt für eine Abrechnungsperiode 120 Tage. In dieser Zeit wurden 3 600 Stück eines Artikels verkauft. Der Meldebestand betrug 650 Stück, der durchschnittliche Lagerbestand 600 Stück, die Beschaffungszeit für diesen Artikel betrug 15 Arbeitstage. Ermitteln Sie den Mindestbestand!

5 Welche Aussagen sind für den „Höchstbestand" richtig?

a) Der Höchstbestand gewährleistet, dass die Verkaufsbereitschaft auch bei erhöhtem Tagesabsatz erhalten bleibt.

b) Der Höchstbetrag ermöglicht die Ausnutzung eines größtmöglichen Preisvorteils bei der Beschaffung.

c) Der Höchstbestand wird festgelegt, damit die vorhandene Lagerkapazität günstig ausgenutzt und die Kapitalbindung wirtschaftlich ist.

d) Der Höchstbestand stellt sicher, dass die Lieferbereitschaft in der Beschaffungszeit erhalten bleibt.

6 Der Ø Tagesabsatz eines Artikels beträgt 60 Stück. Die Beschaffungszeit beträgt 14 Tage.

a) Bei welchem Lagerbestand muss die RAND OHG bestellen, damit sie bis zum Eintreffen der Ware lieferfähig ist, wenn kein Mindestbestand berücksichtigt wird?

b) Nach der Bestellung erfährt die RAND OHG, dass sich die Lieferung um acht Tage verzögert. Die RAND OHG hat am Tage der Bestellung noch einen Bestand von 360 Stück. Wie viele Tage wird sie nicht verkaufsbereit sein?

c) Wie viel Stück muss der Meldebestand betragen, wenn künftig die Lieferzeit immer 22 Tage beträgt?

7 *Artikel aus der Tageszeitung „Rheinische Post" vom Dienstag, den 25. Mai ..:*

Düsseldorf Aus bisher ungeklärten Gründen ist am vergangenen Montag das Lager der Großhandlung für Randsortimente, RAND OHG, in Düsseldorf fast vollständig abgebrannt. Wie die Geschäftsleitung mitteilte, war bei fast allen Artikeln ein hoher Lagerbestand vorhanden. Somit rechnet man mit einem Warenverlust von über 40 000,00 EUR und einem Sachschaden von 75 000,00 EUR am Gebäude. Die Geschäftsleitung ist bestrebt, das Lager schnellstmöglich wieder aufzubauen. Ein entsprechendes Ausweichlager soll umgehend gemietet werden. Die RAND OHG war zum Glück ausreichend versichert.

Beantworten Sie nachfolgende Fragen!

a) Begründen Sie, warum die RAND OHG so schnell wie möglich ein Ausweichlager anmieten will!

b) Die Gründe für den Brand stehen noch nicht fest. Erklären Sie,
  1. welche Maßnahmen im Allgemeinen bei einem Lager zu beachten sind, damit die Sicherheit des Lagers gewährleistet ist,
  2. drei weitere Lagergrundsätze, die bei einer Lagerhaltung zu beachten sind!

c) Die Geschäftsleitung beabsichtigt, ein Ausweichlager zu mieten. Beschreiben Sie neben den dafür anfallenden Mietkosten noch drei weitere Kostenarten, die der Lagerhaltung allgemein zuzuordnen sind!

d) Langfristig überlegt die Geschäftsleitung, ob ein Neubau oder das Mieten von Lagerräumen sinnvoll ist. Beschreiben Sie jeweils zwei Vorteile der Entscheidungsmöglichkeiten!

e) Bei einem Ausweichlager steht die Geschäftsleitung vor dem Problem, wie viele von den einzelnen Artikeln gelagert werden sollen. Nennen Sie vier Merkmale, die die Lagermenge beeinflussen!

f) Der Geschäftsführer Werner Koch hat aus dem abgebrannten Lager eine Artikeldatei gerettet:

RAND OHG

Artikelkarte		Lager							

Artikelnummer				Artikelbezeichnung				Meldebestand	Höchstbestand
1	4	0	0	Kugelschreiber „Favorit"				250	4 000

Datum	Beleg-Nr.	Vorgang	Artikelbewegung		Lagerbestand		Bedarf gemeldet	
			Zugang	Abgang	aktueller Ist-Bestand	davon reserviert	Menge	Datum
..-12-31	Inventurliste	Bestand laut Inventur			2 690			

Erklären Sie die Bedeutung der in dieser Artikeldatei aufgeführten Bestände!

g) Bei der Durchsicht der Lagerdatei stellt Herr Koch fest, dass dieser Artikel einen Anfangsbestand von 1 200 Stück hatte. Die einzelnen Artikelbestände betrugen: Januar 1 480, Februar 2 800, März 3 400, April 920, Mai 1 440, Juni 4 000, Juli 3 200, August 2 700, September 1 100, Oktober 1 360, November 760, Dezember 1 835.

  1. Ermitteln Sie den durchschnittlichen Lagerbestand, die Umschlagshäufigkeit, wenn der Jahresabsatz des Artikels bei 30 225 Stück lag, und die durchschnittliche Lagerdauer!

  2. Herr Koch stellt bei einem Betriebsvergleich fest, dass die Umschlagshäufigkeit bei einem Konkurrenzunternehmen bei 25 liegt. Unterbreiten Sie Herrn Koch drei Vorschläge, die Umschlagshäufigkeit der RAND OHG zu erhöhen!

8 Der Auszubildende Werner Krull verkauft am 10. Januar .. an die Arbeitskollegin Eva Rost eine gebrauchte Hifi-Anlage für 450,00 EUR. Eva Rost zahlt bei der Übergabe der Hifi-Anlage den Geldbetrag bar. Erstellen Sie die entsprechende Quittung (weitere Daten nach eigener Wahl)!

9 ☞ Besorgen Sie sich einen Postbank Minuten-Service-Vordruck und füllen Sie diesen nach folgenden Angaben aus: Egon Walter, Marienplatz 116, 02826 Görlitz, will seiner Tochter Susanne, die in Berlin studiert, 1 400,00 EUR als Studienunterstützung zukommen lassen. Susanne Walter wohnt im Studentenwohnheim „Haberland", Berliner Allee 56 a, 13088 Berlin.

10 [PC] Erstellen Sie am PC für die RAND OHG einen Quittungsvordruck!

11 Erläutern Sie Geld und Geldersatzmittel!

4.1.2 Halbbare Zahlung mit Zahlschein und Postnachnahme

Der 18-jährige Werner Krull, Auszubildender der RAND OHG, erhält von einem Versandhaus einen bestellten CD-Player zugesandt. Da er erst seit einer Woche als Auszubildender bei der RAND OHG arbeitet, hat er noch kein eigenes Konto. Auf der Rechnung des Versandhauses ist vermerkt, dass der ausstehende Rechnungsbetrag auf eines der angegebenen Bankkonten des Versandhauses gezahlt werden soll.

Arbeitsauftrag
❏ Überprüfen Sie, welche Möglichkeiten Werner Krull hat, dem Versandhaus den ausstehenden Rechnungsbetrag zukommen zu lassen!
❏ Nennen Sie die Träger des Zahlungsverkehrs und erläutern Sie die Eröffnung eines Kontos bei einem Geldinstitut!

● Träger des Zahlungsverkehrs

Bei der halbbaren Zahlung ist es notwendig, dass entweder der Schuldner oder der Gläubiger ein Girokonto bei einem **Kreditinstitut** besitzt. Diese **Geldinstitute** sind die **Träger des Zahlungsverkehrs.** Die Deutsche Postbank AG wickelt den Zahlungsverkehr der Postbank Niederlassungen ab. Sie unterhält in der Bundesrepublik in 10 Städten Postbank-Niederlassungen.

Bei den Kreditinstituten unterscheidet man privatwirt-, gemeinwirt- und genossenschaftliche Kreditinstitute. Bei privatwirtschaftlichen Kreditinstituten ist Gewinnerzielung das vorrangige Wirtschaftsziel. Bei gemeinwirt- und genossenschaftlichen Kreditinstituten steht die Erfüllung bestimmter Aufgaben im Vordergrund.

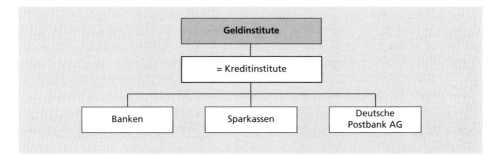

127

In der Bundesrepublik Deutschland haben sich die Geldinstitute zu fünf **Gironetzen** zusammengeschlossen:

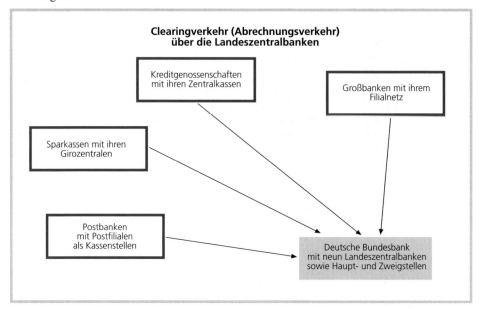

Für den Teilnehmer am Zahlungsverkehr ist es gleichgültig, bei welchen Geldinstituten Schuldner und Gläubiger ihre Konten unterhalten. Zur internen Verrechnung untereinander unterhalten die Geldinstitute Konten bei den Landeszentralbanken **(Clearing- oder Abrechnungsverkehr)**. Die Abwicklung dieser internen Verrechnung erfolgt durch **Datenfernübertragung** bargeldlos.

Beispiel Die Überweisungen der Stadtsparkasse Düsseldorf an die Deutsche Bank Düsseldorf betragen am 16. Februar 2 000 000,00 EUR und umgekehrt 2 300 000,00 EUR. Im Wege der Umbuchung werden tatsächlich nur 300 000,00 EUR an die Deutsche Bank im Wege des Clearing-Verfahrens überwiesen.

● *Die Eröffnung eines Kontos bei einem Kreditinstitut*
  oder einer Postbank Niederlassung

Zur Eröffnung von Girokonten sind bei den Geldinstituten **Antragsvordrucke** erhältlich. Neben natürlichen Personen können auch juristische Personen Konten bei einem Geldinstitut eröffnen. Für die Kontoeröffnung muss ein Antragsteller das 18. Lebensjahr vollendet haben und geschäftsfähig (vgl. S. 43) sein. Der Kontoinhaber wird über Zahlungsvorgänge und den Kontostand durch einen **Kontoauszug** unterrichtet, den der Kontoinhaber bei einem Kreditinstitut mit der Kundenkarte maschinell erstellen oder sich zuschicken lassen kann. Die Postbank sendet dem Kontoinhaber den Kontoauszug zu.

Auf dem Kontoauszug werden alle Zahlungseingänge (Zahlungen gehen zugunsten des Kontoinhabers ein = +) auf der Habenseite eingetragen, alle Zahlungsausgänge (Zahlungsaufträge werden zu Lasten des Kontos ausgeführt = –) auf der Sollseite. Zudem sind der alte und der neue **Kontostand** und der Tag des **Auszugsdatums** vermerkt. Wenn ein Konto ein Guthaben aufweist, liegt ein **Habensaldo** (H) vor. Ist das Konto überzogen, liegt ein **Sollsaldo** (S) vor.

Beispiel Das Konto der RAND OHG weist am 28. Dezember einen Habensaldo von 90 401,28 EUR aus. Der letzte Kontoauszug vom 21. Dezember wies einen Habensaldo von 67 903,76 EUR aus.

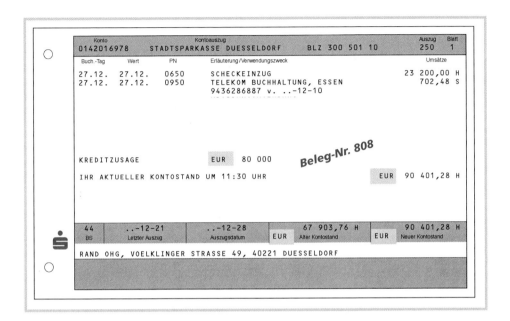

In der Regel darf ein Kontoinhaber sein Konto bis zu einem bestimmten Betrag überziehen (= **Dispositionskredit** bei privaten Kunden, **Kontokorrentkredit** bei gewerblichen Kunden), wobei die Höhe des Überziehungskredites mit dem Kreditinstitut vereinbart werden muss. Eine Überziehung des Postbank Girokontos ist nur in begrenztem Umfang kurzfristig möglich (zzt. um durchschnittlich drei Monatsgehälter, höchstens aber bis 5 000,00 EUR.

● **Zahlschein**

Hat der Gläubiger ein Konto bei einem Kreditinstitut, kann der Schuldner mit einem Zahlschein zahlen. Der Schuldner zahlt das Geld bar bei einem Kreditinstitut ein. Zusätzlich entrichtet er ein Entgelt. Dem Gläubiger wird der entsprechende Betrag auf seinem Girokonto gutgeschrieben. Mit Zahlscheinen können Beträge in beliebiger Höhe übertragen werden, wobei die Kosten der Zahlung vom Schuldner zu tragen sind.

Häufig werden dem Schuldner vom Gläubiger vorgedruckte Zahlscheine zugesandt, auf denen bereits Name, Kontonummer, Bankleitzahl, Geldinstitut des Gläubigers und Überweisungsbetrag eingetragen wurden.

Der Zahlschein besteht aus zwei **Bestandteilen:**

1. **Gutschrift (Zahlschein)** = Beleg des Geldinstitutes (Original)

2. **Zahlschein – Quittung** = Beleg für Einzahler (Kopie)

Bareinzahlung   *// Postbank*

Annahmevermerk

Begünstigter: Name, Vorname/Firma (max. 27 Stellen)

HiFi-Versand 2000 GmbH

Konto-Nr. des Begünstigten   Bankleitzahl

611 32-302   **440 100 46**

Kreditinstitut des Begünstigten

Postbank Dortmund

EUR   **350,00**   Betrag: Euro, Cent

Kunden-Referenznummer - Verwendungszweck, ggf. Name und Anschrift des Überweisenden - (nur für Begünstigten)

Rechnung Nr. 4765/97 vom 17. April ..

noch Verwendungszweck (insgesamt max. 2 Zeilen à 27 Stellen)

Einzahler: Name, Vorname/Firma, Ort (max. 27 Stellen, keine Straßen- oder Postfachangaben)

Werner Krull

68

Bankleitzahl

440 100 46

für Empfänger

Bitte dieses Feld nicht beschriften und nicht bestempeln

● *Postnachnahme*

Der **Zahlschein kann auch in Verbindung mit einer Nachnahme verwendet werden.** Der Inhaber eines Postbankkontos kann Briefe, Postkarten, Pakete oder Postgut als Nachnahmesendung verschicken. Der Empfänger erhält die Nachnahmesendung nur gegen Barzahlung. Somit kann der Absender sicher sein, dass er den ausstehenden Rechnungsbetrag auch tatsächlich erhält. Mit dem Zahlschein wird der nachgenommene Betrag (= der im Zahlschein ausgewiesene Betrag) dem Postbankkonto des Absenders gutgeschrieben. **Postnachnahmen werden bei Briefen und Postkarten bis 1 600,00 EUR und bei Paketen und Postgütern bis 3 500,00 EUR ausgeführt.** Jede Nachnahmesen

dung muss den Vermerk „Nachnahme = Remboursement", das Nachnahmezeichen und den Nachnahmebetrag tragen.

Beispiel Die Spila GmbH versendet ein Nachnahmepaket im Wert von 222,63 EUR an die RAND OHG. Die Spila GmbH hat bei der Sparkasse Oldenburg ein Konto, Konto-Nr. 281 009 272, Bankleitzahl 280 501 00.

Berechnung des Nachnahmebetrages:
222,63 EUR Warenwert

   7,00 EUR Beförderungsentgelt für   ⎫   Diese Postentgelte sind vom Absender
            Standardpaket (4 kg)   ⎬   bei der Einlieferung des Paketes
   4,00 EUR Nachnahmeentgelt   ⎭   bei der Postvertriebsstelle zu zahlen.

233,63 EUR **Betrag im Zahlschein der Nachnahme**   Dieser Betrag wird dem Inhaber des
                                             Bankkontos (Spila GmbH) auf ihrem
                                             Bankkonto gutgeschrieben.

   2,00 EUR Zahlscheinentgelt (abhängig vom Nachnahmebetrag, Deutsche Post AG behält
            2,00 EUR ein)

235,63 EUR **Nachnahmebetrag, der vom Empfänger eingezogen wird.**

POSTPAKET (Deutschland)

DHL EXPRESS

Absender

Spila GmbH

Neuer Weg 27

26135   Oldenburg

Postleitzahl   Ort

Service Schnell

EXPRESS - Service

☐ - vor 9:00 Uhr   ☐ - vor 10:00 Uhr   ☐ - vor 12:00 Uhr

☐ - Samstagszustellung   ☐ - Sonn/Feiertagszustellung

Service Inkasso

■ Nachnahme EUR. Betrag 235,63

Bank Sparkasse Oldenburg

Konto-Nr. 281009272

☐ Unfrei   BLZ 280 501 00

Service Sicher

☐ Eigenhändig   ☐ Rückschein

Service Sonstiges

☐ Sperrgut

Raum für Identcode- bzw. Expresslabel.
Bitte nicht beschriften!

(96)999999

Vorausverfügung

Empfänger

RAND OHG

Völklinger Straße 49

Straße und Hausnummer (Kein Postfach!)

40221   Düsseldorf

Postleitzahl   Ort   912-660-000 04/03

Inkasso-Beleg zur Geldübermittlung

Begünstigter: Name, Vorname/Firma (max. 27 Stellen)

Spila GmbH

Konto-Nr. des Begünstigten

0281009272

Bankleitzahl

280 501 00

Kreditinstitut des Begünstigten

Sparkasse Oldenburg

Betrag: Euro, Cent

E U R   233,63

Kunden-Referenznummer – Verwendungszweck, ggf. Name und Anschrift des Empfängers der Nachnahme-Sendung – (nur für Begünstigten)

Rechnungs-Nr. 316432 vom 17. Juni ..

noch Verwendungszweck (insgesamt max. 2 Zeilen à 27 Stellen)

▼ Bitte hier den Identcode (Barcode) Ihres Paketes aufbringen (Nicht bei Briefsendungen und Filiale)

5 1

Bitte dieses Feld nicht beschriften und nicht bestempeln

Nachnahme

Halbbare Zahlung mit Zahlschein und Postnachnahme

▷ Die **halbbare Zahlung ist dadurch gekennzeichnet,** dass entweder der Schuldner oder der Gläubiger ein Girokonto bei einem Kreditinstitut oder bei einer Postbank Niederlassung haben muss.

▷ Mit einem **Zahlschein** kann ein Schuldner, der über kein eigenes Konto verfügt, Geld bar sowohl bei der Postbank als auch bei einem Kreditinstitut einzahlen. Dem Gläubiger wird der Betrag auf seinem Konto gutgeschrieben.

▷ **Postnachnahmesendungen** werden dem Empfänger nur gegen sofortige Bezahlung des Nachnahmebetrages ausgehändigt. Dem Absender wird der nachgenommene Betrag auf seinem Postbankkonto gutgeschrieben.

131

1 Welche Informationen benötigen Kreditinstitute und die Postbank für die Eröffnung eines Girokontos?

2 Erläutern Sie, welche Daten die RAND OHG dem Kontoauszug auf S. 127 entnehmen kann!

3 Erklären Sie „Dispositions- und Kontokorrentkredit"!

4 ☞ Melanie Pilz, Steinstraße 6, 46395 Bocholt, hat Waren im Werte von 678,00 EUR bei der Oliver Klein Haushaltswaren KG auf Ziel gekauft. Sie möchte die fällige Rechnung über 678,00 EUR, Rechnungsnummer 26759/92 vom 14. November .., bezahlen. Zahlungsempfänger: Oliver Klein Haushaltswaren KG, Hurther Str. 16, 50969 Köln.

Die KG unterhält Konten bei folgenden Geldinstituten:
Postbank Niederlassung Köln, BLZ 370 100 50, Kontonr. 3240 66 - 506
Deutsche Bank AG, Köln, BLZ 370 700 60, Kontonr. 013 600 625

a) Besorgen Sie sich je einen Zahlschein bei der Postbank und einem Kreditinstitut und füllen Sie die Zahlscheine aus!

b) Erläutern Sie die verschiedenen Bestandteile des Zahlscheins!

5 ☞ Die RAND OHG sendet der Karlstadt AG Warenhaus eine Warensendung, Gewicht 10 kg, über 2 000,00 EUR per Postnachnahme als Paket zu. Besorgen Sie sich einen Nachnahmeversandschein und füllen Sie diesen für die RAND OHG aus!

4.1.3 Halbbare Zahlung mit Scheck

Der Auszubildende Werner Krull wird von Renate Rand beauftragt, Präsente für vier langjährige Mitarbeiter in einem Geschenkartikelgeschäft zu kaufen, die auf der bevorstehenden Weihnachtsfeier überreicht werden sollen. Werner kauft bei der Vieten & Söhne KG Geschenke im Werte von 1 600,00 EUR. Zur Bezahlung überreicht er dem Einzelhändler einen von Renate Rand ausgestellten Bankbarscheck. Der Einzelhändler lehnt die Annahme des Schecks ab.

Arbeitsauftrag

❑ Überlegen Sie, welche Gründe der Einzelhändler für diese Reaktion haben könnte!

❑ Erläutern Sie die verschiedenen Scheckarten!

Hat ein Schuldner ein Konto bei einem Kreditinstitut, dann kann er mit einem Barscheck bezahlen. **Der Scheck ist eine Anweisung an ein Geldinstitut, bei Vorlage einen bestimmten Geldbetrag zu Lasten des Scheckausstellers auszuzahlen.** Bei Ausstellung eines Schecks muss der Schuldner (= Aussteller) einen **Scheckvordruck** seines Geldinstitutes verwenden.

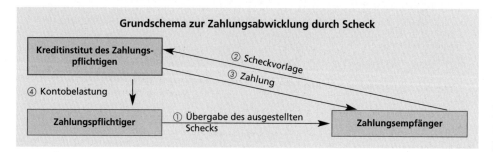

Wer mit einem Bankscheck bezahlen will, muss ein Girokonto bei einem Kreditinstitut unterhalten. Gegen die Ausstellung eines Schecks kann ein Kontoinhaber bei seinem Kreditinstitut selbst Geld abheben oder die Barauszahlung an eine andere Person veranlassen.

Da der Scheck kein gesetzliches Zahlungsmittel ist, kann der Gläubiger die Annahme des Schecks ablehnen und Bargeld verlangen. Zahlt ein Schuldner seine Verbindlichkeit mit einem Scheck, ist die Verbindlichkeit erst beglichen, wenn das bezogene Geldinstitut den Scheck einlöst.

▷ **Bestandteile des Schecks:** Nur wenn der Scheckvordruck vollständig und richtig ausgefüllt ist, wird er von Geldinstituten eingelöst.

Ein **Scheck ist nur gültig,** wenn er gemäß Scheckgesetz (SchG) **sechs gesetzliche Bestandteile** aufweist (Art. 1 SchG):

①	Name des Geldinstitutes, das zahlen soll (= Bezogener)
②	Zahlungsort (= Geschäftssitz des Geldinstitutes)
③	Scheckklausel (Bezeichnung Scheck im Text der Urkunde)
④	Unbedingte Anweisung, eine bestimmte Geldsumme zu zahlen (Betrag in Buchstaben)
⑤	Ort und Tag der Ausstellung
⑥	Unterschrift des Ausstellers (= Kontoinhaber)

Fehlt einer dieser Bestandteile, ist der Scheck ungültig. Die Bestandteile ① bis ④ sind bereits auf dem Scheck vorgedruckt, während die Bestandteile ⑤ und ⑥ vom Aussteller einzutragen sind. Stimmen im Scheck der in Buchstaben und der in Ziffern angegebene Betrag nicht überein, dann gilt der in Buchstaben geschriebene Betrag, da er gesetzlicher Bestandteil ist.

Beispiel Die RAND OHG hat von einem Kunden einen Scheck über 12 000,00 EUR erhalten. Auf dem Scheckvordruck sind die Angaben Ausstellungsort, -datum, Betrag in Buchstaben nicht ausgefüllt worden. Die bezogene Bank lehnt die Einlösung des Schecks ab.

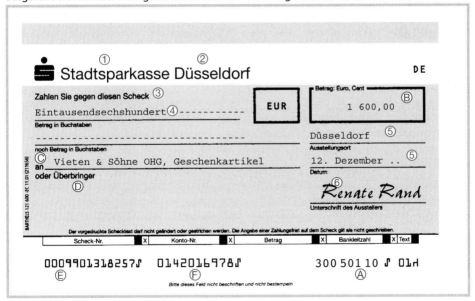

133

Neben den vorgeschriebenen gesetzlichen Bestandteilen gibt es **kaufmännische Bestandteile** eines Schecks, die die technische Abwicklung des Scheckverkehrs erleichtern:

Kaufmännische Bestandteile	Bedeutung
Ⓐ Bankleitzahl (= Nummer des Geldinstituts)	Sie sind in Zahlen verschlüsselte Anschriften der Banken (ähnlich den Postleitzahlen).
Ⓑ Betrag in Ziffern (= Zahlen)	Er ermöglicht den Kreditinstituten eine schnellere Bearbeitung der Schecks.
Ⓒ Name des Zahlungsempfängers	Es kann der Aussteller oder eine dritte Person namentlich angegeben werden.
Ⓓ Überbringerklausel	Durch diese kann ein Scheck formlos weitergegeben werden.
Ⓔ Schecknummer	Sie ermöglicht die Identifizierung eines Schecks, z.B. bei Widerruf.
Ⓕ Kontonummer des Ausstellers	Sie soll dem Geldinstitut helfen, schnell und einfach die Ordnungsmäßigkeit des Schecks zu überprüfen.

Ein Scheck darf nur ausgestellt werden, wenn der Kontoinhaber auf seinem Konto über ein Guthaben in Höhe des Scheckbetrages oder einen entsprechenden Dispositionskredit verfügen kann.

▷ **Scheckarten:** Schecks können anhand der folgenden Kriterien unterschieden werden:

❑ **Unterscheidung nach dem Scheckbezogenen**

  – Scheck der Kreditinstitute

  – Scheck der Postbank

❑ **Unterscheidung nach der Weitergabe**

  – **Inhaberscheck:** Die meisten von den Geldinstituten ausgegebenen Scheckvordrucke tragen den Zusatz „oder Überbringer", d.h., das **Geldinstitut zahlt an den Inhaber, also jede Person,** die den Scheck vorlegt. Die Streichung dieses Zusatzes ist ohne Bedeutung. Die Geldinstitute lösen den Scheck auch dann ein, wenn die Klausel gestrichen ist.

  – **Namensscheck (= Orderscheck; Orderpapier):** Es handelt sich um einen **Scheck ohne Überbringerklausel,** d.h., der Scheck enthält den Namen des Scheckempfängers und wird nur an diesen ausgezahlt. Er wird nur in besonderen Fällen (z.B. bei besonders hohen Beträgen) verwendet.

  Beispiel Die RAND OHG erhält von ihrer Feuerversicherung nach einem Brand in einem Lagerraum einen Namensscheck über 50 000,00 EUR per Brief zugesandt. Auch wenn dieser Scheck auf dem Postweg verloren geht, besteht kein Risiko für den Aussteller, da der Scheck nur dem im Scheck genannten Empfänger ausgezahlt wird.

- **Barscheck:** Der Scheckbetrag wird dem Überbringer bar an einem Schalter des bezogenen Geldinstituts ausgezahlt. Legt der Überbringer den Barscheck einem anderen Geldinstitut vor (z. B. seiner eigenen Bank), dann wird der Barscheck nicht bar ausgezahlt, sondern dem Konto des Überbringers gutgeschrieben.

- **Verrechnungsscheck** (er zählt zur bargeldlosen Zahlung, vgl. S. 137 ff.): Enthält ein Scheck den Vermerk „Nur zur Verrechnung", wird der **Scheckbetrag dem Konto des Überbringers gutgeschrieben,** d. h., **er wird nicht bar an den Überbringer ausgezahlt.**

▷ **Verwendungsmöglichkeiten und Einlösefristen des Schecks:** Der Inhaber eines Barschecks hat **verschiedene Möglichkeiten zur Scheckverwendung:**

❏ Vorlage beim bezogenen Geldinstitut zur **Barauszahlung**

❏ Einreichung beim eigenen Geldinstitut zur **Gutschrift auf dem eigenen Konto**

❏ **Weitergabe an einen Gläubiger** zum Ausgleich einer Verbindlichkeit (Bei Inhaberschecks genügt die formlose Übergabe. Bei höheren Scheckbeträgen verlangen die Geldinstitute aus Sicherheitsgründen die Unterschrift des Scheckeinreichers auf der Rückseite des Schecks.). Der Weitergebende haftet dem Scheckempfänger für die Einlösung des Schecks.

Ein Scheck ist bei Sicht zahlbar, d. h. bei Vorlage durch den Scheckinhaber. Dieses gilt auch für Schecks, bei denen als Ausstellungsdatum ein zukünftiges Datum eingetragen wurde (= vordatierter Scheck).

Ein Scheck muss innerhalb einer bestimmten Frist bei einem Geldinstitut vorgelegt werden. Die **Vorlegefrist** beträgt für

❏ **im Inland** (innerhalb der Bundesrepublik) ausgestellte Schecks **8 Tage,**

❏ **im europäischen Ausland** ausgestellte Schecks **20 Tage,**

❏ **im außereuropäischen Ausland** ausgestellte Schecks **70 Tage.**

Wird ein Scheck erst nach Ablauf dieser Frist vorgelegt, kann das bezogene Geldinstitut den Scheck einlösen. Eine Verpflichtung zur Einlösung besteht jedoch nicht mehr.

▷ **Nichteinlösung von Schecks und Scheckverlust:** Wird ein rechtzeitig vorgelegter Scheck vom bezogenen Geldinstitut nicht eingelöst (z. B. das Konto weist keine ausreichende Deckung auf), muss sich der Scheckinhaber **die Nichteinlösung auf dem Scheck vermerken lassen.**

Der Scheckinhaber kann dann vom Scheckaussteller den Ersatz der entstandenen Kosten (Zinsen und Provision) und weiterhin die Zahlung der Schecksumme verlangen **(Scheckregress, -rückgriff).** Verweigert der Scheckaussteller die Zahlung, kann er vom Scheckinhaber verklagt werden **(Scheckklage).**

Verliert ein Scheckinhaber einen ausgestellten Scheck, sollte er **sofort das bezogene Geldinstitut benachrichtigen und den Scheck sperren lassen,** da ein unehrlicher Finder z. B. einen Barscheck beim bezogenen Geldinstitut einlösen kann. Scheckvordrucke sind immer **sorgfältig aufzubewahren,** damit ein Missbrauch verhindert wird.

Halbbare Zahlung mit Scheck

◊ Mit einem Scheck weist ein Kontoinhaber sein Geldinstitut an, bei Vorlage des Schecks aus seinem Guthaben den Scheckbetrag zu zahlen.

◊ **Schecks** zählen zur halbbaren Zahlung. Sie haben **folgende**

Bestandteile

gesetzliche (= vorgeschriebene)	kaufmännische (= freiwillige)

gesetzliche (= vorgeschriebene)
- ❏ Name des Geldinstitutes
- ❏ Zahlungsort
- ❏ Scheckklausel
- ❏ Unbedingte Anweisung, einen bestimmten Betrag (in Buch-staben) zu zahlen
- ❏ Ort und Tag der Ausstellung
- ❏ Unterschrift des Ausstellers

kaufmännische (= freiwillige)
- ❏ Bankleitzahl
- ❏ Betrag in Ziffern
- ❏ Name des Zahlungsempfängers
- ❏ Überbringerklausel
- ❏ Schecknummer
- ❏ Kontonummer des Ausstellers
- ❏ Verwendungszweck

◊ **Inhaberschecks** kann jeder beim bezogenen Geldinstitut einlösen, **Namensschecks** können in der Regel nur vom Scheckempfänger eingelöst werden.

◊ **Barschecks** werden bar ausgezahlt, **Verrechnungsschecks** dem Konto des Überbringers gutgeschrieben.

◊ Die **Vorlegefristen** betragen für Schecks
- ❏ im Inland   8 Tage
- ❏ in Europa   20 Tage
- ❏ außerhalb von Europa 70 Tage

◊ Der **Verlust eines Schecks** muss dem Geldinstitut **sofort mitgeteilt werden,** damit der **Scheck gesperrt werden kann.**

1 *Nennen Sie die gesetzlichen und kaufmännischen Bestandteile eines Schecks!*

2 *Beschreiben Sie, wodurch sich*
a) Inhaber- und Namensscheck
b) Bar- und Verrechnungsscheck
unterscheiden!

3 *Erläutern Sie, wie man einen Barscheck verwenden kann!*

4 *Ein Kunde will bei der Oliver Rand GmbH verschiedene Waren mit einem Barscheck über 788,00 EUR bezahlen. Geben Sie an, worauf Oliver Rand bei der Entgegennahme des Barschecks achten muss!*

5 *Die RAND OHG erhält am 5. März .. einen in Basel (Schweiz) ausgestellten Barscheck, Ausstellungsdatum 10. März ..*
a) Wann kann die RAND OHG den Scheck frühestens zur Barauszahlung bei der bezo-genen Bank vorlegen?
b) Wann sollte die RAND OHG den Scheck spätestens bei der Bank vorgelegt haben?

6 *Der Auszubildende Werner Krull hat bei einem Einkaufsbummel fünf Barschecks verlo-ren. Beschreiben Sie, wie sich Werner verhalten sollte!*

4.1.4 Bargeldlose Zahlung

Bei der Durchsicht eines Kontoauszuges der RAND OHG fällt Werner Krull eine Abbuchung der Telekom in Höhe von 8 450,00 EUR auf. Beim Vergleich mit der Telefonrechnung stellt er fest, dass der Rechnungsbetrag über 845,00 EUR lautet. Sofort geht er zu Herrn Lunau und teilt diesem seine Entdeckung mit. „Das ist überhaupt kein Problem, wir werden gegen diese Kontobelastung sofort Widerspruch einlegen", meint Herr Lunau. „Wo Sie gerade da sind, Sie können die Lohn- und Gehaltsliste für unsere acht Mitarbeiter mitnehmen und die Überweisungen fertig machen. Zudem müssen noch 25 Überweisungen an Lieferer getätigt werden." Ich kann doch nicht auch noch 33 Überweisungen ausfüllen, denkt Werner. Als er dieses Sonja Koch mitteilt, tröstet diese ihn mit dem Hinweis, er könne doch eine Sammelüberweisung benutzen.

Arbeitsauftrag   Erstellen Sie eine Übersicht der Möglichkeiten bargeldloser Zahlung!

Der bargeldlose Zahlungsverkehr setzt voraus, dass **Schuldner und Gläubiger über ein Konto bei einem Geldinstitut verfügen.** Der Schuldner kann von seinem Konto einen Betrag abbuchen lassen, der dann dem Gläubiger auf seinem Konto gutgeschrieben wird. Für bargeldlose Zahlungen werden verwendet:
❑ Überweisung
❑ Verrechnungsscheck

● Bank-, Sparkassen und Postüberweisung

Mit einer Überweisung **kann ein Schuldner von seinem Konto einen Geldbetrag auf ein anderes Konto bei jedem Geldinstitut überweisen lassen.** Der Auftrag wird dem Geldinstitut (Bank, Sparkasse, Postbank) durch das Ausfüllen und die Abgabe eines Überweisungsvordrucks erteilt. Dieses ist ein **zweiteiliger Vordrucksatz,** den jeder Kontoinhaber von seinem Geldinstitut erhält. Der Vordruck wird im **Durchschreibeverfahren** ausgefüllt.

Ein Schuldner kann eine Überweisung auch mit dem kombinierten Formblatt **„Zahlschein/ Überweisung"** (vgl. S. 129 f.) tätigen. Diese Vordrucke werden oft zusammen mit Rechnungen versandt, wobei bereits alle Angaben des Gläubigers (Name, Kontonummer, bezogene Bank, Bankleitzahl, Überweisungsbetrag, Verwendungszweck) aufgedruckt sein können. Für den Schuldner ergibt sich dadurch eine **Arbeitserleichterung.**

Durch den **elektronischen Datenaustausch (EDI)** zwischen Kunden, Lieferanten, Banken usw. kann der Zahlungsverkehr vollautomatisch zwischen den Beteiligten über Onlinenetze abgewickelt werden (vgl. S. 56).

● *Verrechnungsscheck*

Verrechnungsschecks tragen den **Vermerk „Nur zur Verrechnung".** Dieser Vermerk kann nachträglich auf einem Barscheck angebracht werden oder er ist von vornherein aufgedruckt. Bei Zahlung mit einem Verrechnungsscheck weist ein Kontoinhaber sein Geldinstitut an, die auf dem Scheck angegebene Summe **nur dem Konto des Scheckempfängers gutzuschreiben**, während das Konto des Scheckausstellers entsprechend belastet wird. Der Verrechnungs-scheck wird nicht an den Empfänger bar ausgezahlt, erst nach Gutschrift auf dem Konto kann der Scheckbetrag vom Kontoinhaber abgehoben werden. Verrechnungsschecks sind deshalb sicherer als Barschecks. So kann ein Dieb zwar einen gestohlenen Verrechnungsscheck seinem Konto gutschreiben lassen. Hierzu muss er aber seinen Namen angeben, wodurch es leicht nachvollziehbar wird, wer den Scheck eingelöst hat. Ein bereits geschriebener oder aufge-druckter Verrechnungsvermerk kann nicht mehr gestrichen werden, ein Verrechnungsscheck kann also nicht mehr in einen Barscheck umgewandelt werden.

● *Zahlungsvereinfachungen*

Im Rahmen der bargeldlosen Zahlung können einige Zahlungsvereinfachungen, die dem Schuldner Arbeitserleichterungen bringen oder die den Überweisungsvorgang beschleunigen, genutzt werden.

▷ **Dauerauftrag:** Mit einem Dauerauftrag beauftragt ein Kontoinhaber sein Kreditinstitut, **regelmäßig zu einem bestimmten Zeitpunkt einen gleich bleibenden Betrag zu Lasten seines Kontos auf das Konto des Gläubigers zu überweisen.**

Beispiele   Miete, Versicherungsbeiträge, Tilgungsraten bei Darlehen, Ratenzahlungen

Nach der Auftragserteilung durch den Kontoinhaber stellt das Geldinstitut regelmäßig die Buchungsbelege aus. Ein Dauerauftrag behält seine Gültigkeit bis zum schriftlichen Widerruf durch den Kontoinhaber.

▷ **Lastschriftverfahren: Bei regelmäßig wiederkehrenden Zahlungen in gleicher oder unterschiedlicher Höhe** kann ein Kontoinhaber den Gläubiger ermächtigen, bis auf Widerruf **zu unterschiedlichen Terminen Beträge von seinem Konto abbuchen zu lassen.**
Beispiele Telefon-, Strom-, Wasserrechnung, Grundsteuer

Dazu kann der Kontoinhaber dem Gläubiger eine **Einzugsermächtigung (= Einzugsermächtigungsverfahren)** oder seinem Geldinstitut einen **Abbuchungsauftrag (= Abbuchungsverfahren)** erteilen.

❑ **Einzugsermächtigung (= Einzugsermächtigungsverfahren):** Bei diesem Verfahren **ermächtigt der Kontoinhaber den Gläubiger, seine Forderung vom Konto des Kontoinhabers einzuziehen.** Sollte der Gläubiger das Konto des Kontoinhabers ungerechtfertigt belasten, dann kann der Kontoinhaber der Kontobelastung innerhalb von sechs Wochen widersprechen. Der belastete Betrag wird dann wieder gutgeschrieben.
Beispiel Die RAND OHG hat der Stadt Düsseldorf eine Einzugsermächtigung für die Grundsteuerabgaben erteilt. Aufgrund eines Fehlers in der Rechnungsabteilung der Stadt Düsseldorf wird das Konto der RAND OHG statt mit 245,16 EUR mit 2 451,60 EUR belastet. Die RAND OHG kann bei ihrem Geldinstitut der Lastschrift widersprechen, der Betrag wird ihrem Konto wieder gutgeschrieben.

❑ **Abbuchungsauftrag (= Abbuchungsverfahren, Einziehungsauftrag):** Bei diesem Verfahren **beauftragt der Kontoinhaber sein Geldinstitut, Lastschriften eines bestimmten Gläubigers** (z.B. Rechnungen von Lieferern) **ohne vorherige Rückfrage abzubuchen.** Der Abbuchungsauftrag gilt, bis er widerrufen wird. Der Schuldner kann einer Belastung nicht widersprechen.
Beispiel Die RAND OHG beliefert die Tempelmann GmbH & Co. KG regelmäßig mit Spielwaren. Da die Tempelmann GmbH & Co. KG mehrmals unregelmäßig gezahlt hat, vereinbart die RAND OHG mit diesem Kunden, dass im Abbuchungsverfahren offene Rechnungsbeträge eingezogen werden können. Da bei diesem Verfahren einer Belastung nicht widersprochen werden kann, hat die RAND OHG die Sicherheit, dass sie bei Deckung des Kontos ihr Geld bekommt. Die RAND OHG macht deshalb in der Kundendatei beim Kunden Tempelmann GmbH & Co. KG den Vermerk „Abbuchungsauftrag liegt vor".

▷ **Sammelüberweisung:** Führt ein Unternehmen **an einem Tag an verschiedene Gläubiger mehrere Überweisungen** aus, ist die Sammelüberweisung vorteilhaft. Die einzelnen Überweisungen (sie sind als Endlosformulare bei den Geldinstituten erhältlich) werden listenmäßig mit der Nummer des Überweisungsvordrucks und dem Betrag auf einem **Sammel-Überweisungsauftrag** (zwei Bestandteile: Original für Geldinstitut, Durchschrift für Auftraggeber = Schuldner) festgehalten. Nur dieser Auftrag wird vom Schuldner unterschrieben, somit hat er eine **Arbeitsersparnis.** Zudem werden Buchungsentgelte gespart. Mit einem einzigen ordnungsgemäß unterschriebenen Sammel-Überweisungsauftrag können beliebig viele Überweisungen zur Gebühr einer einzigen Überweisung durchgeführt werden (= **Kostenersparnis).**

▷ **Eilüberweisung: Ist eine Überweisung besonders dringlich,** so kann ein Schuldner sie als Eil- oder sogar Blitzüberweisung (Postbank „Eilauftrag") übermitteln lassen. Hierbei wird der Überweisungsvorgang sofort nach Auftragserteilung telefonisch oder per Telefax ausgeführt. Dafür erheben die Geldinstitute ein besonderes Entgelt.
Beispiel Ein Sachbearbeiter der RAND OHG hat vergessen, termingerecht die Zinsen für ein Darlehen an die Deutsche Bank zu überweisen. Um mögliche Verzugszinsen möglichst gering zu halten, wird eine Eilüberweisung bei der Stadtsparkasse Düsseldorf in Auftrag gegeben.

● **Belegloser Datenträgeraustausch**

Die Geldinstitute haben den **Elektronischen Zahlungsverkehr für Individualüberweisungen** (EZÜ) eingeführt, um den Zahlungsverkehr zu rationalisieren. Hierbei werden per Beleg erteilte Überweisungsaufträge beim beauftragten Geldinstitut oder beim Auftraggeber in Datensätze umgewandelt. Diese Daten werden auf elektronischen Datenträgern (z.B. Magnetbänder oder Disketten) erfasst und im Rahmen des **beleglosen Datenträgeraustauschs** zwischen den Geldinstituten weitergeleitet und verrechnet. An die Stelle des Beleges tritt somit ein Datensatz, der mithilfe **elektronischer Datenträger** oder der **Datenfernübertragung** (elektronische Leitungsverbundnetze) vom Auftraggeber über die Kreditinstitute und deren Clearingstellen bis zum Konto des Zahlungsempfängers bzw. des Zahlungspflichtigen weitergeleitet wird.

Beispiel Die RAND OHG gibt ihrer Bank statt 70 Überweisungen eine Diskette, auf der alle auszuführenden Überweisungen als Datensatz enthalten sind.

Durch den elektronischen Datenaustausch (EDI, vgl. S. 56, 138) von Computer zu Computer können Zahlungsbelege vollautomatisch zwischen dem Unternehmen und seiner Bank über Onlinenetze abgewickelt werden.

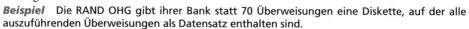

Bargeldlose Zahlung

◊ Voraussetzung für den bargeldlosen Zahlungsverkehr ist, dass **sowohl der Schuldner als auch der Gläubiger ein Konto haben.**

◊ Bei der Bank-, Sparkassen- und Postüberweisung findet eine **Umbuchung vom Konto des Schuldners auf das Konto des Gläubigers statt.**

◊ **Sonderformen der Überweisung** sind: Sammelüberweisung, Eilüberweisung, Dauerauftrag und Lastschriftverfahren.

◊ Der **Dauerauftrag** wird bei regelmäßig wiederkehrenden Zahlungen in gleicher Höhe genutzt.

◊ Das **Lastschriftverfahren** wird als
  ❑ **Einzugsermächtigung** (= Vollmacht des Kontoinhabers an den Gläubiger) oder
  ❑ **Abbuchungsauftrag** (= Auftrag vom Kontoinhaber an sein Geldinstitut, Geldbeträge abbuchen zu lassen) durchgeführt. Der Abbuchungsauftrag ermöglicht dem Gläubiger, ohne vorherige Rückfrage beim Schuldner offene Beträge einzuziehen bzw. abbuchen zu lassen.

◊ Mit der **Sammelüberweisung** kann ein Schuldner Überweisungen an verschiedene Gläubiger kostengünstig ausführen lassen.

◊ Bei besonders dringlichen Überweisungen werden **Eilüberweisungen** ausgeführt.

◊ Beim **beleglosen Zahlungsverkehr** (EDI, elektronischer Datenaustausch) werden unbare Zahlungen auf elektronischen Medien oder im Wege der Datenfernübertragung weitergeleitet (= **belegloser Datenträgeraustausch**).

1 *Beschreiben Sie die Unterschiede zwischen halbbarer und bargeldloser Zahlung!*

2 *In welchen Fällen würden Sie einen Dauerauftrag, eine Einzugsermächtigung oder einen Abbuchungsauftrag vornehmen? Geben Sie jeweils drei Beispiele an!*

3 Erläutern Sie, welche Vorteile der bargeldlose Zahlungsverkehr für den Schuldner und den Gläubiger hat!

4 Die RAND OHG muss täglich etwa 25 Überweisungen tätigen.

a) Geben Sie an, welche Sonderform der Überweisung die RAND OHG nutzen kann!

b) Erläutern Sie die wesentlichen Merkmale dieser Überweisung!

5 Die RAND OHG hat von der Wollmann OHG, Bachstraße 38, 75180 Pforzheim eine Sendung Textilien erhalten. Nach 10 Tagen soll der Rechnungsbetrag (Rechnungsnummer 529856/93 vom 16. November ..) über 22 800,00 EUR abzüglich 2 % Skonto bezahlt werden. Die RAND OHG hat ein Girokonto bei der Stadtsparkasse Düsseldorf, Bankleitzahl 300 501 10, Kontonummer 014 201 6978, und bei der Postbank Dortmund, der Lieferbetrieb bei der Bank für Gemeinwirtschaft Pforzheim, Bankleitzahl 666 101 11, Kontonummer 100 110 345. Füllen Sie für die RAND OHG

a) eine Banküberweisung aus,   b) eine Postüberweisung aus!

6 ☞ Beschaffen Sie sich bei Ihrem Kreditinstitut und der Postbank AG Vordrucke zum Zahlungsverkehr (Materialsammlung) und erstellen Sie daraus eine Übersicht, indem Sie die Formulare der Bargeldzahlung, der halbbaren und bargeldlosen Zahlung zuordnen!

4.2   Entwicklungen im Zahlungsverkehr

Der Auszubildende Werner Krull liest auf seiner morgendlichen Busfahrt zu seinem Ausbildungsbetrieb, der RAND OHG, in der Zeitung einen Artikel mit der Schlagzeile „Plastikgeld auf dem Vormarsch". Zunächst lächelt er erstaunt, denn er denkt sofort „Plastikgeld ist Spielgeld". Als er aber weiterliest, muss er feststellen, dass er sich irrt. Er studiert folgende Übersicht:

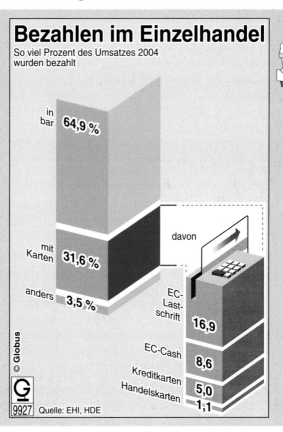

Bezahlen im Einzelhandel

So viel Prozent des Umsatzes 2004 wurden bezahlt

in bar **64,9 %**

mit Karten **31,6 %**

anders **3,5 %**

davon

EC-Lastschrift **16,9**

EC-Cash **8,6**

Kreditkarten **5,0**

Handelskarten **1,1**

© Globus

9927 Quelle: EHI, HDE

141

In dem Zeitungsartikel werden einige Vorteile des „Plastikgeldes" beschrieben und erwähnt, dass in den USA nur 9% der Einkäufe im Einzelhandel mit Bargeld getätigt werden, in Deutschland dagegen fast siebenmal so viel. In Zukunft werden auch bei uns modernere Verfahren der Bezahlung selbstverständlich sein. Daher bemüht sich Werner um nähere Informationen über „Plastikgeld".

Arbeitsauftrag
❏ *Überprüfen Sie, welche Formen von „Plastikgeld" unterschieden werden können!*
❏ *Verschaffen Sie sich einen Überblick über die Formen des Electronic-Banking-Systems!*

Der Begriff „Plastikgeld" stammt daher, dass der Käufer bei der Bezahlung statt Bargeld eine kleine **Kunststoffkarte** vorlegt, auf der bestimmte Daten eingetragen sind, z. B. Name, Konto-Nummer, Kunden-Nummer usw. Diese Daten können entweder direkt lesbar sein, d. h., sie sind in einer normalen Schrift auf der Karte aufgetragen, oder nur mit der Hilfe bestimmter Lesegeräte zu erkennen. Die Karten haben entweder auf ihrer Rückseite einen **Magnetstreifen** oder einen **Chip**, in dem alle wesentlichen Daten gespeichert sind.

● **Kreditkarten**

Kreditkarten werden von Kreditkartenorganisationen Personen mit einem bestimmten Mindestjahreseinkommen oder Unternehmen gegen Zahlung einer Jahresgebühr angeboten. Häufig ist in diesem Betrag auch eine Versicherungsleistung, z. B. eine Unfallversicherung, eingeschlossen. Sie können in allen Vertragsunternehmen, z. B. Hotels, Restaurants, Reisebüros, Mietwagenunternehmen usw., von den Kunden benutzt werden. Der Kunde ist somit stets zahlungsfähig, ohne ständig Bargeld oder Schecks mit sich führen zu müssen. Kreditkarten gelten meist im Inland und im Ausland. Die bedeutendsten Kreditkartenorganisationen sind „American Express", „Diners Club International" und „VISA". Marktführer in Deutschland ist die „Master-Card".

Kreditkarten können von ihren Inhabern wie Bargeld benutzt werden. Bei den meisten Geldinstituten kann man sich gegen Vorlage der Kreditkarte Bargeld auszahlen lassen. Bei Verlust oder Diebstahl der Kreditkarte ist die herausgebende Organisation sofort zu benachrichtigen, sie sperrt die Karte dann international. Der Inhaber haftet meist nur für einen bestimmten Betrag.

Die **Abwicklung eines Kreditkartengeschäfts** vollzieht sich folgendermaßen:

❏ Der Kreditkarteninhaber legt dem Vertragsunternehmen seine Kreditkarte vor und unterschreibt einen Leistungsbeleg.

❏ Das Vertragsunternehmen sendet den unterschriebenen Leistungsbeleg an die Kreditkartenorganisation zur Abrechnung.

❏ Die Kreditkartenorganisation überweist nach etwa einem Monat dem Vertragsunternehmen aufgrund des Leistungsbeleges einen Betrag, der um die Umsatzprovision (etwa 2 bis 7%) verringert ist.

❏ Die Kreditkartenorganisation schickt dem Karteninhaber monatlich eine genaue Sammelrechnung über die fälligen Zahlungen und belastet im Wege des Lastschrifteinzugsverfahrens das Konto des Kreditkarteninhabers.

● **Kundenkarten**

Kundenkarten werden von einigen Einzel- und Großhändlern sowie Dienstleistungsunternehmen an kreditwürdige Kunden kostenlos ausgegeben. Der Kunde muss hierzu auf einem Antragsformular einige persönliche Angaben machen. Mit der Kundenkarte sollen die Kunden an das Unternehmen gebunden werden. Um Kunden zu veranlassen, sich die Kundenkarten zu besorgen, erhalten Kunden z. B. einen Bonus von 1 bis 3 % auf alle getätigten Umsätze nach Ablauf eines bestimmten Zeitraumes. Einige Kundenkarten können beim jeweiligen Unternehmen wie Kreditkarten verwendet werden.

Beispiel ADAC Kundenkarte, Metrokarte, Lufthansa-Card, Payback-Karte, Edeka-Card

Ablauf eines Einkaufes mit Kundenkarte mit Kreditfunktion: Statt Bargeld zur Begleichung seiner Rechnung anzunehmen, erfasst das Verkaufs- oder Kassenpersonal lediglich die Daten der Kundenkarte (entweder handschriftlich oder maschinell). Die Kaufbeträge werden dem Kundenkonto belastet. Der Kundenkartengeber bucht dann in bestimmten Zeitabständen den summierten Betrag vom Girokonto des Kunden ab. Jeder Kunde hat also bei dem Kundenkartengeber ein eigenes Kundenkonto. Bei den nicht kreditfähigen Kundenkarten erhalten die Kunden Prämien in Höhe der gesammelten umsatzabhängigen Punkte.

● *Electronic-Banking-Systeme*

▷ **Electronic Cash (Point-of-Sale-Banking):** Bei diesem System handelt es sich um eine Form des **Electronic Banking**. Die Geldinstitute haben ein einfaches und sicheres Zahlungsverfahren eingeführt, das allen Beteiligten spürbare Vorteile bringen soll. Kern dieses Systems ist die **ec-Karte** (Maestro-Card, je nach Kreditinstiut gibt es unterschiedliche Bezeichnungen). Fast jeder Haushalt verfügt in Deutschland über diese Karte. Der Begriff „Electronic Cash" wurde gewählt, um an dem ec-Karten-Inhabern vertrauten **„ec"-Logo** festzuhalten.

Eine ec-Karte enthält verschiedene Daten, einige davon sind sichtbar (Vorderseite), z. B. Name des Kunden, Konto- und Karten-Nr. Andere Daten sind nicht direkt lesbar. Sie sind codiert auf dem Magnetstreifen (Rückseite) gespeichert und können nur von einem Lesegerät erfasst werden.

Damit die ec-Karte nicht von Unbefugten benutzt werden kann, wird jedem ec-Karten-Besitzer

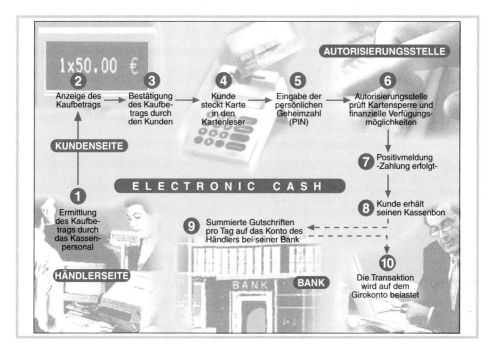

von seiner Bank eine persönliche Geheimzahl mitgeteilt. Sie gilt als „**P**ersönliche **I**dentifikations-**N**ummer", daher wird sie auch häufig nur **PIN** genannt. Die PIN-Nr. ist **nicht** auf dem Magnetstreifen gespeichert, sondern wird jedes Mal neu aus einer komplizierten verschlüsselten Kombination aus Bankleitzahl, Konto-Nr. und Karten-Nr. berechnet und mit der Eingabe des Kunden verglichen.

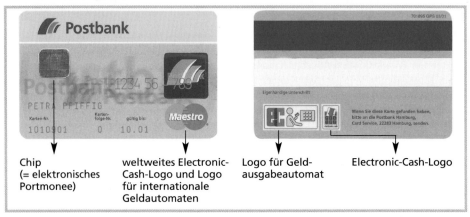

Die Grundidee des Electronic Cash besteht darin, am **POS (Point of Sale = Verkaufsort)**, also direkt beim Zahlungsempfänger (Gläubiger), ein Gerät aufzustellen, das die Daten einer ec-Karte lesen und verarbeiten kann. Für Gläubiger und Karteninhaber sieht ein Zahlungsvorgang so aus, als ob durch Einschieben der ec-Karte in den Kartenleser der Kaufbetrag vom Bankkonto des Karteninhabers direkt auf das Girokonto des Gläubigers umgebucht wird. In Wirklichkeit zieht der Gläubiger seine Forderungen aus den Electronic-Cash-Umsätzen beleglos im Lastschrifteinzugsverfahren über sein Kreditinstitut ein.

Im Rahmen des Electronic Banking können mit einer ec-Karte und der Eingabe einer persönlichen Geheimzahl (PIN) an Geldautomaten Barbeträge im Inland und teilweise auch im Ausland **(maestro-Service, weltweites Abbuchungskartensystem)** außerhalb der Schalteröffnungszeiten abgehoben werden oder es kann an elektronischen Kassen von Tankstellen, Einzelhandelsbetrieben, Hotels oder Restaurants gezahlt werden.

▷ **POZ-System:** Im Gegensatz zum Electronic Cash wird beim **POZ-System (Point-of-Sale ohne Zahlungsgarantie oder elektronisches Lastschriftverfahren = ELV)** auf die ergänzende Eingabe der Geheimnummer verzichtet. Dieses System ermöglicht dem Händler die automatische Erstellung von Einzugsermächtigungslastschriften unter Verwendung der ec-Karte.

▷ Alternativ zum Electronic Cash werden so genannte **Chipkarten (Hybridkarten, „intelligente Karten")** ausgegeben. Dieses sind Karten mit einem eingebauten Mikrochip, der im Vergleich zum Magnetstreifen der ec-Karte sehr viel mehr Informationen speichern kann. So kann er als wesentliche Information ein bestimmtes **Guthaben** des Karteninhabers enthalten. Der Schuldner steckt die Karte in das Lesegerät ein. Der zu zahlende Betrag wird erfasst und dem Gläubiger später von der Bank gutgeschrieben. Im gleichen Moment wird auf dem Mikrochip das Guthaben des Karteninhabers um den Rechnungsbetrag verringert (**elektronisches Portmonee** = Geldbörsenfunktion). Ist das Guthaben verbraucht, kann der Karteninhaber von seinem Girokonto einen neuen Betrag auf die Chipkarte umbuchen lassen. Dieser Umbuchungsvorgang kann auch an Geldautomaten vorgenommen werden. Mithilfe von Chipkarten können z. B. auch öffentliche Telefone oder Fahrkartenautomaten benutzt werden.

Die **Chipkarte hat folgende Vorteile:**

❏ Sie bietet ein hohes Maß an Sicherheit, da Informationen nur von berechtigten Nutzern gelesen und verändert werden können und somit Betrugsdelikte deutlich verringert werden. Das Risiko bei Mißbrauch ist auf das auf der Karte vorhandene Guthaben beschränkt.

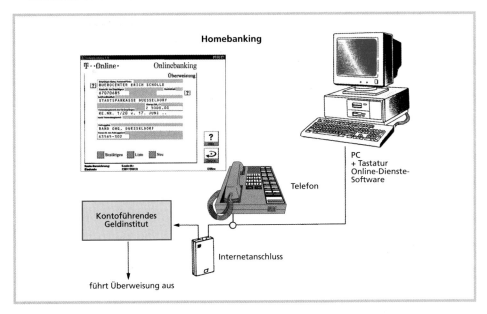

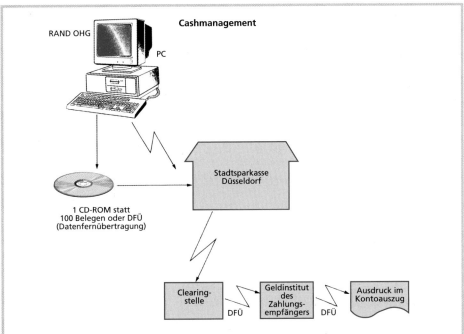

❑ Während beim Electronic-Cash-System die erfassten Daten während des Verkaufsvorgangs an eine Autorisierungszentrale übermittelt werden, wodurch sich unter Umständen längere Wartezeiten am POS ergeben können, ist bei der Chipkarte dieser Aufwand nicht erforderlich, da alle erforderlichen Daten im Chip enthalten sind.

❑ Zudem entfällt die bei Vorlage von Kreditkarten bei jedem Zahlungsvorgang notwendige teure Leitungsverbindung zu den Bankrechnern, die bisher hergestellt wird, um den Kontostand festzustellen.

❑ Chipkarten gewinnen zunehmend auch als Mitgliedsausweise an Bedeutung, z.B. bei Krankenkassen, Sportvereinen.

▷ Weitere Formen des Electronic Banking sind „Homebanking" und „Cashmanagement".

❑ Unter **Homebanking** (Telebanking, vgl. S. 144) versteht man die elektronische Kontoführung durch Nutzung von Onlinediensten. Der Kontoinhaber kann über das Telefonnetz mit Hilfe eines PC und entsprechender Software Kontoinformationen abrufen, z.B. Umsätze, Salden, oder Zahlungsaufträge erteilen.

❑ Das **Cashmanagement** (vgl. S. 144) wird von Unternehmen genutzt. Hierbei erfolgt eine elektronische Kontoführung mittels beleglosem Datenträgeraustausch oder Datenfernübertragung unter Nutzung spezieller PC-Software (vgl. S. 140).

▷ **Telefonbanking:** Eine weitere neue Entwicklung des Zahlungsverkehrs stellt der Telefon-Service der Geldinstitute dar. Mit einer persönlichen Telefon-Geheimzahl hat jeder Kontoinhaber zu jeder Zeit und von jedem Ort aus Zugriff auf sein Konto. Der Kontoinhaber kann

❑ seinen Kontostand abfragen
❑ zusätzliche schriftliche Kontoauszüge anfordern

❑ Überweisungen veranlassen
❑ Daueraufträge einrichten, ändern, löschen
❑ Zahlungsvordrucke bestellen

Entwicklungen im Zahlungsverkehr

◊ **Kreditkarten:** Kreditkartenunternehmen geben gegen ein jährliches Entgelt Karten aus, mit denen Kunden bei allen Vertragsunternehmen (Hotels, Handelsbetriebe, Restaurants usw.) bargeldlos bezahlen können.

◊ **Kundenkarten:** Einzel- und Großhändler sowie Dienstleistungsunternehmen geben an bestimmte Kunden Karten aus, mit denen diese bei ihnen bargeldlos und auf Kredit einkaufen können.

```
              ┌──────────────────────────────────┐
              │   Electronic-Banking-Systeme     │
              └──────────────────────────────────┘
        ┌────────────────┬───────────────────┬────────────────┐
  ┌───────────────┐ ┌──────────────┐ ┌────────────────┐
  │ Electronic Cash│ │ Homebanking  │ │ Cashmanagement │
  └───────────────┘ └──────────────┘ └────────────────┘
```

◊ **Electronic Cash:** Bei einem Zahlungsempfänger befindet sich ein Gerät, das die Daten einer ec-Karte lesen kann. Hierdurch wird die Kontendeckung beim Kunden überprüft und eine Zahlung vom Konto des Kunden auf das Konto des Gläubigers eingeleitet.

◊ **Homebanking:** elektronische Kontoführung durch Nutzung von Onlinediensten

◊ **Cashmanagement:** elektronische Kontoführung von Unternehmen durch beleglosen Datenträgeraustausch oder Datenfernübertragung

◊ **Telefonbanking:** telefonischer Zugriff des Konteninhabers auf sein Konto

1. Stellen Sie in einer Liste die Vor- und Nachteile von Kundenkarten für Groß- und Einzelhändler sowie Dienstleistungsunternehmen zusammen. Denken Sie dabei an zusätzliche Kosten, zusätzliche Verwaltungsarbeit, Risiken für die Kartengeber usw. Berücksichtigen Sie die Gewinnung und Erhaltung von Stammkunden!

2. Begründen Sie, welchen Kunden Sie eine Kundenkarte verweigern würden!

3. Stellen Sie listenförmig die Vor- und Nachteile von Kreditkarten für deren Benutzer zusammen!

4. a) Erläutern Sie den Ablauf eines Zahlungsvorganges mithilfe von Chipkarten!
   b) Geben Sie an, welche Vorteile sich für Chipkarteninhaber aus der Nutzung einer Chipkarte ergeben!

5. ☞ Nehmen Sie kritisch Stellung zu der Aussage: „Die Kosten der Kreditkarten werden letztlich von den Kunden getragen, die bar bezahlen".

6. ☞ Beurteilen Sie Electronic Cash im Vergleich zu Einkäufen mit Kundenkarten und Kreditkarten aus der Sicht eines Kunden und diskutieren Sie dies in der Klasse!

7. Erläutern Sie
   a) Telefonbanking,
   b) Homebanking,
   c) Cashmanagement!

4.3 Die Zahlung mit Wechsel

Die RAND OHG erhält von der Robert Blusch GmbH ein sehr günstiges Angebot über Kaffeeautomaten und Bestecksgarnituren zum Gesamtpreis von 46 000,00 EUR. Die Robert Blusch GmbH verlangt allerdings sofortige Zahlung. Im Moment verfügt die RAND OHG nicht über die erforderlichen Geldmittel, da ein Großkunde die Zahlung eingestellt hat. Renate Rand ist sich allerdings sicher, die Kaffeeautomaten innerhalb von zehn Wochen verkaufen zu können. Sie schlägt der Robert Blusch GmbH vor, die Lieferung mit einem Wechsel zu bezahlen. Die Robert Blusch GmbH möchte ihrerseits eine ausstehende Verbindlichkeit bei der Eugen W. Brieger Marketing KG, Hamburg, über 40 000,00 EUR innerhalb der nächsten zehn Tage begleichen, daher benötigt sie den Rechnungsbetrag innerhalb einer Woche.

Arbeitsauftrag

❑ Überprüfen Sie, ob die unterschiedlichen Vorstellungen der Vertragspartner durch Zahlung mit einem Wechsel erfüllt werden können!

❑ Erläutern Sie die Aufgaben und Verwendungsmöglichkeiten eines Wechsels!

Verkauft ein Lieferer Waren gegen einen **Wechsel,** ist er aufgrund der Strenge des Wechselrechts (vgl. S. 149) besser gegen einen Ausfall der Forderungen geschützt als bei einem Zielverkauf von Waren.

◇ Ein Wechsel ist eine **Urkunde,** durch die der **Wechselaussteller** (Gläubiger) den **Wechselbezogenen** (Schuldner) auffordert, zu einem bestimmten Zeitpunkt einen bestimmten Geldbetrag an den Wechselnehmer (Wechselaussteller oder eine andere Person) zu zahlen. Der **Wechsel ist ein Wertpapier,** d.h., ohne Vorlage der Urkunde kann die Forderung nicht geltend gemacht werden. Der Schuldner (Bezogener) erkennt auf dem Wechsel seine Schuld an, indem er den Wechsel **akzeptiert** (= unterschreibt). Er verpflichtet sich damit, den Wechselbetrag zu einem bestimmten Zeitpunkt an den durch die Wechselurkunde Berechtigten zu

REWE zahlen. Die **Wechselforderung** ist abstrakt, d. h., sie ist von dem zugrunde liegenden Rechtsgeschäft, z. B. einen Kaufvertrag, losgelöst. Der Gläubiger kann im Streitfall seine Klage ausschließlich auf den Wechsel stützen.

▷ **Ablauf der Wechselzahlung:**

Beispiel

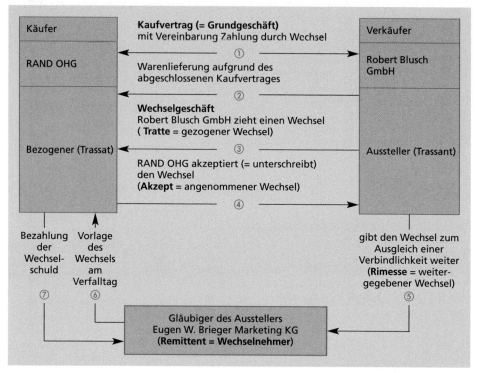

Mithilfe des Wechselkredites wird es dem Käufer ermöglicht, den Kauf von Waren (Handelswechsel) zu finanzieren. Die Zahlung mit Wechsel stellt somit ein **Geldersatzmittel** (vgl. S. 121) dar. Der Aussteller (Verkäufer) berechnet dem Bezogenen (Käufer) für den Kreditzeitraum einen Zins (= Diskont). Der Wechselaussteller seinerseits kann durch die Verwendung des Wechsels, z. B. Verkauf des Wechsels an eine Bank (= Diskontierung), sofort über Geld verfügen, um seinen Zahlungsverpflichtungen nachkommen zu können. Wird ein Wechsel durch den Wechselinhaber an ein Kreditinstitut verkauft, entsteht ein Diskontkredit (vgl. S. 151). Der Wechselkredit ist vor allem für Betriebe von Bedeutung, deren Liquidität gering ist und die nicht genügend Sicherheiten besitzen, um Kredite von Kreditinstituten in Anspruch nehmen zu können. Der Wechsel wird auf einem genormten Vordruck (ausgefüllter und unterschriebener Wechsel = Urkunde) ausgeschrieben.

▷ **Funktionen (Aufgaben) des Wechsels:** Er ist

❑ **Kreditmittel,** da der Bezogene erst zu einem späteren Zeitpunkt zahlen muss,

❑ **Zahlungsmittel,** da mit der Übergabe des akzeptierten Wechsels die Verbindlichkeiten beim Lieferer beglichen sind, er stellt somit ein **Geldersatzmittel (Geldsurrogat)** dar,

148

- ❑ **Sicherungsmittel,** weil er aufgrund der Wechselstrenge dem jeweiligen Wechselgläubiger Sicherheit für die Einlösung bietet.

Die **Wechselstrenge** zeigt sich in
– den Vorschriften über die Form des Wechsels,
– der Haftung aller Wechselverpflichteten,
– den Besonderheiten des Wechselprozesses (der Wechselberechtigte kann bei Nichteinlösung des Wechsels in maximal sieben Tagen einen vollstreckbaren Titel erhalten, vgl. S. 84 f.).

▷ **Bestandteile des Wechsels:** Eine Wechselurkunde muss folgende **gesetzlichen Bestandteile** enthalten (Art. 1 Wechselgesetz [WG]):

①	Tag (Monat in Buchstaben) und Ort der Ausstellung;
②	das Wort „Wechsel" im Text der Urkunde;
③	die Verfallzeit, d.h. der Tag der Fälligkeit der Wechselschuld;
④	Name des Wechselempfängers (Remittent, Wechselnehmer), an den gezahlt werden soll; dies kann der Aussteller (Wechsel an eigene Order) oder ein Gläubiger des Ausstellers (Wechsel an fremde Order) sein. Der Wechsel an eigene Order ist die in der Praxis am häufigsten verwendete Wechselart;
⑤	die unbedingte Anweisung, eine bestimmte Geldsumme zu zahlen, wobei der Wechselbetrag in Worten und/oder Ziffern angegeben werden kann. Bei Abweichungen zwischen dem Betrag in Buchstaben und dem Betrag in Ziffern gilt immer die in Buchstaben geschriebene Summe;
⑥	Name des Bezogenen (Wechselschuldner, Trassat), der zahlen soll;
⑦	Zahlungsort;
⑧	Unterschrift des Ausstellers (Trassant).

Fehlen die Bestandteile ①, ③ und ⑦, so ist der Wechsel trotzdem gültig (Art. 2 WG).

Neben den vorgeschriebenen gesetzlichen Bestandteilen sind in den Einheitswechselvordrucken folgende **kaufmännischen Bestandteile** zur Erleichterung der Bearbeitung des Wechsels vorgesehen:

Ⓐ	Ortsnummer des Zahlungsortes, um die Verwechslung gleichnamiger Zahlungsorte zu vermeiden, sie entspricht den ersten drei Ziffern der Bankleitzahl;
Ⓑ	Wiederholung des Zahlungsortes;
Ⓒ	Wiederholung des Verfalltages;

Ⓓ	Zusatz „erste Ausfertigung";
Ⓔ	Wiederholung der Wechselsumme in Ziffern;
Ⓕ	Zahlstellenvermerk (Angabe eines Kreditinstitutes, um dem Wechselinhaber die Vorlage des Wechsels am Verfalltag zu erleichtern. Die meisten Wechsel werden bei einem Kreditinstitut zahlbar gestellt.).

▷ **Annahme des Wechsels:** Der Bezogene verpflichtet sich durch seine Unterschrift (**Akzept** = Annahmeerklärung), den Wechsel am Verfalltag einzulösen. Dieses Akzept des Bezogenen erfolgt quer über den linken Rand des Formulars unter dem aufgedruckten Wort „Angenommen". Das Akzept des Bezogenen ist kein gesetzlicher Bestandteil des Wechsels. Man unterscheidet (Art. 25, 28 WG):

Akzeptarten	Erklärung	*Beispiele*
❏ **Kurzakzept**	nur Unterschrift des Bezogenen	RAND OHG, *Renate Rand*
❏ **Vollakzept**	Unterschrift des Bezogenen mit Betrag, Verfallzeit, Ort, Datum	Angenommen 46 000,00 EUR, fällig am 20. November .., Düsseldorf, den 22. August .., RAND OHG, *Renate Rand*
❏ **Teilakzept**	Bezogener akzeptiert nicht den vollen Wechselbetrag	Angenommen nur für 30 000,00 EUR, RAND OHG, *Renate Rand*
❏ **Blankoakzept**	Annahmeerklärung auf einem nicht oder nur teilweise ausgefüllten Wechsel (sehr gefährlich, sollte nur bei vertrauensvollen Partnern gemacht werden)	Angenommen .... EUR, RAND OHG, *Renate Rand*
❏ **Bürgschafts- oder Aval- akzept**	Neben dem Bezogenen unterschreibt noch ein Bürge als zusätzliche Sicherheit (Der Bürge haftet wie der Bezogene.)	RAND OHG, *Renate Rand* Angenommen als Bürge: *Hans Reiter*

▷ **Verwendungsmöglichkeiten des Wechsels:** Der Aussteller hat drei Möglichkeiten, einen Wechsel zu verwenden:

❏ **Aufbewahrung des Wechsels** bis zum Verfalltag und Einlösung des Wechsels durch persönliche Vorlage beim Bezogenen oder Beauftragung eines Kreditinstitutes mit der Einlösung

❏ **Weitergabe des Wechsels** an einen eigenen Gläubiger als Zahlungsmittel

❏ **Verkauf (Diskontierung) des Wechsels** an ein Kreditinstitut vor dem Fälligkeitstag; das Kreditinstitut zahlt dem Wechseleinreicher nicht den vollen Wechselbetrag aus, sondern behält einen Diskont (Zins) für die Restlaufzeit des Wechsels vom Tag der Diskontierung bis zum Fälligkeitstag ein.

Beispiel Ein Wechsel über 46 000,00 EUR wird am 22. August bei der Bank diskontiert. Der Verfalltag des Wechsels ist der 20. November. Der Basiszinssatz beträgt 10 %, die Spesen 0,1 %. Wie viel EUR beträgt die Gutschrift der Bank?

Wechselbetrag	46 000,00 EUR
− Diskont (90 Tage/10 %)[1]	1 150,00 EUR
− Spesen 0,1 %	46,00 EUR
Barwert (Gutschrift am 22. August)	**44 804,00 EUR**

▷ **Die Weitergabe des Wechsels als Zahlungsmittel:** Der Wechsel kann durch den Aussteller oder jeden anderen Wechselinhaber zum Ausgleich eigener Verbindlichkeiten zahlungshalber weitergegeben werden. Diesen Vorgang nennt man einen Wechsel **indossieren**. Da der Wechsel ein **Orderpapier** (vgl. S. 132) ist, kann er nur durch einen schriftlichen **Übertragungsvermerk (= Indossament)** weitergegeben werden. Der Übertragungsvermerk wird auf der Rückseite des Wechselformulars angebracht. Der weitergebende Wechselinhaber wird **Indossant** und der Empfänger **Indossat oder Indossatar** genannt. Mit dem Indossament erklärt der Indossant, dass der Bezogene an den neuen Zahlungsempfänger zahlen soll.

Beispiel Der Aussteller Robert Blusch GmbH gibt den Wechsel an die Eugen W. Brieger Marketing KG weiter, die ihrerseits den Wechsel an den Großhändler Peter Klein weitergibt.

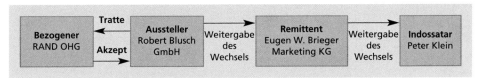

Mit dem Indossament sind drei **Rechtswirkungen** verbunden:

❏ **Übertragungs- oder Transportfunktion:** Der Indossant überträgt dem Indossaten das Eigentum und somit alle Rechte am Wechsel.

Beispiel Der Indossatar hat das Recht, den Wechsel weiterzugeben oder Zahlung am Verfalltag vom Bezogenen zu verlangen.

❏ **Ausweis- oder Legitimationsfunktion:** Durch eine ununterbrochene Indossamentenkette kann sich der neue Inhaber als Wechselberechtigter ausweisen.

Beispiel Am Verfalltag erscheint beim Bezogenen (RAND OHG) der der Geschäftsleitung unbekannte Großhändler Peter Klein und verlangt die Einlösung des Wechsels. Der Großhändler kann durch die lückenlose Indossamentenkette beweisen, dass er Wechselberechtigter ist.

Reicht die Wechselrückseite für die Indossamente nicht aus, wird sie durch das Aufkleben einer so genannten **Allonge** verlängert.

Diese papiermäßige Wechselverlängerung muss alle gesetzlichen Bestandteile des Wechsels enthalten.

❏ **Garantiefunktion:** Der Indossant garantiert durch seine Unterschrift dafür, dass er bei Ausfall des Bezogenen zahlt.

Beispiel Am Verfalltag lehnt die RAND OHG die Einlösung des Wechsels ab, da die bezogenen Waren ihrer Meinung nach fehlerhaft waren. Der Wechselberechtigte, Großhändler Peter Klein, kann jetzt sowohl von seinem Vormann, der Eugen W. Brieger Marketing KG, als auch von jedem beliebigen anderen Vormann die Einlösung des Wechsels verlangen (Regress).

---

[1] Die Berechnung der Diskonttage erfolgt seit dem 1. November 1994 monatsgenau.

Wechselrückseite

① Für uns an die Eugen W.
Brieger Marketing KG,
Hannover, den
22. August ..
Robert Blusch GmbH,
Robert Blusch

② Eugen W. Brieger Marke-
ting KG, ppa. *Eugen Brieger*

③ Für uns an die Sparkas-
se, Kiel, zum Einzug,
Hamburg, den 18. Novem-
ber .., Großhandlung
Peter Klein, *Peter Klein*

④ Betrag erhalten
Kiel, 20. November ..,
Sparkasse Kiel
i. V. *Dieter Giesen*

Indossamentarten

① **Vollindossament:** Es enthält den Namen des Indossatars, die Unterschrift des Indossanten und den Übertragungsvermerk (Ordervermerk).

② **Kurz- oder Blankoindossament:** Es enthält nur die Unterschrift des Indossanten. Man benutzt es, wenn noch nicht sicher ist, ob der Empfänger (Indossant) den Wechsel als Zahlungsmittel annehmen will. Der Wechsel wird zum Inhaberpapier.

③ **Inkasso- oder Einzugsindossament:** Der Wechselinhaber beauftragt sein Kreditinstitut, den Wechsel am Verfalltag beim Bezogenen oder dessen Zahlstelle einzulösen.

④ **Quittungsvermerk des Kreditinstituts:** Nach Erhalt des Wechselbetrages vom Bezogenen erteilt das Kreditinstitut den Quittungsvermerk. Der Bezogene erhält die Wechselurkunde.

▷ **Einlösung des Wechsels** (Art. 38 ff. WG): Wechselschulden sind Holschulden. Der Wechselinhaber ist verpflichtet, den Wechsel **am Verfalltag oder einem der beiden folgenden Werktage** innerhalb der ortsüblichen Geschäftszeit dem Bezogenen oder der angegebenen Zahlstelle zur Zahlung vorzulegen (Art. 38 ff. WG). Als Werktage gelten alle Tage von Montag bis Freitag. Fällt der Verfalltag auf einen Samstag, Sonntag oder gesetzlichen Feiertag, so gilt der nächste Werktag als Verfalltag.

Beispiele

Verfalltag	Zahlungstag	Letzter Vorlegungstag
Montag	Montag	Mittwoch
Donnerstag	Donnerstag	Montag
Samstag	Montag	Mittwoch

Ist der Wechselinhaber selber nicht zur Vorlage des Wechsels in der Lage, kann er mit einem Inkassoindossament
❑ einen Geschäftsfreund oder Angestellten,
❑ ein Kredit- oder Inkassoinstitut oder
❑ die Deutsche Post AG bis 1 600,00 EUR
mit der Vorlage und Einlösung des Wechsels beauftragen.

Der **Bezogene muss vor der Wechseleinlösung** folgende Sachverhalte **prüfen:**
❑ Ordnungsmäßigkeit des Wechsels (gesetzliche Bestandteile),
❑ Berechtigung des Vorlegenden (z. B. Ausweis zeigen lassen),
❑ lückenlose Indossamentenkette
Die Echtheit der Unterschriften braucht der Bezogene nicht zu überprüfen.

152

◊ **Wechselprolongation:** Der Aussteller kann auf Bitte des Bezogenen hin einen neuen Wechsel mit einem späteren Verfalltag ausstellen, falls der Bezogene am Verfalltag nicht über genügend Mittel verfügt, um den Wechsel einzulösen. Gleichzeitig gibt er dem Bezogenen den zur Einlösung des alten Wechsels erforderlichen Geldbetrag, damit dieser den alten Wechsel am Verfalltag einlösen kann. Diesen Vorgang nennt man **Wechselprolongation.** Dadurch wird eine für beide Seiten unangenehme Situation bereinigt.

Die Zahlung mit Wechsel

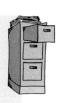

◊ Der Wechsel ist eine **Urkunde,** in der der Aussteller den Bezogenen auffordert, einen bestimmten Betrag an einem bestimmten Tag an einen Wechselinhaber zu zahlen. Der Aussteller gewährt dem Bezogenen somit einen **Wechselkredit.**

◊ Der Wechsel unterliegt sehr strengen Rechtsvorschriften („**Wechselstrenge**").

◊ Der Wechselinhaber kann Wechsel folgendermaßen verwenden:
  ❑ Verkauf vor Verfalltag an ein Kreditinstitut (diskontieren)
  ❑ Weitergabe an einen eigenen Gläubiger als Zahlungsmittel (indossieren)
  ❑ Aufbewahrung und Einzug am Verfalltag

◊ Der Wechsel erfüllt die Aufgabe eines **Kredit-, Zahlungs- und Sicherungsmittels.**

◊ **Tratte:** gezogener Wechsel, der noch nicht vom Bezogenen akzeptiert worden ist

◊ **Akzept:** vom Bezogenen akzeptierter (= unterschriebener) Wechsel

◊ **Akzeptarten:** Voll-, Kurz-, Blanko-, Aval-, Teilakzept

◊ **Indossament:** Übertragungsvermerk auf der Rückseite des Wechsels

◊ **Indossamentarten:** Voll-, Blanko-, Kurz- oder Inkassoindossament

◊ **Aufgaben (Funktionen) des Indossaments:**
  ❑ **Übertragungs- oder Transportfunktion** (Übertragung aller Rechte aus dem Wechsel)
  ❑ **Ausweis- oder Legitimationsfunktion:** Ausweis des Wechselinhabers als rechtmäßiger Inhaber
  ❑ **Garantiefunktion:** Haftung eines jeden, der als Indossant einen Wechsel unterschreibt

◊ Der Wechsel muss am Verfalltag oder an einem der beiden folgenden Werktage dem Bezogenen zur **Einlösung** vorgelegt werden.

◊ **Wechselprolongation:** Verlängerung der Laufzeit eines Wechsels durch Ausstellung eines neuen Wechsels.

---

1 Erläutern Sie den Unterschied zwischen einer Tratte, einem Akzept und einer Rimesse!

2 Erklären Sie die unterschiedlichen Akzeptarten und ihre Bedeutung!

3 Erläutern Sie anhand von Beispielen die Rechtswirkungen eines Indossaments!

4 Begründen Sie, weshalb es sich ein Kaufmann sehr genau überlegen sollte, bevor er als Bezogener ein Wechselgeschäft abschließt!

5 Beschreiben Sie, welche Aufgaben (Funktionen) ein Wechsel erfüllt!

6 Erklären Sie a) Indossament; b) Indossatar; c) Indossant!

7 Geben Sie an, welche Verwendungsmöglichkeiten ein Wechselinhaber für einen Besitzwechsel hat!

8 Erläutern Sie, was man unter „Wechselstrenge" versteht!

9 ☞ Füllen Sie ein Wechselformular nach folgenden Angaben aus:
Die RAND OHG hat der Karlstadt AG Warenhaus, Grabenacker 48, 47228 Duisburg, Spielwaren im Wert von 38 000,00 EUR gegen Zahlung mit einem 90-Tage-Akzept geliefert. Die RAND OHG zieht den Wechsel am 30. Januar .. an eigene Order, die Karlstadt AG akzeptiert am 30. Januar .. mit einem Vollakzept. Zahlstelle ist die Deutsche Bank, Duisburg, BLZ 350 700 30, Kontonummer 350 004 148. Der Wechsel wird am 20. Februar .. von der RAND OHG an die Universa AG Import- und Exporthandelsgesellschaft, Hafentor 8, 21079 Hamburg, zum Ausgleich einer eigenen Verbindlichkeit weitergegeben. Die Universa AG gibt den Wechsel am 28. April .. mit einem Inkassoindossament der Deutschen Bank Hamburg zum Einzug. Der Wechsel wird am 30. April .. der Zahlstelle des Bezogenen vorgelegt und eingelöst.

10 ☞ Am 20. November wird ein von der RAND OHG akzeptierter Wechsel über 46 000,00 EUR zur Zahlung fällig. Wegen vorübergehender Zahlungsschwierigkeiten aufgrund von Absatzstockungen und Verzögerungen von Forderungseingängen stellt die RAND OHG am 10. November fest, dass sie den fälligen Wechsel nicht einlösen kann. Da die RAND OHG eine hohe Steuerrückzahlung erwartet, bittet sie den Wechselaussteller, die Robert Blusch GmbH, um Verlängerung der Wechsellaufzeit um zwei Monate. Schreiben Sie den Brief an die Robert Blusch GmbH!

1 Füllen Sie einen Zahlschein mit folgenden Angaben aus: Zahlungsempfänger Fliesen- und Keramikfabrik Dieter Ber, Karlstraße 54, 53115 Bonn, Kontonummer 835 162 8, Volksbank Bonn, Bankleitzahl 380 601 86; Einzahler: Elmar Haus KG, Poststraße 86, 40878 Ratingen; Verwendungszweck Rechnung Nr. 2783/94 vom 10. Januar .., Betrag 3 200,00 EUR.

2 Die Auszubildende Sonja Koch, die im Verkaufsraum der Oliver Rand GmbH eingesetzt ist, verkauft dem Kunden Manfred Scharfe einen Kaffeeautomaten im Wert von 39,00 EUR. Der Kunde zahlt mit einem Barscheck, Ausstellungstag 8. Juni ..

a) Füllen Sie den Barscheck für den Kunden aus!

b) Erläutern Sie, was die Auszubildende Sonja Koch bei der Annahme des Barschecks zu beachten hat!

c) Geben Sie an, an welchem Tag die Vorlegungsfrist für diesen Scheck abläuft!

d) Der Barscheck geht bei der Oliver Rand GmbH verloren. Erläutern Sie, wie sich die Oliver Rand GmbH verhalten sollte!

e) Beschreiben Sie die Verwendungsmöglichkeiten für einen Barscheck!

3 Sie sind Mitarbeiter im Rechnungswesen der RAND OHG.

a) Die RAND OHG hat täglich eine Vielzahl von Zahlungsvorgängen auszuführen. Die RAND OHG unterhält je ein Konto bei der Stadtsparkasse Düsseldorf und bei der Postbank Essen. Eine betriebsinterne Regelung besagt, dass die Zahlungen möglichst bargeldlos und kostengünstig vorgenommen werden sollen.

1. Geben Sie an, welche Vorteile der bargeldlose Zahlungsverkehr für die RAND OHG hat!

2. Begründen Sie, welche Zahlungsart Sie in den folgenden Fällen für die RAND OHG vornehmen würden:

❑ Zahlung der Gas-, Strom- und Wasserrechnung

❑ Zahlung der Gewerbesteuer

❑ Monatsmiete für gemietete Lagerhalle,
Vermieter hat ein Konto bei der Deutschen Bank Düsseldorf

❑ Gehälter und Ausbildungsvergütung für die sieben Mitarbeiter und einen Auszubildenden, alle Mitarbeiter haben ein Girokonto

b) Einige Kunden der RAND OHG zahlen häufig mit Bar- und Verrechnungsschecks.

  1. Nennen Sie die gesetzlichen Bestandteile des Schecks!

  2. Erläutern Sie, welche Bedeutung die folgenden Aussagen für die Gültigkeit des Schecks haben:
- ❑ Auf dem Scheck stimmen der Betrag in Buchstaben und der Betrag in Ziffern nicht überein.
- ❑ Ein Scheck ist um drei Wochen vordatiert.
- ❑ Auf einem Scheck ist ein Ausstellungsdatum vom vergangenen Jahr eingetragen.

  3. Beschreiben Sie, worin die wesentlichen Unterschiede zwischen einem Bar- und Verrechnungsscheck bestehen!

c) Der Kunde Tempelmann & Co. KG zahlt einen Teil seiner Verbindlichkeiten bei der RAND OHG durch Überweisungen. Gleichzeitig bittet die Tempelmann & Co. KG die RAND OHG darum, die Restschuld über 11 500,00 EUR mit einem Wechsel bezahlen zu dürfen, da sie sich in vorübergehenden Zahlungsschwierigkeiten befindet. Aufgrund der langjährigen guten Geschäftsbeziehungen ist die RAND OHG bereit, der Tempelmann & Co. KG entgegenzukommen.

  1. Erklären Sie, welche wirtschaftlichen und rechtlichen Vorteile die Wechselzahlung für beide Vertragspartner hat!

  2. Erläutern Sie den Unterschied zwischen einem Wechsel „an eigene Order" und einem Wechsel „an fremde Order"!

d) Füllen Sie für die RAND OHG den Wechsel aus!

e) Die Tempelmann & Co. KG sendet den akzeptierten Wechsel an die RAND OHG zurück.

  1. Erläutern Sie, welche rechtliche Bedeutung das Akzept hat!

  2. Beschreiben Sie, wie die RAND OHG den Wechsel verwenden kann!

4 Die RAND OHG möchte bei der Stricker AG Textilherstellung, Nelkenweg 5, 44532 Lünen, Textilien im Wert von 73 000,00 EUR kaufen. Als Zahlungsmittel wird ein 90-Tage-Akzept vereinbart, Ausstellungstag 24. Juni .., Wechselnehmer: Chemiewerk Kali AG, 07745 Jena, Am Jagdberg 68–90.

a) Erläutern Sie die Kreditsicherung durch einen Wechsel!

b) Nennen Sie die gesetzlichen und die kaufmännischen Bestandteile eines Wechsels!

c) Füllen Sie den Wechsel aus!

d) Eine Woche vor der Fälligkeit des Wechsels stellt die RAND OHG fest, dass aufgrund eines Forderungsausfalls der Wechsel nicht eingelöst werden kann. Erläutern Sie, wie sich die RAND OHG verhalten sollte, wenn sie innerhalb der nächsten sechs Wochen über die erforderlichen Geldmittel verfügen könnte!

e) Schreiben Sie für die RAND OHG den Brief an die Stricker AG!

f) Ermitteln Sie den Diskont, den die RAND OHG an die Stricker AG zahlen muss (Diskontsatz 9 %)!

5 Stellen Sie fest, auf welche der nachfolgenden Zahlungsformulare die unten stehenden Aussagen zutreffen.

Zahlungsformulare:

1. Zahlschein (Bank)	6. Barscheck
2. Zahlschein (Postbank)	7. Überweisungsauftrag (Bank)
3. Verrechnungsscheck	8. Überweisungsauftrag (Postbank)
4. Postscheck	9. Postnachnahme
5. Postbank Minuten-Service	

a) Die Missbrauchsgefahr bei Verlust und Diebstahl ist eingeschränkt, weil bei Bareinlösung die Ausweiskarte vorgelegt werden muss.

b) Es können nur Beträge bis 1 534,88 EUR eingezogen werden.

c) Es handelt sich um eine halbbare Zahlung, bei der der Gläubiger über ein Bankkonto verfügt.

d) Die Mißbrauchsgefahr bei Verlust und Diebstahl ist eingeschränkt, da der unberechtigte Einlöser ermittelt werden kann.

e) Die Zahlung erfolgt durch Umbuchen auf Konten, wenn der Schuldner über ein Postbankkonto verfügt und er die Bankkontennummer des Gläubigers kennt.

f) Es handelt sich um eine halbbare Zahlung, das Bankformular muss vom Zahlenden nicht unterschrieben werden.

6 *Auf einem Barscheck ist die Klausel „oder Überbringer" gestrichen. Welche Folge hat dies für die Einlösung des Schecks?*

a) Der Scheck wird nur dann eingelöst, wenn er sofort am Ausstellungstag der bezogenen Bank vorgelegt wird.

b) Auch wenn es sich um einen Barscheck handelt, erfolgt nur eine Gutschrift unter Vorbehalt auf dem Konto des Scheckinhabers.

c) Der Betrag wird nur an den auf dem Scheck namentlich eingetragenen Zahlungsempfänger ausgezahlt.

d) Durch die Streichung wird der Scheck ungültig.

e) Der Scheck wird nur bis zu einem Betrag von 200,00 EUR eingelöst.

f) Die Streichung der Überbringerklausel hat auf die Gültigkeit des Schecks keinen Einfluss.

7 *Ein Kaufmann will regelmäßig wiederkehrende Zahlungen im Einzugsermächtigungsverfahren vornehmen lassen. Wie erteilt ein Kaufmann eine Einzugsermächtigung?*

a) Der Kaufmann ermächtigt seine Bank, die Geldbeträge zu überweisen.

b) Der Kaufmann ermächtigt den Zahlungsempfänger, den Betrag der Forderung zu Lasten seines Girokontos einzuziehen.

c) Der Kaufmann beauftragt seine Bank, die Bank des Zahlungsempfängers zu ermächtigen, den Betrag einzuziehen.

d) Der Kaufmann weist seine Bank an, mit einem Überweisungsträger verschiedene Beträge an mehrere Empfänger zu zahlen.

e) Der Kaufmann beauftragt sein Geldinstitut, Lastschriften eines bestimmten Zahlungsempfängers ohne vorherige Rückfrage abzubuchen.

8 *Welche der folgenden Begriffe treffen auf die unten stehenden Aussagen über den Wechsel zu?*

1. Tratte   3. Akzept
2. Indossament   4. Rimesse

a) Durch seine Unterschrift verpflichtet sich der Bezogene, den Wechsel am Verfalltag einzulösen.

b) Bei der Weitergabe des Wechsels ist ein Übertragungsvermerk auf die Rückseite des Wechsels zu setzen.

c) Der Wechsel wird mit der Aufforderung zur Annahme an den Bezogenen geschickt.

d) Der Aussteller trägt als Wechselnehmer einen eigenen Gläubiger ein, der Bezogene akzeptiert den Wechsel.

9 *Stellen Sie fest, ob bei den nachfolgenden Zahlungsvorgängen eine*
1. Barzahlung,
2. halbbare Zahlung,
3. bargeldlose Zahlung
vorliegt!

Zahlung durch

a) Barscheck	*c) Postbank Minuten-Service*	*e) Postnachnahme*
b) Lastschriftverfahren	*d) Zahlschein*	*f) Dauerauftrag*

5.1 Der Berufsausbildungsvertrag

Lehrvertrag aus dem Jahre 1864

Eduard Groos in Grünberg einerseits und Philipp Walther in Biedenkopf andererseits haben folgende Übereinkunft getroffen:

1. *Groos nimmt den Sohn des Philipp Walther mit Namen Georg auf vier Jahre, und zwar vom 15ten Oktober 1864 bis dahin 1868, als Lehrling in sein Geschäft auf.*

2. *Groos macht sich verbindlich, seinen Lehrling in allen dem, was in seinem Geschäft vorkommt, gewissenhaft zu unterrichten, ein wachsames Auge auf sein sittliches Betragen zu haben und ihm Kost und Logis in seinem Hause frei zu geben.*

3. *Groos gibt seinem Lehrling alle 14 Tage des Sonntags von 12 Uhr bis 5 Uhr frei, dabei ist es gestattet, dass er auch an dem Sonntage, wo er seinen Ausgang nicht hat, einmal den Gottesdienst besuchen kann.*

4. *Groos verzichtet auf ein Lehrgeld, hat aber dagegen die Lehrzeit auf vier Jahre ausgedehnt.*

5. *Walther hat während der Lehrzeit seines Sohnes denselben in anständiger Kleidung zu erhalten und für dessen Wäsche besorgt zu sein.*

6. *Walther hat für die Treue seines Sohnes einzustehen und allen Schaden, den derselbe durch bösen Willen, Unachtsamkeit und Nachlässigkeit seinem Lehrherrn verursachen sollte, ohne Einrede zu ersetzen.*

7. *Der junge Walther darf während der Dauer seiner Lehrzeit kein eigenes Geld führen, sondern die Ausgaben, welche nicht von seinem Vater direkt bestritten werden, gehen durch die Hände des Lehrherrn und der Lehrling hat solche zu verzeichnen.*

8. *Hat der junge Walther seine Kleidungsstücke und sonstige Effekten auf seinem Zimmer zu verschließen, aber so, dass sein Lehrherr davon Kenntnis hat und dieser solche von Zeit zu Zeit nachsehen kann, so oft es diesem gewährt ist, um ihn gehörig zu überwachen.*

9. *Darf der Lehrling während seiner Lehrzeit kein Wirtshaus oder Tanzbelustigung besuchen, er müsste denn ausdrücklich die Erlaubnis hierzu von seinem Vater oder Lehrherrn erhalten haben und dann besonders darf er auch nicht rauchen im Geschäft und außer demselben, es bleibt ganz untersagt.*

10. *Wenn der junge Walther das Geschäft des Groos verlässt, so darf dieser in kein Geschäft in Grünberg eintreten, ohne dass Groos seine Erlaubnis dazu gibt.*

11. *Zur Sicherstellung, dass beide Teile diese Übereinkunft treulich halten und erfüllen wollen, ist dieser Contract doppelt ausgefertigt. Jedem ist ein Exemplar eingehändigt und unterschrieben worden.*

Grünberg und Biedenkopf, den 27. November 1864

(Quelle: Informationen zur Politischen Bildung Nr. 175, Bundeszentrale für politische Bildung)

Arbeitsauftrag Vergleichen Sie diesen Lehrvertrag mit den nachfolgenden Regelungen des Berufsbildungsgesetzes und stellen Sie fest, wo Gemeinsamkeiten zwischen dem Vertrag aus dem Jahre 1864 und den heute geltenden Regelungen bestehen!

Die berufliche Ausbildung, Fortbildung und Umschulung ist im **Berufsbildungsgesetz** geregelt. Auszubildende werden in der Bundesrepublik Deutschland an **zwei Lernorten** ausgebildet: im Ausbildungsbetrieb (fachpraktische Ausbildung) und in der Berufsschule (fachtheoretische Ausbildung). Da zwei Einrichtungen bei der Berufsausbildung zusammenwirken, bezeichnet man diese Art der Ausbildung als **„Duales Berufsausbildungssystem"**.

● Der Ausbildungsvertrag

Vor Beginn der Ausbildung muss zwischen Ausbildendem und Auszubildendem ein **Ausbildungsvertrag** abgeschlossen werden.

Auszubildender ist derjenige, der ausgebildet wird. Minderjährige Auszubildende benötigen zum Abschluss des Ausbildungsvertrages die Zustimmung des gesetzlichen Vertreters.

Beispiel Werner Krull hat einen Ausbildungsvertrag mit der RAND OHG abgeschlossen. Er ist Auszubildender. Da er zur Zeit des Vertragsabschlusses noch nicht volljährig war, haben auch Vater und Mutter als Erziehungsberechtigte unterschrieben.

Ausbildender ist derjenige, der einen anderen zur Berufsausbildung einstellt.

Beispiel Werner wird von der RAND OHG ausgebildet. Die RAND OHG ist Ausbildender.

Ausbilder ist derjenige, der vom Ausbildenden mit der Durchführung der Ausbildung betraut ist.

Beispiel Werner wird zunächst in der Personalabteilung eingesetzt. Hier wird er von Frau Schmitz ausgebildet, die bei der IHK die Ausbildereignungsprüfung abgelegt hat. Frau Schmitz ist Ausbilderin.

Der Ausbildungsvertrag muss vor Beginn der Ausbildung schriftlich niedergelegt werden. Hierfür wird in der Praxis meist ein Vordruck der Industrie- und Handelskammer (IHK) oder der Handwerkskammer verwendet. Der Vertrag muss folgende **Mindestangaben** enthalten:

1. Art, sachliche und zeitliche Gliederung sowie Ziel der Berufsausbildung
2. Beginn und Dauer der Berufsausbildung
3. Ausbildungsmaßnahmen außerhalb der Ausbildungsstätte
4. Dauer der täglichen Ausbildungszeit
5. Dauer der Probezeit
6. Zahlung und Höhe der Vergütung
7. Dauer des Urlaubs
8. Voraussetzungen, unter denen der Vertrag gekündigt werden kann

Der Ausbildungsvertrag muss der Industrie- und Handelskammer bzw. der Handwerkskammer zur Eintragung in das **Verzeichnis der Berufsausbildungsverhältnisse** vorgelegt werden.

Mit Abschluss des Ausbildungsvertrages übernehmen Ausbildender und Auszubildender Pflichten, die gleichzeitig die Rechte der anderen Vertragspartei sind.

● Pflichten des Ausbildenden

▷ Der Ausbildende hat dafür zu sorgen, dass dem Auszubildenden die **Fertigkeiten und Kenntnisse** vermittelt werden, die zum Erreichen des Ausbildungszieles erforderlich sind.

Beispiel Der Ausbildungsrahmenplan für den Beruf Bürokaufmann/Bürokauffrau sieht vor, dass die Auszubildenden rechtliche Vorschriften der Berufsausbildung kennen lernen. Laut betrieblichem Ausbildungsplan wird Werner Krull die ersten drei Monate seiner Ausbildung in der Personalabteilung eingesetzt.

▷ Die Ausbildung muss entweder **vom Ausbildenden selbst oder von persönlich und fachlich geeigneten Ausbildern** durchgeführt werden.

Beispiel Als Ausbilder setzt der Ausbildende den zuständigen Abteilungsleiter ein. Alle Abteilungsleiter haben vor der Industrie- und Handelskammer eine Prüfung als Ausbilder abgelegt.

▷ Dem Auszubildenden müssen die **Ausbildungsmittel** kostenlos zur Verfügung gestellt werden.

Beispiele Berichtshefte, Fachbücher und Schreibmaterial für die Ausbildung im Ausbildungsbetrieb (nicht in der Schule).

Vorgeschriebene Berufskleidung, z. B. „Blaumann" oder Kittel, werden vom Ausbildenden ebenfalls zur Verfügung gestellt.

▷ Der Auszubildende ist zum **Besuch der Berufsschule** und zum Führen der **Berichtshefte** anzuhalten. Das ordnungsgemäß geführte Berichtsheft ist Voraussetzung für die Zulassung zur Abschlussprüfung.

Beispiel Werner Krull muss sein Berichtsheft einmal im Monat dem jeweiligen Abteilungsleiter vorlegen.

▷ Der Ausbildende muss dafür sorgen, dass dem Auszubildenden nur **Tätigkeiten** übertragen werden, **die dem Ausbildungszweck dienen** und seinen körperlichen Kräften angemessen sind.

Beispiel Werner Krull ist als Auszubildender der RAND OHG in der Abteilung Allgemeine Verwaltung/Personalwesen eingesetzt. Alle hier anfallenden Arbeiten hat er auszuführen. Als Herr Lunau aus der Abteilung Rechnungswesen ihn auffordert, für ihn private Besorgungen zu erledigen, schreitet Frau Schmitz ein und teilt Herrn Lunau mit, dass Werner nur Tätigkeiten übertragen werden dürfen, die dem Ausbildungszweck dienen.

▷ Der Auszubildende muss für die **Teilnahme am Berufsschulunterricht und an Prüfungen freigestellt** werden. Dies gilt auch für andere schulische Veranstaltungen.

Beispiel Das Berufskolleg Düsseldorf führt einmal im Jahr einen Wandertag durch. Frau Schmitz ist der Meinung, dies habe nichts mit der Ausbildung zu tun. Frau Schmitz ist im Irrtum; der Wandertag ist eine schulische Veranstaltung, für die sie ihren Auszubildenden freistellen muss.

▷ Dem Auszubildenden muss bei Beendigung des Ausbildungsverhältnisses ein **Zeugnis** ausgestellt werden. Der Auszubildende kann dabei zwischen dem einfachen Arbeitszeugnis und dem qualifizierten Arbeitszeugnis wählen.

Beispiel Das einfache Arbeitszeugnis enthält Angaben über Art, Dauer und Ziel der Berufsausbildung sowie die erworbenen Fertigkeiten und Kenntnisse. Das qualifizierte Arbeitszeugnis enthält zusätzlich Angaben über Führung, Leistung und besondere fachliche Fähigkeiten.

▷ Dem Auszubildenden ist eine angemessene **Vergütung** zu zahlen.

Beispiel Die Höhe der Ausbildungsvergütung ist in den Tarifverträgen festgelegt. Ist ein Betrieb nicht an den Tarifvertrag gebunden, darf die Ausbildungsvergütung nicht mehr als 20 % unter den tariflichen Sätzen liegen.

▷ Die Vergütung muss spätestens am letzten Arbeitstag des Monats gezahlt werden. Eine über die regelmäßige Ausbildungszeit hinausgehende Beschäftigung ist besonders zu vergüten. Erkrankt der Auszubildende, wird die Vergütung bis zur Dauer von sechs Wochen durch den Ausbildenden weitergezahlt, danach erhält er von der zuständigen Krankenversicherung Krankengeld (vgl. S. 184).

● *Pflichten des Auszubildenden*

▷ Der Auszubildende hat sich zu bemühen, die **Fertigkeiten und Kenntnisse zu erwerben,** die zur Erreichung des Ausbildungsziels erforderlich sind.

Beispiel Kirsten Schorn, Auszubildende zur Bürokauffrau bei der Hage AG, besucht regelmäßig die Berufsschule, macht die Hausaufgaben und arbeitet im Unterricht mit. Trotzdem ist das Ergebnis der Zwischenprüfung in allen drei Fächern mangelhaft. Ihr Ausbilder droht daraufhin mit Kündigung. Eine Kündigung ist in diesem Fall nicht zulässig, da die Auszubildende sich bemüht hat, das Ziel der Ausbildung zu erreichen.

▷ Der Auszubildende muss alle ihm im Rahmen der Ausbildung aufgetragenen **Tätigkeiten sorgfältig ausführen.**

Beispiel Kirsten Schorn verliert den ihr vom Betrieb zur Verfügung gestellten Taschenrechner. Sie ist zum Ersatz des Schadens verpflichtet, da sie gegen die Sorgfaltspflicht verstoßen hat.

▷ Der Auszubildende muss an **Ausbildungsmaßnahmen,** für die er freigestellt ist, **teilnehmen.**

Beispiel Eine Auszubildende schwänzt mehrfach die Berufsschule. Hierbei handelt es sich um eine grobe Pflichtverletzung der Auszubildenden, die zu einer Kündigung führen kann.

▷ **Weisungen,** die ihm im Rahmen der Berufsausbildung erteilt werden, muss der Auszubildende **befolgen.**

Beispiel Kirsten ist im Rahmen ihrer Ausbildung als Bürokauffrau in der Verkaufsabteilung eingesetzt, in der auch Kunden empfangen werden. Kirstens Ausbilderin erteilt ihr die Weisung, nicht in Jeans oder Turnschuhen in den Betrieb zu kommen. Kirsten muss diese Weisung befolgen, da ein solches Erscheinungsbild von den Kunden nicht akzeptiert würde und geschäftsschädigende Folgen hätte.

▷ Die für die Ausbildungsstätte geltende **Ordnung ist zu beachten.**

Beispiel In allen Räumen des Ausbildungsbetriebes gilt striktes Rauchverbot. Hieran muss sich jeder Auszubildende halten.

▷ Werkzeuge, Maschinen und Einrichtungen sind **pfleglich zu behandeln.**

Beispiel Die Auszubildende Kirsten benutzt eine vom Betrieb überlassene Schere zum Öffnen einer Getränkeflasche. Die Schere bricht ab. Kirsten muss das Werkzeug ersetzen.

▷ Über Betriebs- und Geschäftsgeheimnisse ist **Stillschweigen** zu wahren.

Beispiel Kirstens Freund ist kaufmännischer Angestellter in einem Konkurrenzbetrieb. Sie berichtet ihm von der bevorstehenden Einführung eines neuen Produktes. Damit verstößt sie gegen die ihr auferlegte Schweigepflicht.

● *Beginn und Beendigung der Ausbildung*

▷ Das Berufsausbildungsverhältnis beginnt mit der **Probezeit.** Sie muss mindestens einen Monat und darf höchstens vier Monate betragen. In der Probezeit prüft der Auszubildende, ob ihm der Beruf gefällt, und der Ausbildende, ob der Auszubildende für den Beruf geeignet ist.

▷ Das **Ausbildungsverhältnis endet mit Ablauf der Ausbildungszeit.** Besteht der Auszubildende die Prüfung zu einem früheren Zeitpunkt, so endet das Ausbildungsverhältnis mit Bestehen der Abschlussprüfung.

Beispiel Kirstens Ausbildungsvertrag endet am 31. August. Am 15. Juni schließt sie vor dem Prüfungsausschuss der Industrie- und Handelskammer erfolgreich die Kaufmannsgehilfenprüfung ab. Mit diesem Tag endet das Ausbildungsverhältnis und ihr steht im Falle der Übernahme das entsprechende Tarifgehalt zu.

▷ Eine **Kündigung** des Ausbildungsverhältnisses ist in folgenden Fällen möglich:

❑ **während der Probezeit** jederzeit ohne Einhaltung einer Frist und Angabe von Gründen. Die Kündigung muss schriftlich erfolgen.

Beispiel Silke, Auszubildende bei der Robert Blusch GmbH, stellt während der Probezeit fest, dass ihr die Ausbildung zur Bürokauffrau nicht zusagt. Sie teilt dies ihrem Chef mit und kündigt das Ausbildungsverhältnis.

❑ **nach der Probezeit**

    – **aus einem wichtigen Grund** ohne Einhaltung einer Kündigungsfrist. Die fristlose Kündigung muss spätestens zwei Wochen nach Bekanntwerden des Grundes erfolgen.

    Beispiel Ein Auszubildender wird bei einem Diebstahl ertappt. Der Chef kündigt ihm fristlos.

    – vom Auszubildenden **mit einer Frist von vier Wochen,**

      - wenn er die Berufsausbildung aufgeben will.

      Beispiel Kirsten wird schwanger. Sie möchte heiraten und Hausfrau und Mutter sein. Mit einer Frist von vier Wochen kann sie ihren Ausbildungsvertrag kündigen.

      - wenn er sich für einen anderen Beruf ausbilden lassen will.

      Beispiel Ein Jahr nach Beginn der Ausbildung zum Bürokaufmann kann ein Auszubildender eine Ausbildung in seinem Traumberuf als Goldschmied antreten. Er kündigt mit einer Frist von vier Wochen.

Die Kündigung muss **schriftlich und unter Angabe der Kündigungsgründe** erfolgen.

● *Einhaltung des Berufsbildungsgesetzes*

Die Einhaltung des Berufsbildungsgesetzes wird von der Industrie- und Handelskammer oder der Handwerkskammer überwacht. Hier stehen **Ausbildungsberater** zur Verfügung, die Auskünfte erteilen und den Auszubildenden bei allen die Berufsausbildung betreffenden Fragen beraten. Darüber hinaus kann er sich an seinen Betriebsrat oder Jugendvertreter, die zuständigen Gewerkschaften, Arbeitgeberverbände und Lehrer und Schülervertreter der Berufsbildenden Schule wenden.

Der Berufsausbildungsvertrag

▷ Der **Berufsausbildungsvertrag** muss vor Beginn der Berufsausbildung schriftlich abgeschlossen werden.

▷ **Auszubildender** ist derjenige, der ausgebildet wird.

▷ **Ausbildender** ist derjenige, der einen anderen zur Berufsausbildung einstellt.

▷ **Ausbilder** ist derjenige, der vom Ausbildenden mit der Durchführung der Ausbildung betraut ist.

▷ Der Berufsausbildungsvertrag muss bestimmte **Mindestangaben** enthalten.

Pflichten des Ausbildenden	Pflichten des Auszubildenden
❑ Ausbildungspflicht	❑ Lernpflicht
❑ Freistellung des Auszubildenden zum Besuch der Berufsschule	❑ Besuch der Berufsschule
❑ Bereitstellung von Arbeitsmitteln	❑ Gehorsamspflicht
❑ Zeugnispflicht	❑ Sorgfaltspflicht
❑ Vergütung	❑ Einhaltung der Betriebsordnung
	❑ Schweigepflicht

▷ Die **Probezeit** muss mindestens einen Monat und darf höchstens vier Monate betragen.

1 *Während einer Grippewelle fällt die Hälfte der Mitarbeiter der RAND OHG aus. Die Abteilungsleiterin verbietet dem Auszubildenden Werner Krull daraufhin den Besuch der Berufsschule und fordert ihn stattdessen auf, im Betrieb auszuhelfen. Ist dieses Verhalten zulässig? Begründen Sie Ihre Entscheidung!*

2 *Werner soll eine Schreibmaschine in einen Nebenraum tragen. Auf dem Weg dorthin stolpert er über ein Kabel und die Maschine fällt zu Boden. Begründen Sie, ob er den Schaden ersetzen muss!*

3 ☞ *Markus Rother beginnt seine Ausbildung zum Bürokaufmann in einem Großhandelsbetrieb. Nachdem ihn der Ausbildungsleiter durch die Abteilungen geführt hat, erklärt er ihm, dass er als jüngster Auszubildender in der Frühstückspause für alle Kaffee zu kochen habe. Markus ist empört. Er ist der Meinung, dass er als Bürokaufmann und nicht als Kaffeekoch ausgebildet wird. Führen Sie das Gespräch des Ausbildungsleiters mit dem Auszubildenden in Form eines Rollenspiels!*

4 ☞ *a) Erstellen Sie eine Übersicht mit den Rechten und Pflichten des Auszubildenden. Schlagen Sie dazu im Berufsbildungsgesetz nach. Fertigen Sie die Übersicht auf einem großen Bogen Papier an und hängen Sie diesen in der Klasse auf!*

☞ *b) In § 6 Absatz 2 Berufsbildungsgesetz heißt es: „Dem Auszubildenden dürfen nur Verrichtungen übertragen werden, die dem Ausbildungszweck dienen, und seinen körperlichen Kräften angemessen sind". Befragen Sie Ihre Mitschüler einer Unterstufenklasse der Berufsschule, welche Tätigkeiten sie in der vergangenen Woche ausgeführt haben, die dem Ausbildungszweck dienen, und welche Tätigkeiten nicht im Sinne der Ausbildung waren. Diskutieren Sie, warum es sinnvoll sein könnte, auch die eine oder andere Tätigkeit auszuführen, die nicht im Sinne der Regelung des Berufsbildungsgesetzes ist!*

5 ☞ *Werner Krulls Freund Jan ist seit einem Jahr Auszubildender im Beruf Bürokaufmann in der Papiergroßhandlung Schneider. Als er eine Lehrstelle in seinem Traumberuf als Fotograf angeboten bekommt, will er das Ausbildungsverhältnis kündigen.*
a) Erarbeiten Sie die Möglichkeiten der Kündigung eines Ausbildungsverhältnisses!
b) Stellen Sie fest, unter welchen Bedingungen Jan seinen Ausbildungsvertrag kündigen kann!

5.2 Arbeitsvertrag und Arbeitsgerichte

Werner Krull betreibt nach Feierabend einen kleinen Einzelhandelsbetrieb, in dem er Waren aus Versicherungsschadensfällen an Letztverbraucher verkauft. Als Herr Koch davon erfährt, ist dieser der Meinung, dass dies nicht zulässig sei.

Arbeitsauftrag   *Klären Sie die Rechtslage und stellen Sie fest, unter welchen Voraussetzungen Werner einen Handelsbetrieb führen darf!*

● **Arbeitsvertrag**

Der Arbeitsvertrag ist eine **Form des Dienstvertrages** (vgl. S. 39). In ihm verpflichtet sich der Arbeitnehmer zur Leistung der vereinbarten Dienste, der Arbeitgeber zur Zahlung der entsprechenden Vergütung.

Auch für den Arbeitsvertrag gilt der Grundsatz der **Vertragsfreiheit** (vgl. S. 51). Um Benachteiligungen zu vermeiden, ist die Vertragsfreiheit jedoch durch Gesetze (z.B. BGB, HGB, UWG), Verordnungen (z.B. Verordnung über Bildschirmarbeitsplätze), Tarifverträge (vgl. S. 166 f.) und Betriebsvereinbarungen (vgl. S. 168) eingeschränkt. Diese Regelungen dürfen im Arbeitsvertrag nicht unterschritten werden. Günstigere Vereinbarungen für den Arbeitnehmer sind jedoch zulässig.

Die wesentlichen Vertragsbedingungen eines Arbeitsvertrages (Name und Anschrift der Vertragsparteien, Beginn des Arbeitsverhältnisses, Arbeitsort, Beschreibung der Tätigkeit, Höhe des

Arbeitsentgeltes, Arbeitszeit, Urlaub, Kündigungsfristen) sind **schriftlich** niederzulegen und von beiden Vertragsparteien zu unterschreiben. Bei den meisten Arbeitsverhältnissen gelten die ersten drei Monate nach Beginn des Angestelltenverhältnisses als **Probezeit,** die Probezeit kann bis 24 Monate verlängert werden. Bis zum letzten Tag der Probezeit kann beiderseits mit Monatsfrist zum Monatsende schriftlich gekündigt werden.

Vor Beginn eines Arbeits- oder Ausbildungsverhältnisses wird für jeden Mitarbeiter eine **Personalakte** angelegt, in der die persönlichen Daten aufgenommen werden. Im Laufe des Arbeits- oder Ausbildungsverhältnisses wird diese Personalakte weitergeführt und um Angaben ergänzt. *Beispiele* Erste Beurteilung vor Abschluss der Probezeit, Zwischen- und Abschlussprüfungsergebnis, Ausbildungsmaßnahmen außerhalb der Ausbildungsstätte, Seminare, Beurteilungen von Vorgesetzten.

Mit Abschluss des Arbeitsvertrages übernehmen Arbeitnehmer und Arbeitgeber Rechte und Pflichten.

● *Rechte des Arbeitnehmers*

▷ Der Arbeitnehmer hat das Recht auf **Vergütung** seiner Arbeit. Die Höhe der Vergütung regelt der Tarifvertrag. Die Zahlung der Vergütung muss spätestens am letzten Werktag eines Monats erfolgen.
Beispiel Ein Auszubildender im Groß- und Außenhandel verdient im 1. Ausbildungsjahr zz. 636,14 EUR, im 2. Ausbildungsjahr 702,15 EUR und im 3. Ausbildungsjahr 767,18 EUR.

Im **Krankheitsfall** wird das Gehalt vom Arbeitgeber für die Dauer von sechs Wochen fortgezahlt. Danach bekommt er Krankengeld (vgl. S. 184) von der Krankenkasse.

▷ Der Arbeitnehmer hat das Recht auf **Fürsorge.** So müssen z. B. die Geschäftsräume und die Arbeitsmittel so beschaffen sein, dass der Angestellte gegen Gefährdungen seiner Gesundheit geschützt ist.

▷ Der Arbeitnehmer hat Anspruch auf bezahlten **Erholungsurlaub.** Das Bundesurlaubsgesetz (BundUrlG) garantiert einen Mindesturlaub von 24 Werktagen. Im Tarifvertrag sind i. d. R. längere Urlaubszeiten vereinbart.
Beispiel Für die Arbeitnehmer der in der Tarifgemeinschaft des Groß- und Außenhandels zusammengeschlossenen Unternehmen ist ein Jahresurlaub von 30 Tagen garantiert. Während des Urlaubs darf der Arbeitnehmer keiner Erwerbstätigkeit nachgehen. Erkrankt er im Urlaub, so werden die durch Attest nachgewiesenen Tage nicht auf den Jahresurlaub angerechnet.

▷ Der Arbeitnehmer hat das Recht auf ein **Zeugnis.** Dabei kann er zwischen dem einfachen und dem qualifizierten Arbeitszeugnis wählen. Das **einfache** Arbeitszeugnis enthält lediglich Angaben über die Person des Arbeitnehmers sowie Art und Dauer der Beschäftigung. Das **qualifizierte** Arbeitszeugnis wird auf Wunsch des Arbeitnehmers ausgestellt und enthält zusätzlich Angaben über Führung und Leistung.

▷ Der Arbeitnehmer hat das Recht auf Einhaltung einer **Kündigungsfrist.** Ist im Vertrag keine abweichende Regelung getroffen, gilt die gesetzliche Kündigung von vier Wochen zum Monatsende oder zum 15. eines Monats (vgl. S. 174 f.).

● *Pflichten des Arbeitnehmers*

▷ Der Arbeitnehmer hat die Pflicht, die im Arbeitsvertrag vereinbarten **Dienste zu leisten.**

▷ Die Arbeitnehmer sind verpflichtet, „den **Anordnungen der Arbeitgeber** in Beziehung auf die ihnen übertragenen Arbeiten und auf die häuslichen Einrichtungen **Folge zu leisten**" (§ 121 GewO).
Beispiel Frau Rand fordert Herrn Maier auf, alle Aufträge der EBEKA eG aus den letzten fünf Jahren herauszusuchen. Auch wenn es sich um eine unangenehme Arbeit handelt, muss Herr Maier den Anordnungen Folge leisten, da es sich um eine Anweisung im Rahmen seines Arbeitsvertrages handelt.

◊ Der Arbeitnehmer muss über Geschäfts- und Betriebsgeheimnisse Stillschweigen bewahren **(Schweigepflicht)**.

Beispiel Die Namen der Lieferanten der RAND OHG, Einkaufspreise und Konditionen sind Betriebsgeheimnisse und unterliegen der Schweigepflicht. Teilt ein Angestellter diese einem Konkurrenten mit, muss er mit einer fristlosen Kündigung rechnen.

◊ Der Arbeitnehmer darf ohne Einwilligung des Arbeitgebers „weder ein Handelsgewerbe betreiben noch in dem Handelszweige des Prinzipals für eigene oder fremde Rechnung Geschäfte machen" (§ 60 Abs. 1 HGB). Dieser Paragraf beinhaltet zwei Verbote: Der kaufmännische Angestellte darf sich nicht selbstständig machen **(Handelsverbot)** und er darf auf eigene oder fremde Rechnung keine Geschäfte in der Branche des Arbeitgebers abschließen **(Wettbewerbsverbot)**.

● *Arbeitsgerichtsbarkeit*

Die **Gerichtsbarkeit** in Arbeitssachen wird durch die Arbeitsgerichte, die Landesarbeitsgerichte und das Bundesarbeitsgericht ausgeübt. Sie sind **zuständig** für bürgerliche (privatrechtliche) Streitigkeiten aus Arbeits- oder Tarifverträgen und alle Angelegenheiten nach dem Betriebsverfassungsgesetz (BetrVerfG) und dem Mitbestimmungsgesetz (MitbestG).

Die bürgerlichen Rechtsstreitigkeiten werden durch ein **Urteil** entschieden, bei Streitigkeiten aus dem Betriebsverfassungs- oder Mitbestimmungsgesetz endet das Verfahren mit einem **Beschluss.**

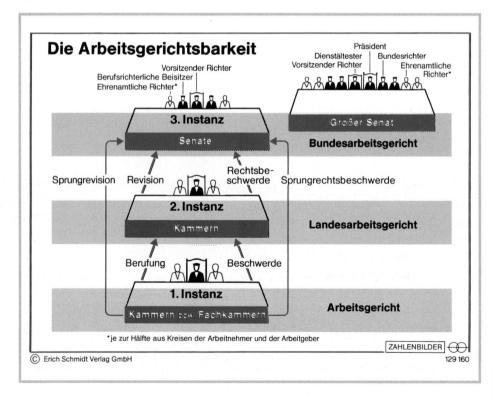

Als 1. Instanz ist zunächst das **Arbeitsgericht** für alle Verfahren zuständig. Vor dem Arbeitsgericht müssen die streitenden Parteien keinen Anwalt hinzuziehen. Sie können sich jedoch durch einen Rechtsanwalt oder einen Vertreter der Arbeitgebervereinigungen bzw. der Gewerkschaften vertreten lassen. Die Kosten des Verfahrens muss jede Partei selbst tragen. Die Urteile werden durch Berufsrichter und ehrenamtliche Richter gefällt.

Als 2. Instanz entscheiden die **Landesarbeitsgerichte** im Falle der Berufung gegen ein Urteil oder der Beschwerde gegen einen Beschluss der Arbeitsgerichte. Vor dem Landesarbeitsgericht besteht Anwaltszwang, d. h., die Parteien müssen sich durch einen Anwalt vertreten lassen.

Als 3. Instanz entscheidet das **Bundesarbeitsgericht** im Falle der Revision gegen Urteile oder der Rechtsbeschwerde gegen Beschlüsse der Landesarbeitsgerichte. Die Revision wird bei Rechtsstreitigkeiten von grundsätzlicher Bedeutung von der Vorinstanz zugelassen.

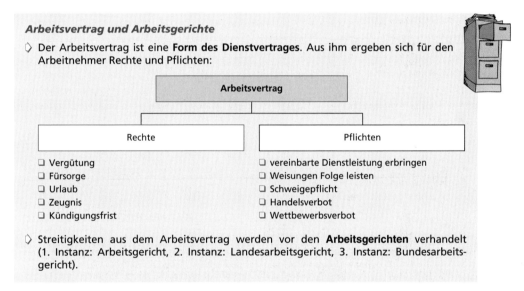

Arbeitsvertrag und Arbeitsgerichte

▷ Der Arbeitsvertrag ist eine **Form des Dienstvertrages**. Aus ihm ergeben sich für den Arbeitnehmer Rechte und Pflichten:

Arbeitsvertrag	
Rechte	Pflichten
❑ Vergütung	❑ vereinbarte Dienstleistung erbringen
❑ Fürsorge	❑ Weisungen Folge leisten
❑ Urlaub	❑ Schweigepflicht
❑ Zeugnis	❑ Handelsverbot
❑ Kündigungsfrist	❑ Wettbewerbsverbot

▷ Streitigkeiten aus dem Arbeitsvertrag werden vor den **Arbeitsgerichten** verhandelt (1. Instanz: Arbeitsgericht, 2. Instanz: Landesarbeitsgericht, 3. Instanz: Bundesarbeitsgericht).

1 Erläutern Sie, durch welche Regelungen die Vertragsfreiheit beim Abschluss eines Arbeitsvertrages eingeschränkt wird!

2 Ein Angestellter der RAND OHG jobbt während des Urlaubs als Animateur in einem Ferienclub. Als Frau Rand davon erfährt, verbietet sie ihm den Ferienjob. Der Angestellte ist der Meinung, was er in seinem Urlaub mache, gehe niemanden etwas an. Beurteilen Sie den Fall!

3 Ein Angestellter der RAND OHG wird im Urlaub krank. Durch Attest kann er sechs Tage Arbeitsunfähigkeit belegen. Welche Auswirkungen hat dies auf seinen Urlaubsanspruch?

4 ☞ Schreiben Sie ein qualifiziertes Arbeitszeugnis über Ihren Banknachbarn in seiner Eigenschaft als Schüler der Handelsschule. Tragen Sie das Ergebnis vor und begründen Sie die gewählten Formulierungen!

5 ☞ Diskutieren Sie das in Aufgabe 4 erstellte Zeugnis mit Ihrem Banknachbarn! Der Rest der Klasse beobachtet die Diskussion und fertigt darüber ein Protokoll an!

5.3 Tarifvertrag, Betriebsvereinbarung und betriebliche Mitbestimmung

Als der Auszubildende Werner Krull am Morgen die Zeitung aufschlägt, findet er folgende Meldung:

Tarifvertrag für den Groß- und Außenhandel unter Dach und Fach! Die Arbeitszeit für Arbeiter und Angestellte wird um eine Stunde auf 37,5 Stunden verkürzt. Alle Beschäftigten erhalten 3 % mehr Gehalt und die Ausbildungsvergütungen werden um 40 EUR angehoben.

Werner freut sich über den Erfolg „seiner" Gewerkschaft. Die 40 EUR mehr kann er gut gebrauchen. Und was er mit der Stunde mehr Freizeit anfängt, weiß er auch schon. Als er seiner Kollegin Eva Rost von der guten Nachricht berichtet, reagiert die skeptisch. Die RAND OHG gehöre zwar zum Groß- und Außenhandel, „aber 3 % mehr zahlen die uns bestimmt nicht!" Werner ist ratlos.

Arbeitsauftrag
❑ Überprüfen Sie, ob Werner Anspruch auf die ausgehandelte Arbeitszeitverkürzung und die Erhöhung der Ausbildungsvergütung hat!
❑ Stellen Sie fest, wer in einem Unternehmen die Interessen der Arbeitnehmer und der Auszubildenden gegenüber der Unternehmensleitung vertritt!

● Der Tarifvertrag

§ 1 Abs. 1 TVG: Der Tarifvertrag regelt die Rechte und Pflichten der Tarifvertragsparteien und enthält Rechtsnormen, die den Inhalt, den Abschluss und die Beendigung von Arbeitsverhältnissen sowie betriebliche und betriebsverfassungsrechtliche Fragen ordnen können.

▷ So wie der Ausbildungsvertrag Rechte und Pflichten des Auszubildenden und der Einzelarbeitsvertrag Rechte und Pflichten des einzelnen Arbeitnehmers regelt, legt der Tarifvertrag Lohn- und Arbeitsnormen für die Tarifvertragsparteien **kollektiv**, d.h. gemeinschaftlich, fest.

▷ Grundlage des Tarifvertragswesens ist die in Artikel 9 Abs. 3 GG garantierte Tarifautonomie. Danach haben die Tarifvertragsparteien das Recht, Vereinigungen zu bilden und in eigener Verantwortung Tarifverträge abzuschließen.

▷ **Tarifvertragsparteien** sind auf Arbeitnehmerseite die Gewerkschaften und auf der Arbeitgeberseite die Arbeitgeberverbände oder einzelne Arbeitgeber.

Beispiel Die Arbeitnehmer der RAND OHG können der Gewerkschaft Vereinte Dienstleistungs Gewerkschaft (Ver.di) beitreten, die Arbeitgeber der Branche sind in der Tarifgemeinschaft des Groß- und Außenhandels zusammengeschlossen.

▷ Nur die Mitglieder der Tarifvertragsparteien sind an den Tarifvertrag **gebunden**, d.h. alle Arbeitgeber, die in einem Arbeitgeberverband zusammengeschlossen sind, und alle Arbeitnehmer, die in einer Gewerkschaft organisiert sind.

Der Bundesminister für Arbeit und Sozialordnung kann einen Tarifvertrag für **allgemein verbindlich** erklären. Ist dies erfolgt, gilt der Tarifvertrag für alle Arbeitgeber und Arbeitnehmer, unabhängig davon, ob sie organisiert sind oder nicht.

▷ Die Mitglieder der Tarifvertragsparteien müssen die getroffenen Regelungen erfüllen (**Erfüllungspflicht**). Während der Laufzeit des Vertrages sind keine Kampfmaßnahmen zulässig (**Friedenspflicht**). Arbeitskampfmaßnahmen sind der **Streik** der Arbeitnehmer und die **Aussperrung** durch die Arbeitgeber.

▷ Die wichtigsten Tarifverträge sind der **Manteltarifvertrag** und der **Lohn- und Gehaltstarifvertrag**. Darüber hinaus gibt es noch Tarifverträge über die Höhe vermögenswirksamer Leistungen, Vorruhestands-Tarifverträge, Tarifverträge über Sonderzahlungen usw.

Der **Manteltarifvertrag** regelt die grundsätzlichen Arbeitsbedingungen. Er wird meist für mehrere Jahre abgeschlossen.

Beispiel Im Manteltarifvertrag für den Groß- und Außenhandel Nordrhein-Westfalen sind folgende Punkte geregelt: Arbeitszeit, Schichtarbeit, Teilzeitarbeit, Mehrarbeit, Kurzarbeit, Urlaub usw.

Der **Lohn- und Gehaltstarifvertrag** besteht aus zwei Teilen, zum einen aus dem Gehaltstarifvertrag für die kaufmännischen und technischen Angestellten, zum anderen aus dem Lohntarifvertrag für die gewerblichen Arbeitnehmer. Die Arbeitnehmer werden zunächst entsprechend ihrer tatsächlich verrichteten Tätigkeit in Lohn- und Gehaltsgruppen eingeteilt, denen dann die entsprechenden Tarifgehälter zugeordnet werden. Lohn- und Gehaltstarifverträge werden meist für ein Jahr abgeschlossen.

Beispiel Bei der HaWa AG ist Herr Müller als Sachbearbeiter im 5. Berufsjahr in der Abteilung Rechnungswesen in die Gehaltsgruppe IV eingestuft. Er verdient nach Tarif 1 963,86 EUR brutto.

▷ Der Ablauf von **Tarifverhandlungen** könnte unter Einbeziehung von Arbeitskampfmaßnahmen folgendermaßen aussehen:

❑ Fristgerechte **Kündigung** des Tarifvertrages zum angegebenen Termin.

❑ Eröffnung der **Tarifverhandlungen.** Die Gewerkschaften stellten ihre Forderungen, die Arbeitgeberverbände unterbreiten ihr Angebot.

❑ Kommt man zu keinem Kompromiss, kann jede Seite das **Scheitern** der Verhandlungen erklären.

❑ Sind Tarifverhandlungen gescheitert, kommt es zum **Schlichtungsverfahren.** Die tarifliche Schlichtungsstelle besteht aus der gleichen Zahl von Arbeitgeber- und Gewerkschaftsvertretern und einem unparteiischen Vorsitzenden, die nach einem Einigungsvorschlag suchen.

❑ Kommt es zu keiner Einigung, ist die Schlichtung **gescheitert.** Die Friedenspflicht ist erloschen und der Arbeitskampf kann beginnen.

❑ Zunächst stellt die Gewerkschaft durch eine **Urabstimmung** fest, ob ihre Mitglieder zum Streik bereit sind.

❑ Stimmen 75 % der Mitglieder für einen **Streik,** kann die Gewerkschaft den Streik für den Tarifbezirk ausrufen. Bei einem Streik legen die organisierten Arbeitnehmer für einen befristeten Zeitraum die Arbeit nieder. Ob Auszubildende an Streiks teilnehmen dürfen, ist umstritten. Nach Auffassung des Bundesarbeitsgerichts darf die Gewerkschaft Auszubildende nur dann zu kurzen, befristeten Warnstreiks aufrufen, wenn über die Ausbildungsvergütung verhandelt wird.

❑ Als Reaktion auf den Streik können die Arbeitgeber die **Aussperrung** aller Arbeitnehmer durchführen, d.h., sie verweigern ihnen die Möglichkeit zu arbeiten.

❑ Die Umsatzeinbußen bei den Unternehmen, die Zahlung von Streikunterstützung durch die Gewerkschaften und der Verdienstausfall bei den Arbeitnehmern führt dazu, dass die Tarifvertragsparteien in **neuen Tarifverhandlungen** nach einem Kompromiss suchen.

❑ Kommt es zu einer Einigung, müssen dem Ergebnis in einer **Urabstimmung** mindestens 25 % der organisierten Arbeitnehmer zustimmen.

❑ Ist dies der Fall, kommt es zum **Abschluss eines neuen Tarifvertrages** und die Arbeit wird wieder aufgenommen.

● *Die Betriebsvereinbarung*

Betriebsvereinbarungen werden zwischen **Betriebsrat** und **Arbeitgeber** eines bestimmten Betriebes geschlossen. Sie müssen schriftlich niedergelegt werden und sind an geeigneter Stelle im Betrieb auszulegen. Betriebsvereinbarungen dürfen den Bestimmungen des Tarifvertrages nicht widersprechen, sondern sollen diesen an die besonderen Belange des Betriebes anpassen.

Beispiel Der Manteltarifvertrag für den Groß- und Außenhandel legt den Urlaubsanspruch für Arbeitnehmer mit 30 Tagen fest. Im Rahmen einer Betriebsvereinbarung können jetzt Regeln über die Lage des Urlaubs (z. B. Auszubildende nur in den Schulferien), die Berücksichtigung der Urlaubswünsche (Eltern schulpflichtiger Kinder bevorzugt in den Schulferien), Sperrzeiten usw. festgelegt werden.

● *Der Betriebsrat*

> *§ 1 BetrVerfG: In Betrieben mit in der Regel mindestens fünf ständigen wahlberechtigten Arbeitnehmern, von denen drei wählbar sind, werden Betriebsräte gewählt.*

▷ **Wahlberechtigt** sind alle Arbeitnehmer, die das 18. Lebensjahr vollendet haben. **Wählbar** sind alle Wahlberechtigten, die mindestens sechs Monate dem Betrieb angehören.

▷ Die **Zahl** der Betriebsratsmitglieder ist im Gesetz geregelt.

Beispiel Die Robert Blusch GmbH beschäftigt 110 wahlberechtigte Mitarbeiter. Der Betriebsrat besteht laut BetrVerfG aus fünf Personen.

▷ Auch die **Zusammensetzung** des Betriebsrates regelt das Gesetz. So **müssen** gewerbliche Mitarbeiter und Angestellte entsprechend ihrem zahlenmäßigen Verhältnis im Betrieb im Betriebsrat vertreten sein. Männer und Frauen **sollen** entsprechend ihrem zahlenmäßigen Verhältnis vertreten sein.

Beispiel Die Robert Blusch GmbH beschäftigt 70 Arbeiter und 40 Angestellte. Von den fünf Betriebsratsmitgliedern sind drei Angestellte (Herr Messerschmidt, Frau Geissler und Frau Botsch) und zwei Arbeiter (Herr Horn und Frau Schmitz).

▷ Die **Amtszeit** des Betriebsrates beträgt vier Jahre. Die regelmäßigen **Betriebsratswahlen** finden in der Zeit vom 1. März bis 31. Mai statt.

Die Betriebsratsmitglieder wählen aus ihren Reihen einen **Vorsitzenden.** Sie sind für die Wahrnehmung der Aufgaben von ihrer beruflichen Tätigkeit freizustellen.

Beispiel Betriebsratsvorsitzender der Robert Blusch GmbH ist Herr Messerschmidt, seine Stellvertreterin ist Frau Schmitz.

▷ Der Betriebsrat hat folgende **allgemeine Aufgaben:**

❑ Interessenvertretung der Arbeitnehmer im Betrieb

❑ Überwachung der Einhaltung von Gesetzen (z. B. Kündigungsschutzgesetz), Verordnungen (z. B. Arbeitszeitgesetz), Unfallverhütungsvorschriften und Tarifverträgen

❑ Beantragung von Maßnahmen, die der Belegschaft dienen

Darüber hinaus hat der Betriebsrat konkrete Mitwirkungs- und Mitbestimmungsrechte:

- ❏ **Mitwirkung** bedeutet, dass der Betriebsrat informiert und angehört werden muss. Die Rechtsgültigkeit einer Entscheidung hängt hier nicht von der Zustimmung, wohl aber von der vorherigen Unterrichtung des Betriebsrates ab. Das Mitwirkungsrecht des Betriebsrates erstreckt sich u. a. auf folgende Themen:
  - alle betrieblichen Angelegenheiten, die die Arbeitnehmer betreffen;
  - geplante Betriebsänderungen, z. B. die Einschränkung oder Stilllegung von Betrieben oder Betriebsteilen;
  - Personalplanung.

  Beispiel Der Betriebsratsvorsitzende der Robert Blusch GmbH wird automatisch zu allen Konferenzen eingeladen, die die Geschäftsführer zu Themen einberufen, die die Arbeitnehmer betreffen.

- ❏ **Mitbestimmung** bedeutet, dass betriebliche Maßnahmen erst nach Zustimmung des Betriebsrates wirksam werden. Der Betriebsrat hat u. a. in folgenden Angelegenheiten mitzubestimmen:
  - Mehrarbeit;

  § 87 Abs. 1 Nr. 6 BetrVerfG: Einführung und Anwendung von technischen Einrichtungen, die dazu bestimmt sind, das Verhalten und die Leistung der Arbeitnehmer zu überwachen;

  - personelle Einzelmaßnahmen wie Einstellungen, Ein- oder Umgruppierungen und Versetzungen.

  Beispiel Für einen Großauftrag muss die Robert Blusch GmbH Überstunden ansetzen. Frau Friedrich und Herr Blusch, die Geschäftsführer, erörtern den Sachverhalt mit dem Betriebsrat und bitten ihn anschließend um Zustimmung.

Der Betriebsrat ist vor jeder Kündigung zu hören. Der Arbeitgeber muss ihm die Gründe für die Kündigung mitteilen. Wird er vor einer Kündigung nicht gehört, ist diese unwirksam.

Beispiel Einem Mitarbeiter in der Lackiererei der Robert Blusch GmbH wird aus betriebsbedingten Gründen fristgerecht gekündigt. Nachdem er die Kündigung erhalten hat, wendet er sich an den Betriebsrat. Herr Messerschmidt stellt fest, dass der Betriebsrat vor der Kündigung nicht gehört wurde. Aufgrund dieses Formmangels ist die Kündigung unwirksam.

▷ Einmal in jedem Kalendervierteljahr muss der Betriebsrat eine **Betriebsversammlung** einberufen. Sie besteht aus den Arbeitnehmern des Betriebes. Der Arbeitgeber muss zu den Versammlungen eingeladen werden. Er ist berechtigt, in der Versammlung zu sprechen. Ebenso ist er verpflichtet, einmal im Jahr über das Personal- und Sozialwesen, die wirtschaftliche Lage und die Entwicklung des Betriebes zu berichten.

▷ Der Betriebsrat genießt einen **besonderen Kündigungsschutz.** Während der Amtszeit und ein Jahr danach ist eine Kündigung unzulässig. Hiervon ausgenommen ist lediglich die außerordentliche Kündigung.

● Die Jugend- und Auszubildendenvertretung

In Betrieben mit mindestens fünf Arbeitnehmern bis zu 18 Jahren oder Auszubildenden bis zu 25 Jahren kann eine **Jugend- und Auszubildendenvertretung** (JAV) gewählt werden.

Aufgabe der Jugend- und Auszubildendenvertretung ist es,

- ❏ Maßnahmen, die den Jugendlichen und Auszubildenden dienen, beim Betriebsrat zu beantragen,

❏ darüber zu wachen, dass die zugunsten der Jugendlichen und Auszubildenden erlassenen Gesetze, Verordnungen und Vorschriften eingehalten werden, und
❏ Anregungen der Jugendlichen und Auszubildenden an den Betriebsrat weiterzuleiten und auf deren Erledigung hinzuwirken.

Tarifvertrag, Betriebsvereinbarung und betriebliche Mitbestimmung

◊ **Tarifvertrag**

❏ Der Tarifvertrag legt Lohn- und Arbeitsnormen für die Tarifvertragsparteien **kollektiv**, d. h. gemeinschaftlich fest.
❏ Grundlage ist die in Art. 9 Abs. 3 GG garantierte **Tarifautonomie**.
❏ Alle Mitglieder der Tarifvertragsparteien sind an den Tarifvertrag gebunden. Sie müssen ihn erfüllen **(Erfüllungspflicht)** und dürfen während der Laufzeit keine Kampfmaßnahmen ergreifen **(Friedenspflicht)**.
❏ Tarifverträge können für **allgemein verbindlich** erklärt werden. Sie gelten dann für alle betroffenen Arbeitnehmer.
❏ Der **Manteltarifvertrag** regelt allgemeine Arbeitsbedingungen.
❏ Der **Lohn- und Gehaltstarifvertrag** regelt die Lohn-/Gehaltshöhe in den Lohn-/Gehaltsgruppen.

◊ **Betriebsvereinbarung**

❏ Betriebsvereinbarungen werden zwischen Betriebsrat und Arbeitgeber **eines** Betriebes geschlossen. Sie dürfen den Bestimmungen des Tarifvertrages nicht widersprechen.

◊ **Der Betriebsrat**

Einrichtung	❏ in Betrieben mit in der Regel mindestens fünf ständigen wahlberechtigten Arbeitnehmern, von denen drei wählbar sind, kann ein Betriebsrat gewählt werden
Wahlberechtigt	❏ alle Arbeitnehmer, die das 18. Lebensjahr vollendet haben
Wählbar	❏ alle Wahlberechtigten, die mindestens sechs Monate im Betrieb sind
Zahl	❏ regelt das Gesetz
Zusammensetzung	❏ sollte der Zusammensetzung der Arbeitnehmer im Betrieb entsprechen
Amtszeit	❏ vier Jahre
Wahlen	❏ vom 1. März bis 31. Mai
allgemeine Aufgaben	❏ Interessenvertretung der Arbeitnehmer
Mitwirkungsrechte	❏ alle betrieblichen Angelegenheiten, die die Arbeitnehmer betreffen
Mitbestimmungsrechte	❏ Fragen der betrieblichen Ordnung ❏ Mehrarbeit ❏ Einführung technischer Kontrolleinrichtungen ❏ personelle Einzelmaßnahmen
Betriebsversammlung	❏ einmal im Kalendervierteljahr
Kündigung	❏ während der Amtszeit und ein Jahr danach ist eine Kündigung des Betriebsrates unzulässig

In Betrieben mit mindestens fünf Arbeitnehmern bis zu 18 Jahren oder Auszubildenden bis zu 25 Jahren kann eine Jugend- und Auszubildendenvertretung gewählt werden. Ihre Aufgabe ist die Interessenvertretung der Jugendlichen und Auszubildenden.

1 *Erläutern Sie die Gemeinsamkeiten zwischen Einzelarbeitsvertrag und Tarifvertrag!*

2 *Formulieren Sie eine „Betriebsvereinbarung" für Ihre Klasse! Sie sollte die Schul- und Hausordnung an die besonderen Belange Ihrer Klasse anpassen.*

3 ☞ *In der RAND OHG gilt die folgende Betriebsvereinbarung:*

Betriebsvereinbarung über die betriebliche Arbeitszeitregelung

Zwischen Geschäftsleitung und Betriebsrat der RAND OHG wird entsprechend § 87 Abs. 1 Nr. 2 BetrVerfG und den geltenden Tarifverträgen folgende Vereinbarung über die Arbeitszeit getroffen:

1. Die regelmäßige wöchentliche Arbeitszeit beträgt ausschließlich Pausen für sämtliche vollbeschäftigten Tarifmitarbeiter und Auszubildenden 37,5 Stunden in der Woche. Die tägliche Arbeitszeit ist wie folgt geregelt:

   1.1. Angestellte
       montags – donnerstags   07:45–16:30 Uhr
       freitags   07:45–15:15 Uhr
       Pausen 12:00–13:00 Uhr

   1.2. Auszubildende
       siehe 1.1.
       Die Pausen lt. JArbSchG sind zu berücksichtigen.

Diese Betriebsvereinbarung verliert mit Inkrafttreten einer neuen Vereinbarung ihre Gültigkeit.

Der Betriebsrat   Die Geschäftsleitung
gez. Lunau   gez. Rand
                                  gez. Koch

Im Manteltarifvertrag für den Groß- und Außenhandel wird eine Wochenarbeitszeit von 37 Stunden vereinbart. Passen Sie die Betriebsvereinbarung der RAND OHG der veränderten Wochenarbeitszeit an.

Diskutieren Sie unterschiedliche Lösungen in Ihrer Klasse!

4 ☞ *Die Gewerkschaften argumentieren: „Aussperrung ist ein Akt unternehmerischer Willkür. Arbeitgeber haben in Lohnverhandlungen schon von vornherein eine stärkere Machtstellung, weil sie über die Produktionsmittel verfügen. Das Recht zum Streik schafft erst das Gleichgewicht!"*

Die Arbeitgeber argumentieren: „Streik ohne Aussperrung zerstört das Kräftegleichgewicht und schafft ein Übergewicht der Gewerkschaften!"

Diskutieren Sie die unterschiedlichen Argumente!

5 *Erläutern Sie den besonderen Kündigungsschutz, den der Betriebsrat genießt, und überlegen Sie, warum dieser Kündigungsschutz notwendig ist!*

6 *Zeigen Sie die Unterschiede zwischen Mitbestimmung und Mitwirkung an Beispielen auf!*

5.4 Arbeitsschutzgesetze

Herr Koch sitzt am Personaleinsatzplan für die kommende Woche. Frau Rost hat sich soeben für eine Woche krank gemeldet, Herr Maier ist in Urlaub, und er selbst muss für drei Tage auf die Messe. Die erforderliche Mindestbesetzung kann er in dieser Situation nur einhalten, wenn

❏ *alle Mitarbeiter täglich zehn Stunden eingesetzt werden,*
❏ *er in dieser Woche keine Pausen einplant und*
❏ *der Auszubildende Krull am langen Berufsschultag nachmittags in den Betrieb kommt.*

Arbeitsauftrag *Erarbeiten Sie den nachfolgenden Sachinhalt und beurteilen Sie anschließend, ob eine solche Regelung möglich ist!*

● Das Jugendarbeitsschutzgesetz (JArbSchG)

Das Jugendarbeitsschutzgesetz soll jugendliche Arbeitnehmer und Auszubildende **vor Überforderung im Berufsleben schützen**. Es gilt für die Beschäftigung von Personen, die noch nicht 18 Jahre alt sind.

▷ **Beschäftigung von Kindern und Jugendlichen:** Die Beschäftigung von Kindern ist grundsätzlich verboten. Jugendliche unter 15 Jahren dürfen nur in einem Ausbildungsverhältnis oder mit leichten Tätigkeiten beschäftigt werden. Jugendliche dürfen nicht mehr als **8 Stunden** täglich und nicht mehr als **40 Stunden wöchentlich** beschäftigt werden. Wenn an einzelnen Werktagen die Arbeitszeit auf weniger als 8 Stunden verkürzt ist, können Jugendliche an den übrigen Tagen der Woche 8,5 Stunden arbeiten.

Beispiel Die RAND OHG will freitags bereits um 14:00 Uhr die Tore schließen. Aus diesem Grund sollen mittwochs und donnerstags 8,5 Stunden gearbeitet werden.

▷ Jugendlichen müssen im Voraus feststehende **Ruhepausen** von mindestens 15 Minuten Dauer gewährt werden.

▷ Nach Beendigung der täglichen Arbeitszeit dürfen Jugendliche nicht vor Ablauf von mindestens 12 Stunden beschäftigt werden.

Beispiel Der Auszubildende Werner Krull wird zur Spielwarenmesse in Nürnberg mitgenommen. Wenn Werner die Messe bis 20:00 Uhr besucht, darf er frühestens um 08:00 Uhr des folgenden Tages zur Arbeit eingesetzt werden.

▷ Jugendliche dürfen nur in der Zeit von 06:00 bis 20:00 Uhr beschäftigt werden. Ferner dürfen sie nur an **fünf Tagen** in der Woche beschäftigt werden. Als Arbeitstage gelten auch die Berufsschultage.

▷ **Berufsschulbesuch und Prüfungen:** Der Arbeitgeber hat Jugendliche für die Teilnahme am Berufsschulunterricht und für Prüfungen freizustellen. Berufsschulpflichtige minderjährige Auszubildende dürfen an **einem** Berufsschultag in der Woche mit mehr als fünf Stunden Unterricht nicht mehr beschäftigt werden. Der Tag wird mit acht Stunden auf die Wochenarbeitszeit angerechnet.

Beispiel Der 17-jährige Auszubildende Sven Braun hat dienstags von 08:00 bis 13:10 Uhr und donnerstags von 08:00 bis 12:25 Uhr Berufsschule. Am Dienstagnachmittag hat er arbeitsfrei und der Tag wird mit 8 Stunden auf seine Wochenarbeitszeit angerechnet.

▷ Die Einhaltung des Jugendarbeitsschutzgesetzes wird von der zuständigen Behörde überwacht. In der Regel ist dies das **Gewerbeaufsichtsamt** (Amt für Gewerbeschutz).

● Gewerbeordnung (GewO) und Vorschriften der Berufsgenossenschaften

▷ Die **Gewerbeordnung** (GewO) legt u.a. fest, dass der Arbeitgeber die Arbeitsräume, Maschinen und Gerätschaften so einzurichten und zu unterhalten hat, dass die Arbeitnehmer gegen Gefahren für Leben und Gesundheit geschützt sind.

Insbesondere hat er für genügend Licht, ausreichende Belüftung und Beseitigung der bei der Arbeit entstehenden Dünste, Gase und Abfälle zu sorgen. Maschinen und Geräte müssen mit entsprechenden Schutzvorrichtungen gegen gefährliche Berührung versehen sein und es sind Vorkehrungen gegen Brände zu treffen. Es sind einwandfreie Toilettenanlagen und, soweit es der Betrieb zulässt, nach Geschlechtern getrennte Wasch- und Ankleideräume einzurichten.

▷ Darüber hinaus erlässt die **Berufsgenossenschaft** Unfallverhütungsvorschriften und weist in Merkblättern, Zeitschriften und Vorträgen auf mögliche Gefahren hin.

● Das Arbeitszeitgesetz (ArbZG, vgl. S. 162, 179)

▷ Das **Arbeitszeitgesetz** (ArbZG) legt fest, dass die regelmäßige werktägliche Arbeitszeit die Dauer von **acht Stunden** nicht überschreiten darf. Eine tägliche Arbeitszeit von zehn Stunden ist zulässig, wenn innerhalb von sechs Monaten eine durchschnittliche Arbeitszeit von acht Stunden erreicht wird.

❑ Laut Gesetz gilt also noch die 48-Stunden-Woche.
❑ Laut Manteltarifvertrag für den Groß- und Außenhandel ist die 37,5-Stunden-Woche festgelegt.

▷ Nach Beendigung der täglichen Arbeitszeit ist eine **Ruhezeit** von elf Stunden zu gewähren. Den Arbeitnehmern stehen nach einer Arbeitszeit von mehr als sechs Stunden eine halbstündige oder zwei viertelstündige **Ruhepausen** zu.

● Das Mutterschutzgesetz (MuSchG)

▷ Das **Mutterschutzgesetz** (MuSchG) gilt für alle Frauen, die in einem Arbeitsverhältnis stehen. Es findet auch auf Auszubildende Anwendung.

▷ Bei der Gestaltung des Arbeitsplatzes muss der Arbeitgeber einer werdenden oder stillenden Mutter **besondere Sorgfalt** walten lassen.

Auch die Regelung des Arbeitsablaufes ist so zu gestalten, wie es im Interesse von Leben und Gesundheit der Arbeitnehmerin erforderlich ist.

Beispiel
❑ Wird eine Schwangere mit Arbeiten beschäftigt, bei denen sie ständig stehen oder gehen muss, muss für sie eine Sitzgelegenheit zum kurzen Ausruhen bereitgestellt werden.
❑ Wird eine Schwangere mit Arbeiten beschäftigt, bei denen sie ständig sitzen muss (z.B. im Sekretariat), ist ihr Gelegenheit zu kurzen Unterbrechungen der Arbeit zu geben.
❑ Während der Pausen sollte es ihr in einem geeigneten Raum ermöglicht werden, sich auf einer Liege auszuruhen.

▷ **Sechs Wochen vor der Entbindung** darf eine werdende Mutter nicht beschäftigt werden, es sei denn, dass sie sich ausdrücklich mit einer Beschäftigung einverstanden erklärt. Diese Erklärung kann sie jederzeit widerrufen.

▷ **Acht Wochen nach der Entbindung** dürfen Frauen nicht beschäftigt werden. Die Frist verlängert sich auf zwölf Wochen bei Früh- oder Mehrlingsgeburten.

▷ Während der Schutzfristen, also sechs Wochen vor und acht Wochen nach der Geburt, erhalten Frauen **Mutterschaftsgeld** von der zuständigen gesetzlichen Krankenkasse.

Im Rahmen des **Bundeserziehungsgeldgesetzes** können Mütter und Väter bis zu drei Jahren Erziehungsurlaub (Elternzeit) beanspruchen.

● *Das Schwerbehindertengesetz (SchwbG)*

▷ Schwerbehinderte sind Menschen, die aus körperlichen, seelischen oder geistigen Gründen in ihrer Erwerbsfähigkeit um **mindestens 50 % gemindert** sind.

▷ Arbeitgeber mit mindestens 20 Arbeitnehmern müssen mindestens **5 % der Stellen mit Schwerbehinderten besetzen.** Tun sie dies nicht, müssen sie für jede nicht besetzte Stelle eine monatliche Ausgleichsabgabe in Höhe von 260,00 EUR pro Monat an einen Fonds zugunsten der Schwerbehinderten zahlen.

▷ Schwerbehinderte genießen einen **erweiterten Kündigungsschutz.** Sie können nur nach Anhörung der Hauptfürsorgestelle gekündigt werden. Darüber hinaus haben sie Anspruch auf einen zusätzlichen Urlaub von sechs Tagen.

● *Das Kündigungsschutzgesetz (KSchG)*

▷ **Die Beendigung des Arbeitsverhältnisses:**

❑ **Vertragsablauf:** Ist ein Arbeitsverhältnis auf eine bestimmte Zeit eingegangen, so endet es mit **Vertragsablauf,** d.h. zu dem im Vertrag festgelegten Zeitpunkt.
Beispiel Für das Weihnachtsgeschäft stellt die RAND OHG zwei Aushilfskräfte ein.

❑ **Auflösungsvertrag:** Durch **Auflösungsvertrag** endet ein Arbeitsverhältnis, wenn beide Parteien in gegenseitigem Einvernehmen den Arbeitsvertrag lösen. Diese Form wird in der Praxis häufig angewandt, um eine Kündigung zu vermeiden.
Beispiel Dem bei der Pullmann KG arbeitenden Auslieferungsfahrer Hempel wird wegen eines schuldhaft verursachten Verkehrsunfalls der Führerschein entzogen. Arbeitnehmer und Geschäftsleitung einigen sich auf eine Auflösung des Vertrages in gegenseitigem Einvernehmen.

▷ **Kündigung:** Bei der **Kündigung** von Arbeitsverhältnissen besteht grundsätzlich die Möglichkeit der ordentlichen und der außerordentlichen Kündigung. Bei der ordentlichen Kündigung unterscheiden wir die Kündigung mit gesetzlicher und mit tariflicher Kündigungsfrist.

Wenn Arbeitnehmer und Arbeitgeber keine besondere Kündigungsfrist vereinbart haben und es keine tarifvertraglichen Regelungen gibt, gilt die **gesetzliche Kündigungsfrist.** Sie beträgt für Angestellte und gewerbliche Arbeitnehmer gleichermaßen **vier Wochen zum Monatsende oder zum 15. eines Monats.**

Bei einer Betriebszugehörigkeit von bis zu zwei Jahren kann der Mitarbeiter zum 15. eines Monats oder zum Monatsende gekündigt werden. Ab einer Betriebszugehörigkeit von zwei Jahren kann der Mitarbeiter nur noch zum Monatsende gekündigt werden.
Beispiel Der Arbeiter Busch ist seit 18 Monaten in seinem Unternehmen, der HaWa AG, beschäftigt. Ihm wird am 14. Juli mit Wirkung zum 15. August gekündigt.

Die gesetzliche Kündigungsfrist verlängert sich für **langjährig beschäftigte Arbeitnehmer** bei einer Betriebszugehörigkeit von

❑ fünf Jahren auf zwei Monate   ❑ zehn Jahren auf vier Monate
❑ acht Jahren auf drei Monate   ❑ zwölf Jahren auf fünf Monate

Berechnet wird die Betriebszugehörigkeit vom 25. Lebensjahr des Arbeitnehmers an.

Die verlängerten Schutzfristen gelten nur für eine Kündigung durch den Arbeitgeber. Für den Arbeitnehmer gilt in jedem Fall die gesetzliche Kündigung.

Die **tarifvertraglichen Kündigungsfristen** gehen über die gesetzlichen Bestimmungen hinaus.

Die **außerordentliche oder fristlose Kündigung** erfolgt, wenn ein wichtiger Grund vorliegt und die Fortsetzung des Arbeitsverhältnisses bis zum Ablauf der ordentlichen Kündigungsfrist nicht mehr zumutbar ist. Der Kündigungsgrund muss dem Vertragspartner schriftlich mitgeteilt werden. Die Kündigung muss innerhalb von zwei Wochen nach Bekanntwerden des Grundes erfolgen. Wichtige Gründe für außerordentliche Kündigungen sind:

Für den Arbeitgeber	Für den Arbeitnehmer
❑ Diebstahl, Unterschlagung, Betrug ❑ Verweigerung der Dienstpflicht ❑ grobe Beleidigungen oder Tätlichkeiten	❑ keine Gehaltszahlung ❑ Verletzung der Fürsorgepflicht ❑ grobe Beleidigungen oder Tätlichkeiten

Bei Beendigung des Arbeitsverhältnisses muss der Arbeitgeber dem Arbeitnehmer die **Arbeitspapiere** herausgeben. Es sind dies in jedem Fall die Lohnsteuerkarte und das Versicherungsnachweisheft. Auf Wunsch des Arbeitnehmers sind ein Arbeitszeugnis, eine Arbeitsbescheinigung für das Arbeitsamt und eine Urlaubsbescheinigung auszustellen. Der Arbeitnehmer muss überlassene Arbeitskleidung und den Betriebsausweis zurückgeben.

▷ **Geltungsbereich des Kündigungsschutzgesetzes:** Das **Kündigungsschutzgesetz (KSchG)** bietet dem Arbeitnehmer Schutz vor unberechtigter Kündigung. Es gilt für Betriebe, die regelmäßig mehr als fünf Arbeitnehmer beschäftigen und für Arbeitnehmer, die länger als sechs Monate im Betrieb beschäftigt sind.

> **§ 1 Abs. 1 KSchG:** *Die Kündigung des Arbeitsverhältnisses gegenüber einem Arbeitnehmer, dessen Arbeitsverhältnis in demselben Betrieb oder Unternehmen ohne Unterbrechung länger als sechs Monate bestanden hat, ist rechtsunwirksam, wenn sie sozial ungerechtfertigt ist.*

Sozial ungerechtfertigt ist eine Kündigung, wenn nicht bestimmte Gründe vorliegen. So muss der Kündigungsgrund

❑ in der Person des Arbeitnehmers (z. B. mangelnde Eignung),
❑ im Verhalten des Arbeitnehmers (z. B. unentschuldigtes Fehlen),
❑ oder in dringenden betrieblichen Erfordernissen (z. B. Schließung einer Abteilung),

zu suchen sein.

Beispiel In der Lackiererei der Robert Blusch GmbH wird eine vollautomatische Spritzanlage installiert. Da es im Unternehmen zz. keine anderweitige Verwendung gibt, muss ein Mitarbeiter entlassen werden. Der Geselle Schneider ist ledig und seit zwei Jahren bei der Robert Blusch GmbH beschäftigt. Sein Kollege Schmidt ist verheiratet, hat drei Kinder und ist seit zehn Jahren im Unternehmen. Bei sonst gleichen Voraussetzungen muss Schneider gekündigt werden, da eine Kündigung von Schmidt sozial ungerechtfertigt wäre.

Hält der Arbeitnehmer seine Kündigung für sozial ungerechtfertigt, so muss er binnen **einer Woche** beim Betriebsrat **Einspruch** und binnen **drei Wochen** beim Arbeitsgericht **Klage** erheben.

Ist fristgerecht Widerspruch eingelegt worden und Kündigungsschutzklage erhoben, muss der Arbeitnehmer i.d.R. **weiterbeschäftigt** werden, bis über die Klage entschieden ist.

Arbeitsschutzgesetze

◇ **Jugendarbeitsschutzgesetz**
- ❏ Das JArbSchG gilt für die Beschäftigung von Personen, die noch nicht 18 Jahre alt sind.
- ❏ Die Beschäftigung von Kindern ist grundsätzlich verboten.
- ❏ Die tägliche Arbeitszeit beträgt 8 Stunden.
- ❏ Die wöchentliche Arbeitszeit beträgt 40 Stunden.
- ❏ Für Jugendliche gilt die 5-Tage-Woche.
- ❏ Für den Besuch der Berufsschule ist der Auszubildende freizustellen.

◇ **Gewerbeordnung und Vorschriften der Berufsgenossenschaften**
- ❏ Sie regeln den Gesundheits- und Unfallschutz.
- ❏ Arbeitgeber sind verpflichtet, Arbeitsräume, Maschinen und Gerätschaften so einzurichten und zu unterhalten, dass die Arbeitnehmer gegen Gefahren für Leben und Gesundheit geschützt sind.
- ❏ Über die Einhaltung wachen die Gewerbeaufsichtsämter (Amt für Gewerbeschutz) und die Berufsgenossenschaft.

◇ **Arbeitszeitgesetz**
- ❏ Regelt die Dauer und Lage der Arbeitszeit.
- ❏ Die regelmäßige werktägliche Arbeitszeit darf acht Stunden nicht überschreiten.

◇ **Mutterschutzgesetz**
- ❏ Gilt für alle Frauen, die in einem Arbeits- oder Ausbildungsverhältnis stehen.
- ❏ Beschäftigungsverbot für schwangere Frauen sechs Wochen vor und Beschäftigungsverbot für Mütter acht Wochen nach der Entbindung.
- ❏ Während der Schutzfristen erhalten Frauen Mutterschaftsgeld.

◇ **Schwerbehindertengesetz**
- ❏ Schwerbehinderte sind Menschen, die in ihrer Erwerbsfähigkeit um mindestens 50 % gemindert sind.
- ❏ Arbeitgeber müssen ab 20 Arbeitnehmern 5 % der Stellen mit Schwerbehinderten besetzen.

◇ **Kündigungsschutzgesetz**
- ❏ **Beendigung des Arbeitsverhältnisses** durch
  - **Vertragsablauf**, d.h. zu dem im Vertrag festgelegten Zeitpunkt
  - **Auflösungsvertrag**, d.h. in gegenseitigem Einvernehmen
  - **ordentliche Kündigung,** d.h. mit einer Frist von vier Wochen zum 15. oder zum Monatsende
  - **außerordentliche oder fristlose Kündigung,** d.h. aus wichtigem Grund, wenn eine Fortsetzung des Dienstverhältnisses bis zum Ablauf der ordentlichen Kündigungsfrist nicht mehr zumutbar ist.
- ❏ KSchG bietet Schutz vor **unberechtigter Kündigung.**
- ❏ KSchG gilt für Betriebe mit mehr als **fünf Arbeitnehmern** und Arbeitnehmer, die länger als sechs Monate im Betrieb beschäftigt sind.

- Eine Kündigung ist rechtsunwirksam, wenn sie **sozial ungerechtfertigt** ist. Der Kündigungsgrund muss,
  - in der Person oder
  - im Verhalten des Arbeitnehmers oder
  - in dringenden betrieblichen Erfordernissen zu suchen sein.
- Gegen eine sozial ungerechtfertigte Kündigung kann der Arbeitnehmer binnen einer Woche **Einspruch beim Betriebsrat** und binnen drei Wochen **Klage beim Arbeitsgericht** erheben.

1 *Dreimal im Jahr wird bei der RAND OHG eine Inventur durchgeführt. Die Arbeit dauert meist bis in die Nacht hinein. Erläutern Sie, bis wann ein 17-jähriger Auszubildender eingesetzt werden darf!*

2 *Beurteilen Sie die folgenden Fälle vor dem Hintergrund des Mutterschutzgesetzes!*
a) Die Lagerfachkraft Monika soll am 1. März entbinden. Wegen dringender Inventurarbeiten bittet ihre Chefin sie, am 1. Februar im Betrieb auszuhelfen. Monika ist einverstanden.
b) Pünktlich am 1. März bekommt Monika eine Tochter. Am 15. April ruft ihre Chefin sie an und bittet sie, in der nächsten Woche im Betrieb auszuhelfen. Monika ist einverstanden.

3 *Der Spielwarenhersteller Otto Meyer & Co. OHG beschäftigt 114 Mitarbeiter, von denen drei schwer behindert sind.*
a) Stellen Sie fest, ob die Otto Meyer & Co. OHG die vorgeschriebene Mindestzahl Schwerbehinderter eingestellt hat!
b) Falls dies nicht der Fall ist, errechnen Sie die pro Jahr zu zahlende Ausgleichsabgabe!
c) Überlegen Sie, was die Geschäftsleitung der Otto Meyer & Co. OHG veranlasst haben könnte, nicht die vorgeschriebene Zahl Schwerbehinderter einzustellen. Nehmen Sie zu den Argumenten kritisch Stellung!

4 ☞ *Fertigen Sie ein Ergebnisprotokoll über den Unterricht zum Thema „Arbeitsschutzgesetze" an!*

5 ☞ *Teilen Sie die Klasse in zwei Gruppen, die Prüfer und die Prüflinge. Die Gruppe der Prüfer legt Kriterien für eine Prüfung zum Thema „Arbeitsschutzgesetze" fest und formuliert Fragen. Die Prüflinge bereiten sich vor. Führen Sie die Prüfung durch und bewerten Sie Ihre Mitschüler anhand der formulierten Kriterien!*

6 *Die fristlose Kündigung muss innerhalb von zwei Wochen nach Bekanntwerden des Grundes erfolgen! Diskutieren Sie, welche Gründe den Gesetzgeber zu dieser Regelung veranlaßt haben könnten!*

5.5   Verfahren zur Humanisierung der Arbeit

„Sie sind heute aber spät dran", sagt Herr Koch zu Werner Krull, „bitte beeilen Sie sich, Sie müssen für Frau Rost einspringen." „Ach", sagt Werner, „ist die wieder einmal nicht da?" Herr Koch murmelt etwas Unverständliches und geht weiter. „Frau Rost bringt doch jeden Morgen ihren Sohn in den Kindergarten und kommt deshalb erst um 08:30 Uhr", sagt Frau Meesters ihrem Kollegen. „Seitdem sie von ihrem Mann getrennt lebt, ist sie allein erziehend, muss ihren Sohn morgens zum Kindergarten bringen und um 12:30 Uhr wieder abholen. Leider dauert die Arbeitszeit von 07:45 bis 16:30 Uhr. Und weil der Kindergarten erst um 08:00 Uhr öffnet, kommt Frau Rost jeden Tag etwas zu spät. Natürlich hat sie deshalb dauernd Ärger mit Herrn Koch. Aber was will man machen?"

Arbeitsauftrag Erarbeiten Sie einen Vorschlag, wie Frau Rost aus der Sicht der RAND OHG geholfen werden kann!

Bereits in den 20er Jahren des vorherigen Jahrhunderts versuchte man, die **Arbeit in möglichst kleine Handgriffe** zu zerlegen, damit sie in der **schnellstmöglichen Zeit** erledigt werden konnte. Die Arbeitskräfte wurden durch taktgebundene Fließbandfertigung zu einer **Maximalleistung** gebracht, wodurch sich wiederum die **Stückkosten minimieren** ließen. Dabei wurden die Interessen und Belange des einzelnen Mitarbeiters oft völlig außer Acht gelassen.

● *Humanisierung*

Grundsätzlich versucht jeder Kaufmann, die Kosten möglichst niedrig zu halten. Dabei müssen jedoch die Bedürfnisse der Mitarbeiter berücksichtigt werden, da eine bestimmte Arbeitsleistung sich auf Dauer nur erzielen lässt, wenn

❑ die Mitarbeiter motiviert sind, weil ihre Fähigkeiten und Qualifikationen berücksichtigt werden,

❑ sich Streitigkeiten vermeiden lassen,

❑ das Betriebsklima stimmt,

❑ die Bezahlung angemessen ist,

❑ sich Aufstiegschancen ergeben,

Humanisierung der Arbeit bedeutet, die Arbeit und den Arbeitsablauf stärker an die **Fähigkeiten (Qualifikationen) und Bedürfnisse der Mitarbeiter anzupassen.**

● *Verfahren zur Verbesserung der Arbeitsbedingungen*

Durch die Zerlegung der Arbeit in kleinste Handgriffe wurden zwar die Ausbringungsmenge erhöht und die Stückkosten gesenkt, aber es wuchs auch der Krankenstand, die Fehlzeiten stiegen, die Ausschussquote nahm zu und die Mitarbeiter waren wegen der monotonen Arbeit immer weniger motiviert. Deshalb versuchte man, die Aufgaben der Mitarbeiter interessanter und abwechslungsreicher zu gestalten.

Dies kann auf folgende Weise geschehen:

▷ **Arbeitsplatzwechsel (Jobrotation):** Die Beschäftigten tauschen innerhalb eines festgelegten Arbeitsabschnittes in bestimmten Abständen ihre Arbeitsplätze. Die Arbeit wird dadurch **abwechslungsreicher.**

Beispiel In der Hage AG wechseln die gewerblichen Arbeitnehmer innerhalb eines Fertigungsabschnittes alle 14 Tage ihre Arbeitsplätze.

▷ **Aufgabenerweiterung (Jobenlargement):** Mehrere hintereinander geschaltete Arbeitsgänge werden zu einer Aufgabe zusammengefasst.

Beispiel Bisher wurden in der Hage AG Kaffeeautomaten „Aromastar" am Fließband hergestellt. Hierzu waren zehn Arbeitnehmer erforderlich, wobei jeder Arbeitnehmer einen einzelnen Arbeitsvorgang erledigte. Diese Arbeitsvorgänge werden jetzt von drei Arbeitnehmern erledigt.

▷ **Aufgabenbereicherung (Jobenrichment):** Es wird versucht, die Arbeit des Mitarbeiters **qualitativ** aufzuwerten. Er soll die Art und Weise, wie die einzelnen Arbeiten erledigt werden sollen, selbst herausfinden und die Qualität seiner Arbeit und seiner Werkstücke selbst überwachen.

Beispiel In der Hage AG bauen drei gewerbliche Arbeitnehmer den Kaffeeautomaten „Aromastar" vollständig zusammen und nehmen eine Endkontrolle vor.

▷ **(Teil-)autonome Arbeitsgruppen:** Ihre Mitglieder planen und organisieren ihre Arbeit selbstständig; sie führen alle Arbeitsgänge, -entscheidungen und -kontrollen in eigener Verantwortung aus.

Beispiel Eine Gruppe von gewerblichen Arbeitnehmern stellt in der Hage AG in eigener Verantwortung Kaffeeautomaten, Eierkocher und Haushaltsmixer her, wobei die Gruppe darüber entscheidet, wann welche Produkte hergestellt werden.

▷ **Ziele:** Durch die unterschiedlichen Formen der Humanisierung der Arbeit sollen folgende Ziele erreicht werden:

❑ Verringerung der Eintönigkeit der Arbeit

❑ umfassendere Informationen über den gesamten Produktionsprozess und damit ein erhöhtes Interesse an der Arbeit

❑ Förderung der Teamfähigkeit bei den Mitarbeitern

❑ Verbesserung der Motivation und der Arbeitszufriedenheit

❑ Möglichkeit zur Selbstverwirklichung durch Mitgestaltung der Arbeitsabläufe und Mitverantwortung bei der Kontrolle

● *Gestaltung der Arbeitszeit*

Die Gestaltung der Arbeitszeit muss einerseits die Interessen der Mitarbeiter berücksichtigen, andererseits aber auch die Ziele des Betriebes unterstützen.

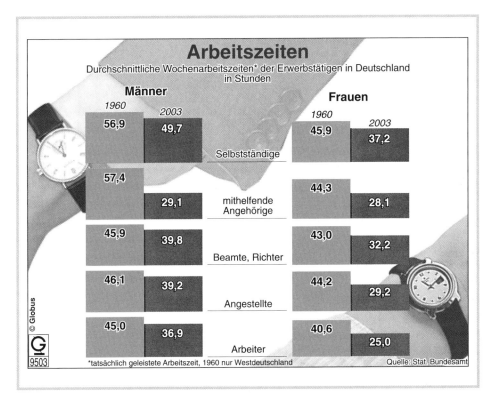

Arbeitszeiten
Durchschnittliche Wochenarbeitszeiten* der Erwerbstätigen in Deutschland in Stunden

	Männer		Frauen	
	1960	2003	1960	2003
Selbstständige	56,9	49,7	45,9	37,2
mithelfende Angehörige	57,4	29,1	44,3	28,1
Beamte, Richter	45,9	39,8	43,0	32,2
Angestellte	46,1	39,2	44,2	29,2
Arbeiter	45,0	36,9	40,6	25,0

© Globus
9503
*tatsächlich geleistete Arbeitszeit, 1960 nur Westdeutschland
Quelle: Stat. Bundesamt

179

▷ **Arbeitszeitgesetz** (vgl. S. 173): Das Arbeitszeitgesetz (ArbZG) schreibt vor, welche Arbeitszeiten nicht überschritten werden dürfen. Andererseits vereinbaren Arbeitgeber und Arbeitnehmer in ihren Tarifverhandlungen immer geringere Wochenarbeitszeiten, sodass der Freizeitanteil immer größer wird.

Abweichend von diesen mehr generellen Regelungen gibt es verschiedene **Möglichkeiten der Arbeitszeitgestaltung,** um den Interessen von Betrieb und Mitarbeitern entgegenzukommen. Flexibel gestaltete Arbeitszeiten sind aus folgenden Gründen sinnvoll:

❑ Sie entsprechen dem Wunsch der Mitarbeiter nach mehr Freiheit und Selbstbestimmung,

❑ sie ermöglichen dem Betrieb einen Mitarbeitereinsatz entsprechend dem Auftragseingang,

❑ sie ermöglichen eine gleichmäßige Auslastung der Maschinenkapazität im Mehrschichtbetrieb,

❑ sie sparen Kosten.

▷ **Gleitende Arbeitszeit:** Bei der **gleitenden Arbeitszeit** wird die Arbeitszeit in eine **Kernarbeitszeit** und eine **Gleitzeit** aufgeteilt. Während bei der Kernarbeitszeit eine Anwesenheitspflicht besteht, kann der Mitarbeiter im Gleitzeitbereich Beginn und Ende seiner täglichen Arbeitszeit selbst bestimmen. Bedingung ist lediglich, dass er die vorgeschriebene Wochenarbeitszeit einhält.

Beispiel Die Geschäftsleitung der RAND OHG diskutiert folgendes Arbeitszeitmodell:

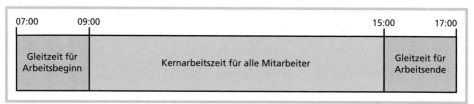

Ein Mitarbeiter hat jetzt mehrere Möglichkeiten. Er kann jetzt um 08:00 Uhr beginnen, muß jedoch dann bis 16:00 Uhr bleiben. Er kann aber auch früh um 07:00 Uhr kommen und dafür schon um 15:00 Uhr gehen. Falls ein Arbeitnehmer um 14:00 Uhr gehen möchte, kann er die fehlende Arbeitsstunde innerhalb von 14 Tagen nacharbeiten.

▷ **Teilzeitarbeit:** Bei der **Teilzeitarbeit** handelt es sich meist um Halbtagsarbeit. Die Mitarbeiter stehen dem Betrieb nur einen Teil der tariflichen Arbeitszeit zur Verfügung. Diesen Teilzeitarbeitskräften stehen viele Unternehmen skeptisch gegenüber. Die Gründe hierfür sind:

❑ Die meisten Arbeitskräfte wollen ausschließlich am Vormittag arbeiten, dies lässt sich jedoch nicht immer mit dem Arbeitsanfall koordinieren.

❑ Die Teilzeitkräfte sind nicht hinreichend flexibel, und bei Geschäftsreisen, längeren Konferenzen und zu Außenterminen können sie nicht eingesetzt werden.

❑ Die Kosten für eine solche Stelle sind recht hoch.

Die Teilzeitarbeit spielt vor allem im Einzelhandel eine bedeutende Rolle.

▷ **Telearbeit:** Werden flexible Arbeitszeitmodelle mit den Möglichkeiten der moderenen Informations- und Kommunikationstechnologie verknüpft, so ergeben sich völlig neue Modelle. Es öffnet sich ein neuer Markt für **Heimarbeit am PC,** in dem Mitarbeiter von zu Hause interaktiv in ständiger Verbindung mit dem Zentralrechner stehen und Arbeiten erledigen. Der Arbeitsplatz wird also in die private Umgebung des Arbeitnehmers verlagert.

Beispiel Die Hage AG hat die gesamte Erstellung des Schriftverkehrs in die Heimarbeit verlegt. Auch die beiden Programmierer leisten einen erheblichen Teil ihrer Arbeitszeit zu Hause. Alle verfügen über einen firmeneigenen PC und stehen über ein Modem mit dem Betriebsrechner in dauernder Verbindung. Alle wichtigen Vorgänge werden in den „Heimrechner" überspielt, dort gelöst und wieder zurückgespeichert. Die begleitenden Informationen werden per Telefon und Fax ausgetauscht.

Diese Form von Heimarbeit eignet sich insbesondere für qualifizierte Arbeitskräfte zu Hause,

❑ die aus persönlichen Gründen (Kindererziehung) nicht ganztags arbeiten können,

❑ die keine starre Arbeitszeit akzeptieren können,

❑ die weitab von ihrem Arbeitsplatz wohnen.

Verfahren zur Humanisierung der Arbeit

◊ **Humanisierung** der Arbeit bedeutet, die Arbeit und den Arbeitsablauf **stärker an die Fähigkeiten, Qualifikationen und Bedürfnisse der Mitarbeiter anpassen.**

◊ Verfahren zur Verbesserung der Arbeitsbedingungen:
  - ❑ **Aufgabenerweiterung (Jobenlargement)**
  - ❑ **Arbeitsplatzwechsel (Jobrotation)**
  - ❑ **Aufgabenbereicherung (Jobenrichment)**
  - ❑ **(Teil)autonome Arbeitsgruppen**

◊ Das Arbeitszeitgesetz gibt die Rahmenbedingungen für die Arbeitszeit vor.

```
            ┌─────────────────────────────────┐
            │  Flexibilisierungsmöglichkeiten │
            └─────────────────────────────────┘
      ┌──────────────┬──────────────┬──────────────┐
┌───────────────┐ ┌───────────────┐ ┌───────────────┐
│ Gleitende     │ │ Teilzeitarbeit│ │ Telearbeit    │
│ Arbeitszeit   │ │               │ │               │
└───────────────┘ └───────────────┘ └───────────────┘
```

unterteilt Arbeitszeit in
  - ❑ Gleitzeit
  - ❑ Kernarbeitszeit

◊ **Heimarbeit** verlagert bestimmte Arbeiten in die private Umgebung des Arbeitnehmers. Dieser bestimmt seine Arbeitszeit selbst.

---

1 *Erklären Sie den Begriff „Humanisierung der Arbeit"!*

2 *Beurteilen Sie folgende Maßnahmen zur Humanisierung der Arbeit:*
a) Aufgabenwechsel
b) Aufgabenerweiterung

3 ☞ *Untersuchen Sie die Belastungen von Schülern und Lehrern am „Arbeitsplatz Schule" (Mobiliar, Beleuchtung, Arbeitszeiten, …) und entwerfen Sie ein ideales Konzept, wie mögliche Belastungen abgebaut werden können!*

4 *Stellen Sie dar, welche Vorteile ein Betrieb durch die Einführung flexibler Arbeitszeiten erlangen kann!*

5 *Unterscheiden Sie Kernarbeitszeit, Gleitzeit und Teilzeitarbeit!*

6 *Formulieren Sie für das Gleitzeitmodell der RAND OHG (vgl. S. 180) eine Betriebsvereinbarung!*

5.6 Die Sozialversicherung

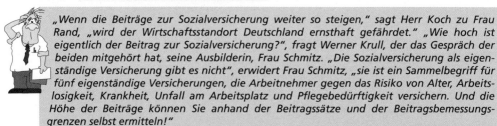

„Wenn die Beiträge zur Sozialversicherung weiter so steigen," sagt Herr Koch zu Frau Rand, „wird der Wirtschaftsstandort Deutschland ernsthaft gefährdet." „Wie hoch ist eigentlich der Beitrag zur Sozialversicherung?", fragt Werner Krull, der das Gespräch der beiden mitgehört hat, seine Ausbilderin, Frau Schmitz. „Die Sozialversicherung als eigenständige Versicherung gibt es nicht", erwidert Frau Schmitz, „sie ist ein Sammelbegriff für fünf eigenständige Versicherungen, die Arbeitnehmer gegen das Risiko von Alter, Arbeitslosigkeit, Krankheit, Unfall am Arbeitsplatz und Pflegebedürftigkeit versichern. Und die Höhe der Beiträge können Sie anhand der Beitragssätze und der Beitragsbemessungsgrenzen selbst ermitteln!"

Arbeitsauftrag
- *Verschaffen Sie sich einen Überblick über die Zweige der Sozialversicherung!*
- *Ermitteln Sie die Höhe der Beiträge und stellen Sie diese den Leistungen gegenüber!*
- *Stellen Sie fest, welcher Zusammenhang zwischen der Höhe der Beiträge zur Sozialversicherung und dem „Wirtschaftsstandort Deutschland" besteht!*

● **Rentenversicherung**

▷ Die **Rentenversicherung** hat im Wesentlichen drei **Aufgaben:**
- die Zahlung von Renten im Alter
- Erhalt, Verbesserung und Wiederherstellung der Erwerbsfähigkeit der Versicherten
- Unterstützung von Hinterbliebenen nach dem Tod der Versicherten

REWE

▷ **Träger** der Rentenversicherung ist die Deutsche Rentenversicherung in Berlin.

▷ **Versicherungspflichtig** sind
- alle gegen Entgelt beschäftigten Arbeiter, Angestellten und Auszubildenden
- Wehr- und Ersatzdienstleistende, sofern sie zum Beginn ihrer Dienstzeit versicherungspflichtig waren
- selbstständige Erwerbstätige, wenn sie einen Antrag auf Mitgliedschaft in der Pflichtversicherung stellen

Freiwillig versichern können sich alle Personen nach Vollendung des 16. Lebensjahres. Sie können die Höhe ihrer Beiträge und damit die Höhe der Versicherungsleistungen selbst bestimmen.

▷ Der **Leistungskatalog** der Rentenversicherung umfasst insbesondere:
- **Altersruhegeld** ab Vollendung des 65. Lebensjahres [1]
- **Rente wegen Erwerbsminderung**
- **Hinterbliebenenrente**
- **Leistungen zur Rehabilitation**
- **Witwen- und Waisenrente**

---

[1] Zwischen 2012 und 2029 steigt das gesetzliche Renteneintrittsalter von 65 auf 67 Jahre.

Die **Höhe der Rente** hängt von persönlichen und allgemeinen Daten ab. **Persönliche Daten** sind in erster Linie das Bruttoarbeitsentgelt und die anrechnungsfähigen Versicherungsjahre. Neben den Beitragszeiten werden Ersatzzeiten, Erziehungszeiten und Ausfallzeiten, angerechnet. **Allgemeine Daten** sind die Durchschnittsverdienste aller Versicherten, die die Rentenhöhe des Versicherten beeinflussen. Die einmal festgestellte Rente wird jährlich dem allgemeinen Lohnniveau angepasst (**dynamische Rente**).

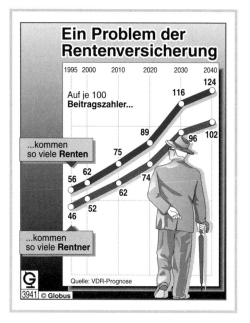

Ein Problem der Rentenversicherung

Auf je 100 Beitragszahler...

...kommen so viele **Renten**

...kommen so viele **Rentner**

1995: 46 / 56
2000: 52 / 62
2010: 62 / 75
2020: 74 / 89
2030: 96 / 116
2040: 102 / 124

Quelle: VDR-Prognose

3941 © Globus

Der **Beitrag** zur Rentenversicherung errechnet sich aus dem Beitragssatz und der Höhe des Arbeitsentgelts. Der Beitragssatz wird gesetzlich festgelegt. Er beträgt 2006 19,5 %. Der Beitrag wird von Arbeitgeber und Arbeitnehmer je zur Hälfte getragen. Das Arbeitsentgelt wird bis zur **Beitragsbemessungsgrenze** von 5 250,00 EUR in den alten Bundesländern und 4 400,00 EUR in den neuen Bundesländern (2006) herangezogen.

Die **Sicherheit der Renten** hängt wesentlich von der Entwicklung der Bevölkerung in der Bundesrepublik Deutschland ab, da die Renten von den Beiträgen der jeweils im Erwerbsleben stehenden Generation gezahlt werden (**Generationenvertrag**).

● *Krankenversicherung*

Aufgabe der Krankenversicherung ist die Übernahme von Risiken, die aufgrund von Krankheiten entstehen.

Träger der gesetzlichen Krankenversicherung sind die Krankenkassen:

❑ die Allgemeinen Ortskrankenkassen AOK, denen alle versicherungspflichtigen Arbeitnehmer angehören, wenn sie nicht in einer Ersatzkasse oder einer anderen Krankenkasse versichert sind

❑ die Ersatzkassen, z.B. die DAK oder die Barmer Ersatzkasse, in denen man auf Antrag Mitglied werden kann

❑ die Innungs- und Betriebskrankenkassen

Versicherungspflichtig sind

❑ Arbeiter und Angestellte, wenn ihr regelmäßiges Arbeitsentgelt die Jahresarbeitsentgeltgrenze nicht übersteigt. 2006 beträgt die Jahresarbeitsentgeltgrenze 47 200,00 EUR, das sind 3 937,50 EUR monatlich.

❑ Auszubildende unabhängig von der Höhe der Ausbildungsvergütung

❑ Arbeitslose, wenn sie Leistungen von der Bundesagentur für Arbeit erhalten

❑ Rentner und Wehr- und Ersatzdienstleistende

▷ Für die **Leistungen** der Krankenversicherung erhält der Versicherte i.d.R. keine Rechnung. Ärzte, Krankenhäuser usw. rechnen mit den Krankenkassen direkt ab, der Versicherte muss lediglich seine **Versicherungskarte** abgeben. Für bestimmte Leistungen müssen Patienten einen Eigenanteil zahlen, z.B. beim Zahnersatz oder beim Krankenhausaufenthalt.

Beispiele aus dem **Leistungskatalog** der Krankenversicherung:

❑ Untersuchungen zur Früherkennung von Krankheiten

❑ ärztliche Beratung, Untersuchung und Behandlung

❑ Arznei- und Verbandmittel, soweit sie verordnungsfähig sind

❑ Heilmittel, z.B. Massagen, Bäder, Krankengymnastik, und Hilfsmittel, z.B. Kontaktlinsen, Brillen, Hörhilfen

❑ stationäre Behandlung im Krankenhaus einschließlich erforderlicher Operationen, Pflege und Medikamente

❑ Krankengeld bei Arbeitsunfähigkeit über den Zeitraum der gesetzlichen Lohnfortzahlung von sechs Wochen hinaus

❑ ambulante und stationäre Kuren zur Vorsorge und Rehabilitation

▷ Der **Beitrag,** den ein Versicherter zu zahlen hat, errechnet sich aus dem Beitragssatz seiner Krankenversicherungen und der Höhe seines Arbeitsentgelts. Arbeitgeber und Arbeitnehmer tragen je die Hälfte des Beitrages. Das Arbeitsentgelt wird bis zur Höhe von 75% der **Beitragsbemessungsgrenze** der Rentenversicherung berücksichtigt, das sind 3562,50 EUR (2006). Das darüber hinausgehende Einkommen hat auf die Beitragsberechnung keinen Einfluss. Arbeitnehmer zahlen einen Sonderbeitrag von 0,9% für Zahnersatz und Krankengeld.

● *Arbeitslosenversicherung*

REWE

▷ **Aufgabe** der Arbeitslosenversicherung ist es, im Rahmen der Sozial- und Wirtschaftspolitik der Bundesregierung einen hohen Beschäftigungsstand zu erreichen, zu erhalten und die Auswirkungen der Arbeitslosigkeit für den einzelnen Arbeitnehmer und seine Familie möglichst gering zu halten.

▷ **Träger** der Arbeitslosenversicherung ist die Bundesagentur für Arbeit in Nürnberg. Ihr sind die Landesarbeitsagenturen und die Arbeitsagenturen untergeordnet (**Arbeitsverwaltung).**

▷ **Versicherungspflichtig** sind

❑ alle gegen Entgelt beschäftigte Arbeitnehmer

❑ Auszubildende und Wehr- und Ersatzdienstleistende.

▷ **Leistungen** der Arbeitslosenversicherung sind z.B.:

❑ **Förderung der beruflichen Bildung** im Rahmen der Ausbildung, Fortbildung und Umschulung

❑ **Förderung der Arbeitsaufnahme,** z.B. durch Zuschüsse zu den Bewerbungskosten und Fahrtkostenbeihilfen

❑ **Berufliche Rehabilitation für Behinderte,** z.B. durch Ausbildungszuschüsse an Arbeitgeber, die Behinderte einstellen

❑ **Leistungen zur Erhaltung und Schaffung von Arbeitsplätzen,** z.B. Kurzarbeitergeld bei vorübergehendem Arbeitsmangel

❑ **Leistungen an Arbeitslose**

  – **Arbeitslosengeld I:** Voraussetzung für die Gewährung von Arbeitslosengeld I ist, dass der Arbeitslose
    – der Arbeitsvermittlung zur Verfügung steht,
    – die Anwartschaftszeit erfüllt hat, d.h. in den letzten drei Jahren 240 Kalendertage beitragspflichtig beschäftigt war,
    – sich bei der Arbeitsagentur arbeitslos meldet und Arbeitslosengeld I beantragt hat.

  Die Höhe des Arbeitslosengeldes beträgt für Arbeitslose mit Kind 67 % und für alle übrigen 60 % des durchschnittlichen Nettoverdienstes der letzten zwölf Monate. Die Dauer der Zahlung hängt von der Dauer der vorhergehenden versicherungspflichtigen Tätigkeit ab.

  Beispiel Der Prokurist Zeller wird arbeitslos. Sein monatlicher Nettoverdienst in den letzten sechs Monaten betrug 2 490,00 EUR. Da Zeller allein erziehender Vater eines Sohnes ist, erhält er 67 %, d.h. 1 668,30 EUR Arbeitslosengeld I.

  – **Arbeitslosengeld II** kann nach Auslaufen des Arbeitslosengeldes I gezahlt werden. Für die Gewährung von Arbeitslosengeld II muss der Antragsteller seine Bedürftigkeit nachweisen, d.h., dass andere Einkünfte oder Unterhaltsansprüche angerechnet werden. Die Höhe des Arbeitslosengeldes II ist abhängig von den Regelsätzen der Sozialhilfe.

  Beispiel Auch nach einem Jahr hat Herr Zeller immer noch keine Arbeit gefunden. Nachdem seine Bedürftigkeit geprüft wurde, wird festgestellt, dass ihm 621,00 EUR Arbeitslosengeld II zustehen. Mieten und Heizkosten werden in der Regel zusätzlich übernommen.

  – **Insolvenzausfallgeld** wird auf Antrag für rückständige Arbeitsentgelte und Solzialversicherungsbeiträge für die letzten drei Monate vor dem Insolvenzverfahren des Arbeitgebers gewährt.

❑ **Berufsberatung** für Schulabgänger und Arbeitslose

❑ **Arbeitsvermittlung und Arbeitsberatung**

▷ Der **Beitrag** zur Arbeitslosenversicherung errechnet sich aus dem Beitragssatz und dem Arbeitsentgelt. Der Beitragssatz beträgt 6,5 % (2006). Der Beitrag wird von Arbeitgebern und Arbeitnehmern je zur Hälfte getragen. Das Arbeitsentgelt wird bis zur Höhe der **Beitragsbemessungsgrenze** von 5 250,00 EUR in den alten Bundesländern und 4 400,00 EUR in den neuen Bundesländern (2006) herangezogen.

● *Pflegeversicherung*

▷ Die Bevölkerungsentwicklung zeigt, daß die Lebenserwartung und damit der Anteil der älteren Mitbürgerinnen und Mitbürger ständig zunimmt. Veränderungen in den Lebensbedingungen und familiären Beziehungen führen zu einer Zunahme der Kleinfamilien und Einpersonenhaushalte. Durch diese Entwicklung wird die häusliche Pflege von Pflegebedürftigen erschwert.

▷ **Aufgabe** der Pflegeversicherung ist die soziale Absicherung des Risikos der Pflegebedürftigkeit.

REWE

▷ **Träger** der sozialen Pflegeversicherung sind die Pflegekassen, die bei den gesetzlichen Krankenkassen eingerichtet sind.

▷ **Versicherungspflichtig** sind alle pflichtversicherten und freiwillig versicherten Mitglieder der gesetzlichen Krankenkassen. Privat Krankenversicherte sind verpflichtet, eine private Pflegeversicherung abzuschließen.

▷ Die **Leistungen** der Pflegeversicherung richtet sich nach der **Pflegestufe,** in die der Versicherte eingestuft wird, und nach der **Art der erforderlichen Pflege.** Zu den Leistungen zählen häusliche und stationäre Pflege, Pflegegeld und Sachleistungen.

Beispiel **Pflegestufe I:** erhebliche Pflegebedürftigkeit, **Pflegestufe II:** Schwerpflegebedürftige, **Pflegestufe III:** Schwerstpflegebedürftige

▷ Der **Beitrag** zur Pflegeversicherung beträgt 1,7 % (2006). [1] Arbeitgeber und Arbeitnehmer tragen den Beitrag je zur Hälfte, wenn der Beschäftigungsort in einem Bundesland liegt, das einen Feiertag abgeschafft hat, der stets auf einen Werktag fällt. Hat das Bundesland keinen Feiertag zur Finanzierung der Pflegeversicherung abgeschafft, tragen die Arbeitnehmer den Beitrag allein.

▷ Als **Beitragsbemessungsgrenze** dient die der Krankenversicherung.

● *Unfallversicherung*

▷ **Aufgabe** der gesetzlichen Unfallversicherung ist es, den Arbeitnehmer gegen gesundheitliche Risiken zu versichern, die infolge seiner beruflichen Tätigkeit entstehen. Hierzu zählen:
❑ Arbeitsunfälle
❑ Unfälle auf dem direkten Weg zum Arbeitsplatz und vom Arbeitsplatz nach Hause (Wegeunfälle)
❑ Unfälle auf dem direkten Weg von und zu schulischen Einrichtungen
❑ Berufskrankheiten   ❑ Unfälle beim Betriebssport und in der Berufsschule

Darüber hinaus hat die gesetzliche Unfallversicherung die Aufgabe, Arbeitsunfälle zu verhüten und eine wirksame erste Hilfe in den Betrieben sicherzustellen.

▷ **Träger** der gesetzlichen Unfallversicherung sind die Berufsgenossenschaften, in denen die Unternehmen eines Gewerbezweiges zwangsweise zusammengeschlossen sind.

▷ **Versicherungspflichtig** sind:
❑ alle Arbeiter, Angestellten, Auszubildenden oder Aushilfen, die ständig oder auch nur vorübergehend im Unternehmen beschäftigt sind
❑ der Unternehmer, mitarbeitende Ehegatten oder andere mitarbeitende Familienangehörige

Die Höhe des Einkommens hat auf die Versicherungspflicht keinen Einfluss.

▷ **Leistungen** der Berufsgenossenschaft sind:
❑ **Heilbehandlung** in Form von ärztlicher Behandlung, Krankenhauspflege, Arzneimittel, Heil- und Hilfsmittel
❑ **Berufshilfe** in Form berufsfördernder Leistungen zur Wiedereingliederung in den alten (Rehabilitation) oder Umschulung in einen neuen Beruf
❑ **Verletztengeld** wird vom Tag an gewährt, an dem die Arbeitsunfähigkeit ärztlich festgestellt wird; es beträgt i.d.R. 80 % des regelmäßig erzielten Entgelts,

---

[1] Kinderlose zwischen dem 23. und 64. Lebensjahr zahlen einen um 0,25 % höheren Beitrag.

- **Übergangsgeld** während der beruflichen Rehabilitation
- **Verletztenrente** bei Minderung der Erwerbsfähigkeit von mindestens 20 %
- **Sterbegeld**
- **Hinterbliebenenrente** für Witwen und Witwer oder Waisen

Neben den Leistungen nach Arbeitsunfällen oder Berufskrankheiten übernimmt die Berufsgenossenschaft wichtige Aufgaben bei der **Unfallverhütung.** Sie erlässt Unfallverhütungsvorschriften, führt Betriebsbesichtigungen durch, bei der Unternehmer auf Sicherheitsmängel hingewiesen werden, ermittelt Unfallursachen, um zukünftige Unfälle zu verhindern, stellt kostenlos Sicherheitsfachleute zur Verfügung, bildet Fachkräfte für Arbeitssicherheit aus und führt Lehrgänge in erster Hilfe durch.

▷ Die Leistungen der Berufsgenossenschaft werden durch **Beiträge** finanziert, die **ausschließlich vom Arbeitgeber** aufgebracht werden (Fürsorgepflicht). Ihre Höhe richtet sich nach dem Beitragssatz der jeweiligen Berufsgenossenschaft, dem jährlichen Entgelt aller Versicherten des Unternehmens (Jahreslohnsumme), der Gefahrenklasse, in der der Betrieb oder die Abteilung eingestuft ist, und der Anzahl der gemeldeten Unfälle des Betriebes.

Sozialversicherung

▷ Rentenversicherung

Aufgabe	❏ Zahlung von Renten im Alter ❏ Erhalt, Verbesserung und Wiederherstellung der Erwerbsfähigkeit ❏ Renten für Hinterbliebene
Träger	❏ Deutsche Rentenversicherung
Versicherungspflicht	❏ alle gegen Entgelt beschäftigten Arbeiter, Angestellte, Auszubildende ❏ Wehr- und Ersatzdienstleistende ❏ Selbstständige auf Antrag
Leistungen	❏ Altersruhegeld ❏ Erwerbsminderungsrente ❏ Maßnahmen der Rehabilitation
Beitrag	❏ 19,5 % (2006) ❏ Arbeitgeber und Arbeitnehmer zahlen je die Hälfte
Beitragsbemessungsgrenze	❏ 5 250,00 EUR/monatlich (2006)

▷ Krankenversicherung

Aufgabe	❏ Übernahme von Risiken, die aufgrund von Krankheiten entstehen
Träger	❏ AOK, Ersatzkassen, Betriebs- und Innungskrankenkassen
Versicherungspflicht	❏ Arbeiter und Angestellte, wenn ihr regelmäßiges Arbeitsentgelt die Jahresarbeitsentgeltgrenze nicht übersteigt (2006: 47 200,00 EUR) ❏ Auszubildende, Arbeitslose, wenn sie Leistungen von der Bundesagentur für Arbeit beziehen, Rentner

Leistungen	❑ Vorsorgeuntersuchungen ❑ ärztliche und zahnärztliche Beratung, Untersuchung und Behandlung ❑ verordnungsfähige Arznei- und Verbandmittel ❑ Heil- und Hilfsmittel ❑ Krankenhausbehandlung ❑ Krankengeld ab der 7. Woche 70 % des Bruttoentgelts
Beitrag	❑ wird von der jeweiligen Krankenversicherung festgelegt ❑ Arbeitgeber und Arbeitnehmer zahlen je die Hälfte ohne Zahnersatz und Krankengeld
Beitragsbemessungsgrenze	❑ 3 562,50 EUR/monatlich (2006)

▷ **Arbeitslosenversicherung**

Aufgabe	❑ Erreichung und Erhalt eines hohen Beschäftigungsstandes ❑ Hilfe bei Arbeitslosigkeit
Träger	❑ Bundesagentur für Arbeit, Nürnberg
Versicherungspflicht	❑ alle gegen Entgelt beschäftigten Arbeitnehmer, Auszubildende, Wehr- und Ersatzdienstleistende
Leistungen	❑ Förderung der beruflichen Bildung durch Ausbildung, Fortbildung, Umschulung ❑ Förderung der Arbeitsaufnahme ❑ berufliche Rehabilitation ❑ Kurzarbeitergeld ❑ Arbeitslosengeld I (60 % – ohne Kind, 67 % – mit Kind des durchschnittlichen Nettoentgelts) oder Arbeitslosengeld II (abhängig von Regelsätzen der Sozialhilfe) ❑ Berufsberatung und Arbeitsvermittlung
Beitrag	❑ 6,5 % (2006) ❑ Arbeitgeber und Arbeitnehmer zahlen je die Hälfte
Beitragsbemessungsgrenze	❑ 5 250,00 EUR (4 400,00 EUR neue Bundesländer) monatlich (2006)

▷ **Pflegeversicherung**

Aufgabe	❑ Soziale Absicherung des Risikos der Pflegebedürftigkeit
Träger	❑ Pflegekassen bei den gesetzlichen Krankenkassen
Versicherungspflicht	❑ alle pflichtversicherten und freiwillig versicherten Mitglieder der gesetzlichen Krankenkassen ❑ privat Versicherte müssen eine private Pflegeversicherung abschließen
Leistungen	❑ nach Pflegestufen gestaffelt: häusliche und stationäre Pflege, Pflegegeld, Sachleistungen
Beitrag	❑ 1,7 % (2006) ❑ Arbeitgeber und Arbeitnehmer zahlen je die Hälfte, wenn das Bundesland zur Finanzierung der Pflegeversicherung einen Feiertag abgeschafft hat
Beitragsbemessungsgrenze	❑ 3 562,50 EUR/monatlich (2006)

Unfallversicherung

Aufgabe	❏ Übernahme von Risiken, die aufgrund von Arbeitsunfällen, Wegeunfällen oder Berufskrankheiten entstehen ❏ Erlass und Überwachung von Unfallverhütungsvorschriften
Träger	❏ Berufsgenossenschaften
Versicherungspflicht	❏ alle Beschäftigten
Leistungen	❏ Heilbehandlung nach einem Unfall ❏ Maßnahmen der Rehabilitation ❏ Übergangsgeld während der Rehabilitation ❏ Verletztenrente und Hinterbliebenenrente ❏ Berufsberatung und Arbeitsvermittlung
Beitrag	❏ Beitragshöhe ist abhängig von der Gefahrenklasse ❏ Arbeitgeber zahlt allein

1 *Erläutern Sie, wer in der Rentenversicherung pflichtversichert ist!*

2 *Abteilungsleiter Bernd Kress verdient 6 000,00 EUR monatlich. Er möchte aus der gesetzlichen Rentenversicherung austreten und eine private Lebensversicherung abschließen.*

a) Begründen Sie, ob dies zulässig ist!

b) Wie hoch ist der Beitrag, den Kress monatlich an die Rentenversicherung zahlen muss?

c) Berechnen Sie die Beiträge zur Sozialversicherung, die Kress insgesamt zahlen muss!

3 *Erläutern Sie, wer in der gesetzlichen Krankenversicherung pflichtversichert ist!*

4 *Prokuristin Schmitz hat ein Jahreseinkommen von 92 000,00 EUR. Der Beitrag zur Krankenversicherung beträgt 12,6 %.*

a) Begründen Sie, ob sie die gesetzliche Krankenversicherung verlassen kann!

b) Errechnen Sie, wie hoch Frau Schmitz Monatsbeitrag ist, falls sie sich entschließt, in der gesetzlichen Krankenversicherung zu verbleiben!

5 *Erläutern Sie sieben Leistungen der Arbeitslosenversicherung!*

6 *Margret Müller ist arbeitslos geworden. Nach zwölf Jahren Betriebszugehörigkeit hat man ihr gekündigt. Sie ist ledig und hat eine 15-jährige Tochter. In den letzten Monaten hatte sie ein Durchschnittsgehalt von 2 750,00 EUR monatlich. Berechnen Sie das Margret Müller zustehende Arbeitslosengeld!*

7 *Frau Koch, Ehefrau von Werner Koch, arbeitet während der Messe in der RAND OHG mit. Begründen Sie, ob Frau Koch gegen Unfälle im Rahmen der gesetzlichen Unfallversicherung versichert ist!*

8 *Ein Kunde verletzt sich im Lager der RAND OHG. Begründen Sie, ob die gesetzliche Unfallversicherung für den Schaden aufkommen muss!*

9 ☞ *Diskutieren Sie die Notwendigkeit der sozialen Pflegeversicherung!*

10 ☞ *Im Jahre 2040 wird ein Arbeitnehmer mit seinen Beiträgen die Rente eines Rentners finanzieren müssen.*

a) Diskutieren Sie die mit dieser Entwicklung verbundenen Probleme!

b) Erarbeiten Sie Lösungsvorschläge!

11 *Erläutern Sie, welche Aufgaben die Berufsgenossenschaften im Rahmen der Unfallversicherung wahrnehmen!*

5.7 Löhne und Gehälter

5.7.1 Lohnformen

Frau Rand und Herr Koch diskutieren über die Einstellung eines weiteren Mitarbeiters für die Verkaufsabteilung. „Im Moment trägt das Unternehmen die Kosten eines weiteren Angestellten nicht", sagt Frau Rand. „Die 1 300,00 EUR für einen gelernten Bürokaufmann müssten wir doch verkraften", erwidert Herr Koch. „Denke an die Lohnnebenkosten von etwa 80 %, dann sind wir schon bei 2 340,00 EUR", stellt Frau Rand fest.

Werner Krull, der die Unterhaltung mit angehört hat, ist überrascht. Daß er als ausgelernter Bürokaufmann 2 340,00 EUR verdient, hat er nicht gewusst.

Arbeitsauftrag
- ❑ Stellen Sie fest, was sich hinter dem Begriff „Lohnnebenkosten" verbirgt!
- ❑ Begründen Sie, ob Werner Krull Recht hat, wenn er meint, dass er als ausgelernter Bürokaufmann 2 340,00 EUR verdient!

● Ausführende und leitende Arbeit

Die menschliche Arbeit in Betrieben wird unterschieden in ausführende Arbeit und leitende (dispositive) Arbeit. Mitarbeiter, die **ausführende Tätigkeiten** in einem Großhandelsunternehmen ausüben, dürfen anderen Mitarbeitern keine Anordnungen erteilen.

Beispiel Prüfer (in) in der Warenannahme, Buchhalter (in), Einkaufssachbearbeiter (in)

Die **leitende Tätigkeit** beinhaltet die Planung, Organisation und Kontrolle sowie die Personalführung.

Beispiel Filialleiter (in), Abteilungsleiter (in), Geschäftsführer (in), Personalchef (in), Einkaufsleiter (in)

Die Grenzen zwischen ausführender und leitender Arbeit sind manchmal fließend, so kann ein Mitarbeiter sowohl ausführende als auch leitende Tätigkeiten ausüben.

Beispiel Ein Abteilungsleiter mit Personalverantwortung hilft in einem Großhandelsbetrieb bei der Kundenberatung; Leiterin der Warenannahme in einem Großhandelsbetrieb arbeitet bei der Inventur mit.

Qualifizierte Mitarbeiter sind für ihr Unternehmen ein wesentlicher Faktor. Bisweilen werden sogar „hochkarätige" Mitarbeiter von der Konkurrenz abgeworben. Ein gut ausgebildeter und motivierter Mitarbeiterstamm ist heute auch ein entscheidender **Wettbewerbsvorteil** für ein Unternehmen.

● Lohn und Gehalt

Die wesentlichen Formen des Arbeitsentgelts sind Lohn und Gehalt. Von **Gehalt** spricht man bei der Entlohnung von **Angestellten.** Oftmals besteht es aus einem Grundgehalt und den Zulagen. Die Zulagen können leistungsbezogen sein, z.B. Provisionen bei Außendienstmitarbeitern, oder werden unabhängig von der Leistung gezahlt (z.B. Weihnachts- oder Urlaubsgeld).

Der **Lohn** ist das Entgelt für die von einem **gewerblichen Mitarbeiter** geleistete Arbeit. Der Lohn kann nach unterschiedlichen Grundlagen berechnet werden. Entsprechend gibt es den Zeitlohn sowie die Leistungslohnarten Akkord- und Prämienlohn.

▷ **Zeitlohn:** Beim **Zeitlohn** ist ausschließlich die **Dauer der Arbeitszeit** der Maßstab für die Entlohnung. Bei der Bemessung wird von einer bestimmten Normalleistung ausgegangen, die in einer bestimmten Zeit erbracht werden kann.

Der **Arbeitnehmer** kann beim Zeitlohn von einem **festen Einkommen** ausgehen, wenn er die festgelegten Stunden ableistet. Der **Betrieb** hat eine **feste Kostengröße,** mit der er kalkulieren kann. Es handelt sich beim Zeitlohn um **fixe Kosten,** die auf das Stück bezogen veränderlich sind. Bei einer höheren Produktionsstückzahl als der Normalleistung **sinken deshalb die Lohnstückkosten.** Weitere Vor- und Nachteile sind:

Vorteile	Nachteile
❑ die einfache Abrechnung ❑ die gesundheitliche Schonung des Arbeitnehmers durch geringeren Leistungsdruck ❑ dem Mitarbeiter bleibt Zeit für eine gründliche Einarbeitung	❑ es besteht kein Leistungsanreiz für höhere Stückzahlen, dadurch leidet der Wettbewerb ❑ sorgfältige und gewissenhafte Bearbeitung wird nicht belohnt ❑ dadurch sind stärkere Kontrollen notwendig ❑ Zeitvorgaben werden immer voll ausgenutzt, Leerlaufzeiten werden nicht überbrückt

▷ **Akkordlohn:** Beim **Akkordlohn** gibt es einen **direkten Zusammenhang zwischen Leistung und Entgelt.** Dies bedeutet: Je höher die Arbeitsleistung, desto höher das Entgelt.

❑ **Voraussetzungen:**
- Die **Arbeitsgänge** müssen sich in kleinste Einzelaufgaben **zerlegen** lassen.
- Die **Arbeitsgänge** müssen sich regelmäßig **wiederholen.**
- Die **Arbeitnehmer** müssen die Produktionsmenge durch ihre **Arbeitsleistung beeinflussen** können.

Der Arbeitnehmer kann hier durch Steigerung seiner Arbeitsleistung den Verdienst erhöhen. Allerdings ist es auch denkbar, dass er seine Normalleistung aus verschiedenen Gründen (familiäre und gesundheitliche Probleme) nicht erbringt.

❑ Aus den oben genannten Gründen besteht der Akkordlohn aus **zwei Bestandteilen:**
- **Garantierter Mindestlohn:** Er entspricht dem Zeitlohn, hält sich an tarifliche Vereinbarungen und legt eine Normalleistung und einen Leistungsgrad von 100 % zugrunde.
- **Akkordzuschlag:** Dies ist ein prozentualer Zuschlag, der etwa 15 bis 25 % des Mindestlohnes ausmacht. Der Arbeitnehmer kann davon ausgehen, dass der Mindestlohn – unabhängig von seiner Leistung – **immer gezahlt** wird. Aus dem garantierten **Mindestlohn** und dem **Akkordzuschlag** wird der **Akkordrichtsatz (oder Grundlohn)** ermittelt.

▷ **Prämienlohn:** Durch die **zunehmende Automatisierung des Fertigungsprozesses** verliert der Akkordlohn immer mehr an Bedeutung. Der Arbeitnehmer kann durch seine Leistung das mengenmäßige Ergebnis der Produktion nur noch geringfügig mitbestimmen. Die computergesteuerten Fertigungsmaschinen übernehmen einen Großteil der Arbeiten. An die Stelle des Akkordlohns tritt der **Prämienlohn.**

Der **Prämienlohn berücksichtigt vor allem Leistungen qualitativer Art.** Er wird gezahlt, wenn
❑ Vorgabezeiten unterschritten werden
❑ die zulässige Ausschussquote unterschritten wird
❑ die eingesetzten Betriebsmittel optimal ausgenutzt werden und sich dadurch die Wartezeiten verkürzen
❑ es gelingt, Energie oder Materialien zu sparen

● *Arbeitsentgelt als Kostenfaktor*

Aus der Sicht des Betriebes stellen alle Formen des Arbeitsentgeltes Personalkosten dar. Neben den Bruttolöhnen und -gehältern umfassen die Personalkosten noch:

❑ die gesetzlichen Sozialversicherungsbeiträge

❑ sonstige Personalzusatzkosten

Diese über die Bruttolöhne und -gehälter hinausgehenden Kostenanteile werden **Personalzusatzkosten** genannt. Bruttolöhne und Personalzusatzkosten ergeben zusammen die **Personalkosten** des Betriebes.

Einen Überblick über Arten und Höhe der Personalzusatzkosten vermittelt die folgende Abbildung.

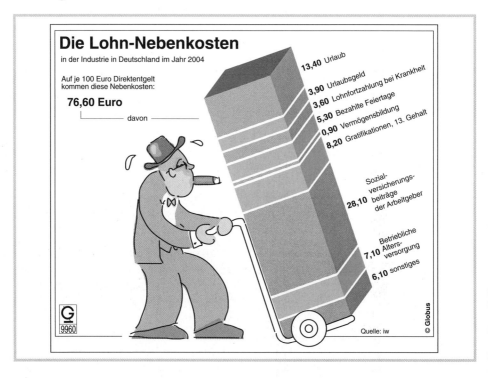

Beispiel Aus der Grafik lässt sich ableiten, dass die RAND OHG für je 100,00 EUR Tarifgehalt zusätzlich mehr als 76,60 EUR für Personalzusatzkosten kalkulieren muss. Die Personalzusatzkosten erhöhen demnach die Lohnstückkosten erheblich. Die Lohnstückkosten in Deutschland gehören zu den höchsten weltweit.

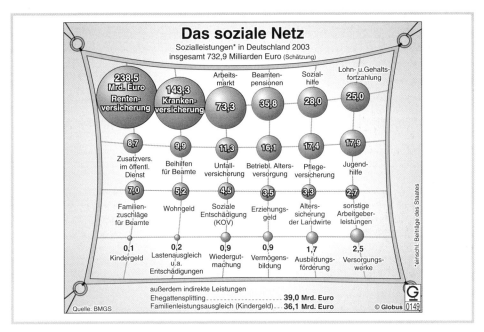

Das soziale Netz

Sozialleistungen* in Deutschland 2003
insgesamt 732,9 Milliarden Euro (Schätzung)

238,5 Mrd. Euro Rentenversicherung

143,3 Krankenversicherung

73,3 Arbeitsmarkt

35,8 Beamtenpensionen

28,0 Sozialhilfe

25,0 Lohn- u.Gehaltsfortzahlung

8,7 Zusatzvers. im öffentl. Dienst

9,9 Beihilfen für Beamte

11,3 Unfallversicherung

16,1 Betriebl. Altersversorgung

17,4 Pflegeversicherung

17,9 Jugendhilfe

7,0 Familienzuschläge für Beamte

5,2 Wohngeld

4,5 Soziale Entschädigung (KOV)

3,5 Erziehungsgeld

3,3 Alterssicherung der Landwirte

2,7 sonstige Arbeitgeberleistungen

0,1 Kindergeld

0,2 Lastenausgleich u.a. Entschädigungen

0,9 Wiedergutmachung

0,9 Vermögensbildung

1,7 Ausbildungsförderung

2,5 Versorgungswerke

*einschl. Beiträge des Staates

außerdem indirekte Leistungen
Ehegattensplitting............................. **39,0 Mrd. Euro**
Familienleistungsausgleich (Kindergeld)... **36,1 Mrd. Euro**

Quelle: BMGS

© Globus 0149

Natürlich ist die gute Absicherung für die Arbeitnehmer sehr beruhigend **(Soziales Netz)**. Andererseits sind durch die hohen Lohnstückkosten Arbeitskräfte in Deutschland im Verhältnis zu anderen Ländern teuer. Entsprechend hoch sind dann auch die Preise, zu denen die Betriebe ihre Produkte verkaufen müssen.

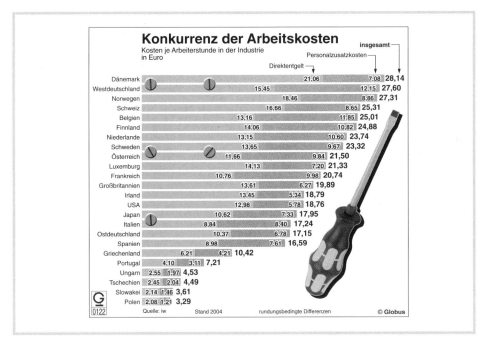

Konkurrenz der Arbeitskosten

Kosten je Arbeiterstunde in der Industrie in Euro

Direktentgelt — Personalzusatzkosten — insgesamt

Land	Direktentgelt	Personalzusatzkosten	insgesamt
Dänemark	21,06	7,08	28,14
Westdeutschland	15,45	12,15	27,60
Norwegen	18,46	8,86	27,31
Schweiz	16,66	8,65	25,31
Belgien	13,16	11,85	25,01
Finnland	14,06	10,82	24,88
Niederlande	13,15	10,60	23,74
Schweden	13,65	9,67	23,32
Österreich	11,66	9,84	21,50
Luxemburg	14,13	7,20	21,33
Frankreich	10,76	9,98	20,74
Großbritannien	13,61	6,27	19,89
Irland	13,45	5,34	18,79
USA	12,98	5,78	18,76
Japan	10,62	7,33	17,95
Italien	8,84	8,40	17,24
Ostdeutschland	10,37	6,78	17,15
Spanien	8,98	7,61	16,59
Griechenland	6,21	4,21	10,42
Portugal	4,10	3,11	7,21
Ungarn	2,55	1,97	4,53
Tschechien	2,45	2,04	4,49
Slowakei	2,14	1,46	3,61
Polen	2,08	1,21	3,29

0122

Quelle: iw   Stand 2004   rundungsbedingte Differenzen   © Globus

Dies ist einer der Gründe für die Diskussion über den **Produktionsstandort Deutschland,** in der viele Betriebe für eine Verlagerung der Produktion ins Ausland plädieren, weil insbesondere die Personalkosten in Deutschland zu hoch sind. Auf der anderen Seite bewirken die Tarifabschlüsse seit den letzten Jahren nur noch minimale Anstiege im Bereich der Personalkosten.

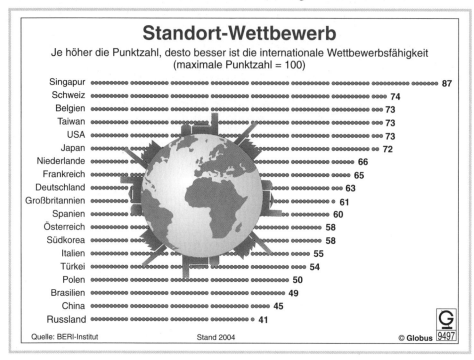

Standort-Wettbewerb

Je höher die Punktzahl, desto besser ist die internationale Wettbewerbsfähigkeit
(maximale Punktzahl = 100)

Singapur	87
Schweiz	74
Belgien	73
Taiwan	73
USA	73
Japan	72
Niederlande	66
Frankreich	65
Deutschland	63
Großbritannien	61
Spanien	60
Österreich	58
Südkorea	58
Italien	55
Türkei	54
Polen	50
Brasilien	49
China	45
Russland	41

Quelle: BERI-Institut   Stand 2004   © Globus 9497

Entgeltformen

▷ **Formen des Arbeitsentgelts** sind **Lohn** und **Gehalt; Gehalt** erhalten die Angestellten, **Lohn** die gewerblichen Mitarbeiter.

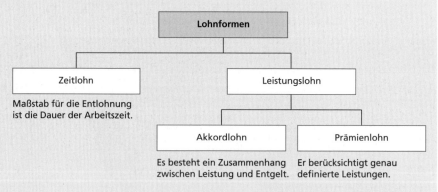

▷ Alle Entgeltformen sind für den Betrieb Bestandteil der **Personalkosten.** Neben den Brutto-löhnen und -gehältern gehören zu den Personalkosten auch die **Personalzusatzkosten.**

194

1 Stellen Sie dar, wodurch sich Zeit- und Leistungslohn aus der Sicht des Arbeitnehmers und des Betriebes voneinander unterscheiden!

2 Erläutern Sie den Begriff Prämienlohn und erklären Sie, warum sich dieser bei bestimmten Fertigungsverfahren anbietet!

3 Erläutern Sie die Personalzusatzkosten und geben Sie an, aus welchen Bestandteilen sie sich zusammensetzen.

4 ☞ Werten Sie die Abbildungen auf den Seiten 192 bis 194 aus und stellen Sie die Konsequenzen dar, die sich daraus ergeben!

5 Schauen Sie sich die beiden Stellenanzeigen genau an!

SCHMITZ

GmbH & Co. · Bauunternehmung

Unsere junge Mannschaft benötigt dringend Verstärkung.

Sind Sie:

Maurerpolier?
Maurermeister?
Maurer?

Wir würden Sie gerne
als Neuzugang begrüßen.

Rufen Sie uns an, Telefon (02 11) 17 17 17,
oder schauen Sie doch einfach mal rein.

Spaß am Umgang mit Zahlen

Damit können Sie in unserem unkomplizierten Team „ohne Ärmelschoner" nach Herzenslust schalten und walten. Mit Ihren fundierten buchhalterischen Allround-Kenntnissen und einem gut entwickelten Ordnungssinn werden Sie sich bei uns wohlfühlen als

Buchhalterin

Es erwarten Sie vielseitige Aufgaben bis hin zur Mitwirkung bei der EDV-gestützten Erstellung von Monats- und Jahresabschlüssen.

Zusätzliche Abwechslung bringt Ihnen unser bauorientiertes Lohnbüro.

Das Gehalt stimmt, über sonstige Sozialleistungen reden wir gerne mit Ihnen. Rufen Sie uns an: Tel. (0 69) 75 37 20

---

a) Geben Sie an, welche Entgeltformen sich für die oben angegebenen Mitarbeiter eignen!

b) Geben Sie Gründe an, weshalb gewerbliche Mitarbeiter häufiger im Leistungslohn und kaufmännische Mitarbeiter meist im Zeitlohn entlohnt werden!

5.7.2 │ Lohn- und Gehaltsabrechnung

INFO

Frau Blümel ist als Sachbearbeiterin für den Einkauf bei der Spielwarenfabrik Otto Meyer & Co. OHG eingestellt worden. In den nächsten Tagen erwartet sie die erste Gehaltszahlung auf ihrem Bankkonto. Im Arbeitsvertrag hatte sie nach langer Verhandlung für das erste Dienstjahr einem Bruttogehalt von 2 229,23 EUR monatlich zugestimmt. Bei ihrer ersten Gehaltszahlung ist sie allerdings sehr enttäuscht, weil ihr in der Steuerklasse I und einem Krankenversicherungsbeitrag von 14 % nur 1 355,20 EUR ausgezahlt werden. Frau Blümel ist nicht verheiratet und kinderlos.

Arbeitsauftrag

❑ Überprüfen Sie, weshalb Frau Blümel nur 1 355,20 EUR ausgezahlt bekommt!

❑ Führen Sie die Gehaltsabrechnung für Frau Blümel durch!

REWE

Löhne und Gehälter sind für den Arbeitnehmer **Einkommen,** für das Unternehmen (Arbeitgeber) **Aufwand.**

In weiten Bereichen der Wirtschaft bilden **Tarifverträge** die Grundlage für die Bestimmung des Arbeitsentgeltes (vgl. S. 166 f.).

REWE

● *Steuerpflichtiger oder steuerfreier Arbeitslohn*

▷ **Steuerpflichtige Einkünfte:** Mit dem Bezug von | Lohn | bzw. | Gehalt | wird der Arbeitnehmer steuerpflichtig und muss Lohnsteuer zahlen. Gegenstand des Lohnsteuerabzugs ist der **Arbeitslohn.** Dazu zählen grundsätzlich alle Einnahmen, die dem Arbeitnehmer aus seinem Dienstverhältnis zufließen. Es ist gleichgültig,

❑ ob es sich um einmalige oder regelmäßige Einnahmen oder
❑ ob es sich um Geld-, Sachbezüge oder geldwerte Vorteile handelt.

laufende und einmalige Geldzahlungen	Sachbezüge und andere geldwerte Vorteile
❑ Löhne und Gehälter zuzüglich etwaiger Zulagen und Zuschläge ❑ Provisionen ❑ 13. Monatsgehalt ❑ einmalige Abfindungen und Entschädigungen ❑ Urlaubsgeld ❑ Weihnachtsgeld ❑ Erfindervergütung	❑ verbilligte oder freie Wohnung ❑ verbilligte oder freie Verpflegung ❑ kostenlose oder verbilligte Überlassung von Erzeugnissen ❑ kostenlose oder verbilligte Überlassung von Kraftfahrzeugen für Privatzwecke ❑ Fahrtkostenzuschüsse

▷ **Zulagen** und **Zuschläge** werden wegen der Besonderheit der Arbeit regelmäßig gewährt:

Zulagen / Zuschläge	Begründung
❑ Mehrarbeitszuschläge ❑ Zuschläge für besondere Arbeitszeiten ❑ Gefahren- und Erschwerniszuschläge	❑ Überstundenzuschlag ❑ Nachts-, Sonn- und Feiertagsarbeit, Wechselschicht ❑ Schmutz, Hitze, Explosionsgefahr, Staub, Giftdämpfe, starke Geräusche, hohe Feuchtigkeit am Arbeitsplatz

▷ **Steuerfreie Einkünfte:** Für bestimmte Einkünfte, die der Arbeitnehmer aus besonderen Anlässen erhält, hat der Gesetzgeber bis zu einer Höchstgrenze Steuerfreiheit vorgesehen.

Beispiele
❑ Leistungen nach dem Mutterschaftsschutzgesetz bis 315,00 EUR
❑ Kindergeld

▷ **Kindergeld:** Seit 2002 beträgt das Kindergeld monatlich
❑ für das erste, zweite und dritte Kind je   154,00 EUR
❑ für jedes weitere Kind   179,00 EUR

Arbeitnehmer erhalten das Kindergeld monatlich von den Familienkassen der Arbeitsagenturen als Steuervergütung ausbezahlt.

Auf die Höhe der Lohnsteuer hat die in der Lohnsteuerkarte bescheinigte Zahl der Kinderfreibeträge keinen Einfluss mehr.

● *Vom Brutto- zum Nettolohn*

▷ **Lohnsteuer:** Die Lohnsteuer ist eine besondere **Erhebungsform der Einkommensteuer.** Bei **Einkünften aus nichtselbstständiger Arbeit** wird die Einkommensteuer als so genannte Lohnsteuer vom Arbeitslohn erhoben (vgl. § 38 Abs. 3 EStG).

Die einbehaltene Lohnsteuer richtet sich nach

❏ der **Höhe des Arbeitslohnes,**
❏ der Steuerklasse (Familienstand, Kinder des Arbeitnehmers, Zahl der Arbeitsverträge) und
❏ möglichen **Freibeträgen** lt. Lohnsteuerkarte (z.B. wegen erhöhter Werbungskosten).

Außerdem können im Rahmen des Lohnsteuerjahresausgleichs Sonderausgaben und außergewöhnliche Belastungen geltend gemacht werden.

❏ **Lohnsteuerklassen:** Die Steuerklassen, denen die Arbeitnehmer zugeordnet werden, spiegeln gesellschaftspolitische Zielsetzungen wider (Förderung von Ehe und Familie).

Klasse	Zuordnungskriterien
I	Arbeitnehmer, die ledig sind, oder Verheiratete, die verwitwet oder geschieden sind.
II	Die in der Steuerklasse I genannten Personen, in deren Wohnung mindestens ein Kind gemeldet ist.
III	Verheiratete Arbeitnehmer, wenn der Ehegatte keinen Arbeitslohn bezieht oder wenn der Ehegatte in die Steuerklasse V eingereiht wird.
IV	Verheiratete Arbeitnehmer, wenn beide Ehegatten Arbeitslohn beziehen.
V	Verheiratete Arbeitnehmer, wenn der Ehegatte ebenfalls Arbeitslohn bezieht und die Einreihung des einen Ehegatten in die Steuerklasse III auf Antrag beider Ehegatten erfolgt.
VI	Arbeitnehmer, die gleichzeitig Arbeitslohn von mehreren Arbeitgebern beziehen; Eintragung auf der zweiten oder jeder weiteren Steuerkarte.

❏ **Höhe der Lohnsteuer:** Das Drei-Stufen-Konzept des Einkommensteuertarifs veranschaulicht die Steuerbelastung der Einkommen:

Einkommensteuertarif 2006		
1. Tarifzone	**Nullzone** = **Grundfreibetrag** Steuerunbelastetes **Existenzminimum**	EUR bis 7 664
2. Tarifzone	zwei **Progressionszonen:** mit steigendem Einkommen steigt der Steuersatz: **Eingangszone:** vom Eingangssteuersatz von 15 % bis zum **Knickpunkt** bei 12 737 EUR auf 24 % **2. Zone:** weniger starker Anstieg von 24 % auf 42 %	7 665 – 12 739 12 740 – 52 151
3. Tarifzone	**Proportionalzone** zu versteuernde Einkommen unterliegen dem gleich bleibenden **Spitzensteuersatz** von 42 %.	ab 52 152

Im Splittingverfahren gilt dies für den doppelten Betrag des zu versteuernden Einkommens

Schuldner der Lohnsteuer ist der **Arbeitnehmer.** Der **Arbeitgeber haftet** für die Einbehaltung und Abführung der Lohnsteuer.

❑ **Lohnsteuerfreibeträge:** Mögliche Freibeträge (z.B. erhöhte Sonderausgaben, Werbungs-kosten und außergewöhnliche Belastungen) werden auf Antrag des Arbeitnehmers **vom Finanzamt** auf der LSt-Karte (vgl. S. 198) **eingetragen.**

Beispiel   Frau Dörnte aus der Pullmann KG, die ein Bruttogehalt von 2 100,00 EUR erhält, hat sich auf Antrag einen Steuerfreibetrag wegen erhöhter Werbungskosten von 300,00 EUR in die Steuerkarte eintragen lassen. In diesem Fall wird die Lohnsteuer von 1 800,00 EUR ermittelt.

Werbungskosten = berufsbedingte Ausgaben	Sonderausgaben	Außergewöhnliche Belastungen

– Verkehrsmittelunabhängi-ge Entfernungspauschale für Fahrten zwischen Woh-nung und Arbeitsstätte ab dem 21. km
– Berufskleidung
– Arbeitszimmer
– Fachbücher, Fach-zeitschriften
– Beiträge zu Berufsverbän-den und Gewerkschaften
– Fortbildungskosten
	– Vorsorgeaufwendungen
	  ❑ Beiträge zur Kran-ken-, Unfall- und Lebensversicherung
	  ❑ Bausparbeiträge
	– Kirchensteuer
	– Spenden
		– Beerdigungskosten
		– außergewöhnliche Krankheitskosten
		– Kuren

❑ **Lohnsteuerkarte:** Die Besteuerungsmerkmale entnimmt der Arbeitgeber der Lohnsteuer-karte, die die **Gemeinden** dem Arbeitnehmer für jedes Kalenderjahr **unentgeltlich aus-stellen.** Die Gemeinde hat auf der Lohnsteuerkarte insbesondere die **persönlichen Daten,** die **Steuerklasse** und die **Zahl der Kinderfreibeträge** für Kinder des Arbeitnehmers, die das 18. Lebensjahr noch nicht vollendet haben, einzutragen. Die Zahl der Kinderfreibeträge wird mit dem Zähler 0,5 angegeben, wenn sich die Ehegatten den Kinderfreibetrag teilen. Wenn beide Ehegatten Arbeitslohn beziehen, stellt der Gesetzgeber **zwei Steuerklassen-kombinationen** zur Wahl: **die Kombination IV/IV** bei etwa gleich hohem Arbeitslohn, die **Steuerklassenkombination III/V** bei erheblich höherem Lohn eines Ehegatten.

❑ **Lohnsteuertabellen:** Lohnsteuertabellen dienen der schnellen Durchführung des Lohn-steuerabzugs. In ihnen werden die **Abzüge** für die einzelnen Steuerklassen **unter Berück-sichtigung allgemeiner Freibeträge** (Arbeitnehmerpauschbetrag, Vorsorgepauschale, Sonderausgabenpauschbetrag) ausgewiesen. Aus der Lohnsteuertabelle kann auch die Kirchensteuer, der Solidaritätszuschlag, die Rentenversicherung, die Pflegeversicherung und die Arbeitslosenversicherung entnommen werden.

▷ **Kirchensteuer:** Die **Kirchensteuer** ist **nicht** in allen Bundesländern **gleich hoch** (8 % oder 9 %). Sie beträgt in **Bayern, Baden-Württemberg 8 % und in den übrigen Bundeslän-dern 9 %** der Lohnsteuer. Ein eventueller Kinderfreibetrag je Kind ist in die Lohnsteuertabelle eingearbeitet.

▷ **Solidaritätszuschlag:** Seit dem 31. Dezember 1994 wird ein Solidaritätszuschlag erhoben. Er beträgt zurzeit 5,5 % der Lohnsteuer (2006). Er wird unter Berücksichtigung von Kinderfrei-beträgen in der Lohnsteuertabelle getrennt ausgewiesen. Am 10. des auf die Lohnzahlung folgen-den Monats ist er zusammen mit der Lohn- und Kirchensteuer an das Finanzamt abzuführen.

▷ **Einbehaltene Sozialversicherungsbeiträge:** Die Sozialversicherungsbeiträge werden bis **zu einer Höchstgrenze** der jeweiligen Beitragsbemessungsgrenze **vom Bruttoentgelt berechnet.** Die eine Hälfte davon wird vom Gehalt des Arbeitnehmers einbehalten, die andere Hälfte trägt der Arbeitgeber. Den Beitrag für die Unfallversicherung trägt der Arbeitgeber allein.

Abzüge an Krankenversicherung bei einem Beitragssatz (in %) von

Spaltenüberschriften (jeweils drei Beitragssätze, Werte pro Zelle: G / H / F):

11,2 / 13,1 / 15,0	11,3 / 13,2 / 15,1	11,4 / 13,3 / 15,2	11,5 / 13,4 / 15,3	11,6 / 13,5 / 15,4	11,7 / 13,6 / 15,5	11,8 / 13,7 / 15,6	11,9 / 13,8 / 15,7	12,0 / 13,9 / 15,8	Arbeitsentgelt bis €	12,1 / 14,0 / 15,9	12,2 / 14,1 / 16,0	12,3 / 14,2 / 16,1	12,4 / 14,3 / 16,2	12,5 / 14,4 / 16,3	12,6 / 14,5 / 16,4	12,7 / 14,6 / 16,5	12,8 / 14,7 / 16,6	12,9 / 14,8 / 16,7	13,0 / 14,9 / 16,8
69,97 / 81,84 / 93,71	70,60 / 82,47 / 94,34	71,22 / 83,09 / 94,96	71,85 / 83,72 / 95,59	72,47 / 84,34 / 96,21	73,10 / 84,97 / 96,84	73,72 / 85,59 / 97,46	74,34 / 86,21 / 98,08	74,97 / 86,84 / 98,71	**1 250,99**	75,59 / 87,46 / 99,33	76,22 / 88,09 / 99,96	76,84 / 88,71 / 100,58	77,47 / 89,34 / 101,21	78,09 / 89,96 / 101,83	78,72 / 90,59 / 102,46	79,34 / 91,21 / 103,08	79,97 / 91,84 / 103,71	80,59 / 92,46 / 104,33	81,22 / 93,09 / 104,96
70,81 / 82,82 / 94,84	71,44 / 83,46 / 95,47	72,08 / 84,09 / 96,10	72,71 / 84,72 / 96,73	73,34 / 85,35 / 97,37	73,97 / 85,99 / 98,—	74,60 / 86,62 / 98,63	75,24 / 87,25 / 99,26	75,87 / 87,88 / 99,89	**1 265,99**	76,50 / 88,51 / 100,53	77,13 / 89,15 / 101,16	77,77 / 89,78 / 101,79	78,40 / 90,41 / 102,42	79,03 / 91,04 / 103,06	79,66 / 91,68 / 103,69	80,30 / 92,31 / 104,32	80,93 / 92,94 / 104,95	81,56 / 93,57 / 105,58	82,19 / 94,20 / 106,22
71,99 / 84,20 / 96,41	72,63 / 84,84 / 97,05	73,27 / 85,49 / 97,70	73,92 / 86,13 / 98,34	74,56 / 86,77 / 98,98	75,20 / 87,41 / 99,63	75,84 / 88,06 / 100,27	76,49 / 88,70 / 100,91	77,13 / 89,34 / 101,55	**1 286,99**	77,77 / 89,98 / 102,20	78,41 / 90,63 / 102,84	79,06 / 91,27 / 103,48	79,70 / 91,91 / 104,12	80,34 / 92,56 / 104,77	80,99 / 93,20 / 105,41	81,63 / 93,84 / 106,05	82,27 / 94,48 / 106,70	82,91 / 95,13 / 107,34	83,56 / 95,77 / 107,98
72,16 / 84,40 / 96,64	72,80 / 85,04 / 97,28	73,44 / 85,68 / 97,93	74,09 / 86,33 / 98,57	74,73 / 86,97 / 99,21	75,38 / 87,62 / 99,86	76,02 / 88,26 / 100,50	76,67 / 88,91 / 101,15	77,31 / 89,55 / 101,79	**1 289,99**	77,95 / 90,19 / 102,43	78,60 / 90,84 / 103,08	79,24 / 91,48 / 103,72	79,89 / 92,13 / 104,37	80,53 / 92,77 / 105,01	81,17 / 93,42 / 105,66	81,82 / 94,06 / 106,30	82,46 / 94,70 / 106,94	83,11 / 95,35 / 107,59	83,75 / 95,99 / 108,23
72,49 / 84,79 / 97,09	73,14 / 85,44 / 97,73	73,79 / 86,08 / 98,38	74,43 / 86,73 / 99,03	75,08 / 87,38 / 99,68	75,73 / 88,03 / 100,32	76,37 / 88,67 / 100,97	77,02 / 89,32 / 101,62	77,67 / 89,97 / 102,26	**1 295,99**	78,32 / 90,61 / 102,91	78,96 / 91,26 / 103,56	79,61 / 91,91 / 104,21	80,26 / 92,56 / 104,85	80,91 / 93,20 / 105,50	81,55 / 93,85 / 106,15	82,20 / 94,50 / 106,80	82,85 / 95,15 / 107,44	83,49 / 95,79 / 108,09	84,14 / 96,44 / 108,74
73,— / 85,38 / 97,76	73,65 / 86,03 / 98,41	74,30 / 86,68 / 99,07	74,95 / 87,33 / 99,72	75,60 / 87,99 / 100,37	76,25 / 88,64 / 101,02	76,91 / 89,29 / 101,67	77,56 / 89,94 / 102,32	78,21 / 90,59 / 102,98	**1 304,99**	78,86 / 91,24 / 103,63	79,51 / 91,90 / 104,28	80,16 / 92,55 / 104,93	80,82 / 93,20 / 105,58	81,47 / 93,85 / 106,23	82,12 / 94,50 / 106,89	82,77 / 95,15 / 107,54	83,42 / 95,81 / 108,19	84,08 / 96,46 / 108,84	84,73 / 97,11 / 109,49
78,71 / 92,06 / 105,41	79,41 / 92,76 / 106,11	80,11 / 93,47 / 106,82	80,82 / 94,17 / 107,52	81,52 / 94,87 / 108,22	82,22 / 95,57 / 108,93	82,92 / 96,28 / 109,63	83,63 / 96,98 / 110,33	84,33 / 97,68 / 111,03	**1 406,99**	85,03 / 98,38 / 111,74	85,73 / 99,09 / 112,44	86,44 / 99,79 / 113,14	87,14 / 100,49 / 113,84	87,84 / 101,20 / 114,55	88,55 / 101,90 / 115,25	89,25 / 102,60 / 115,95	89,95 / 103,30 / 116,66	90,65 / 104,01 / 117,36	91,36 / 104,71 / 118,06
83,08 / 97,17 / 111,26	83,82 / 97,91 / 112,—	84,56 / 98,65 / 112,75	85,30 / 99,39 / 113,49	86,04 / 100,14 / 114,23	86,78 / 100,88 / 114,97	87,53 / 101,62 / 115,71	88,27 / 102,36 / 116,45	89,01 / 103,10 / 117,20	**1 484,99**	89,75 / 103,84 / 117,94	90,49 / 104,59 / 118,68	91,23 / 105,33 / 119,42	91,98 / 106,07 / 120,16	92,72 / 106,81 / 120,90	93,46 / 107,55 / 121,65	94,20 / 108,29 / 122,39	94,94 / 109,04 / 123,13	95,69 / 109,78 / 123,87	96,43 / 110,52 / 124,61
105,59 / 123,50 / 141,41	106,53 / 124,44 / 142,35	107,47 / 125,39 / 143,30	108,42 / 126,33 / 144,24	109,36 / 127,27 / 145,18	110,30 / 128,21 / 146,13	111,24 / 129,16 / 147,07	112,19 / 130,10 / 148,01	113,13 / 131,04 / 148,95	**1 886,99**	114,07 / 131,98 / 149,90	115,01 / 132,93 / 150,84	115,96 / 133,87 / 151,78	116,90 / 134,81 / 152,72	117,84 / 135,76 / 153,67	118,79 / 136,70 / 154,61	119,73 / 137,64 / 155,55	120,67 / 138,58 / 156,50	121,61 / 139,53 / 157,44	122,56 / 140,47 / 158,38
111,97 / 130,97 / 149,96	112,97 / 131,97 / 150,96	113,97 / 132,97 / 151,96	114,97 / 133,97 / 152,96	115,97 / 134,97 / 153,96	116,97 / 135,97 / 154,96	117,97 / 136,97 / 155,96	118,97 / 137,96 / 156,96	119,97 / 138,96 / 157,96	**2 000,99**	120,97 / 139,96 / 158,96	121,97 / 140,96 / 159,96	122,97 / 141,96 / 160,96	123,97 / 142,96 / 161,96	124,97 / 143,96 / 162,96	125,97 / 144,96 / 163,96	126,97 / 145,96 / 164,96	127,97 / 146,96 / 165,96	128,97 / 147,96 / 166,96	129,97 / 148,96 / 167,96
112,14 / 131,16 / 150,19	113,14 / 132,16 / 151,19	114,14 / 133,17 / 152,19	115,14 / 134,17 / 153,19	116,14 / 135,17 / 154,19	117,15 / 136,17 / 155,19	118,15 / 137,17 / 156,19	119,15 / 138,17 / 157,20	120,15 / 139,17 / 158,20	**2 003,99**	121,15 / 140,17 / 159,20	122,15 / 141,18 / 160,20	123,15 / 142,18 / 161,20	124,15 / 143,18 / 162,20	125,16 / 144,18 / 163,20	126,16 / 145,18 / 164,20	127,16 / 146,18 / 165,21	128,16 / 147,18 / 166,21	129,16 / 148,19 / 167,21	130,16 / 149,19 / 168,21
124,91 / 146,10 / 167,29	126,02 / 147,21 / 168,40	127,14 / 148,33 / 169,52	128,25 / 149,44 / 170,63	129,37 / 150,56 / 171,75	130,48 / 151,67 / 172,86	131,60 / 152,79 / 173,98	132,71 / 153,90 / 175,09	133,83 / 155,02 / 176,21	**2 231,99**	134,94 / 156,13 / 177,32	136,06 / 157,25 / 178,44	137,18 / 158,36 / 179,55	138,29 / 159,48 / 180,67	139,41 / 160,60 / 181,78	140,52 / 161,71 / 182,90	141,64 / 162,83 / 184,02	142,75 / 163,94 / 185,13	143,87 / 165,06 / 186,25	144,98 / 166,17 / 187,36
168,76 / 197,38 / 226,01	170,26 / 198,89 / 227,52	171,77 / 200,40 / 229,03	173,28 / 201,90 / 230,53	174,78 / 203,41 / 232,04	176,29 / 204,92 / 233,55	177,80 / 206,42 / 235,05	179,30 / 207,93 / 236,56	180,81 / 209,44 / 238,07	**3 014,99**	182,32 / 210,94 / 239,57	183,82 / 212,45 / 241,08	185,33 / 213,96 / 242,59	186,84 / 215,46 / 244,09	188,34 / 216,97 / 245,60	189,85 / 218,48 / 247,11	191,36 / 219,98 / 248,61	192,86 / 221,49 / 250,12	194,37 / 223,— / 251,63	195,88 / 224,51 / 253,13
177,49 / 207,60 / 237,71	179,08 / 209,19 / 239,30	180,66 / 210,77 / 240,88	182,25 / 212,36 / 242,47	183,83 / 213,94 / 244,05	185,42 / 215,53 / 245,64	187,— / 217,11 / 247,22	188,58 / 218,69 / 248,80	190,17 / 220,28 / 250,39	**3 170,99**	191,75 / 221,86 / 251,97	193,34 / 223,45 / 253,56	194,92 / 225,03 / 255,14	196,51 / 226,62 / 256,73	198,09 / 228,20 / 258,31	199,68 / 229,79 / 259,90	201,26 / 231,37 / 261,48	202,85 / 232,96 / 263,07	204,43 / 234,54 / 264,65	206,02 / 236,13 / 266,24

Lohn/Gehalt Versorgungs-Bezug bis €	StKl	I–VI LSt	SolZ	8%	9%	LSt	0,5 SolZ	8%	9%	1 SolZ	8%	9%	1,5 SolZ	8%	9%	2 SolZ	8%	9%	2,5 SolZ	8%	9%	3 SolZ	8%	9%
1 253,94 / **1 509,58**	I,IV / I	80,23	0,40	6,42	7,22	80,23	—	3,62	4,07	0,99	1,11	—												
	II / II	24,33	—	1,94	2,19	24,33																		
	III / III																							
	V / IV	298,93	16,44	23,91	26,90	80,23	—	5,01	5,63	—	3,62	4,07	—	2,27	2,56	—	0,99	1,11						
	VI	327,99	18,04	26,24	29,52																			
1 265,44 / **1 521,09**	I,IV / I	83,04	0,96	6,64	7,47	83,04	—	3,83	4,31	—	1,19	1,33												
	II / II	26,88	—	2,15	2,42	26,88																		
	III / III																							
	V / IV	302,85	16,65	24,23	27,25	83,04	—	5,23	5,87	—	3,83	4,31	—	2,47	2,79	—	1,19	1,33						
	VI	331,91	18,25	26,55	29,87																			
1 286,15 / **1 541,80**	I,IV / I	88,07	1,97	7,05	7,93	88,07	—	4,22	4,75	—	1,54	1,73												
	II / II	31,53	—	2,52	2,83	31,53																		
	III / III																							
	V / IV	309,84	17,04	24,79	27,89	88,07	—	5,62	6,32	—	4,22	4,75	—	2,85	3,21	—	1,54	1,73	—	0,31	0,35			
	VI	339,16	18,65	27,13	30,52																			
1 288,45 / **1 544,10**	I,IV / I	88,66	2,09	7,09	7,98	88,66	—	4,26	4,80	—	1,59	1,78												
	II / II	32,04	—	2,56	2,88	32,04	—	0,05	0,06															
	III / III																							
	V / IV	310,52	17,08	24,84	27,94	88,66	—	5,67	6,37	—	4,26	4,80	—	2,89	3,26	—	1,59	1,78	—	0,35	0,39			
	VI	339,92	18,69	27,19	30,59																			
1 295,35 / **1 551,00**	I,IV / I	90,32	2,42	7,22	8,12	90,32	—	4,40	4,94	—	1,70	1,91												
	II / II	33,62	—	2,69	3,02	33,62	—	0,16	0,18															
	III / III																							
	V / IV	312,91	17,21	25,03	28,16	90,32	—	5,80	6,52	—	4,40	4,94	—	3,03	3,41	—	1,70	1,91				—	0,46	0,52
	VI	342,39	18,83	27,39	30,81																			
1 302,26 / **1 557,90**	I,IV / I	90,32	2,42	7,22	8,12	90,32	—	4,40	4,94	—	1,70	1,91												
	II / II	33,62	—	2,69	3,02	33,62	—	0,16	0,18															
	III / III																							
	V / IV	312,91	17,21	25,03	28,16	91,48	—	5,88	6,62	—	4,48	5,04	—	3,11	3,50	—	1,78	2,00	—	0,54	0,60			
	VI	344,78	18,96	27,58	31,03																			
1 405,79 / **1 661,44**	I,IV / I	120,71	6,64	9,65	10,86	120,71	1,18	6,73	7,57	—	3,92	4,41	—	1,27	1,43									
	II / II	62,04	—	4,96	5,58	62,04	2,23	5,21	—															
	III / III																							
	V / IV	351,26	19,32	28,10	31,61	120,71	4,81	8,18	9,20	1,18	6,73	7,57	—	5,31	5,98	—	3,92	4,41	—	2,56	2,88	—	1,27	1
	VI	381,94	21,00	30,55	34,37																			
1 484,02 / **1 739,67**	I,IV / I	143,71	7,90	11,49	12,93	143,71	5,60	8,50	9,56	—	5,62	6,32	—	2,85	3,21	—	0,31	0,35						
	II / II	83,60	1,07	6,69	7,52	83,60	—	3,88	4,36	—	1,23	1,38												
	III / III																							
	V / IV	379,55	20,87	30,36	34,15	143,71	6,86	9,98	11,23	5,60	8,50	9,56	1,97	7,05	7,93	—	5,62	6,32	—	4,22	4,75	—	2,85	3
	VI	411,08	22,61	32,89	37,00																			
1 486,32 / **1 741,97**	I,IV / I	144,31	7,94	11,54	12,99	144,31	5,73	8,55	9,62	—	5,67	6,37	—	2,89	3,26	—	0,35	0,39						
	II / II	84,15	1,18	6,73	7,57	84,15	—	3,92	4,41	—	1,27	1,43												
	III / III																							
	V / IV	380,23	20,91	30,42	34,22	144,31	6,89	10,03	11,28	5,73	8,55	9,62	2,09	7,09	7,98	—	5,67	6,37	—	4,26	4,80	—	2,89	3
	VI	411,93	22,66	32,95	37,07																			
1 999,40 / **2 255,05**	I,IV / I	291,69	16,04	23,34	26,25	291,69	13,69	19,91	22,40	11,42	16,62	18,69	9,23	13,43	15,10	7,12	10,36	11,65	2,87	7,40	8,33	—	4,57	5
	II / II	223,01	12,26	17,84	20,07	223,01	10,04	14,61	16,44	7,90	11,49	12,93	5,60	8,50	9,56	—	5,62	6,32	—	2,85	3,21	—	0,31	0
	III / III	65,10	—	5,20	5,85	65,10	—	2,62	2,95	—	0,17	0,19												
	V / IV	585,51	32,20	46,84	52,69	291,69	14,85	21,61	24,31	13,69	19,91	22,40	12,55	18,25	20,53	11,42	16,62	18,69	10,32	15,01	16,88	9,23	13,43	15
	VI	622,92	34,26	49,63	56,06																			
2 001,70 / **2 257,35**	I,IV / I	292,37	16,08	23,39	26,31	292,37	13,72	19,97	22,46	11,45	16,66	18,74	9,26	13,48	15,16	7,15	10,40	11,70	2,98	7,45	8,38	—	4,61	5
	II / II	223,64	12,30	17,89	20,12	223,64	10,08	14,66	16,49	7,94	11,54	12,99	5,73	8,55	9,62	—	5,67	6,37	—	2,89	3,26	—	0,35	0
	III / III	66,13	—	5,29	5,95	66,13	—	2,69	3,03	—	0,25	0,28												
	V / IV	586,53	32,26	46,92	52,79	292,37	14,89	21,66	24,37	13,72	19,97	22,46	12,58	18,30	20,59	11,45	16,66	18,74	10,35	15,06	16,94	9,26	13,48	15
	VI	623,94	34,31	49,91	56,15																			
2 231,78 / **2 487,43**	I,IV / I	362,04	19,91	28,96	32,58	362,04	17,44	25,36	28,53	15,04	21,88	24,61	12,72	18,51	20,82	10,49	15,26	17,16	8,33	12,12	13,63	6,25	9,10	1
	II / II	289,65	15,93	23,17	26,07	289,85	13,58	19,76	22,23	11,31	16,46	18,52	9,13	13,28	14,94	7,03	10,22	11,49	2,53	7,27	8,18	—	4,44	
	III / III	116,40	—	9,31	10,47	116,40	—	6,55	7,37	—	3,89	4,38	—	1,38	1,54									
	V / IV	689,99	37,95	55,20	62,10	362,04	18,66	27,15	30,54	17,44	25,36	28,53	16,22	23,60	26,55	15,04	21,88	24,61	13,87	20,18	22,70	12,72	18,51	2
	VI	730,12	40,16	58,41	65,71																			
3 014,06 / **3 269,71**	I,IV / I	625,44	34,39	50,04	56,29	625,44	31,50	45,82	51,54	28,68	41,72	46,93	25,94	37,73	42,45	23,28	33,86	38,10	20,70	30,11	33,87	18,20	26,47	2
	II / II	540,52	29,73	43,24	48,64	540,52	26,96	39,21	44,11	24,27	35,30	39,71	21,66	31,51	35,44	19,13	27,82	31,30	16,68	24,26	27,29	14,31	20,81	2
	III / III	324,75	17,86	25,98	29,23	324,75	15,74	22,90	25,76	13,67	19,88	22,36	10,99	16,91	19,03	3,71	14,00	15,75	—	11,15	12,54	—	8,36	
	V / IV	1067,87	58,73	85,43	96,11	625,44	32,94	47,91	53,90	31,50	45,82	51,54	30,08	43,75	49,22	28,68	41,72	46,93	27,30	39,71	44,67	25,94	37,73	4
	VI	1109,16	61,00	88,73	99,82																			
3 170,52 / **3 426,16**	I,IV / I	683,04	37,56	54,54	61,47	683,04	34,58	50,30	56,59	31,67	46,08	51,83	28,85	41,97	47,21	26,11	37,98	42,72	23,44	34,10	38,36	20,86	30,34	3
	II / II	595,61	32,76	47,65	53,60	595,61	29,90	43,50	48,93	27,13	39,46	44,39	24,43	35,54	39,98	21,82	31,74	35,71	19,29	28,05	31,56	16,83	24,48	2
	III / III	372,73	20,50	29,82	33,55	372,73	18,33	26,66	29,99	16,20	23,57	26,51	14,12	20,53	23,10	12,07	17,55	19,75	5,30	14,63	16,46	—	11,77	1
	V / IV	1143,76	62,90	91,50	102,94	683,04	36,06	52,46	59,01	34,58	50,30	56,59	33,12	48,17	54,20	31,67	46,08	51,83	30,26	44,01	49,51	28,85	41,97	4
	VI	1185,05	65,17	94,80	106,65																			

Zusammengestellt aus einer Gesamtabzugstabelle, gültig ab 2. Januar 2002, Stollfuß Verlag

 ↻ **Lohnabzugstabellen:** Sie werden von den verschiedenen Krankenversicherungsträgern herausgegeben und dienen der beschleunigten **Ermittlung der Sozialversicherungsbeiträge.** Die Beiträge sind für die monatliche Anmeldung nach Versicherungszweigen (KV, RV, AV, PV) und Beitragsgruppen (1, 2, 3, 4, 5, 6 und 9) zusammenzustellen.

REWE

Beispiele
- Die **Beitragsgruppe KV1 (allgemeiner Satz der Krankenversicherung)** gilt für alle Arbeit-nehmer, die im Krankheitsfalle Anspruch auf Fortzahlung ihres Arbeitsentgelts für mindes-tens sechs Wochen haben.
- Die **Beitragsgruppe KV2 (erhöhter Satz Krankenversicherung)** betrifft Arbeitnehmer, die keinen entsprechenden Entgeltfortzahlungsanspruch im Krankheitsfalle haben.
- Die **Beitragsgruppe KV3 (ermäßigter Beitrag der Krankenversicherung)** gilt für Arbeit-nehmer, die keinen Anspruch auf Krankengeld haben (z. B. Altersruhegeldempfänger).

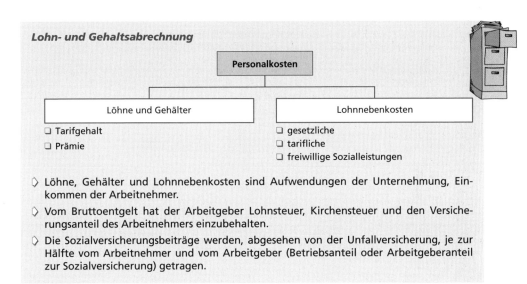

Lohn- und Gehaltsabrechnung

Personalkosten	
Löhne und Gehälter	Lohnnebenkosten
❑ Tarifgehalt	❑ gesetzliche
❑ Prämie	❑ tarifliche
	❑ freiwillige Sozialleistungen

◇ Löhne, Gehälter und Lohnnebenkosten sind Aufwendungen der Unternehmung, Ein-kommen der Arbeitnehmer.

◇ Vom Bruttoentgelt hat der Arbeitgeber Lohnsteuer, Kirchensteuer und den Versiche-rungsanteil des Arbeitnehmers einzubehalten.

◇ Die Sozialversicherungsbeiträge werden, abgesehen von der Unfallversicherung, je zur Hälfte vom Arbeitnehmer und vom Arbeitgeber (Betriebsanteil oder Arbeitgeberanteil zur Sozialversicherung) getragen.

1 a) Erklären Sie
    1. gesetzliche,   2. tarifliche und   3. freiwillige
    Lohnnebenkosten!
    b) Geben Sie jeweils drei Beispiele dazu an!

2 Grenzen Sie Grundgehalt, Bruttogehalt, steuerpflichtiges Gehalt, Nettogehalt, Auszahlungsbetrag gegeneinander ab!

3 Für den Monat März liegt folgende Lohn- und Gehaltsliste vor:

	Löhne	Gehälter	gesamt
Bruttoentgelt	400 000,00	50 000,00	450 000,00
Lohnsteuer	60 000,00	8 000,00	68 000,00
Solidaritätszuschlag	4 500,00	600,00	5 100,00
Kirchensteuer ev	3 400,00	300,00	3 700,00
Kirchensteuer rk	2 000,00	400,00	2 400,00
Krankenversicherung	24 000,00	3 000,00	27 000,00
Rentenversicherung	36 000,00	4 500,00	40 500,00
Pflegeversicherung	2 000,00	250,00	2 250,00
Arbeitslosenversicherung	6 000,00	750,00	6 750,00

Ermitteln Sie folgende Werte:
a) die Nettolöhne
b) die Nettogehälter
c) Überweisung an das Finanzamt
d) Überweisungsbetrag an die Krankenkasse
e) Personalkosten für Arbeiter im März
f) Personalkosten für Angestellte im März

4 *Stellen Sie mithilfe der Lohnabzugstabelle S. 200 die Lohn- bzw. Gehaltsabrechnung für folgende Arbeitnehmer im April auf (Kirchensteuer 9 %):*

a) Name: Evers, Michael
Familienstand: vh., 2 Kinder, Alleinverdiener
Lohn: 2230,00 EUR
Krankenversicherung (KV): 12,5 %

b) Name: Degen, Elisabeth
Familienstand: vh., 1 Kind, Ehemann verdient etwa gleich viel
Lohn: 1485,00 EUR
Krankenversicherung (KV): 12 %
Sonstiges: Steuerfreibetrag 200,00 EUR

c) Name: Friedrich, Klaus
Familienstand: ledig
Gehalt: 3262,00 EUR
Krankversicherung (KV): 12,5 %
Sonstiges: Steuerfreibetrag: 250,00 EUR

d) Name: Göbbels, Christian
Familienstand: ledig
Gehalt: 3 170,00 EUR
Krankenversicherung (KV): 12,2 %

e) Name: Born, Peter
Familienstand: ledig
Gehalt: 1 405,00 EUR
Krankenversicherung (KV): KV 12,8 %

f) Name: Holzweiler, Petra
Familienstand: ledig, Steuerkarte liegt nicht vor
Lohn: 1 405,00 EUR
Krankenversicherung (KV): 13 %

g) Name: John, Anita
Familienstand: vh., keine Kinder, Ehemann verdient mehr
Lohn: 1 253,00 EUR
Krankenversicherung (KV): 12 %

1 *Der Elektrohaushaltsgeräte-Hersteller Hage AG sucht einen Außendienstmitarbeiter für den Verkauf.*

a) Erläutern Sie die grundsätzlichen Möglichkeiten der Personalbeschaffung!

b) Der Personalchef macht sich Gedanken über die Anforderungen, die an einen guten Außendienstmitarbeiter zu stellen sind.

1. Erläutern Sie die Anforderungen an einen Außendienstmitarbeiter aus der Sicht der Elektrogerätefabrik!

2. Erläutern Sie die Anforderungen aus der Sicht der Kunden der Hage AG!

3. Formulieren Sie die Stellenbeschreibung für die Funktion des Außendienstmitarbeiters!

c) ☞ Die Personalabteilung entschließt sich, eine Stellenanzeige zu veröffentlichen.

1. Welche Inhalte sollten bei der Gestaltung berücksichtigt werden?

2. Formulieren Sie den Text der Stellenanzeige!

3. Wählen Sie einen geeigneten Anzeigenträger aus und erläutern Sie, welche Überlegungen bei der Wahl des Anzeigentermins zu beachten sind!

d) Welche Grundsätze sollte ein Bewerber bei der Abfassung eines Bewerbungsschreibens beachten?

e) Nennen Sie Anlagen, die einer Bewerbung beiliegen sollten!

f) Nach ausführlichen Gesprächen wird Karl Müller eingestellt. Er ist verheiratet, katholisch und hat ein Kind. Seine Ehefrau ist nicht berufstätig. Er erhält ein Monatsgehalt von 2 000,00 EUR. Der Krankenversicherungssatz beträgt 12,8 %.

1. Stellen Sie unter Verwendung der Lohnsteuertabelle (vgl. S. 200) die Gehaltsabrechnung auf!

2. Bilden Sie die Buchungssätze

❏ *bei Gehaltszahlung durch Banküberweisung,*

❏ *bei Banküberweisung der einbehaltenen Lohn- und Kirchensteuer (9%) an das Finanzamt,*

❏ *bei Banküberweisung der Sozialversicherungsbeiträge an die Krankenkasse!*

g) Aufgrund der Umsatzrückgänge soll der Außendienst der Hage AG verkleinert werden. Die Personalabteilung plant, einen Außendienstmitarbeiter zu entlassen, der seit fünf Jahren im Unternehmen beschäftigt ist. Die entscheidende Konferenz findet am 15. Februar statt. Zu welchem Termin kann der Mitarbeiter im Rahmen der gesetzlichen Kündigung entlassen werden?

h) Schreiben Sie die Kündigung der Hage AG!

i) Welche „Papiere" sollte die Personalabteilung am letzten Arbeitstag des Mitarbeiters bereit legen?

j) Der Außendienstmitarbeiter wird arbeitslos. Unter welchen Voraussetzungen kann er Arbeitslosengeld beantragen?

k) Berechnen Sie die Höhe des Arbeitslosengeldes I (67 % vom letzten Nettogehalt) auf der Grundlage eines Nettogehaltes von 1 271,00 EUR für einen Arbeitnehmer mit Kind!

2 *Grete Graumann ist Sachbearbeiterin bei der Spielwarenfabrik Otto Meyer & Co. OHG. Frau Graumann ist politisch sehr engagiert und möchte einen Betriebsrat gründen. Unter welchen Voraussetzungen ist dies möglich?*

3 *Beantworten Sie mit Hilfe des BetrVerfG folgende Fragen:*

a) Der Betrieb hat 180 wahlberechtigte Arbeitnehmer, von denen 60 Männer sind.

1. Aus wie viel Personen besteht der Betriebsrat?

2. Wie sollte er zusammengesetzt sein?

3. Frau Graumann wird von ihrer besten Freundin als Kandidatin für den Betriebsrat vorgeschlagen. Ist Frau Graumann damit als Kandidatin aufgestellt?

b) Frau Graumann wird als Betriebsrätin gewählt. Als erste Amtshandlung nimmt sie an einer Besprechung der Geschäftsleitung teil, in der über eine Veränderung der Lage der Arbeitszeiten beraten wird. Die Geschäftsleitung will den Arbeitsbeginn morgens von 07:30 Uhr auf 08:00 Uhr verschieben. Frau Graumann ist dagegen. Kann sie die Entscheidung verhindern?

c) Im Betrieb sind 25 Jugendliche und Auszubildende beschäftigt. Sie wollen eine JAV wählen. Erläutern Sie die Voraussetzungen und Rechte einer JAV!

4 *Erläutern Sie die Zweige der Sozialversicherung anhand der Begriffe*

❏ *Aufgabe*　　❏ *Beiträge*

❏ *Leistungen*　　❏ *Versicherungspflicht*

❏ *Träger*　　❏ *Beitragsbemessungsgrenze!*

5 *Bearbeiten Sie folgenden Geschäftsfall aus der Personalabteilung:*

Eine 22-jährige Mitarbeiterin der RAND OHG erhält ein Bruttogehalt von 1 986,00 EUR. Bei der Gehaltsabrechnung sind folgende Daten zu berücksichtigen:

❏ *Familienstand*　　*ledig, keine Kinder*

❏ *Konfession*　　*evangelisch*

❑ Krankenversicherung 12,8 %
❑ Renten-, Arbeitslosen- und Pflegeversicherung gemäß geltenden Beitragssätzen
❑ Arbeitgeberzulage zur vermögenswirksamen
  Leistung von 40,00 EUR (steuer- und sozialversicherungspflichtig) 14,00 EUR
Ermitteln Sie anhand des Auszuges aus der Monatslohnsteuertabelle auf S. 200
a) die Lohnsteuer und den Solidaritätszuschlag des Arbeitnehmers,
b) die Kirchensteuer (9 %),
c) den Arbeitnehmeranteil zur Sozialversicherung,
d) den auszuzahlenden Betrag!

6 Der Angestellte Karl Adam, Steuerklasse III/2, röm.-kath. (9 %), erhält ein Monatsgehalt von 2 000,00 EUR. Die Sozialversicherungssätze betragen: 13 % Krankenversicherung, Renten-, Arbeitslosen-, Pflegeversicherung gemäß geltenden Beitragssätzen.
a) Stellen Sie unter Beachtung folgender Hinweise die Gehaltsabrechnung auf!
  ❑ Ermitteln Sie die LSt anhand des Auszugs aus der Monatslohnsteuertabelle auf S. 200!
  ❑ Ermitteln Sie die anteilige Kirchensteuer und den Solidaritätszuschlag!
  ❑ Die Sozialversicherungsbeiträge sind unter Verwendung der geltenden Sätze zu ermitteln!
b) Geben Sie die Buchungssätze an für die Gehaltszahlung durch Banküberweisung und für den Arbeitgeberanteil!

7 Eine Großhandelsunternehmung beschäftigt in der Finanzbuchhaltung folgende Angestellten:

Name	Familienstand	Steuer-klasse	Konfession KiSt-S. 9 %	Bruttogehalt EUR	Kranken-versicherungs-S.
Müller, Mark	verh., 1 Kind	IV/1,0	evang.	1 300,00 EUR	12,8 %
Nolden, Karl	ledig	I	röm.-kath.	1 295,00 EUR	12,8 %
Oder, Olga	verh.	V	röm.-kath.	1 287,00 EUR	12,8 %
Pade, Paul	verh., 2 Kinder	III/2,0	evang.	1 294,00 EUR	12,8 %
Quast, Rudolf	ledig	I	röm.-kath.	1 302,00 EUR	12,8 %

a) Erstellen Sie mithilfe der Lohnabzugstabelle S. 200 eine Gehaltsliste!
b) Geben Sie den gesamten Personalaufwand an, der für die Abteilung Finanzbuchhaltung anfällt!
c) Bilden Sie die Buchungssätze
  ❑ bei Gehaltszahlung durch Banküberweisung,
  ❑ bei Banküberweisung der einbehaltenen Lohn- und Kirchensteuer (9 %) an das Finanzamt,
  ❑ bei Banküberweisung der Sozialversicherungsbeiträge an die Krankenkasse!
d) Wann sind die Zahlungen an das Finanzamt und die Krankenkasse spätestens durchzuführen?

8 In welchen der folgenden Fälle ist
1. die gesetzliche Krankenkasse   4. die Bundesversicherungsanstalt für Angestellte
2. die Bundesanstalt für Arbeit   5. keiner der genannten Versicherungsträger
3. die Berufsgenossenschaft   zuständig?
a) Ein Arbeitsloser erhält Arbeitslosengeld.
b) Ein Arbeitnehmer erhält eine Rente aufgrund eines Wegeunfalls.
c) Ein Arbeitnehmer bezieht Rente aufgrund eines Lebensversicherungsvertrages.
d) Während einer sechswöchigen nicht berufsbedingten Krankheit erhält ein Arbeitnehmer weiterhin Gehalt.
e) Ein Arbeitnehmer erhält die vom Arzt verordneten Medikamente.

6.1 Voraussetzungen der Unternehmensgründung

6.1.1 Die Firma

Oliver Rands Freundin Sabine Freund macht Karriere. Erst vor einem Jahr hat sie die Kaufmannsgehilfenprüfung als Kauffrau im Einzelhandel bestanden, und schon plant sie, sich mit einem Fachgeschäft für Spielwaren selbstständig zu machen. Als sie davon hört, dass in einem neu eröffneten Einkaufszentrum Ladenlokale günstig angeboten werden, unterschreibt sie kurzentschlossen den Mietvertrag. „Jetzt fehlt nur noch ein werbewirksamer Name", sagt sie begeistert zu Oliver. „Wie wäre es mit ‚Internationales Spielwarenzentrum'", meint Oliver, „das lockt Kunden an!" Sabine ist skeptisch, sie plant alles gründlich und will sich zunächst einmal sachkundig machen, welche Vorschriften es zur Wahl der Firma eines Unternehmens gibt.

Arbeitsauftrag Stellen Sie fest, welche Regeln Sabine Freund bei der Wahl der Firma ihres Spielwaren-Einzelhandels beachten muss!

● **Begriff der Firma**

Umgangssprachlich werden die Begriffe Unternehmung, Betrieb und Firma gleichgesetzt. Unter Betrieb versteht man den Ort der Leistungserstellung.

Beispiel Der Auszubildende Werner Krull sagt, er müsse nach der Berufsschule noch in die Firma.

Was im **juristischen Sinne** eine Firma ist, regelt das HGB:

§ 17 Abs. 1 HGB: (1) Die Firma eines Kaufmanns ist der Name, unter dem er im Handel seine Geschäfte betreibt und die Unterschrift abgibt.

Die Firma besteht aus dem Firmenkern und dem Firmenzusatz. Der Firmenkern beinhaltet den Gegenstand, den Namen des Unternehmens oder eine Fantasiebezeichnung.

Beispiele Hage AG, Elektrogeräteherstellung; Donald Duck OHG

Der **Firmenzusatz** kann das Gesellschaftsverhältnis erklären, über Art und Umfang des Geschäftes Auskunft geben oder der Unterscheidung der Person oder des Geschäftes dienen. Er muss der Wahrheit entsprechen.

Beispiel Pullmann KG **Haushaltswaren**

§ 19 HGB: (1) Die Firma muss, ..., enthalten:
1. bei Einzelkaufleuten die Bezeichnung „eingetragener Kaufmann", „eingetragene Kauffrau" oder eine allgemein verständliche Abkürzung dieser Bezeichnung, insbesondere „e. K.", „e. Kfm." oder „e. Kfr.";
2. bei einer offenen Handelsgesellschaft die Bezeichnung „offene Handelsgesellschaft" oder eine allgemein verständliche Abkürzung dieser Bezeichnung;
3. bei einer Kommanditgesellschaft die Bezeichnung „Kommanditgesellschaft" oder eine allgemein verständliche Abkürzung dieser Bezeichnung.
(2) Wenn in einer offenen Handelsgesellschaft oder Kommanditgesellschaft keine natürliche Person persönlich haftet, muss die Firma, ..., eine Bezeichnung enthalten, welche die Haftungsbeschränkung kennzeichnet.

● **Arten der Firma**

◇ **Personenfirma:** Der Firmenkern besteht aus einem oder mehreren Namen und gegebenenfalls dem Vornamen.
Beispiele Sabine Freund e.K., Karl Bunz e.K., Heinz Holland e.K., Otto Meyer & Co. OHG, Robert Blusch GmbH, RAND OHG

◇ **Sachfirma:** Der Firmenkern ist aus dem Gegenstand des Unternehmens abgeleitet.
Beispiele Universa AG Import- und Exporthandelsgesellschaft, Kieswerke GmbH

◇ **Gemischte Firma:** Die Firma besteht aus Namen und Gegenstand des Unternehmens.
Beispiele Spielwareneinzelhandel Sabine Freund e.K., Stricker AG Textilherstellung

◇ **Fantasiefirma:** Die Firma besteht aus einer Abkürzung oder einem Fantasienamen.
Beispiele EBEKA eG, HaWa AG

● **Firmengrundsätze**

Bei der Wahl der Firma muss der Kaufmann neben den Vorschriften, die sich auf die Unternehmensform beziehen, die Firmengrundsätze beachten.

◇ **Firmenwahrheit/Firmenklarheit:** Bei einer Sachfirma muss der Gegenstand der Unternehmung den Tatsachen entsprechen (Firmenwahrheit). Firmenzusätze dürfen nicht zu einer Täuschung über die Art oder den Umfang des Geschäfts oder die Verhältnisse des Geschäftsinhabers Anlass geben (Firmenklarheit).
Beispiel Mit der Firma „Internationales Spielwarenzentrum" verstößt Sabine Freund gegen den Grundsatz der Firmenwahrheit, da sie nur in beschränktem Umfang und nur in der Stadt Düsseldorf tätig ist.

◇ **Firmenausschließlichkeit:** Ist eine Firma in das Handelsregister eingetragen, hat sie das ausschließliche Recht, diese Firma zu führen. Will sich ein Kaufmann gleichen Namens in dieses Handelsregister eintragen lassen, so muss er sich von der bereits eingetragenen Firma deutlich unterscheiden. Dies kann z.B. durch einen Firmenzusatz oder weitere Vornamen geschehen.
Beispiel Die Firma „Sabine Freund e.K., Spielwareneinzelhandel" ist in das Handelsregister eingetragen. Eine Namensvetterin von Sabine Freund, die ebenfalls ein Spielwarenfachgeschäft gründen will, lässt sich mit ihren beiden Vornamen als Sabine Erika Freund e.K., Spielwareneinzelhandel, in das Handelsregister eintragen.

◇ **Firmenbeständigkeit:** Eine am Markt bekannte Firma kann einen großen Wert darstellen. Aus diesem Grund ermöglicht der Gesetzgeber, die Firma bei einem Wechsel in der Person des Inhabers fortzuführen. Dies kann mit oder ohne einen das Nachfolgeverhältnis andeutenden Zusatz geschehen.
Beispiel Wenn Sabine Freund den Spielwareneinzelhandel Theodor Becker erwirbt, sind folgende Firmen möglich:
❑ Sabine Freund e.Kfr.   ❑ Theodor Becker, Inhaber Sabine Freund e.K.
❑ Theodor Becker Nachfolger e.K.   ❑ Theodor Becker e.K.
❑ Sabine Freund e.K., vormals Theodor Becker e.K.

◇ **Firmenöffentlichkeit:** Jeder Kaufmann ist verpflichtet, seine Firma am Ort der Niederlassung in das Handelsregister eintragen zu lassen, damit sich jedermann über die Rechtsverhältnisse informieren kann.

Die Firma

Begriff	Arten	Grundsätze
Die Firma eines Kaufmanns ist der Name, unter dem er sein Handelsgewerbe betreibt und die Unterschrift abgibt. Einzelkaufleuten, Personengesellschaften und Kapitalgesellschaften ist die freie Wahl einer aussagekräftigen, werbewirksamen Firma gestattet, wenn diese unterscheidungskräftig ist, die Gesellschaftsverhältnisse offen legt und nicht irreführend ist.	❑ Personenfirma ❑ Sachfirma ❑ Gemischte Firma ❑ Fantasiefirma	❑ Wahrheit / Klarheit ❑ Ausschließlichkeit ❑ Beständigkeit ❑ Öffentlichkeit

1 Suchen Sie aus dem Branchenbuch je drei Beispiele für eine Personen-, Sach-, gemischte Firma und Fantasiefirma heraus!

2 Paul Serries will sich selbstständig machen. Er stellt fest, dass bereits eine Firma gleichen Namens im Handelsregister eingetragen ist. Erläutern Sie, was Paul Serries tun kann!

3 Der RAND OHG wird ein alteingesessenes Unternehmen zum Kauf angeboten. Welche Überlegungen sollten bei der Wahl der Firma angestellt werden?

4 Erläutern Sie die Firmengrundsätze an je einem Beispiel!

5 Erklären Sie den Unterschied zwischen Betrieb und Firma!

6.1.2   Das Handelsregister

Sabine und Oliver haben sich auf die Firma „Sabine Freund, Spielwareneinzelhandel" geeinigt. „Du musst die Firma in das Handelsregister eintragen lassen", sagt Oliver. „Nur die Firma oder muss ich noch weitere Angaben machen?", fragt Sabine. Diesmal ist Oliver vorbereitet. Er hat einen Handelsregisterauszug der RAND OHG mitgebracht. „Hier kann man sehen, was Inhalt der Eintragung in das Handelsregister ist", erklärt er stolz, „wir brauchen in die entsprechenden Spalten nur noch deine Daten einzutragen!"

Amtsgericht Düsseldorf

HR A 593 – 0205

Nr. der Eintragung	a) Firma b) Ort der Niederlassung (Sitz der Gesellschaft) c) Gegenstand des Unternehmens (bei juristischen Personen)	Grund- oder Stammkapital EUR	Vorstand Persönlich haftende Gesellschafter Geschäftsführer Abwickler	Prokura	Rechtsverhältnisse	a) Tag der Eintragung und Unterschrift b) Bemerkungen
1	2	3	4	5	6	7
1	a) RAND OHG b) 40221 Düsseldorf c) Vertrieb von Handelswaren aller Art		Renate Rand, Werner Koch	Karin Schmitz, Alfred Maier	Offene Handelsgesellschaft Der Gesellschaftsvertrag ist am 2. Mai ... festgestellt. Die Gesellschaft wird durch die Gesellschafter in Alleinvertretungsbefugnis vertreten.	a) 2. Mai ...

Arbeitsauftrag Fertigen Sie den Vordruck eines Handelsregisterauszuges an und nehmen Sie die Eintragungen für den „Sabine Freund Spielwareneinzelhandel" vor. Eventuelle Inhaltspunkte, die Sie jetzt noch nicht beantworten können, ergänzen Sie nach der Erarbeitung der folgenden Abschnitte.

▷ Das Handelsregister ist ein **amtliches Verzeichnis aller Kaufleute**, das vom Amtsgericht des Bezirks geführt wird. Es soll die Öffentlichkeit über wichtige Sachverhalte und Rechtsverhältnisse der Kaufleute und Handelsgesellschaften unterrichten.

> **§ 9 Abs. 1 HGB:** *(1) Die Einsicht des Handelsregisters sowie der zum Handelsregister eingereichten Schriftstücke ist jedem gestattet. (2) Von den Eintragungen und den zum Handelsregister eingereichten Schriftstücken kann eine Abschrift gefordert werden.*

Die Eintragungen in das Handelsregister werden im Bundesanzeiger und mindestens einer Zeitung des Amtsgerichtsbezirks **veröffentlicht**.

▷ **Gliederung:** Das Handelsregister wird in **zwei Abteilungen** gegliedert:

❑ **Abteilung A** für Einzelkaufleute und Personengesellschaften, z.B. OHG, KG (vgl. S. 213 ff.)

❑ **Abteilung B** für Kapitalgesellschaften, z.B. GmbH (vgl. S. 220 ff.) und Aktiengesellschaft

Die Genossenschaften werden in ein spezielles **Genossenschaftsregister** eingetragen.

▷ Die **Anmeldung** muss mündlich durch den Inhaber oder Geschäftsführer oder schriftlich in notariell beglaubigter Form erfolgen.

❑ **Inhalt** der Eintragung sind u.a.:
  – Firma
  – Ort der Niederlassung
  – Name des Inhabers oder der persönlich haftenden Gesellschafter
  – Art der Prokura (vgl. S. 211 f.)
  – Name von Prokuristen (vgl. S. 211)
  – Name und Einlage von Kommanditisten (vgl. S. 217)

  Bei Kapitalgesellschaften werden zusätzlich eingetragen:
  – Name der Geschäftsführer (vgl. S. 221)
  – Gegenstand des Unternehmens
  – Höhe des Haftungskapitals (vgl. S. 221)
  – Datum des Gesellschaftsvertrages

❑ Die **Unterschriften der Zeichnungsberechtigten** sind beim Handelsregister zu hinterlegen.
  Beispiel Die Unterschriften der Prokuristen der RAND OHG, Karin Schmitz und Alfred Maier, sind beim Handelsregister in Düsseldorf hinterlegt.

❑ Ebenfalls eingetragen wird z.B. die Auflösung der Unternehmung. **Löschungen** im Handelsregister erfolgen, indem Eintragungen rot unterstrichen werden.

▷ Die **Wirkung** der Eintragung kann rechtsbezeugend (deklaratorisch) oder rechtserzeugend (konstitutiv) sein.

❑ **Deklaratorisch** bedeutet, dass die Rechtswirkung schon vor Eintragung eingetreten ist. So ist derjenige automatisch Kaufmann, der ein Handelsgewerbe nach § 1 HGB betreibt. Die Eintragung in das Handelsregister **bezeugt** diese Tatsache lediglich.
  Beispiel Zum Kaufmann wird die Pullmann KG mit Aufnahme eines Handelsgewerbes. Die Eintragung in das Handelsregister bezeugt diese Tatsache lediglich.

❑ **Konstitutiv** bedeutet, dass die Rechtswirkung erst mit der Eintragung in das Handelsregister eintritt. So wird der Kleingewerbetreibende (z.B. Kioskbetreiber, Lottoannahmestelle, kleines Blumengeschäft) erst im Moment der Eintragung Kaufmann i.S. des HGB. Die Eintragung **erzeugt** die Rechtswirkung.

Beispiel Die Hage AG Elektrogeräteherstellung entstand als juristische Person im Moment der Eintragung in das Handelsregister.

Ist eine Tatsache eingetragen und bekannt gemacht, so muss ein Dritter sie gegen sich gelten lassen, auch wenn er sie nicht kannte (**Öffentlichkeitswirkung**).

Beispiel Helga Kowski ist Prokuristin der Hage AG Elektrogeräteherstellung. Wegen einer Unterschlagung wird ihr die Prokura entzogen und der Arbeitsvertrag fristlos gekündigt. Die Entziehung der Prokura wird im Handelsregister eingetragen und veröffentlicht. Eine Woche später kauft Frau Kowski im Namen der Hage AG bei der Auto-Becker GmbH einen Pkw der Oberklasse und verschwindet mit dem Fahrzeug. Da der Entzug der Prokura von Frau Kowski eingetragen und veröffentlicht war, kann die Auto-Becker GmbH die Forderung nicht gegen die Hage AG geltend machen.

▷ Jeder Kaufmann sollte sorgfältig den **Bundesanzeiger** und die öffentlichen Bekanntmachungen in der Tageszeitung lesen. Nur so kann er sicherstellen, dass er jederzeit über Veränderungen, z.B. bei der Haftung eines Kunden, informiert ist.

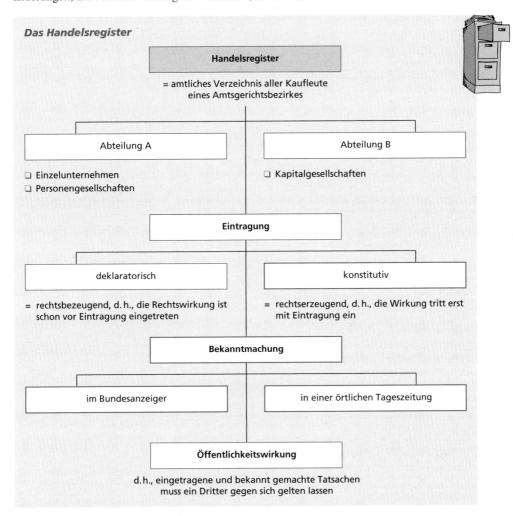

Das Handelsregister

Handelsregister

= amtliches Verzeichnis aller Kaufleute
eines Amtsgerichtsbezirkes

Abteilung A

❑ Einzelunternehmen
❑ Personengesellschaften

Abteilung B

❑ Kapitalgesellschaften

Eintragung

deklaratorisch

= rechtsbezeugend, d.h., die Rechtswirkung ist
schon vor Eintragung eingetreten

konstitutiv

= rechtserzeugend, d.h., die Wirkung tritt erst
mit Eintragung ein

Bekanntmachung

im Bundesanzeiger

in einer örtlichen Tageszeitung

Öffentlichkeitswirkung

d.h., eingetragene und bekannt gemachte Tatsachen
muss ein Dritter gegen sich gelten lassen

1 Erläutern Sie den Unterschied zwischen deklaratorischer und konstitutiver Wirkung einer Eintragung in das Handelsregister anhand je eines Beispiels!

2 Welche Rechtsfolgen hat die so genannte Öffentlichkeitswirkung des Handelsregisters? Erläutern Sie den Sachverhalt anhand eines Beispiels!

3 ☞ Beschaffen Sie die öffentlichen Bekanntmachungen des Handelsregisters Ihrer Tageszeitung und erläutern Sie einen Handelsregisterauszug!

4 Prüfen und begründen Sie, ob die nachfolgenden Aussagen den gesetzlichen Vorschriften zum Handelsregister entsprechen:
a) Das Handelsregister ist das Verzeichnis aller Kaufleute eines Amtsgerichtsbezirkes.
b) In das Handelsregister dürfen nur Kaufleute bei Vorliegen eines berechtigten Interesses Einblick nehmen.
c) Die GmbH wird in die Abteilung A (HRA) des Handelsregisters eingetragen.
d) Kapitalgesellschaften werden in die Abteilung B (HRB) des Handelsregisters eingetragen.
e) Eintragungen, die im Handelsregister rot unterstrichen sind, gelten als gelöscht.
f) Bestellung oder Widerruf der Prokura müssen nicht in das Handelsregister eingetragen werden.
g) Die Anmeldung zum Handelsregister kann formlos erfolgen.

5 ☞ Sammeln Sie Zeitungsausschnitte aus den öffentlichen Bekanntmachungen der Tageszeitung. Ordnen Sie diese anhand der Kriterien Gründung, Veränderungen, Löschung. Stellen Sie fest, welche Branchen und Unternehmensformen am häufigsten vertreten sind!

6.1.3 Die Vollmachten

Wie so oft in den vergangenen Wochen diskutieren Sabine und Oliver über Sabines Zukunft als selbstständige Kauffrau. „Um Ware einzukaufen, werde ich oft auf Messen in ganz Deutschland unterwegs sein", meint Sabine, „da kann ich den Laden doch nicht schließen!" „Natürlich nicht", entgegnet Oliver, „den führen deine Mitarbeiter weiter." „Und was ist mit dem Einkauf und den laufenden Bankgeschäften?", fragt Sabine. „Dafür musst du einem vertrauenswürdigen Mitarbeiter Vollmacht erteilen", meint Oliver.

Arbeitsauftrag Stellen Sie fest, welche Vollmachten das HGB vorsieht, und machen Sie einen Vorschlag für den Sabine Freund Spielwareneinzelhandel!

● Der Handlungsbevollmächtigte

§ 54 Abs. 1 HGB: „Ist jemand (...) zum Betrieb eines Handelsgewerbes oder zur Vornahme einer bestimmten zu einem Handelsgewerbe gehörigen Art von Geschäften oder zur Vornahme einzelner zu einem Handelsgewerbe gehöriger Geschäfte ermächtigt, so erstreckt sich die Vollmacht (Handlungsvollmacht) auf alle Geschäfte und Rechtshandlungen, die der Betrieb eines derartigen Handelsgewerbes oder die Vornahme derartiger Geschäfte gewöhnlich mit sich bringt."

▷ Der **Umfang** der Handlungsvollmacht erstreckt sich demnach lediglich auf gewöhnliche Rechtsgeschäfte des Betriebes.

Der Handlungsbevollmächtigte ist **nicht befugt:**
- ❏ Grundstücke zu veräußern oder zu belasten
- ❏ Grundstücke zu kaufen
- ❏ Wechselverbindlichkeiten einzugehen
- ❏ Darlehen aufzunehmen
- ❏ Prozesse im Namen des Unternehmens zu führen

Handlungsvollmacht kann auch von einem **Kleingewerbetreibenden** (z. B. Kioskbetreiber) formlos, d. h. schriftlich, mündlich oder stillschweigend, erteilt werden. Sie wird nicht in das Handelsregister eingetragen.

▷ **Arten** der Handlungsvollmacht:

❑ **Allgemeine Handlungsvollmacht:** Sie berechtigt zur Ausführung aller gewöhnlichen Geschäfte, die im Geschäftszweig des Handelsgewerbes vorkommen.
Beispiel Eva Rost, Abteilungsleiterin Lager bei der RAND OHG, stellt für die Inventur zwei Mitarbeiter für drei Tage zur Aushilfe ein.

❑ **Artvollmacht:** Sie berechtigt zur Ausführung einer bestimmten Art von Geschäften.
Beispiel Frau Meesters bestellt bei der Hage AG 100 Kaffeeautomaten „Aromastar".

❑ **Einzelvollmacht:** Sie berechtigt zur Ausführung einzelner Rechtsgeschäfte.
Beispiel Werner Krull, Auszubildender der RAND OHG, wird einmalig damit beauftragt, zehn Verrechnungsschecks bei der Sparkasse Düsseldorf-Berghausen einzureichen.

▷ Jeder Bevollmächtigte kann innerhalb seiner Vollmacht **Untervollmachten** erteilen. So kann z. B. der Angestellte mit allgemeiner Handlungsvollmacht Artvollmacht und der Mitarbeiter mit Artvollmacht Einzelvollmacht erteilen.

Der Handlungsbevollmächtigte unterschreibt mit dem das Vollmachtsverhältnis ausdrückenden Zusatz i. A. (im Auftrag) oder i. V. (in Vertretung).

● *Der Prokurist*

> **§ 49 Abs. 1 HGB:** *Die Prokura ermächtigt zu allen Arten von gerichtlichen und außergerichtlichen Geschäften und Rechtshandlungen, die der Betrieb eines Handelsgewerbes mit sich bringt.*

▷ Die Prokura ist die weitreichendste handelsrechtliche Vollmacht. Sie ermächtigt den Prokuristen als „zweites Ich" des Kaufmanns zu allen Rechtsgeschäften, die der Betrieb **irgendeines** Handelsgewerbes mit sich bringt.

Beispiel Prokurist Pauli nutzt den Urlaub seines Chefs und wandelt die seit 150 Jahren bestehende Druckerei in einen Copy-Shop um. Als der Chef aus dem Urlaub zurückkommt, traut er seinen Augen nicht. Trotzdem sind alle in diesem Zusammenhang geschlossenen Verträge für das Unternehmen bindend.

Besondere Vollmachten benötigt der Prokurist lediglich zum Verkauf und zur Belastung von Grundstücken.

▷ Gesetzlich **verboten** ist ihm

❑ die Bilanz und die Steuererklärung zu unterschreiben

❑ Handelsregister-Eintragungen vornehmen zu lassen

❑ Gesellschafter aufzunehmen

❑ Prokura zu erteilen

❑ das Geschäft zu verkaufen

❑ das Insolvenzverfahren anzumelden

Eine darüber hinausgehende Beschränkung der Prokura ist Dritten gegenüber **unwirksam.**

▷ Nur der **Kaufmann** kann Prokura erteilen. Diese Erklärung sollte schriftlich abgefasst werden, da die Prokura in das Handelsregister eingetragen und die Unterschrift dort hinterlegt wird.

▷ Im **Innenverhältnis** beginnt die Prokura mit der Erteilung. Im **Außenverhältnis** beginnt die Prokura, wenn ein Dritter Kenntnis davon hat oder wenn sie in das Handelsregister eingetragen und bekannt gemacht ist.

▷ Damit man im geschäftlichen Verkehr die Prokura erkennt, unterschreibt der Prokurist mit einem die Prokura andeutenden Zusatz. Als üblich hat sich hier die Abkürzung ppa., d.h. „per procura", durchgesetzt.

▷ **Arten** der Prokura sind:

❑ **Einzelprokura:** Hier darf der Prokurist alle genannten Rechtsgeschäfte allein abschließen.

❑ **Filialprokura:** Hier ist die Vollmacht auf eine Filiale beschränkt.

❑ **Gesamtprokura:** Hier dürfen nur zwei oder mehrere Prokuristen die Vollmacht gemeinsam ausüben.

Beispiel

Amtsgericht **Düsseldorf**						
Nr. der Eintragung	a) Firma b) Ort der Niederlassung (Sitz der Gesellschaft) c) Gegenstand des Unternehmens (bei juristischen Personen)	Grund- oder Stammkapital EUR	Vorstand Persönlich haftende Gesellschafter Geschäftsführer Abwickler	Prokura	Rechtsverhältnisse	**HRA 593–0296** a) Tag der Eintragung und Unterschrift b) Bemerkungen
1	2	3	4	5	6	7
1	a) Sabine Freund, Spielwareneinzelhandel b) 40221 Düsseldorf c) Verkauf von Spielwaren aller Art an Letztverbraucher			Alfred Maier, Kaufmann Karin Schmitz, Kauffrau	Einzelunternehmung	a) 19. März ...

Vollmachten

▷ **Handlungsvollmacht**

Umfang	❑ ermächtigt zu Rechtsgeschäften, die der Betrieb eines Handelsgewerbes **gewöhnlich** mit sich bringt
Erteilung	❑ schriftlich, mündlich, stillschweigend
Arten	❑ allgemeine Handlungsvollmacht (alle gewöhnlichen Geschäfte des Betriebes) ❑ Artvollmacht (eine bestimmte Art von Rechtsgeschäften) ❑ Einzelvollmacht (Ausführung eines Rechtsgeschäftes)
Unterschrift	❑ in Vertretung (i.V.) ❑ oder im Auftrag (i.A.)

▷ **Prokura**

Umfang	❑ ermächtigt zu allen Rechtsgeschäften, die der Betrieb **irgendeines** Handelsgewerbes mit sich bringt
Erteilung	❑ ausdrücklich schriftlich oder mündlich durch den Kaufmann ❑ Eintragung in das Handelsregister
Arten	❑ Einzelprokura (der Prokurist ist allein vertretungsbefugt) ❑ Gesamtprokura (mehrere Prokuristen können nur gemeinsam handeln) ❑ Filialprokura (Vertretung für eine Filiale)
Unterschrift	❑ per procura (ppa.)

1 *Als Werner Krull morgens in die Abteilung kommt, hat Frau Schmitz einen Auftrag für ihn. Das Fax-Papier ist ausgegangen, auch Frau Rost hat keines mehr am Lager. Werner soll jetzt von einem nahen Bürofachgeschäft drei Rollen holen. Er ist sauer und meint, er sei doch kein Laufbursche. „Aber dafür sind Sie jetzt Handlungsbevollmächtigter der RAND OHG", sagt Frau Schmitz unter dem Gelächter der Kollegen. Werner ist unsicher. Will man sich über ihn lustig machen, oder hat er wirklich eine Vollmacht?*

2 *Der Unternehmer Schröder ernennt seinen langjährigen Mitarbeiter Wolf zum Prokuristen und lässt die Prokura im Handelsregister eintragen. Während sich Schröder im wohl verdienten Urlaub befindet, wird Wolf ein Grundstück angeboten, das sich hervorragend zur dringend notwendigen Erweiterung des Betriebsgeländes eignet. Wolf erwirbt das Grundstück für die Firma Schröder. Ist der Kaufvertrag über das Grundstück rechtswirksam zustande gekommen?*

3 🖙 *Stellen Sie Handlungsvollmacht und Prokura in einer Übersicht gegenüber!*

6.2 Typische Unternehmensformen
6.2.1 Die Einzelunternehmung

Sabine Freund hat die Vor- und Nachteile einer Existenzgründung sorgfältig gegeneinander abgewogen. Um ganz sicherzugehen, besucht sie den Betriebsberater der Industrie- und Handelskammer. Als dieser ihr die Frage nach der geeigneten Unternehmensform stellt, ist für Sabine Freund schnell klar, dass sie alleinige Inhaberin ihres Unternehmens sein will: „Dafür habe ich mich doch selbstständig gemacht!"

Arbeitsauftrag *Stellen Sie in einer Liste die Vor- und Nachteile der Gründung eines Unternehmens in der Form einer Einzelunternehmung gegenüber!*

▷ Die Einzelunternehmung wird von **einer Person** betrieben, die das Eigenkapital allein aufbringt.

▷ Die **Gründung** erfolgt formlos. Falls es sich um ein Handelsgewerbe nach § 1 HGB handelt und das Gewerbe in kaufmännischem Umfang betrieben wird, ist eine Eintragung in das Handelsregister erforderlich.

§ 18 HGB: (1) Die Firma muss zur Kennzeichnung des Kaufmanns geeignet sein und Unterscheidungskraft besitzen.
(2) Die Firma darf keine Angaben enthalten, die geeignet sind, über geschäftliche Verhältnisse, die für die angesprochenen Verkehrskreise wesentlich sind, irrezuführen. Die Firma kann eine Personen-, Sach-, Fantasiefirma oder gemischte Firma sein und muss den Zusatz eingetragener Kaufmann (e. K./e. Kfm.) oder eingetragene Kauffrau (e. K./e. Kfr.) beinhalten.

Beispiele Spielwareneinzelhandel Sabine Freund e. K.

▷ Da der Einzelunternehmer als alleiniger **Eigenkapitalgeber** fungiert, ist die Eigenkapital- REWE
basis durch das Vermögen des Unternehmers begrenzt. Eine Erweiterung des Eigenkapitals
kann nur durch die Nichtentnahme erzielter Gewinne erfolgen. Diese Möglichkeit ist jedoch begrenzt, weil der Kaufmann aus dem Gewinn seines Betriebes die Kosten seiner persönlichen Lebensführung bestreiten muss, da er kein Gehalt bezieht.

▷ Unabhängig von den tatsächlichen wirtschaftlichen Verhältnissen wirkt sich die Beschränkung des Haftungskapitals auf das Vermögen **einer** Person nachteilig auf die Kreditwürdigkeit aus. Deshalb sind den Möglichkeiten der **Fremdkapitalbeschaffung** bei der Einzelunternehmung enge Grenzen gesetzt.

▷ Der Einzelunternehmer **haftet** für die Verbindlichkeiten seines Unternehmens **allein und unbeschränkt,** d. h. mit seinem gesamten Geschäfts- und Privatvermögen.

Beispiel Die Einzelunternehmerin Freund hat für die Gründung ihres Spielwaren-Fachgeschäftes bei der Bank einen Kredit aufgenommen. Sie haftet hierfür mit ihrem gesamten Vermögen, d. h. auch mit ihrem Privatvermögen.

▷ Da der Einzelunternehmer alle Risiken allein übernimmt, steht ihm auch der gesamte **Gewinn** zu, andererseits trägt er auch alle **Verluste** allein.

▷ Der Einzelunternehmer ist alleiniger Inhaber, er hat infolgedessen auch alle Entscheidungsbefugnisse. Er hat das alleinige Recht, im Innenverhältnis die Geschäfte zu führen **(Geschäftsführungsbefugnis)** und das Unternehmen im Außenverhältnis gegenüber Dritten zu vertreten **(Vertretungsbefugnis).**

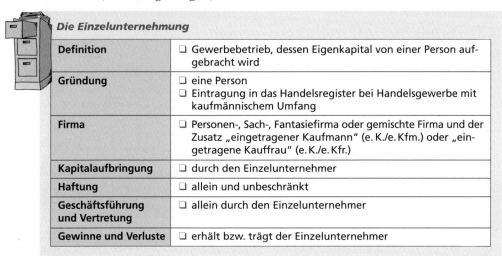

Die Einzelunternehmung

Definition	❑ Gewerbebetrieb, dessen Eigenkapital von einer Person aufgebracht wird
Gründung	❑ eine Person ❑ Eintragung in das Handelsregister bei Handelsgewerbe mit kaufmännischem Umfang
Firma	❑ Personen-, Sach-, Fantasiefirma oder gemischte Firma und der Zusatz „eingetragener Kaufmann" (e. K./e. Kfm.) oder „eingetragene Kauffrau" (e. K./e. Kfr.)
Kapitalaufbringung	❑ durch den Einzelunternehmer
Haftung	❑ allein und unbeschränkt
Geschäftsführung und Vertretung	❑ allein durch den Einzelunternehmer
Gewinne und Verluste	❑ erhält bzw. trägt der Einzelunternehmer

1 *Beschreiben Sie die Rechtsform der Einzelunternehmung!*

2 *Der Einzelunternehmer Eberle ist zahlungsunfähig. Der Gläubiger Pfeiffer behauptet, Eberle hafte auch mit seinem Privatvermögen. Eberle selbst steht auf dem Standpunkt, Geschäfts- und Privatvermögen hätten nichts miteinander zu tun. Nehmen Sie zu diesen Behauptungen Stellung!*

3 *Stellen Sie fest, wer sich in Ihrer Klasse einmal selbstständig machen möchte, und diskutieren Sie die damit verbundenen Vor- und Nachteile!*

4 ☞ *Stellen Sie in einem Kurzreferat die Unternehmensform der Einzelunternehmung vor. Nutzen Sie Tafel, Overheadprojektor oder andere Medien zur Veranschaulichung!*

6.2.2 Die Personengesellschaft am Beispiel der OHG und KG

Sabine Freunds Spielwaren-Fachgeschäft ist eröffnet. Das Einkaufszentrum, in dem sie ihr Einzelhandelsgeschäft betreibt, entwickelt sich immer mehr zu einer Attraktion, gerade für Familien mit Kindern. Da Frau Freund mit ihrem Sortiment genau diese Zielgruppe abdeckt, steigen die Umsätze und sie muss schon bald zwei Verkäuferinnen einstellen. Auch in der Buchhaltung wird eine Halbtagskraft beschäftigt. Trotzdem wächst ihr die Arbeit langsam über den Kopf. Alles muss sie selbst entscheiden, um alles muss sie sich sel-

ber kümmern. Dazu kommt der Ärger mit den Banken. Ein dringend benötigter Kredit für die Erweiterung der Geschäftsräume wurde mit der Begründung abgelehnt, das Eigenkapital sei zu gering und es fehle an Sicherheiten. In dieser Situation wendet sich Frau Freund auf Anraten ihres Freundes Oliver Rand an den Betriebsberater der IHK. Nach eingehender Beratung schlägt dieser ihr die Gründung einer Personengesellschaft in der Rechtsform einer OHG vor.

Arbeitsauftrag
- ❏ *Erarbeiten Sie die Merkmale der OHG und beurteilen Sie anschließend, ob diese Unternehmensform die Lösung für Frau Freunds Probleme ist!*
- ❏ *Stellen Sie fest, ob es andere geeignete Personengesellschaften für Frau Freund gibt!*

● Die offene Handelsgesellschaft (OHG)

§ 105 Abs. 1 HGB: *Eine Gesellschaft, deren Zweck auf den Betrieb eines Handelsgewerbes unter gemeinschaftlicher Firma gerichtet ist, ist eine offene Handelsgesellschaft, wenn bei keinem der Gesellschafter die Haftung gegenüber den Gesellschaftsgläubigern beschränkt ist.*

▷ Die **Gründung** der OHG ist formfrei, die Schriftform in Form eines Gesellschaftsvertrages ist jedoch üblich (vgl. S. 14 f.). Die Gesellschaft entsteht bei Kaufleuten i.s. des § 1 HGB mit Aufnahme der Tätigkeit, bei Kleingewerbetreibenden (z.B. Kioskbetreiber) und Kannkaufleuten (z.B. Landwirt mit Nebengewerbe) mit Handelsregistereintrag. Die Gesellschaft ist zur Eintragung in das Handelsregister anzumelden.

▷ Die **Firma** der OHG kann Personen-, Sach-, Fantasiefirma oder gemischte Firma sein. Sie muss die Bezeichnung „offene Handelsgesellschaft" oder eine verständliche Abkürzung dieser Bezeichnung enthalten.

Beispiel Renate Rand und Werner Koch betreiben einen Großhandel in der Rechtsform einer OHG. Folgende Firmen sind möglich: Rand & Koch OHG, Koch & Rand OHG, RAND OHG, Koch OHG, Rand & Co. OHG, Koch & Co. OHG, KORA OHG.

▷ Ähnlich wie bei der Einzelunternehmung kann die **Eigenkapitalbasis** durch Erhöhung der Kapitaleinlagen der Gesellschafter oder durch die Nichtentnahme von Gewinnen erfolgen. Darüber hinaus besteht die Möglichkeit der Aufnahme neuer Gesellschafter.

Beispiel Die RAND OHG erzielt einen Jahresüberschuss von 60 000,00 EUR, die Gesellschafter beschließen, den Gewinn zur Anschaffung eines Lieferwagens zu verwenden.

▷ Die Beschaffung von **Fremdkapital** (vgl. S. 293 ff.) ist leichter als bei der Einzelunternehmung, da hier mindestens zwei Gesellschafter mit ihrem gesamten Vermögen haften und das Risiko der Gläubiger dadurch auf zwei Schuldner verteilt wird.

▷ Die Gesellschafter der OHG **haften** gesamtschuldnerisch, unbeschränkt und unmittelbar.

- ❏ **Unbeschränkt** bedeutet, dass jeder Gesellschafter mit seinem gesamten Vermögen haftet. Es haftet also nicht nur das Gesellschaftsvermögen, sondern jeder Gesellschafter muss auch mit seinem Privatvermögen für die Schulden der OHG einstehen.
- ❏ **Unmittelbar** bedeutet, dass sich ein Gläubiger an jeden beliebigen Gesellschafter wenden kann. Der Gesellschafter kann nicht verlangen, dass der Gläubiger zuerst gegen die anderen Gesellschafter auf Zahlung klagt.
- ❏ **Solidarisch** (gesamtschuldnerisch) heißt, dass jeder Gesellschafter für die gesamten Schulden der OHG haftet. Er haftet also für die anderen Gesellschafter mit. Im Innenverhältnis hat der Gesellschafter selbstverständlich einen Ausgleichsanspruch, d.h., er kann von seinen Mitgesellschaftern deren Anteil an den Schulden verlangen.

Ein in eine Einzelunternehmung oder OHG **eintretender Gesellschafter** haftet auch für die Verbindlichkeiten, die bei seinem Eintritt bereits bestehen. **Bei Austritt** haftet der Gesellschafter noch fünf Jahre für die bei seinem Austritt vorhandenen Verbindlichkeiten.

▷ Zur **Geschäftsführung** ist jeder OHG-Gesellschafter allein berechtigt und verpflichtet.

▷ Im Außenverhältnis kann jeder Gesellschafter die OHG wirksam vertreten (**Einzelvertretungsmacht**).

Beispiel Herr Koch schafft für die OHG einen repräsentativen Geschäftswagen an. Als Frau Rand davon erfährt, kommt es zum Streit. Sie ist mit dem Kauf nicht einverstanden. Trotzdem ist der Kaufvertrag zwischen dem Autohaus und der OHG wirksam zustande gekommen, da jeder Gesellschafter die OHG wirksam vertreten kann.

Es besteht jedoch auch die Möglichkeit, dass ein oder mehrere Gesellschafter nur in Gemeinschaft zur Vertretung der OHG ermächtigt sein sollen (**Gesamtvertretungsmacht**). Diese Einschränkung ist jedoch nur wirksam, wenn sie in das Handelsregister eingetragen ist.

Beispiel Frau Rand und Herr Koch vereinbaren Gesamtvertretungsmacht und lassen dies in das Handelsregister eintragen. Beim Kauf eines neuen Kopierers müssen jetzt beide den Kaufvertrag unterschreiben.

▷ Ein Gesellschafter darf ohne Einwilligung seiner Partner weder im Handelszweig seiner Gesellschaft Geschäfte tätigen noch sich an einer anderen Gesellschaft als persönlich haftender Gesellschafter beteiligen (**Wettbewerbsverbot**).

Beispiel Herr Koch will sich an einem weiteren Großhandelsbetrieb als Gesellschafter beteiligen. Hierfür ist die Zustimmung der Gesellschafterin Frau Rand erforderlich.

REWE ▷ Der Gewinn der OHG wird gemäß Gesellschaftsvertrag verteilt. I. d. R. bekommen die mitarbeitenden Gesellschafter zunächst ein Arbeitsentgelt (Unternehmerlohn). Danach werden die geleisteten Kapitaleinlagen in einer vereinbarten Höhe verzinst. Der verbleibende Rest kann „nach Köpfen" oder nach einem Schlüssel verteilt werden, der die unterschiedliche Höhe des mithaftenden Privatvermögens berücksichtigt. Wird zur Gewinnverteilung nichts vereinbart, gilt § 121 HGB. Danach steht jedem Gesellschafter zunächst ein Anteil in Höhe von 4 % seiner Kapitaleinlage zu. Der Rest wird nach Köpfen unter die Gesellschafter verteilt.

Beispiel Der Gewinn der RAND OHG beträgt 65 000,00 EUR. Die Einlage von Frau Rand beläuft sich auf 180 000,00 EUR, die von Herrn Koch auf 120 000,00 EUR. Die Verteilung soll nach § 121 HGB erfolgen.

Gesellschafter	Kapital am Anfang des Jahres in EUR	4% in EUR	Rest nach Köpfen in EUR	Gesamtgewinn in EUR
Rand Koch	180 000,00 120 000,00	7 200,00 4 800,00	26 500,00 26 500,00	33 700,00 31 300,00
	300 000,00	12 000,00	53 000,00	65 000,00

Der Gewinn eines Gesellschafters wird seinem Kapitalanteil zugeschrieben. Jeder Gesellschafter ist berechtigt, vier Prozent seines Kapitalanteils pro Jahr **zu entnehmen**. Dies ist auch dann möglich, wenn die OHG Verluste macht.

▷ Die **Verluste** der OHG werden nach Köpfen verteilt und vom Kapitalkonto der Gesellschafter abgezogen. Vertragliche Abweichungen von dieser Regelung sind möglich.

Beispiel Die RAND OHG macht im folgenden Jahr einen Verlust von 25 300,00 EUR. Jedem der Gesellschafter werden 12 650,00 EUR vom Kapitalkonto abgezogen.

▷ Eine **Kündigung** des Gesellschaftsvertrages ist mit einer Frist von sechs Monaten zum Ende des Geschäftsjahres möglich.

● *Die Kommanditgesellschaft (KG)*

▷ Die Kommanditgesellschaft ist eine Handelsgesellschaft, bei der mindestens ein Gesellschafter unbeschränkt (**Komplementär**) und ein Gesellschafter nur in Höhe seiner Einlage (**Kommanditist**) haftet.

▷ Zur **Gründung** einer KG sind mindestens zwei Personen erforderlich. Der Gesellschaftsvertrag ist formfrei. Die Gesellschaft ist zur Eintragung in das Handelsregister anzumelden. Dies ist besonders für den Kommanditisten von großer Wichtigkeit, da eine Beschränkung der Haftung auf die Einlage erst ab dem Zeitpunkt der Eintragung rechtswirksam ist.

▷ Die **Firma** der KG kann Personen-, Sach-, Fantasiefirma oder gemischte Firma sein. Sie muss den Zusatz „Kommanditgesellschaft" oder eine verständliche Abkürzung dieser Bezeichnung enthalten.

Beispiel Frau Rand und Herr Koch wandeln ihre OHG in eine KG um. Frau Rand wird Kommanditistin, Herr Koch Komplementär. Frau Rand darf jetzt nicht mehr in der Firma erscheinen. Die Firma wird als Koch KG in das Handelsregister eingetragen.

▷ Die Möglichkeiten der **Eigenkapitalbeschaffung** (vgl. S. 290 f.) sind bei der KG i. d. R. größer als bei der Einzelunternehmung oder der OHG, da aufgrund der Beschränkung der Haftung des Kommanditisten auf seine Einlage leichter Kapitalgeber gefunden werden können.

▷ Die **Fremdkapitalbeschaffung** ist leichter als bei der Einzelunternehmung, da hier neben dem Vollhafter zumindest ein Teilhafter zusätzlich haftet. Grundsätzlich ist sie jedoch schwieriger als bei der OHG, da bei dieser zwei und mehr Gesellschafter unbeschränkt haften.

▷ Ein Komplementär der KG **haftet** wie der OHG-Gesellschafter unbeschränkt, unmittelbar und solidarisch. Die Haftung des Kommanditisten ist auf die in das Handelsregister eingetragene Einlage beschränkt.

Ein in eine Einzelunternehmung oder KG **eintretender Gesellschafter** haftet auch für die Verbindlichkeiten, die bei seinem Eintritt bereits bestehen. **Bei Austritt** haftet der Gesellschafter noch fünf Jahre für die bei seinem Austritt vorhandenen Verbindlichkeiten.

▷ **Geschäftsführung** und **Vertretung** der Gesellschaft liegen allein beim Komplementär, d. h., der Kommanditist ist von der Führung der Geschäfte ausgeschlossen. Er kann Rechtsgeschäften jedoch widersprechen, wenn sie über den gewöhnlichen Geschäftsbetrieb hinausgehen.

Beispiel Herr Koch, der Komplementär der Koch KG, will den Sitz des Unternehmens aus steuerlichen Gründen nach Liechtenstein verlegen. Hier hat die Kommanditistin, Frau Rand, ein Widerspruchsrecht.

Der Kommanditist ist berechtigt, eine Abschrift der Bilanz zu verlangen und diese durch Einsicht in die Bücher auf ihre Richtigkeit hin zu überprüfen. Das Recht auf eine laufende Kontrolle der Geschäfte hat er jedoch nicht.

Beispiel Die Kommanditistin Frau Rand erscheint an jedem ersten Freitag im Monat im Unternehmen und verlangt Einblick in die Bücher. Komplementär Koch kann ihr dies verweigern, da die Kommanditist kein Recht auf eine laufende Kontrolle der Geschäfte hat.

▷ Auch bei der KG erhält der geschäftsführende Gesellschafter vom **Gewinn** der Unternehmung i.d.R. zunächst einen Unternehmerlohn. Danach werden die Kapitaleinlagen gemäß Gesellschaftsvertrag verzinst. Ist hierüber keine Regelung getroffen, gilt § 168 HGB, der eine Kapitalverzinsung von 4 % vorsieht. Falls der Gewinn diesen Betrag übersteigt, soll der Rest „angemessen" verteilt, d.h. das unterschiedliche Risiko der Gesellschafter berücksichtigt werden.

Beispiel Frau Rand ist mit 60 000,00 EUR als Kommanditistin an der Koch KG beteiligt. Herr Koch hat als Komplementär 300 000,00 EUR eingebracht. Im ersten Jahr der Gründung erwirtschaftet die KG einen Gewinn in Höhe von 103 200,00 EUR. Nach der Kapitalverzinsung lt. HGB verbleibt ein Restgewinn in Höhe von 88 800,00 EUR. Im Gesellschaftsvertrag ist vereinbart, dass die angemessene Gewinnverteilung im Verhältnis der Einlagen, d.h. im Verhältnis 1:5, erfolgt. Somit erhält Herr Koch vom Restgewinn 74 000,00 EUR und Frau Rand 14 800,00 EUR.

Der Kommanditist hat nur Anspruch auf Auszahlung des Gewinns, wenn er seine Einlage voll geleistet hat.

▷ Macht die Gesellschaft **Verlust**, wird dieser im Verhältnis der Anteile verteilt, wobei die Verlustbeteiligung des Kommanditisten auf die Höhe seiner Einlage beschränkt ist.

▷ Die Gesellschafter können das Gesellschaftsverhältnis mit einer Frist von sechs Monaten zum Ende des Geschäftsjahres **kündigen**.

Personengesellschaften

▷ **Die offene Handelsgesellschaft (OHG)**

Definition	❑ Gesellschaft, deren Zweck auf den Betrieb eines gemeinsamen Handelsgewerbes gerichtet ist, wobei alle Gesellschafter unbeschränkt haften
Gründung	❑ mindestens zwei Personen ❑ Gesellschaftsvertrag ist formfrei ❑ Die Gesellschaft ist zur Eintragung in das Handelsregister anzumelden.
Firma	❑ Personen-, Sach-, Fantasiefirma oder gemischte Firma mit Zusatz „Offene Handelsgesellschaft (OHG)"
Kapitalaufbringung	❑ Verbesserte Möglichkeiten der Fremdkapitalaufbringung durch Verbreiterung der Eigenkapitalbasis und Haftung
Haftung	❑ unbeschränkt ❑ unmittelbar ❑ solidarisch (gesamtschuldnerisch)
Geschäftsführung und Vertretung	❑ Jeder Gesellschafter ist berechtigt, allein die Geschäfte zu führen und die Gesellschaft im Außenverhältnis zu vertreten.
Gewinnverteilung	❑ Wenn nichts geregelt ist, dann gilt § 121 HGB, d.h. 4 % auf das eingesetzte Kapital, Rest nach Köpfen oder lt. Gesellschaftsvertrag.
Verlustverteilung	❑ nach Köpfen oder lt. Gesellschaftsvertrag

⬦ Die Kommanditgesellschaft (KG)

Definition	❑ Handelsgesellschaft, bei der mindestens ein Gesellschafter unbeschränkt (Komplementär) und ein Gesellschafter in Höhe seiner Einlage (Kommanditist) haftet
Gründung	❑ mindestens zwei Personen ❑ Gesellschaftsvertrag ist formfrei ❑ Handelsregistereintrag erforderlich
Firma	❑ Personen-, Sach-, Fantasiefirma oder gemischte Firma mit Zusatz „Kommanditgesellschaft (KG)"
Kapitalaufbringung	❑ verbesserte Möglichkeiten der Eigenfinanzierung durch Aufnahme von Kommanditisten
Haftung	❑ Komplementär: – unbeschränkt – unmittelbar – solidarisch ❑ Kommanditist: in Höhe seiner Einlage
Geschäftsführung und Vertretung	❑ Der Komplementär führt die Geschäfte und vertritt die Gesellschaft nach außen. ❑ Der Kommanditist ist von der Geschäftsführung ausgeschlossen.
Gewinnverteilung	❑ lt. Gesellschaftsvertrag (vertragliche Regelung) ❑ nach HGB 4 % auf das eingesetzte Kapital, Rest im angemessenen Verhältnis (gesetzliche Regelung)
Verlustverteilung	❑ angemessen, d.h. im Verhältnis der Anteile

1 *Roland Rothe plant die Gründung einer Spedition in der Rechtsform einer OHG. Um Chancen und Risiken gegeneinander abzuwägen, bittet Herr Rothe seinen Steuerberater Schmitz um die Beantwortung der nachfolgenden Fragen:*
a) Wo muss die Gesellschaft eingetragen bzw. angemeldet werden?
b) Wie haften die Gesellschafter?
c) Wie ist die gesetzliche Gewinnverteilung geregelt?
d) Begründen Sie, warum der Gewinn der OHG nach Köpfen und in Form einer Kapitalverzinsung verteilt wird!
e) Roland Rothe betreibt die OHG zusammen mit seinem Kompagnon Kotte. Nennen Sie fünf mögliche Firmen!
f) Stellen Sie in einer Tabelle Rechte und Pflichten der OHG-Gesellschafter gegenüber!
☞ *Helfen Sie Herrn Schmitz bei der Erledigung dieses Auftrages!*

2 *Nach Eintragung der Rothe-OHG in das Handelsregister kauft Herr Rothe mehrere Pkw.*
a) Erläutern Sie, ob Rothe das Geschäft für das Unternehmen wirksam abschließen konnte!
b) Welche Folgen hätte es gehabt, wenn Kotte dem Geschäft widersprochen hätte?
c) Erläutern Sie, ob Rothe sich an einer weiteren OHG als Gesellschafter beteiligen kann!
d) Kotte bekommt einen Lkw günstig angeboten. Er möchte dieses Geschäft auf eigene Rechnung machen. Ist dies zulässig, wenn Rothe dagegen ist?
e) Aufgrund von Unstimmigkeiten möchte Kotte die Gesellschaft verlassen. Er ist der Meinung, ab dem Tag der Auflösung des Gesellschaftsvertrages habe er mit den Verbindlichkeiten des Unternehmens nichts mehr zu tun. Erläutern Sie die Rechtslage!

3 Abweichend von der gesetzlichen Regelung vereinbaren die Gesellschafter die folgende Gewinnverteilung: *„Die Verzinsung des eingesetzten Kapitals soll jeweils 2 % über dem Leitzinssatz des Geldmarktes vom 1. Dezember des jeweiligen Geschäftsjahres liegen. Der Rest wird nach Köpfen verteilt."* Überlegen Sie, welche Gründe für diese Formulierung sprechen könnten!

4 A, B und C betreiben eine OHG. A hat 600 000,00 EUR, B 750 000,00 EUR und C 1 200 000,00 EUR in das Unternehmen eingebracht. Alle drei Gesellschafter arbeiten im Betrieb mit. Im letzten Geschäftsjahr wurde ein Gewinn in Höhe von 525 000,00 EUR erzielt.
a) Ermitteln Sie den Gewinnanteil der Gesellschafter nach § 121 HGB!
b) Erläutern Sie, warum es ungerecht wäre, wenn der Gewinn allein im Verhältnis der Kapitalanteile verteilt würde!
c) Warum wäre es ebenso ungerecht, wenn der Gewinn ausschließlich nach Köpfen verteilt würde?

5 Erläutern Sie die wesentlichen Unterschiede zwischen OHG und KG!

6 Erläutern Sie die gesetzliche Gewinnverteilung bei der OHG und bei der KG und begründen Sie die unterschiedliche Behandlung der Gesellschafter!

7 Stellen Sie die Rechtsstellung des Komplementärs der des Kommanditisten der KG gegenüber!

6.2.3 Die Kapitalgesellschaft am Beispiel der Gesellschaft mit beschränkter Haftung (GmbH)

Das Einkaufszentrum, in dem Sabine Freund ihr Spielwaren-Fachgeschäft betreibt, wird von einem Warenhauskonzern übernommen, der im Erdgeschoss eine große Spielwarenabteilung eröffnet. Die Umsätze gehen daraufhin drastisch zurück und Sabine macht sich Sorgen um die Zukunft. „Im Falle eines Scheiterns verlierst du nicht nur das Geschäftsvermögen, sondern auch dein gesamtes Privatvermögen", meint ihr Freund Oliver Rand.

Arbeitsauftrag *Erarbeiten Sie die Merkmale der GmbH und stellen Sie fest, ob Sabine Freund ihre Probleme hinsichtlich der Haftung durch die Umwandlung des Unternehmens in eine Kapitalgesellschaft lösen kann!*

● Die Gesellschaft mit beschränkter Haftung (GmbH)

§ 1 GmbHG: Gesellschaften mit beschränkter Haftung können nach Maßgabe der Bestimmungen dieses Gesetzes zu jedem gesetzlich zulässigen Zweck durch eine oder mehrere Personen errichtet werden.

 ◌ Die GmbH ist eine Handelsgesellschaft mit eigener Rechtspersönlichkeit (**juristische Person**), deren Gesellschafter mit ihren Stammeinlagen am Stammkapital der Gesellschaft beteiligt sind, ohne persönlich zu haften. Sie zählt zu den **Kapitalgesellschaften.**

◌ Eine Mindestzahl von **Gründern** ist nicht vorgeschrieben, d.h., dass auch eine Person allein eine GmbH gründen kann (Ein-Mann-GmbH). Dies kann auch eine juristische Person sein.

Der Gesellschaftsvertrag (**Satzung**) bedarf der notariellen Beurkundung. Als juristische Person entsteht die GmbH erst mit Eintragung in das Handelsregister. Sie ist damit Formkaufmann , d.h., sie ist Kaufmann kraft Rechtsform. Damit ist die GmbH ab der Eintragung in das Handelsregister juristische Person (vgl. S. 44).

§ 11 Abs. 2 GmbHG: Ist vor Eintragung im Namen der Gesellschaft gehandelt worden, so haften die Handelnden persönlich und solidarisch.

Beispiel Sabine Freund will ihr Fachgeschäft in der Rechtsform einer GmbH weiterführen. Sie lässt von ihrem Rechtsanwalt einen Gesellschaftsvertrag aufsetzen. Vor der Eintragung ins Handelsregister lässt sie ihr Fachgeschäft umbauen. Da die hiermit verbundenen Rechtsgeschäfte vor der Eintragung abgeschlossen wurden, haftet Sabine Freund hierfür persönlich und solidarisch.

▷ Die **Firma** der GmbH kann Personen-, Sach-, Fantasiefirma oder gemischte Firma sein. Sie muss den Zusatz „Gesellschaft mit beschränkter Haftung" oder eine verständliche Abkürzung dieser Bezeichnung enthalten.

Beispiel Sabine Freund könnte folgende Firmen wählen: Freund GmbH, Spielwaren-Fachgeschäft GmbH, Spielwaren GmbH Sabine Freund.

▷ Anders als bei den Personengesellschaften ist bei der GmbH ein festes Gesellschaftskapital vorgeschrieben. Es wird **Stammkapital** genannt und beträgt mindestens 25 000,00 EUR. Die Einlage jedes einzelnen Gesellschafters ist die **Stammeinlage**. Sie beträgt mindestens 100,00 EUR. Das Stammkapital kann in Geld oder Sachwerten aufgebracht werden.

Beispiel Sabine Freund hat bei Gründung der GmbH einen Geschäftswagen im Wert von 40 000,00 EUR eingebracht. Zudem hat sie eine Einlage in Höhe von 50 000,00 EUR in bar geleistet.

Die Erweiterung der Eigenkapitalbasis der GmbH ist durch so genannte **Nachschusszahlungen** der Gesellschafter möglich. Diese müssen jedoch ausdrücklich in der Satzung vorgesehen sein. Darüber hinaus besteht die Möglichkeit der Aufnahme neuer Gesellschafter, die durch ihre Einlagen das Stammkapital der GmbH erhöhen.

▷ Infolge der Beschränkung der Haftung und der damit verbundenen geringen Kreditwürdigkeit der GmbH sind der **Fremdkapitalbeschaffung** enge Grenzen gesetzt. Dies führt dazu, dass in der Praxis Kredite häufig nur durch Sicherung aus dem Privatvermögen der Gesellschafter vergeben werden (vgl. S. 289 ff.).

▷ Die **Haftung** der Gesellschafter der GmbH ist ausgeschlossen, es haftet ausschließlich die juristische Person (vgl. S. 44).

Beispiel Wird die Spielwaren GmbH Sabine Freund zahlungsunfähig, können sich die Gläubiger ausschließlich an die Gesellschaft wenden. Sie haftet mit ihrem gesamten Betriebsvermögen in Höhe von 90 000,00 EUR. Auf ihr Privatvermögen haben die Gläubiger keinen Zugriff.

▷ Die **Organe der GmbH** sind die Geschäftsführer, die Gesellschafterversammlung und ggf. der Aufsichtsrat.

❑ Geschäftsführung und Vertretung der Gesellschaft obliegt den **Geschäftsführern**. In der Praxis sind dies gerade bei kleinen Unternehmen häufig die Gesellschafter, es können aber selbstverständlich auch dritte Personen sein. Die Art der **Vertretungsbefugnis** ist in das Handelsregister einzutragen und auf den Geschäftsbriefen der GmbH anzugeben.

❑ Die **Gesellschafterversammlung** wird durch die Geschäftsführer einberufen und beschließt
 – über Jahresabschluss und Gewinnverwendung,
 – über Bestellung, Entlastung und Abberufung der Geschäftsführer und
 – über Bestellung von Prokuristen und Handlungsbevollmächtigten. Die Abstimmung erfolgt mit einfacher Mehrheit nach Geschäftsanteilen. Je 50,00 EUR eines Geschäftsanteils gewähren eine Stimme.

❑ Der Gesellschaftsvertrag kann die Einrichtung eines **Aufsichtsrates** aus Vertretern der Arbeitnehmer und der Gesellschafter vorsehen. Seine Aufgaben sind die Überwachung der Geschäftsführer und die Prüfung von Jahresabschluss und Lagebericht. Für GmbHs mit mehr als 500 Arbeitnehmern ist die Einrichtung eines Aufsichtsrates durch das Betriebsverfassungsgesetz zwingend vorgesehen. Der Aufsichtsrat wird für vier Jahre gewählt.

▷ Der **Gewinn** der GmbH wird, wenn die Satzung nichts anderes vorsieht und die Gesellschafterversammlung dies beschließt, im Verhältnis der Geschäftsanteile verteilt. Bei **Verlusten** werden zunächst die Rücklagen aufgezehrt. Ist die Gesellschaft zahlungsunfähig oder ergibt sich bei Aufstellung der Bilanz, dass die Schulden nicht mehr durch das Vermögen der Gesellschaft gedeckt sind (**Überschuldung**), müssen die Geschäftsführer spätestens nach drei Wochen das Insolvenzverfahren beantragen.

▷ Eine **Pflichtprüfung und die Veröffentlichung** (Publizierung) von Jahresabschluss und Lagebericht sind für große GmbHs vorgeschrieben.

▷ Die **Bedeutung der GmbH** ergibt sich aus folgenden Gründen:

❑ Das Risiko der Gesellschafter ist auf die Kapitaleinlage beschränkt.

❑ Sie kann mit wenig Kapital (25 000,00 EUR) gegründet werden.

❑ Die Kosten der Gründung sind niedriger als bei der AG.

❑ Sie ermöglicht als juristische Person die Fortführung der Unternehmung bei Tod oder Ausscheiden eines Gesellschafters.

● **Die GmbH & Co. KG**

▷ Die **Haftung** der GmbH & Co. KG richtet sich nach den Vorschriften der KG. Danach haftet der Komplementär unbeschränkt, unmittelbar und solidarisch. Da der Komplementär eine GmbH ist, haftet diese mit ihrem gesamten Vermögen, d. h. mit dem Stammkapital von mindestens 25 000,00 EUR. Der Kommanditist haftet in Höhe seiner Einlage.

▷ **Geschäftsführung und Vertretung** der Gesellschaft liegen beim Komplementär, d. h. bei der GmbH vertreten durch ihren Geschäftsführer.

▷ Die **Gewinnverteilung** erfolgt nach den Regeln der KG. In der Praxis sieht der Gesellschaftsvertrag häufig vor, dass der Großteil des Gewinns dem Kommanditisten zufällt, um die Besteuerung der GmbH im Rahmen der Körperschaftsteuer (KStG) möglichst niedrig zu halten.

Die Gesellschaft mit beschränkter Haftung (GmbH)	
Definition	❑ Handelsgesellschaft mit eigener Rechtspersönlichkeit (juristische Person), deren Gesellschafter mit ihren Stammeinlagen am Stammkapital der Gesellschaft beteiligt sind, ohne persönlich zu haften
Gründung	❑ Mindestzahl nicht vorgeschrieben ❑ notarieller Gesellschaftsvertrag erforderlich ❑ Handelsregistereintrag erforderlich
Firma	❑ Sach-, Personen-, Fantasiefirma oder gemischte Firma mit Zusatz GmbH
Kapitalaufbringung	❑ Stammkapital mindestens 25 000,00 EUR ❑ Stammeinlage je Gesellschafter mindestens 100,00 EUR ❑ Fremdkapitalbeschaffung durch Beschränkung der Haftung problematisch
Haftung	❑ Es haftet die juristische Person mit ihrem gesamten Vermögen.

Geschäftsführung und Vertretung	❏ durch die Geschäftsführer (Einzel- oder Gesamtgeschäfts-führung möglich)
Beschließendes Organ	❏ Gesellschafterversammlung
Kontrollorgan	❏ gegebenenfalls Aufsichtsrat (ab 500 Arbeitnehmern)
Gewinnverteilung	❏ im Verhältnis der Geschäftsanteile
Verlustverteilung	❏ Aufzehrung von Rücklagen, bei Überschuldung Insolvenzverfahren

GmbH & Co. KG	❏ Mischgesellschaft aus GmbH und KG

1 Erläutern Sie die Unternehmensform der GmbH anhand der Merkmale
  ❏ Gründung   ❏ Haftung
  ❏ Firma   ❏ Geschäftsführung und Vertretung
  ❏ Kapitalaufbringung ❏ Gewinn- und Verlustverteilung!

2 Erläutern Sie die grundsätzlichen Unterschiede zwischen einer OHG und einer GmbH!

3 Die Kaufleute Wolf und Walter wollen ein Büromöbel-Fachgeschäft in der Rechtsform einer GmbH gründen.
  a) Geben Sie an, welches Mindestkapital sie einbringen müssen!
  b) Walter möchte seinen Sohn als Gesellschafter mit einer geringen Einlage beteiligen. Erläutern Sie, ob es hierfür einen Mindestbetrag gibt!
  c) Die Kaufleute setzen den Gesellschaftsvertrag auf und unterschreiben alle. Welche weiteren Formvorschriften sind zu beachten?
  d) Nennen Sie drei Firmen, die diese GmbH führen könnte!
  e) Nach Unterschrift unter den Gesellschaftsvertrag, aber vor Eintragung in das Handelsregister, kauft Wolf im Namen der GmbH einen repräsentativen Geschäfts-wagen. Walter junior und senior sind nicht damit einverstanden. Prüfen Sie, ob Walter zur Zahlung herangezogen werden kann!
  f) Wolf und Walter senior werden zu Geschäftsführern bestimmt. Sie haben Einzelver-tretungsmacht. Wolf mietet Geschäftsräume, ohne Walter zu fragen. Begründen Sie, ob der Mietvertrag gültig ist!
  g) Erläutern Sie, wie die Ernennung der Geschäftsführer bekannt gemacht werden muss!
  h) Das Stammkapital der GmbH entspricht dem gesetzlichen Mindestkapital. Wolf ist mit 15 000,00 EUR, Walter senior mit 9 500,00 EUR und sein Sohn mit dem Rest beteiligt. Erläutern Sie, wie viel Stimmen die drei in der Gesellschafterversammlung haben!
  i) Im ersten Jahr macht die GmbH 40 000,00 EUR Gewinn. Wie wird der Gewinn verteilt, wenn in Gesellschafterversammlung und Satzung darüber nichts festgelegt wurde?

6.3 Unternehmenszusammenschlüsse im Handel

Nach der Umwandlung in eine GmbH fühlt Sabine Freund sich sicherer, das Problem der rückläufigen Umsätze ist dadurch jedoch nicht gelöst. „Das Warenhaus ist einfach preiswer-ter", klagt Sabine, „die verkaufen zu Preisen, zu denen ich nicht einmal einkaufen kann." „Bei deinen kleinen Mengen ist das ja auch kein Wunder", erwidert Oliver, „der Waren-hauskonzern bekommt bei seinen Großbestellungen ja ganz andere Konditionen." Da fällt Sabine der Brief der Einkaufsgenossenschaft „Spielgut eG" ein, die ihr das Angebot gemacht hatte, Mitglied zu werden. „Gemeinsam sind auch die Schwachen stark", hieß es in dem Brief, und es wurde auf die günstigen Preise und Konditionen bei der gemeinsamen Beschaf-fung der Ware hingewiesen. „Ich müsste ein Stück Selbstständigkeit aufgeben, aber ich könn-te bei den günstigeren Einkaufspreisen ganz anders kalkulieren", meint Sabine nachdenklich.

Arbeitsauftrag Entwickeln Sie Vorschläge, wie sich Sabine Freund im Rahmen einer Kooperation gegen den Warenhauskonzern behaupten kann!

Das Ziel der Genossenschaft „Gemeinsam sind auch die Schwachen stark" lässt sich auch für wirtschaftlich und rechtlich selbständige Unternehmen verfolgen. Je nachdem, wie viel Selbstständigkeit sie im Rahmen dieser Zusammenarbeit aufgeben müssen, sprechen wir von **Kooperation** oder **Konzentration.**

▷ **Kooperation** liegt vor, wenn wirtschaftlich und rechtlich weitgehend selbstständig bleibende Unternehmen sich zur Zusammenarbeit verpflichten.

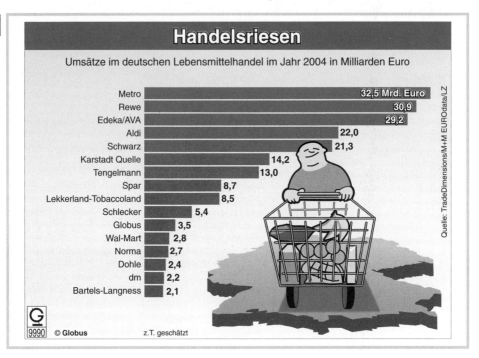

Handelsriesen

Umsätze im deutschen Lebensmittelhandel im Jahr 2004 in Milliarden Euro

Metro	32,5 Mrd. Euro
Rewe	30,9
Edeka/AVA	29,2
Aldi	22,0
Schwarz	21,3
Karstadt Quelle	14,2
Tengelmann	13,0
Spar	8,7
Lekkerland-Tobaccoland	8,5
Schlecker	5,4
Globus	3,5
Wal-Mart	2,8
Norma	2,7
Dohle	2,4
dm	2,2
Bartels-Langness	2,1

Quelle: TradeDimensions/M+M EUROdata/LZ

© Globus   z.T. geschätzt

▷ **Konzentration** liegt vor, wenn Unternehmen sich unter Aufgabe ihrer wirtschaftlichen Selbstständigkeit unter zentraler Leitung zusammenschließen.

Geben Unternehmen bei einem Zusammenschluss auch ihre rechtliche Selbstständigkeit auf, spricht man von einer **Fusion.** Die so verschmolzenen Unternehmen werden auch als **Trust** bezeichnet.

Gerade kleine und mittelständische Unternehmen sind vor dem Hintergrund der zunehmenden Unternehmens- und Umsatzkonzentration und dem damit verbundenen Konkurrenzdruck immer weniger in der Lage, ihre Funktionen wirkungsvoll wahrzunehmen. Diese Entwicklung hat den Unternehmenszusammenschlüssen starke Impulse gegeben.

Die **Ziele** eines Zusammenschlusses von Unternehmen sind zahlreich. Bei der Kooperation wird jedoch immer die Erhöhung der Wirtschaftlichkeit im Vordergrund stehen, während bei der Konzentration i. d. R. die Erringung von Marktmacht eine Rolle spielt.

Im Einzelnen können die **Ziele** einer Kooperation oder Konzentration allen Funktionsbereichen (Beschaffung, Lagerhaltung, Absatz usw.) des Großhandels zugeordnet werden.

Beispiele

❑ Zusammenschlüsse im Bereich der **Beschaffung** haben das Ziel, durch den Einkauf großer Mengen günstigere Preise oder Konditionen zu erwirken.

224

- ❏ Im Bereich der **Lagerhaltung** können durch Kooperation oder Konzentration die Lieferbereitschaft erhöht und die Kosten der Lagerhaltung verringert werden.
- ❏ Die Motive für Zusammenschlüsse im Bereich des **Absatzes** sind vielfältig. So können sich Handelsbetriebe beispielsweise zu einer Gemeinschaftswerbung zusammenschließen oder Kundendienstleistungen gemeinsam anbieten.
- ❏ Im Bereich der **Finanzierung** können kapitalintensive Investitionsvorhaben, z.B. der Bau eines Einkaufszentrums, i.d.R. nur nach einem Zusammenschluss kleiner oder mittlerer Betriebe durchgeführt werden.

● *Horizontale Kooperation*

Aus der Vielzahl der möglichen horizontalen Kooperationsformen werden nachfolgend die Einkaufsgenossenschaft und der Einkaufsverband dargestellt.

▷ Bei der **Einkaufsgenossenschaft** gründen selbstständige Einzelhändler eine Genossenschaft, wobei die Genossenschaft die Aufgabe eines Großhandelsbetriebes übernimmt, um durch gemeinsame Warenbeschaffung günstigere Preise und Konditionen erzielen zu können. Darüber hinaus hat sich die Zusammenarbeit auf fast alle Funktionsbereiche des Einzelhandels ausgedehnt. Die einheitliche Gestaltung der Verkaufsstellen, die Entwicklung gemeinsamer Handelsmarken, eine zentral gesteuerte Werbung, eine gemeinsame Verwaltung im Bereich Rechnungs- und Personalwesen und die Gewährung von Krediten sind nur einige der Leistungsmerkmale solcher Full-Service-Kooperationen.

Beispiele Spielgut eG, Rewe, EBEKA eG, ReWo eG

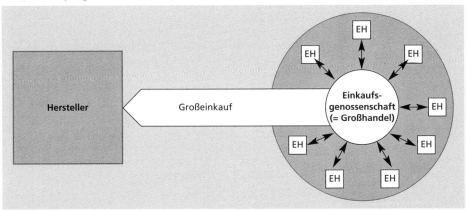

▷ Die **Einkaufsverbände** verfolgen die gleichen Ziele wie die Einkaufsgenossenschaften. Sie unterscheiden sich von diesen lediglich durch die Rechtsform, sind also nicht als eingetragene Genossenschaft, sondern z.B. als Gesellschaft bürgerlichen Rechts organisiert.

Beispiele Edeka, Kaufring, Inter-Sport, Musterring

● *Vertikale Kooperation*

Im Rahmen der vertikalen Kooperation, also des Zusammenschlusses von Unternehmen aufeinander folgender Handelsstufen, gibt es z.B. die freiwilligen Ketten, das Franchising- und das **Rack-Jobber-System.**

▷ Bei den **freiwilligen Ketten** handelt es sich um einen Zusammenschluss eines oder mehrerer Großhändler mit rechtlich und wirtschaftlich selbstständig bleibenden Einzelhandelsbetrieben. Die Initiative geht dabei vom Großhandel aus, der mit einer Anzahl selbstständiger Einzelhändler zusammenarbeitet, die von ihm einen möglichst großen Teil ihrer Waren beziehen. Heute unterscheiden sich Aufgaben und Ziele kaum von den bereits dargestellten Einkaufsgenossenschaften und Einkaufsverbänden, die Zusammenarbeit hat sich auf alle Leistungsbereiche des Einzelhandels ausgedehnt. Die Zentrale berät bei der Gestaltung der Verkaufsstellen, entwickelt Handelsmarken, führt überregionale Werbemaßnahmen unter gemeinsamen Namen durch und leistet Hilfestellung in der Verwaltung.

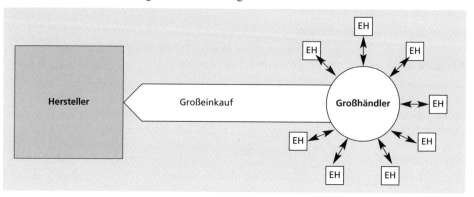

Die Freiwilligen Ketten haben besonders im Lebensmittelsektor große Bedeutung erlangt und konnten ein gewisses Gegengewicht gegen die fortschreitende Konzentration im Handel schaffen.
Beispiele VEGE, A & O, Spar, HGK, IFA

▷ **Franchising** ist eine Form der Kooperation, bei der der Franchisegeber (Franchisor) aufgrund einer langfristigen vertraglichen Bindung dem Franchisenehmer (Franchisee) das Recht einräumt, bestimmte Waren oder Dienstleistungen unter Verwendung der Firma, der Marke, der Ausstattung und der technischen und gewerblichen Erfahrungen des Franchisegebers zu nutzen. Der Franchisegeber vergibt die Konzession für ein von ihm entwickeltes Marketingkonzept, das sich in der Praxis bereits bewährt hat. Er enthält dafür i.d.R. ein einmaliges Entgelt und/oder eine Umsatzbeteiligung.

Vorteile für den Franchisegeber sind z.B.:
❑ Aufbau eines Vertriebsnetzes ohne großen Investitionsaufwand
❑ größere Marktnähe als Lieferant
❑ großes Engagement der selbstständigen Vertriebspartner

Vorteile für den Franchisenehmer sind z.B.:
❑ Nutzung des Know-hows des Franchisegebers
❑ Förderung des Absatzes durch einheitliche Verkaufsraumgestaltung, Werbung, Verkaufsförderung und ein abgerundetes Sortiment
❑ Nutzung der Dienstleistungen, des zentralen Rechnungswesens oder der Kalkulation des Franchisegebers

Nachteile für den Franchisenehmer sind z.B.:
❑ Bindung an ein Sortiment und Präsentationskonzept
❑ hohe Kosten durch Eintritts- und Franchiseentgelt
❑ langfristige Bindung an den Franchisegeber

Beispiele Coca-Cola-Abfüller, Holiday-Inn (Hotels), Eduscho, McDonald's (Fast Food), Bennetton-Modehäuser, Ihr Platz (Drogerie), Nordsee (Fisch), ASKO (Möbel)

226

◻ Beim **Rack-Jobber-System** stellt der Einzelhändler dem Großhändler, Hersteller oder selbstständig arbeitenden Rack-Jobbern gegen Entgelt Regalfläche zur Verfügung. Der Rack-Jobber bietet dort seine Ware für eigene Rechnung an. Er füllt die Ware selbstständig auf, zeichnet sie aus, betreibt Warenpflege, nimmt unverkaufte Ware zurück und rechnet die verkaufte Ware mit dem Einzelhändler ab. Der Einzelhändler erhält eine Provision vom Umsatz.

Vorteile für den Einzelhändler sind im Wesentlichen die risikolose Erweiterung seines Sortiments um attraktive Artikel, die Abwälzung von Aufgaben der Beschaffung und Warenpflege auf den Hersteller oder Großhändler und zusätzliche Mieteinnahmen, die für den Einzelhändler attraktiver sind, als auf eigenes Risiko Waren anzubieten.

Beispiele Rack-Jobber findet man in erster Linie im Non-Food-Bereich des Lebensmitteleinzelhandels (Schreibwaren, Batterien, Kurzwaren usw.)

● **Konzentration** *im Handel*

Die Ursachen für den dargestellten Konzentrationsprozess im Handel sind vielfältig.

◻ So schätzen die Kunden in wachsendem Maße die Bequemlichkeit des Einkaufens in Großbetrieben, die „alles unter einem Dach" anbieten und ein „One-Stop-Shopping" ermöglichen **(Einkaufszentren).**

◻ Der Einzelhandel wird durch moderne Verkaufsmethoden (Selbstbedienung) und -techniken (Warenwirtschaftssysteme) zunehmend kapitalintensiver.

> **§ 18 Abs. 1 AktG:** *„Sind ein herrschendes und ein oder mehrere abhängige Unternehmen unter einheitlicher Leitung des herrschenden Unternehmens zusammengefasst, so bilden sie einen **Konzern**; die einzelnen Unternehmen sind Konzernunternehmen."*

Die Beherrschung der Konzernunternehmen kann auch durch eine **Holding-Gesellschaft** (Dachgesellschaft) erfolgen, die lediglich die angeschlossenen Betriebe verwaltet, ohne selbst Produktions- oder Handelsaufgaben zu übernehmen. Die beteiligten Gesellschaften bringen dabei z.B. ihre Aktien in die neu gegründete Holding ein, die als Dachgesellschaft die Verwaltung des Konzerns übernimmt und die angeschlossenen Gesellschaften beherrscht. Die rechtliche Selbstständigkeit der Konzernglieder bleibt auch hier erhalten.

Da **Konzerne** eine marktbeherrschende Stellung erlangen und eine Beschränkung des Wettbewerbs erreichen können, unterliegen sie dem **Gesetz gegen Wettbewerbsbeschränkungen** (GWB). Konzerne sind zwar grundsätzlich **zulässig,** Betriebszusammenschlüsse müssen jedoch dem Kartellamt angezeigt werden, wenn die beteiligten Unternehmen

◻ durch den Zusammenschluss einen Marktanteil von 20 % oder mehr erreichen,

◻ mindestens 10 000 Beschäftigte oder einen Jahresumsatz von mindestens 500,00 Mio. EUR hatten,

◻ mindestens ein beteiligtes Unternehmen im Inland 25 Mio. EUR Umsatzerlöse erzielt hat.

Das Kartellamt kann den Zusammenschluss **untersagen,** wenn zu erwarten ist, dass durch den Zusammenschluss eine marktbeherrschende Stellung entsteht.

◻ Im Gegensatz zu den Konzernen sind **Kartelle** grundsätzlich **verboten.** Bei einem Kartell handelt es sich um eine vertragliche Absprache zwischen Unternehmen der gleichen Produktions- und Handelsstufe, ohne dass die wirtschaftliche oder rechtliche Selbstständigkeit der Unternehmen aufgegeben wird. Ziel von Kartellverträgen ist die Marktbeherrschung durch Beseitigung oder zumindest Beschränkung des Wettbewerbs. Dies kann z. B. durch die Absprache von Preisen, Produktionsquoten oder die räumliche Aufteilung des Absatzmarktes erfolgen.

Eine Ausnahme des grundsätzlichen Verbotes bilden bestimmte Arten von Kartellen, die nach Ansicht des Gesetzgebers keine unmittelbare Beeinträchtigung des Wettbewerbs zum Ziel haben. Sie müssen jedoch beim Bundeskartellamt **angemeldet** werden.

Es sind dies z. B.

❏ **Konditionenkartelle,** die sich auf die Absprache gemeinsamer Allgemeiner Geschäftsbedingungen (vgl. S. 67 f.) beziehen

  Beispiel Die Großhändler einer Branche schließen sich zusammen, um einheitliche „Allgemeine Geschäftsbedingungen" zu formulieren.

❏ **Mittelstandskartelle,** die dazu dienen, die Wettbewerbsfähigkeit kleiner oder mittlerer Unternehmen zu stärken.

Unternehmenszusammenschlüsse im Handel

◊ **Horizontale Kooperation** liegt vor, wenn wirtschaftlich und rechtlich selbstständig bleibende Unternehmen **der gleichen Handelsstufe** sich durch Verträge zur Zusammenarbeit verpflichten.

Formen: Einkaufsgenossenschaft, Einkaufsverband. Durch gemeinsamen Einkauf sollen günstigere Preise und Konditionen erzielt werden.

◊ **Vertikale Kooperation** liegt vor, wenn wirtschaftlich und rechtlich selbständig bleibende Unternehmen **aufeinander folgender Handelsstufen** sich durch Verträge zur Zusammenarbeit verpflichten.

Formen:

❏ **Freiwillige Ketten:** Zusammenschluss von Großhandel mit selbstständig bleibenden Einzelhändlern.

❏ **Franchising:** Der Franchisegeber räumt dem Franchisenehmer das Recht ein, bestimmte Waren oder Dienstleistungen unter Verwendung der Firma, der Marke, der Ausstattung und der technischen und gewerblichen Erfahrung zu nutzen. Der Franchisenehmer zahlt dafür ein einmaliges Entgelt und/oder räumt eine Beteiligung am Umsatz ein.

❏ **Rack-Jobber:** Der Einzelhändler stellt dem Großhändler oder Hersteller gegen Entgelt Verkaufsraum oder Regalfläche zur Verfügung. Der Rack-Jobber bietet hier Ware auf eigene Rechnung an.

◊ **Konzentration im Handel** liegt vor, wenn Unternehmen sich unter Aufgabe ihrer wirtschaftlichen Selbstständigkeit unter zentraler Leitung zusammenschließen.

Formen:

❏ **Konzern:** Zusammenschluss rechtlich selbstständig bleibender Unternehmen unter zentraler Leitung, die ihre wirtschaftliche Selbstständigkeit aufgeben.

❏ **Holding-Gesellschaft:** Dachgesellschaft, die angeschlossene Betriebe verwaltet, ohne selbst Produktions- oder Handelsaufgaben zu übernehmen.

❏ **Kartell:** Zusammenschluss von Unternehmen der gleichen Produktions- oder Handelsstufe, bei dem nur vertragliche Absprachen erfolgen. Ziel ist i. d. R. die Marktbeherrschung. Kartelle sind grundsätzlich verboten.

1 Erläutern Sie die Unterschiede zwischen den Begriffen
a) Kooperation,
b) Konzentration!

2 Nennen Sie mögliche Ziele des Zusammenschlusses
a) eines Großhändlers mit mehreren Einzelhändlern,
b) zweier Einzelhändler!

3 Erläutern Sie die Kooperationsform des Franchising!

4 „Die Freiwilligen Ketten bieten dem selbstständigen Einzelhändler die Möglichkeit, dem Konkurrenzdruck standzuhalten." Erläutern und begründen Sie diese Aussage!

5 Welche Vor- und Nachteile sind mit der Vermietung von Regalflächen an einen Rack-Jobber für den Einzelhändler verbunden?

6 Erläutern Sie anmeldepflichtige Kartelle!

7 Erläutern Sie Konzern und Kartell anhand der folgenden Gesichtspunkte:
❑ rechtliche Selbstständigkeit
❑ Ziel der Zusammenarbeit
❑ wirtschaftliche Selbstständigkeit
❑ rechtliche Einschränkungen

---

1 Steuerberater Schröder beteiligt sich an der Einzelunternehmung von Sabine Freund. Man einigt sich, dass Schröder Kommanditist wird. Die Gesellschaft nimmt mit Schröders Zustimmung die Geschäfte auf. Die Eintragung in das Handelsregister unterbleibt zunächst.

a) Der Lieferant Ludwig will eine Forderung eintreiben und wendet sich direkt an den gut situierten Schröder. Dieser verweigert die Zahlung mit dem Hinweis, er sei lediglich Kommanditist. Überprüfen Sie, ob der Lieferant im Recht ist!

b) Die Kommanditgesellschaft wird in das Handelsregister eingetragen. Im ersten Jahr der Tätigkeit macht das Unternehmen 100 000,00 EUR Verlust. Frau Freund werden 80 000,00 EUR, Herrn Schröder 20 000,00 EUR zugeschrieben. Als im zweiten Jahr 50 000,00 EUR Gewinn anfallen, verlangt Schröder Auszahlung seines Anteils. Frau Freund verweigert dies. Begründen Sie, ob sie im Recht ist!

c) Frau Freund kauft für den Spielwareneinzelhandel einen großen Posten Modellautos. Schröder ist mit dem Kauf nicht einverstanden. Erläutern Sie, ob Schröder dem Geschäft widersprechen kann!

d) Als Frau Freund die Geschäftsräume günstig zum Kauf angeboten werden, greift sie im Namen der KG zu. Hätte sie Schröders Zustimmung einholen müssen?

e) Als Schröder widerspricht, ist Frau Freund der Meinung, der Kaufvertrag sei nichtig. Der Verkäufer besteht jedoch auf Einhaltung. Wie ist die Rechtslage?

f) Aufgrund der anhaltenden Spannungen verlangt Schröder, dass ihm monatlich die Bücher vorgelegt werden. Darüber hinaus will er sich durch unangekündigte Besuche im Ladenlokal vom ordnungsgemäßen Ablauf des Geschäftsbetriebes überzeugen. Ist er hierzu berechtigt?

2 Welche der nachfolgenden Aussagen über das Handelsregister sind zutreffend:

a) Das Handelsregister ist das Verzeichnis aller Kaufleute eines Amtsgerichtsbezirkes.

b) Die OHG wird in Abteilung B eingetragen.

c) Eintragungen, die im Handelsregister rot unterstrichen sind, gelten als gelöscht.

d) Nur Kaufleute können das Handelsregister einsehen.

3 Stellen Sie fest, welche der folgenden Begriffe und welche der nachfolgenden Aussagen auf unten stehende Unternehmensformen zutreffen!

Begriffe:

1. Personengesellschaften
2. Kapitalgesellschaften
3. sonstige Unternehmensformen

Aussagen:

4. haften nur mit Gesellschaftsvermögen
5. zahlen keine Körperschaftssteuer

a) OHG

b) KG

c) GmbH

d) GmbH & Co. KG

e) Einzelunternehmung

4 Stellen Sie fest, welche der unten stehenden Aussagen sich auf eine

1. Einzelunternehmung,
2. OHG,

3. KG,
4. GmbH,

5. GmbH & Co. KG beziehen!

a) Jeder Gesellschafter ist ermächtigt, die Gesellschaft allein zu vertreten.

b) Der Vollhafter ist zur Geschäftsführung verpflichtet.

c) Das gesetzlich vorgeschriebene Mindestkapital wird als Stammkapital bezeichnet.

d) Das Mindestkapital beträgt 25 000,00 EUR.

e) Die Gesellschaft kann auch von einer Person allein gegründet werden.

5 Welche der nachfolgenden Aussagen über die OHG sind zutreffend?

a) Ein Gesellschafter darf ohne Einwilligung der anderen Gesellschafter im Handelszweig der eigenen Gesellschaft keine Geschäfte auf eigene Rechnung abschließen.

b) Ein ausscheidender Gesellschafter haftet noch vier Jahre für alle vor seinem Ausscheiden begründeten Schulden.

c) Die Firma besteht nur aus dem Namen und mindestens einem ausgeschriebenen Vornamen der Vollhafter.

d) Die Kündigung eines Gesellschafters kann mit einer Frist von sechs Monaten zum Schluss des Geschäftsjahres erfolgen.

e) Die gesetzliche Gewinnverteilung lautet „5 % auf das eingesetzte Kapital, Rest nach Köpfen".

f) Es ist kein gesetzlich vorgeschriebenes Mindestkapital erforderlich.

6 Die Herren Müller, Klein und Bauer gründen eine KG. Müller und Bauer sind Vollhafter, Klein ist Teilhafter. Unter welcher Firma können sie ihre Geschäfte führen?

a) Müller, Klein & Bauer KG

b) Müller und Klein KG

c) Müller & Bauer KG

d) Bauer, Klein & Co.

7 Paul Schneider und Rolf Nettekoven wollen ein Fachgeschäft für Modelleisenbahnen gründen. Beide wollen aktiv im Unternehmen mitarbeiten. Paul Schneider will in das zu gründende Unternehmen 150 000,00 EUR Bargeld einbringen. Rolf Nettekoven bringt einen Lieferwagen im Wert von 30 000,00 EUR und ein ihm gehörendes Lagerhaus im Wert von 250 000,00 EUR in das Unternehmen ein. Sie sollen bei der Planung des zu gründenden Unternehmens mitwirken!

a) Welche persönlichen Voraussetzungen sollten Schneider und Nettekoven erfüllen, damit ihre Existenzgründung Aussicht auf Erfolg hat?

b) Fertigen Sie eine Liste der Sachverhalte an, über die sich die Partner vor Gründung des Unternehmens einigen sollten!

c) Machen Sie einen Vorschlag für eine geeignete Unternehmensform und begründen Sie Ihre Entscheidung!

d) Angenommen, die beiden Partner gründen eine OHG, welche Grundsätze müssen bei der Firmierung beachtet werden?

e) Erstellen Sie eine Liste der Institutionen, bei denen die OHG angemeldet werden muss!

f) Schneider und Nettekoven diskutieren über die Regelung der Gewinnverteilung. Die gesetzliche Regelung kommt für sie nicht infrage, da die Kapitalverzinsung nicht

dem Marktzins entspricht. Machen Sie Vorschläge für eine entsprechende Vertrags-
klausel, die nicht laufend geändert werden muss!

g) Erläutern Sie die Regelung der Haftung bei der OHG!

h) Am Ende des ersten Geschäftsjahres wird ein Reingewinn in Höhe von 124 000,00
EUR ausgewiesen. Verteilen Sie den Gewinn
1. nach der im HGB vorgesehenen Regel,
2. nach der von Ihnen vorgeschlagenen Regel!

i) Schneider und Nettekoven planen die Gründung weiterer Filialen. Um das Risiko zu
beschränken, wollen sie die OHG in eine GmbH umwandeln. Stellen Sie Vor- und
Nachteile der Personengesellschaften und der GmbH gegenüber!

j) Formulieren Sie einen Gesellschaftsvertrag! (Vgl. S. 14 Vertrag der RAND OHG)

k) Erläutern Sie, ab wann die GmbH als juristische Person entsteht!

l) In der Gesellschafterversammlung kommt es zum Streit über die Einstellung eines
Prokuristen. Schneider ist dafür, Nettekoven dagegen. Begründen Sie, wie in diesem
Fall entschieden wird!

8 Hermann Witges und Franz Hagel, zwei Großhändler für Spielwaren, beabsichtigen
ihre Unternehmen zu einem gemeinsamen Unternehmen zusammenzuschließen, um
konkurrenzfähiger zu werden, da sich in ihrem Absatzgebiet ein Großbetrieb des Einzelhandels niedergelassen hat, der seine Waren direkt vom Hersteller bezieht. Witges
bringt ein Kapital von 250 000,00 EUR und Hagel ein Kapital von 150 000,00 EUR ein.
Der 60-jährige Hagel möchte aus gesundheitlichen Gründen nicht mehr aktiv im Unternehmen mitarbeiten.

a) Geben Sie an, welche Gesellschaftsformen unter diesen Voraussetzungen möglich
sind!

b) Erläutern Sie die unterschiedliche Stellung der beiden Inhaber in den möglichen
Gesellschaftsformen hinsichtlich Haftung und Geschäftsführung!

c) Aus Gründen der Kreditwürdigkeit entscheiden sich die Kapitaleigner für eine Personengesellschaft. Die Gesellschafter müssen für ihr Unternehmen einen Namen wählen.
1. Führen Sie aus, welche Vorschriften Sie dabei berücksichtigen müssen!
2. Machen Sie drei Vorschläge für die Firma!
3. Nennen Sie fünf Punkte, die in das Handelsregister eingetragen werden müssen!
4. Erläutern Sie, welche Bedeutung die Eintragung in das Handelsregister für eine
Personengesellschaft hat!
5. Beschreiben Sie je drei Rechte und Pflichten der Gesellschafter!

d) Im Gesellschaftsvertrag wurde zur Gewinnverteilung folgendes festgelegt:
❏ Gesetzliche Verzinsung des eingelegten Kapitals
❏ 6 000,00 EUR monatliches Gehalt für den geschäftsführenden Gesellschafter
❏ ein verbleibender Rest wird im Verhältnis der Kapitalanteile verteilt
Verteilen Sie einen Gewinn in Höhe von 100 000,00 EUR.

e) Die erfolgreiche Entwicklung des Spielwarengroßhandels von Witges und Hagel
macht eine Erweiterung des Spielwarengroßhandels nötig. Zum Ankauf eines zusätzlichen Lagers werden 110 000,00 EUR benötigt. Witges möchte das notwendige Kapital nicht über einen Bankkredit beschaffen, sondern einen neuen Gesellschafter aufnehmen, der das erforderliche Kapital mitbringt. Außerdem möchte er die
Personengesellschaft in eine GmbH umwandeln.
1. Nennen Sie Gründe, die für eine Umwandlung in eine GmbH sprechen!
2. Geben Sie an, welche drei Voraussetzungen für die Gründung einer GmbH erfüllt
werden müssen!
3. Erläutern Sie, wie sich die Machtverhältnisse in der Gesellschaft durch den Eintritt
eines dritten Gesellschafters, der das erforderliche Kapital von 110 000,00 EUR mitbringt, ändern. Erklären Sie die Einflußmöglichkeiten der Gesellschafter auf die
Geschäftsführung!

7 Absatzwirtschaft

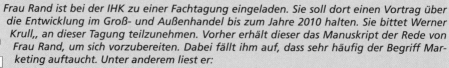

7.1 Marketing als Grundlage der Absatzwirtschaft

Frau Rand ist bei der IHK zu einer Fachtagung eingeladen. Sie soll dort einen Vortrag über die Entwicklung im Groß- und Außenhandel bis zum Jahre 2010 halten. Sie bittet Werner Krull,, an dieser Tagung teilzunehmen. Vorher erhält dieser das Manuskript der Rede von Frau Rand, um sich vorzubereiten. Dabei fällt ihm auf, dass sehr häufig der Begriff Marketing auftaucht. Unter anderem liest er:

„Wir sind froh, dass wir uns seit Beginn der siebziger Jahre konsequent mit den Grundsätzen des Marketing beschäftigt haben. Marketing bedeutet, dass ein Unternehmen „vom Markt her" geführt wird, d. h., dass alle Maßnahmen und Entscheidungen des Unternehmens vom Marktgeschehen und von Marktdaten bestimmt werden. Zur Erreichung unserer Ziele bedienen wir uns der Instrumente im Marketing-Mix, ohne die betriebswirtschaftliches Arbeiten nicht mehr möglich ist: ... "

Werner ist wegen der vielen neuen Begriffe verwirrt. Als er Frau Rand darauf anspricht, sagt diese: „Wichtig ist nicht der Begriff des Marketing, sondern dass Sie die Bedeutung des Marketing für unser Unternehmen begreifen lernen. Wenn Sie Fragen haben, helfe ich Ihnen gerne."

Arbeitsauftrag Finden Sie heraus, was Frau Rand unter Marketing versteht, und erarbeiten Sie die Bedeutung des Marketing und seiner Instrumente im Rahmen der Absatzwirtschaft für ein Unternehmen!

● Marketing als Prinzip der Unternehmensführung

Unter **Marketing** versteht man die Konzeption einer Unternehmensführung, bei der alle Aktivitäten konsequent auf die gegenwärtigen und künftigen Erfordernisse der Märkte ausgerichtet werden. Dabei sind systematisch gewonnene Informationen über die Märkte die Grundlage aller Entscheidungen.

Marketing ist also ein Prinzip der Unternehmensführung, das sich an **Marktdaten** (Kunden- und Konkurrenzverhalten) orientiert. Unter **Markt** versteht man den Ort, an dem sich Angebot und Nachfrage treffen und regulieren. Jedes Unternehmen ist Teilnehmer auf mehreren Märkten.

Beispiel Die RAND OHG ist u. a. Teilnehmer auf folgenden Märkten:

❏ **Absatzmarkt:** Die RAND OHG bietet Waren des Randsortiments für den Lebensmittel-Einzelhandel an (Anbieter von Gütern und Leistungen).
❏ **Beschaffungsmarkt:** Sie kauft Elektrohaushaltsgeräte, Haushaltswaren, Spielwaren, Textilien, Schreibwaren usw. ein (Nachfrager nach Gütern und Leistungen).
❏ **Arbeitsmarkt:** Sie benötigt qualifizierte Mitarbeiter (Nachfrager nach Arbeitskräften).
❏ **Kapitalmarkt:** Sie benötigt Kapital für Investitionen in Lagereinrichtungen, Geschäftsausstattung, Gebäude, Fuhrpark usw. (Nachfrager für Kapital). Sie sucht nach Anlagemöglichkeiten für kurz- und mittelfristiges Barvermögen (Anbieter von Kapital).

Die Marktorientierung umfasst die **Kunden-** und die **Wettbewerbsorientierung.**

Kundenorientierung	Wettbewerbsorientierung
Gezielte Analyse der Wünsche, Bedürfnisse und Ansprüche der Kunden.	Analyse der Wettbewerbssituation und Vergleichen eigener Leistungen mit Konkurrenz.
Ziel: Optimale Befriedigung der sich wandelnden Kundenansprüche.	**Ziel:** Eigene Wettbewerbsvorteile pflegen und ausbauen.

Marketing bezieht sich nicht nur auf den Absatzmarkt, sondern umfasst Maßnahmen auf allen Märkten, in denen ein Unternehmen aktiv ist. Dazu können Schwerpunkte einiger Unternehmensaktivitäten besonders herausgestellt werden:

- ❏ **Absatzmarketing:** Aktivitäten, um Produkte, Waren und Dienstleistungen abzusetzen bzw. zu verkaufen.
- ❏ **Beschaffungsmarketing** (vgl. S. 91 ff.): Aktivitäten, um Rohstoffe, Werkstoffe, Maschinen usw. zu beschaffen bzw. einzukaufen.
- ❏ **Personalmarketing:** Aktivitäten, um geeignete Mitarbeiter für ein Unternehmen zu gewinnen und zu halten.
- ❏ **Finanzmarketing** (vgl. S. 283 ff.): Aktivitäten, um Finanzmittel günstig zu erhalten (Kredite) und Kapital außerhalb des Unternehmens sinnvoll anzulegen.

● *Instrumente der Absatzpolitik (Marketinginstrumente)*

Zur Erreichung der Ziele werden vom Management spezielle absatzpolitische Instrumente eingesetzt. Sie wirken sich nicht nur im Bereich Absatz aus, sondern wirken in alle Unternehmensbereiche (Abteilungen) hinein.

Marketinginstrumente	Entscheidungen *Beispiele*
❏ **Produkt-/Sortimentspolitik**	Welche Produkte sollen beschafft und angeboten werden?
❏ **Preispolitik**	Zu welchem Preis sollen die Produkte angeboten werden?
❏ **Konditionen- und Servicepolitik**	Zu welchen Liefer- und Zahlungsbedingungen sollen die Produkte angeboten werden? Welcher Service soll den Kunden angeboten werden?
❏ **Distributionspolitik**	Über welche Absatzwege sollen die Produkte angeboten werden?
❏ **Kommunikationspolitik**	Wie soll geworben werden, damit der Absatz unterstützt wird?

Die Kombination der Marketinginstrumente wird als **Marketing-Mix** bezeichnet. Alle Instrumente müssen dabei zielorientiert aufeinander abgestimmt werden.

Marketing als Grundlage der Absatzwirtschaft

- ◊ **Marketing** umfasst alle auf den Markt gerichteten Tätigkeiten eines Unternehmens: Beschaffungsmarketing, Absatzmarketing, Personalmarketing, Finanzmarketing.
- ◊ Marketingarbeit beinhaltet die Schwerpunkte **Kundenorientierung** und **Wettbewerbsorientierung.**
- ◊ **Absatzpolitische Instrumente:** Produkt-, Sortiments-, Preis-, Konditionen-, Service-, Distributions-, Kommunikationspolitik
- ◊ **Marketing-Mix** ist die optimale Kombination der Marketinginstrumente.

---

1 *Marketing ist die Grundlage der Absatzwirtschaft. Erläutern Sie, weshalb auch in anderen betrieblichen Bereichen (Beschaffung, Personalwirtschaft) Marketingarbeit geleistet werden muss!*

2 *Nennen Sie die Märkte, auf denen die RAND OHG tätig ist!*

3 *Erläutern Sie die einzelnen absatzpolitischen Instrumente anhand von Beispielen!*

4 *Beschreiben Sie die Schwerpunkte der Marketingarbeit und erläutern Sie die Ziele, die damit erreicht werden sollen!*

5 *Beschreiben Sie, wie die RAND OHG marketingorientiert arbeiten kann!*

6 *Erstellen Sie ein Kurzreferat: „Marketing als Prinzip der Unternehmensführung!"*

7.2 Marktforschung als Grundlage von Marketingkonzeptionen

Die RAND OHG ist bestrebt, sich ständig an den veränderten Kundenansprüchen zu orientieren. Dabei unterliegt das Angebot an Artikeln einem stetigen Wechsel. Im Großhandel wird zwischen einer Vielzahl von Warengruppen unterschieden, u.a. in Elektrohaushaltsgeräte, Sportartikel, Textilien, Parfumerieartikel, Möbel, Schreibwaren, Non-Food-Artikel, Lebensmittel, Uhren und Schmuck, Baumarktartikel usw.

Die RAND OHG ist zurzeit in folgenden Teilmärkten aktiv: Elektrohaushaltsgeräte, Haushaltswaren, Spielwaren, Schreibwaren, Textilien. Über die Strategie, auf einer Vielzahl von Märkten aktiv zu sein, gibt es schon seit Jahren heftige Auseinandersetzungen, sowohl bei der Geschäftsleitung als auch in den Abteilungen.

So ist z.B. der Verkaufsleiter Maier folgender Ansicht: „Wir sollten uns auf einen einzigen Teilmarkt, nämlich Elektrohaushaltsgeräte, beschränken, dadurch könnten wir kostengünstiger einkaufen." Die Einkaufsleiterin, Frau Meesters, möchte jedoch am liebsten noch mehr Teilmärkte erschließen: „Wir sollten noch weitere Teilmärkte bearbeiten, z.B. Glas- und Porzellanwaren und Lebensmittel."

Arbeitsauftrag *Untersuchen Sie, welche Marktdaten die Geschäftsleitung der RAND OHG benötigt, um die Frage auf die Beschränkung oder Ausweitung von Teilmärkten zu beantworten, und machen Sie Vorschläge, wie sie an die erforderlichen Marktdaten gelangen kann!*

● Ziele und Aufgaben der Marktforschung

Um die marketingpolitischen Instrumente so einzusetzen, dass die verfolgten Unternehmensziele erreicht werden, ist es erforderlich, dass über den Markt Informationen gewonnen werden. Je genauer und aktueller die Informationen sind, desto sicherer kann eine Entscheidung getroffen werden. Die **Beschaffung** und **Aufbereitung von Marktinformationen** ist Aufgabe der Marktforschung. Sie umfasst die Absatz- und Konkurrenzmarktforschung und soll einem Unternehmen Daten liefern, die aktuell, genau und zuverlässig sind. Ferner soll die Datenbeschaffung schnell und kostengünstig erfolgen. Die Marktforschung umfasst folgende Bereiche:

▷ **Marktanalyse (zeitpunktorientiert):** Hier werden zu einem bestimmten **Zeitpunkt** alle Einflussfaktoren eines Marktes ermittelt.

Beispiel Die RAND OHG stellt zum Ende des 1. Quartals fest, wie viele Konkurrenten auf den einzelnen Teilmärkten vorhanden sind, welchen Marktanteil diese haben und welche neuen Produkte diese auf den Markt bringen. Ferner untersucht sie ihre Kunden bezüglich Bestell- und Zahlungsgewohnheiten usw.

▷ **Marktbeobachtung (zeitraumorientiert):** Hier wird die Entwicklung des Marktes über einen **Zeitraum** untersucht. Dabei sollen Trends festgestellt werden.

Beispiel Die RAND OHG befragt regelmäßig ihre Einzelhändler über die sich wandelnden Kundenwünsche.

▷ **Marktprognose (zukunftsorientiert):** Sie baut auf den Ergebnissen der Marktanalyse und der Marktbeobachtung auf. Sie soll Aussagen über künftige Marktsituationen ermöglichen.

Beispiel Aus einer Marktanalyse hat die RAND OHG erfahren, dass einige Konkurrenten verstärkt im Teilmarkt Spielwaren Neuentwicklungen anbieten. Durch Marktbeobachtung konnte ein Trend zu Spielwaren festgestellt werden, die aus umweltverträglichen Materialien gefertigt wurden. Es kann prognostiziert (vorausgesagt) werden, dass dieser Trend sich verstärken wird.

● *Informationsquellen der Marktforschung*

▷ **Betriebsinterne Quellen:** Das auszuwertende Datenmaterial in der Marktforschung entstammt den Aufzeichnungen der verschiedenen Abteilungen eines Unternehmens, insbesondere dem Rechnungswesen. Hier werden alle betrieblichen Aktivitäten, wie Einkäufe von Waren sowie Verkäufe an Kunden, in einer **betrieblichen Datenbank** erfasst. Sie können dann von der Marketingabteilung abgerufen und aufbereitet werden. Somit ist Marktforschung und letztlich Marketing ohne ein funktionierendes Rechnungswesen, das in ein computergestütztes Informationssystem eingebunden ist, undenkbar. Mit dieser Datenbank arbeiten also die Mitarbeiter des Rechnungswesens ebenso wie die Mitarbeiter in Marketing und Verkauf. Gleichzeitig ist sie Grundlage für Entscheidungen des Managements. Ein computergestütztes Informationssystem, das allen Beteiligten Zugriff auf diese Daten ermöglicht, ist somit eine Voraussetzung für eine effiziente Marktforschung.

Beispiel Die Geschäftsleitung der RAND OHG benötigt eine Aufstellung über die Kundenstruktur. Sie möchte z. B. wissen, aus welchen Gebieten der Bundesrepublik ihre Kunden stammen, wie hoch der durchschnittliche Umsatz je Kunde ist, wie viele Bestellungen die Kunden durchschnittlich in den letzten sechs Jahren bei der RAND OHG getätigt haben, wie hoch der durchschnittliche Umsatz je Bestellung und Kunde ist, wie viele Kunden bereits seit mehr als 20, 15, 10, 5 Jahren Waren bei der RAND OHG beziehen usw. Die Daten hierzu wurden aus den Belegen (Rechnungen, Lieferscheine usw.) vom Rechnungswesen zur späteren Auswertung in eine Datenbank eingegeben und sind so jederzeit abrufbar.

▷ **Betriebsexterne Quellen:** Oft ist es erforderlich, dass in der Marktforschung Daten ausgewertet werden müssen, die nicht betriebsintern angefallen sind. Soll beispielsweise die konjunkturelle Entwicklung eingeschätzt werden, so müssen Berichte der Bundesbank und von Ministerien (Wirtschafts-, Finanz-, Arbeitsministerium) sowie Pressemitteilungen ausgewertet werden. Diese Arbeit ist häufig zeitraubend und kostenintensiv. Jedoch sind auch hier moderne Informations- und Kommunikationsmedien (z. B. Internet) eine große Hilfe.

Beispiel Die Mitarbeiter in der Verkaufsabteilung der RAND OHG haben die Möglichkeit, an ihrem Computerarbeitsplatz aus dem Internet externe Datenbanken abzufragen. Es wurden z. B. Verträge mit Betreibern von kommerziellen Datenbanken abgeschlossen. So können ein den „elektronischen Archiven" der führenden Wirtschaftszeitungen (Handelsblatt, Wirtschaftswoche) Recherchen durchgeführt werden. Ferner ist die RAND OHG registrierter Benutzer der Datenbank „Parlament" des Deutschen Bundestages. Spezielle Datenwünsche vergibt sie als Auftrag an Datenbankinstitute, die gegen Entgelt recherchieren.

▷ **Sekundärdaten:** Die bisher genannten Daten (betriebsintern oder -extern) wurden nicht speziell für Marktforschungszwecke erhoben. Es handelt sich um Daten, die für andere Zwecke erfasst wurden, z. B. für Zwecke des Rechnungswesens. Für die Marktforschung und für sonstige Entscheidungszwecke müssen sie jeweils neu aufbereitet (sortiert, selektiert, verknüpft) werden. Hierbei handelt es sich um so genannte Sekundärdaten.

▷ **Primärdaten:** Sind aus Sekundärdaten die gewünschten Informationen nicht zu gewinnen, müssen die Daten erstmalig erhoben werden. Man spricht dann von **Primärdaten.**

Beispiel Die RAND OHG benötigt Informationen über die Betriebsform der Fachmärkte (z. B. Baumärkte). Da hierzu keine Sekundärdaten vorhanden sind, muss sie einen entsprechenden Fragebogen entwerfen, in dem sie gezielt ihre Fragen formuliert. Die Fragebögen müssen dann verschickt und nach Rücklauf ausgewertet werden.

● Marketingplanung, Marketingkonzeption

Ein Marketingplan hat immer das Zielsystem eines Unternehmens als Grundlage. Er legt fest, in welchem Zeitraum die Ziele zu verwirklichen sind und welche Maßnahmen zur Zielerreichung eingesetzt werden sollen.

Beispiel Die RAND OHG hat folgenden Marketingplan als bisherige Arbeitsgrundlage:

❑ Kurzfristig (ein Jahr): Festigung des Marktanteils in allen Teilmärkten, Sicherung des Qualitätsstandards der Produkte, Stabilität der Verkaufspreise bis Jahresende.

❑ Mittelfristig (fünf Jahre): Bekanntheitsgrad des Unternehmens auf 25 % steigern, Image des Unternehmens verbessern, Marktnischen ergründen und ausbauen.

❑ Langfristig (zehn Jahre): Marktanteil steigern, Absatz um 100 % erhöhen, Errichtung einer Filiale im Rhein-Main-Gebiet.

Jedes einzelne Ziel wird möglichst messbar formuliert, sodass Zielabweichungen erkannt und Maßnahmen zur Zielerreichung eingeleitet werden können. Ebenso werden die Maßnahmen so konkret wie möglich festgelegt.

Beispiel Teilzielkatalog der RAND OHG (Auszug):

Ziele	kurzfristig (etwa ein Jahr)	mittelfristig (höchstens fünf Jahre)	langfristig (höchstens zehn Jahre
❑ Erhöhung des Umsatzes bei allen Teilmärkten	❑ Teilmarkt Spielwaren: Steigerung des Marktanteils um 18 % **Maßnahmen:** – Einstellung von zwei zusätzlichen Mitarbeitern im Verkauf – Erhöhung des Werbeetats um 5 % vom Umsatz – Unterstützung der Maßnahmen durch Einführungsrabatte bis 50 %	❑ Steigerung der Marktanteile in allen Teilmärkten um durchschnittlich 15 % jährlich **Maßnahmen:** – Verstärkung des Verkaufspersonals um jährlich einen Mitarbeiter – jährliche Steigerung des Werbeetats um höchstens 7 % – Stärkere Bindung des Einzelhandels an die RAND OHG durch Rabatte bis höchstens 50 %	❑ Steigerung der Marktanteile in allen Teilmärkten um durchschnittlich 10% **Maßnahmen:** – Intensive Marktstudien – Stabile Verkaufspreise

Der Marketingplan wird unter Einsatz der Marketinginstrumente (vgl. S. 233) realisiert. Dabei darf ein Plan nicht zu starr sein, denn es muss auf unvorhersehbare Marktveränderungen reagiert werden können (**Flexibilität der Planung**). Aus dem Marketingplan ergibt sich die Auswahl der Strategien.

● Marketingstrategien

Unter einer Marketingstrategie versteht man zeitlich festgelegte Verhaltensgrundsätze auf dem Markt, mit denen ein Unternehmen erfolgreich sein will.

▷ **Strategie der Anpassung:** Ein Unternehmen versucht, sich an seine **Konkurrenten anzupassen.**

Beispiel Ein Mitbewerber der RAND OHG erweitert sein Sortiment um Glas- und Porzellanwaren. Die RAND OHG bietet ebenfalls Glas- und Porzellanwaren an.

▷ **Strategie der Differenzierung:** Ein Anbieter möchte sich bewusst mit seinen Produkten von seinen **Konkurrenten abheben.**

Beispiel Die meisten Großhändler bieten Kaffeeautomaten in dezenten Farben an. Die RAND OHG möchte sich bewusst von diesem Trend absetzen und bietet Kaffeeautomaten in poppigen Farben an.

▷ **Strategie der Marktdurchdringung:** Ein Unternehmen möchte mit seinen vorhandenen Produkten den **bestehenden Markt** möglichst umfassend durchdringen und beherrschen.

Beispiel Die RAND OHG versucht weitere Lebensmittel-Einzelhändler als Kunden zu gewinnen.

▷ **Strategie der Markterschließung:** Ein Unternehmen möchte mit seinen vorhandenen Produkten neue Märkte erschließen.

Beispiel Die RAND OHG bietet ihr Sortiment den Minimärkten der Tankstellen an.

▷ **Strategie der Marktsegmentierung:** Ein Unternehmen teilt seinen Markt in Teilmärkte auf. Dadurch können die Bedürfnisse der einzelnen Zielgruppen (Abnehmer) besser erfasst und gezielter bearbeitet werden. **Teilmärkte** oder **Marktsegmente** können nach verschiedenen Kriterien gebildet werden.

Ziel der Marktsegmentierung ist es, einen möglichst hohen Grad an Übereinstimmung zwischen dem Angebot des Unternehmens und den Ansprüchen der potenziellen Kunden zu erreichen.

Beispiel Die RAND OHG bietet Teile ihres Sortiments in den neuen Bundesländern zu deutlich günstigeren Preisen an.

Marktsegmente	Beispiele
❏ Produktgruppen	Haushalts-/Elektrogeräte, Spielwaren, Textilien, Schreibwaren
❏ Preisgruppen	Artikel des unteren, mittleren und gehobenen Preisniveaus
❏ Abnehmergruppen	Privatwirtschaft, Einzelhandel, Groß- und Kleinabnehmer
❏ Regionale Gruppen	Inlandskunden, Auslandskunden

Die aufgezählten Strategien werden in der Praxis meist nicht in klarer Form angewandt, es gibt **Mischformen, Kombinationen** und **betriebsindividuelle Strategien.** Ferner ist es möglich, dass für verschiedene Produkte oder Teilmärkte unterschiedliche Strategien beschritten werden.

Marktforschung als Grundlage von Marketingkonzeptionen

▷ **Aufgabe der Marktforschung ist die Beschaffung und Aufbereitung von Marktdaten.** Sie ist Grundlage der **Marketingplanung** (kurz-, mittel-, langfristig). Sie umfasst

❏ **Marktanalyse** (zeitpunktbezogen)

❏ **Marktbeobachtung** (zeitraumbezogen)

❏ **Marktprognose** (zukunftsbezogen)

▷ Sie bedient sich **betriebsinterner und -externer Quellen** und stützt sich auf

❏ **Sekundärdaten** (bereits vorhandene Daten) oder gewinnt

❏ **Primärdaten** (erstmalige Erhebung)

◇ **Marketingstrategien**

❏ **Anpassung** an die Konkurrenz

❏ **Differenzierung** von der Konkurrenz

❏ **Marktdurchdringung** (Erreichung möglichst vieler Abnehmer)

❏ **Markterschließung** neuer Märkte

❏ **Marktsegmentierung** (Aufteilung in Teilmärkte)

1 *Der Verband des Sortiments-Großhandels veröffentlicht jährlich eine Statistik der Absatzzahlen seiner Branche. Erläutern Sie, wie diese Daten für die Zwecke der Marktforschung von der RAND OHG genutzt werden können!*

2 *Ein Fahrradgroßhändler möchte die Strategie der Marktsegmentierung konsequent durchführen. Bilden Sie hierzu vier Beispiele für Marktsegmente!*

3 *Welche Möglichkeiten hat ein Reisebüro, das vorwiegend Gruppenreisen für Sportvereine anbietet, mit seinem vorhandenen Angebot die Strategie der Markterschließung durchzuführen?*

4 *Erstellen Sie eine Checkliste für die Marktforschungsabteilung der RAND OHG*

a) für betriebsinterne,
b) für betriebsexterne Quellen!

5 *Unterscheiden Sie Marktanalyse, -beobachtung und -prognose anhand von Beispielen!*

6 ☞ *a) Entwerfen Sie einen Fragebogen für die Untersuchung der Kaufgewohnheiten Ihrer Mitschüler für Schreibwaren. Stellen Sie fest, welche Produkte sie kaufen, wie oft sie diese kaufen, über welche Kaufkraft sie verfügen, bei welchen Geschäften (Fachgeschäft, Warenhaus) sie kaufen usw.!*

b) Überlegen Sie sich Maßnahmen, die dazu führen, dass möglichst viele Mitschüler den Fragebogen ausfüllen (Preisausschreiben o.Ä.)!

c) Führen Sie eine Befragung durch, entscheiden Sie sich für eine Voll- oder Teilerhebung!

d) Werten Sie die Fragebögen aus und präsentieren Sie die gewonnenen Ergebnisse!

e) Machen Sie Vorschläge, wie die Ergebnisse für den Kiosk-, Geschäftsinhaber nutzbar gemacht werden können, und entwickeln Sie entsprechende Marketingstrategien für das Geschäft!

7.3 Marketinginstrumente und Marketing-Mix

7.3.1 Produkt- und Sortimentspolitik

Die Geschäftsleitung der RAND OHG hat sich entschlossen, sich auf die Warengruppen Spielwaren, Schreibwaren und Haushalt/Elektro zu spezialisieren. Die bisherigen Artikel dieser Gruppen sollen weiterhin angeboten werden, jedoch sollen zusätzlich neue Artikel angeboten werden, die ökologischen Anforderungen besonders entsprechen. Damit soll dem steigenden Umweltbewusstsein der Kunden entgegengekommen werden. Herr Koch sagt: „Eine neue Produktlinie wird geboren, eine alte stirbt. So ist das Leben!"

Arbeitsauftrag

❏ *Interpretieren Sie diese Aussage von Herrn Koch!*

❏ *Beschreiben Sie die Sortimentsgestaltung in Großhandelsunternehmen!*

● *Produktpolitik*

▷ **Produktlebenszyklus:** Jedes Produkt unterliegt einem so genannten Lebenszyklus. Er umfaßt die Zeitdauer zwischen der Einführung des Produktes auf dem Markt und seiner Herausnahme aus dem Markt. Ein Produkt „lebt", solange es einen wirtschaftlichen Umsatz auf dem Markt erzielt.

Neue Produkte kommen auf den Markt **(Produktinnovation)** und bereits eingeführte Produkte werden den ständig wechselnden Marktverhältnissen angepasst **(Produktvariation)**, wirtschaftlich nicht mehr tragfähige Produkte werden aus dem Markt genommen **(Produktelimination)**. Diese drei Tatbestände umfassen die Hauptaufgaben der **Produktpolitik**.

Der **Lebenszyklus eines Produktes** lässt sich vereinfacht wie nachstehend darstellen:

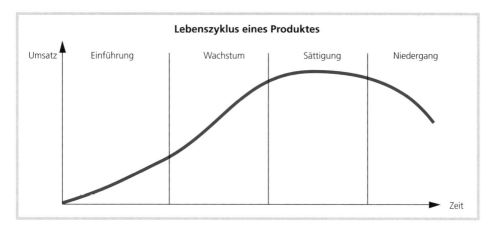

▷ **Produktentwicklung:** Vor der Markteinführung steht die **Produktentwicklung.** Sie kann beträchtliche Zeit in Anspruch nehmen und erhebliche Kosten verursachen. In den letzten Jahren ist zu beobachten, dass die durchschnittliche Entwicklungszeit von Produkten immer mehr zunimmt, die durchschnittliche Lebensdauer eines Produktes jedoch abnimmt.

Für Unternehmen erwächst aus dieser Tatsache ein Problem:

❑ Einerseits soll die Entwicklungszeit möglichst kurz sein, damit das neue Produkt möglichst schnell auf den Markt gebracht werden kann, um wirtschaftliche Erfolge zu erzielen,

❑ andererseits soll das Produkt so lange wie möglich unverändert produziert werden können.

Deshalb ist viel Zeit und Arbeit (somit Geld) in die optimale Entwicklung von Produkten zu investieren.

Die Schnelllebigkeit der Märkte erfordert somit eine intensive Auswertung aller vorhandenen Marktdaten (Marktforschung), um auf die Bedürfnisse der Märkte reagieren zu können.

▷ Die Produktentwicklung umfasst zunächst die rein **technische Entwicklung,** das Ergebnis ist meist eine Reihe von **Modellen** oder **Prototypen.** Hier kommt es wesentlich auf die Auswahl des Materials und die kundengerechte Konstruktion des Produktes an.

▷ Darüber hinaus muss die **Marktentwicklung** durchgeführt werden. Die Bestimmung der **Zielgruppe** des Produktes (Teilmarkt) ist hier die zentrale Aufgabe. Hierauf stützen sich alle folgenden Entscheidungen.

❑ **Design, Form** und **Farbe** eines Produktes müssen marktgerecht bestimmt werden.

Beispiel Für bestimmte Produkte hat der Verbraucher bestimmte Vorstellungen, die er verwirklicht sehen möchte. So erwartet die Mehrzahl der Verbraucher, dass Trinkgefäße rund sind (dreieckige Tassen wären lediglich ein kurzfristiger Verkaufsgag), Zahncreme muss weiß oder zumindest hell sein (schwarze oder braune Zahnpasta würde vom Markt abgelehnt).

❑ **Qualität des Produktes:** Fast alle Produkte gibt es in unterschiedlichen Qualitätsstufen, die letztlich auch im Preis des Produktes zum Ausdruck kommen.

Beispiel Es gibt Spielwaren aus Kunststoff oder Holz, aus Naturfaser oder Kunstfaser usw. Hier entscheidet die Bestimmung der Zielgruppe über den Qualitätsstandard.

❑ Die **Namensgebung** spielt für die Vermarktung eines Produktes eine große Rolle.

Beispiel Zu einem sportlichen Auto passt nicht der Name „PUCKI GTI", er wäre besser geeignet für ein Kinderfahrrad.

❑ **Verpackung:** Sie soll das Produkt bei Transport und Lagerung nicht nur schützen, sondern auch zu Werbe- und Informationszwecken verwendet werden können.

Beispiel Was hielten Sie davon, wenn edler Wein in Dosen verpackt angeboten würde? Das wäre für Verbraucher ebenso unverständlich, wie Schreibblocks aus Umweltpapier in Plastikfolie einzuschweißen.

▷ **Produktnutzen:** Verbraucher kaufen Güter, weil sie sich davon einen Nutzen versprechen. Dabei unterscheidet man zwischen dem **Grundnutzen** eines Produktes und seinem **Zusatznutzen.**

Beispiel Der Grundnutzen eines Autos liegt in der Möglichkeit, Personen oder Gegenstände schnell und bequem zu beliebigen Orten zu transportieren. Diesen Grundnutzen kann jedes beliebige Modell erbringen. Der Zusatznutzen eines Autos liegt u.a. darin, dass der Besitzer damit sein Prestige heben kann, d.h., dass er sein Auto als Statussysmbol betrachtet, ein besonders sparsames Modell fährt, ein besonders sicheres Auto besitzt usw.

Weil viele Produkte in ihrem Grundnutzen austauschbar sind, wird der Kampf der Unternehmen um Marktanteile heute im Bereich des Zusatznutzens von Produkten ausgefochten, denn nur hier unterscheiden sich die Produkte wesentlich. So versucht man im Rahmen der Produktpolitik, den Zusatznutzen von Produkten herauszustellen bzw. immer neue Zusatznutzen zu erfinden, um sich von der Konkurrenz abzusetzen. Der Zusatznutzen kann sich aber auch in der Befriedigung von speziellen Kundenansprüchen ausdrücken.

Beispiele
❑ Die Umweltverträglichkeit eines Produktes als Zusatznutzen ist für umweltbewusste Verbraucher eine wichtige Entscheidungsgröße beim Kauf. So werden von ihnen Strom sparende Haushaltsgeräte, umweltverträgliche Waschmittel usw. gekauft.
❑ Gesundheitliche und medizinische Ansprüche von Kunden haben Lebensmittelhersteller zur Einführung von „Bio-Kost" veranlasst.

● *Sortimentspolitik*

Handelsunternehmen (Groß- und Einzelhandel) entwickeln i.d.R. keine eigenen Produkte, sie beschaffen Ware, um sie unverändert an ihre Kunden zu verkaufen. Die Gesamtheit der angebotenen Waren wird als **Sortiment** bezeichnet. Ein Sortiment besteht aus verschiedenen Warenarten (Textilien, Elektrogeräte, Möbel, Lebensmittel usw.). Die **Sorte** ist die kleinste Einheit des Sortiments. Sorten, die sich nur nach Farbe, Größe, Gewicht unterscheiden, werden zu **Artikeln** zusammengefasst. Waren für einen bestimmten Verwendungsbereich bilden eine **Warengruppe.**

Beispiel Bei der RAND OHG bilden die Artikel Tennissocken, Polohemden, Damenblusen und Trainingsanzüge die Warengruppe Textil.

▷ **Sortimentsumfang:** Er wird danach bemessen, wie viele Artikel und Warengruppen angeboten werden.

Begriffe	Erläuterungen
Sortimentstiefe	
❏ flaches Sortiment	wenige Artikel einer Warengruppe, z. B. in einem Supermarkt werden nur drei verschiedene Kugelschreiber angeboten (= kleine Auswahl)
❏ tiefes Sortiment	viele Artikel einer Warengruppe, z. B. in einem Fachgeschäft für Schreibwaren werden 70 verschiedene Kugelschreiber angeboten (= große Auswahl)
Sortimentsbreite	
❏ schmales Sortiment	nur eine oder wenige Warengruppen, z. B. Fachgeschäft für Herrenausstattung, Fachmarkt für Gartenbedarf
❏ breites Sortiment	viele Warengruppen, z. B. Warenhaus mit Textilien, Lebensmitteln, Elektrogeräten, Parfümerie, Fotoartikel usw., oder RAND OHG

▷ **Sortimentsaufbau:** Ein Handelsunternehmen unterscheidet zwischen Kern-, Rand-, Rahmen-, Probe- und Auslaufsortiment.

INFO

Beispiel

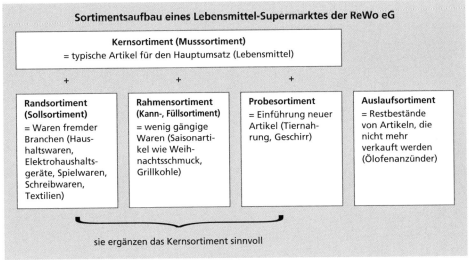

Sortimentsaufbau eines Lebensmittel-Supermarktes der ReWo eG

Kernsortiment (Musssortiment)
= typische Artikel für den Hauptumsatz (Lebensmittel)

+   +   +

Randsortiment (Sollsortiment)
= Waren fremder Branchen (Haushaltswaren, Elektrohaushaltsgeräte, Spielwaren, Schreibwaren, Textilien)

Rahmensortiment (Kann-, Füllsortiment)
= wenig gängige Waren (Saisonartikel wie Weihnachtsschmuck, Grillkohle)

Probesortiment
= Einführung neuer Artikel (Tiernahrung, Geschirr)

Auslaufsortiment
= Restbestände von Artikeln, die nicht mehr verkauft werden (Ölofenanzünder)

sie ergänzen das Kernsortiment sinnvoll

▷ **Sortimentspflege:** Ein Handelsunternehmen muss sein Sortiment so gestalten, dass es für seine Kunden bedarfsgerecht ist. Ein zu umfangreiches Warenangebot (**Übersortiment**) verursacht eine hohe Kapitalbindung, denn die Ware muss bezahlt und gelagert werden. Ist das Warenangebot dauerhaft zu gering (**Untersortiment**), wird es zu Umsatzrückgängen kommen. Im Rahmen der Sortimentspflege werden somit unrentable Artikel aus dem Sortiment gestrichen (**Sortimentsbereinigung**), um für neue Produkte Platz zu schaffen.

Produkt- und Sortimentspolitik

◇ **Produktpolitik:**
 ❑ **Produktinnovation** (Entwicklung neuer Produkte)
 ❑ **Produktvariation** (Veränderung bestehender Produkte)
 ❑ **Produktelimination** (Entfernen nicht wirtschaftlicher Produkte aus dem Angebot)

◇ Der **Produktlebenszyklus** durchläuft die Phasen Einführung, Wachstum, Sättigung des Marktes, Niedergang des Produktes. Er wird an den Umsätzen gemessen, die ein Produkt erzielt.

◇ Die **technische Produktentwicklung** bezieht sich vorwiegend auf die Auswahl des Materials und der Rohstoffe des Produktes. Die Marktentwicklung umfasst Design, Farbe, Qualität, Geschmack, Name und Verpackung des Produktes.

◇ Der **Produktnutzen** teilt sich in den **Grundnutzen** (eigentlicher Zweck) und den **Zusatznutzen** (z. B. Image eines Produktes).

◇ **Sortimentspolitik:** Gestaltung eines kundengerechten Sortiments

◇ **Sortimentsumfang:**
 ❑ breit = viele Warenarten
 ❑ tief = viele Artikel einer Warenart
 ❑ schmal = eine oder wenige Warenarten
 ❑ flach = wenige Artikel einer Warenart

◇ **Sortimentsaufbau:** Kern-, Rand-, Rahmen-, Probe- und Auslaufsortiment

---

1 *Erläutern Sie die Phasen des Produktlebenszyklus an einem selbst gewählten Beispiel!*

2 ☞ *Formulieren Sie für die RAND OHG Vorschläge zur Erweiterung des Sortiments um ökologisch orientierte Produkte!*
a) Finden Sie fünf schlagkräftige Namen für diese Produktlinie!
b) Machen Sie Vorschläge für die Verpackung dieser Produkte!
c) Welche Materialien sollen verwendet werden?

3 *Beschreiben Sie, worin der Grund- und der Zusatznutzen bei folgenden Produkten bestehen kann: Kaffeeautomaten, Besteckgarnitur, Kerzenleuchter!*

4 ☞ *Überlegen Sie Möglichkeiten, wie die Gedanken des Recyclings bei Elektrohaushaltsgeräten und deren umweltverträgliche Entsorgung bereits bei der Produktentwicklung berücksichtigt werden können!*

5 *Geben Sie aus Ihrer persönlichen Erfahrung Beispiele für breite und schmale sowie flache und tiefe Sortimente bei Einzelhandelsunternehmen an!*

6 *a) Erläutern Sie, weshalb ein Handelsunternehmen sowohl Über- als auch Untersortimente vermeiden muss!*
b) Geben Sie an, welche Hilfen hierzu die Marktforschung bietet!

7.3.2 Preispolitik

Soll ein neuer Artikel angeboten werden, so stellt sich automatisch die Frage, zu welchem Preis er angeboten werden soll. Diese Überlegung ergibt sich auch bei der RAND OHG. Im Rahmen der neuen Produktlinie „Öko-Design" soll ein Kaffee-/Teeautomat angeboten werden. Die Abteilungsleiter sowie die Geschäftsführung sitzen in einer Besprechung. Herr Lunau aus dem Rechnungswesen sagt: „Auf alle Fälle muss der Preis so hoch angesetzt werden, dass unsere Kosten gedeckt sind und zusätzlich ein ordentlicher Gewinn erzielt wird."

Herr Maier aus dem Verkauf meint: „Wir müssen vorsichtig sein, am besten orientieren wir uns an der Konkurrenz und unterbieten sie im Preis, dann – ich übertreibe einmal – können wir so viel verkaufen wie wir wollen." Frau Rand gibt zu bedenken: „Wir müssen erst einmal herausfinden, wie viel unsere Kunden bereit sind, für einen ‚Öko-Design-Kaffee-/Teeautomaten' zu bezahlen. Wenn dieser Preis bekannt ist, können wir kalkulieren, ob wir zu diesem Preis anbieten können."

Arbeitsauftrag *Bestimmen Sie Kriterien, woran man sich bei der Preisgestaltung eines Artikels orientieren kann!*

Die Preisbildung eines Produktes ist von folgenden Faktoren abhängig, die alle genau untersucht und berücksichtigt werden müssen: **Kosten, Konkurrenz, Nachfrage.** Hierbei sind Preisuntergrenzen zu berücksichtigen (langfristige Deckung der Kosten) und Preisobergrenzen zu beachten (Kaufkraft der Kunden, Preise der Mitbewerber).

● *Kostenorientierte Preisbildung*

Bei dem Verkauf von Waren müssen die angefallenen **Kosten** gedeckt werden. Die genaue Untersuchung der Kosten ist Aufgabe der Kostenrechnung. Hier zeigt sich die enge **Verzahnung des Marketing mit dem Rechnungswesen.**

Beispiel Beim Handel mit Kaffee-/Teeautomaten fallen **variable Kosten** an, die abhängig von der eingekauften Menge sind (Wareneinsatz). Kosten wie Abschreibung von Büro- und Geschäftsausstattung, Miete von Lagerhallen usw. sind nicht von der Absatzmenge abhängig, sie werden als **fixe Kosten** bezeichnet. Der Verkaufspreis muss beide Kosten decken. Es gilt, herauszufinden, ab welcher Absatzmenge sich eine Kostendeckung ergibt. Hierzu müssen fixe und variable Kosten bekannt sein. Für verschiedene Verkaufspreise kann nun festgestellt werden, ab welcher Absatzmenge die Gewinnzone erreicht wird. Hierzu bedient man sich einer **„Break-even-Point-Analyse".** Dabei berechnet man für verschiedene Absatzmengen die Gesamtkosten und die Verkaufserlöse. Die Ergebnisse werden in einer Tabelle aufgelistet. Dabei bildet die geplante Absatzmenge die Obergrenze für die Produktionsmenge. Der Break-even-Point (BEP) ist der Punkt, bei dem die Gesamtkosten genau so hoch sind wie die Verkaufserlöse.

Break-even-Point-Analyse für einen Kaffee-/Teeautomaten, variable Kosten/Stück 20,00 EUR, fixe Kosten 25 000,00 EUR, Verkaufspreis 45,00 EUR.

Absatz-mengen x	Fixe Kosten in EUR Kf	Variable Kosten in EUR Kv	Gesamt-kosten in EUR Kg	Verkaufs-erlöse in EUR E	Gewinn/ Verlust in EUR E-Kg
0	25 000,00	0,00	25 000,00	0,00	– 25 000,00
200	25 000,00	4 000,00	29 000,00	9 000,00	– 20 000,00
400	25 000,00	8 000,00	33 000,00	18 000,00	– 15 000,00
600	25 000,00	12 000,00	37 000,00	27 000,00	– 10 000,00
800	25 000,00	16 000,00	41 000,00	36 000,00	– 5 000,00
1 000	25 000,00	20 000,00	45 000,00	45 000,00	+ 0,00
1 200	25 000,00	24 000,00	49 000,00	54 000,00	+ 5 000,00
1 400	25 000,00	28 000,00	53 000,00	63 000,00	+ 10 000,00
1 600	25 000,00	32 000,00	57 000,00	72 000,00	+ 15 000,00
1 800	25 000,00	36 000,00	61 000,00	81 000,00	+ 20 000,00
2 000	25 000,00	40 000,00	65 000,00	90 000,00	+ 25 000,00

Bei einer Absatzmenge von 1000 Stück sind die Gesamtkosten und die Verkaufserlöse gleich groß, es entsteht weder ein Gewinn noch ein Verlust. Werden mehr als 1000 Stück verkauft, so wird Gewinn gemacht, denn die Verkaufserlöse sind größer als die Gesamtkosten. Diese Berechnung muss für verschiedene Verkaufspreise wiederholt werden, bis der „optimale" Verkaufspreis gefunden wurde. Hierzu werden Computer mit Tabellen-Kalkulationssoftware eingesetzt.

Besonders anschaulich werden die Daten, wenn sie grafisch dargestellt werden. Der Break-even-Point liegt genau bei der Absatzmenge, bei der sich die Kosten- und Erlösgerade schneiden. Diese Analyse muss mit mehreren Verkaufspreisen durchgerechnet werden. Per Hand wäre diese Arbeit sicherlich möglich, aber extrem zeitaufwendig. Deshalb bedient man sich eines Computers mit einer Tabellenkalkulations-Software (z.B. Excel). Die Kosten-, Erlös- und Gewinntabellen sind schnell erstellt und als Grafik auszugeben.

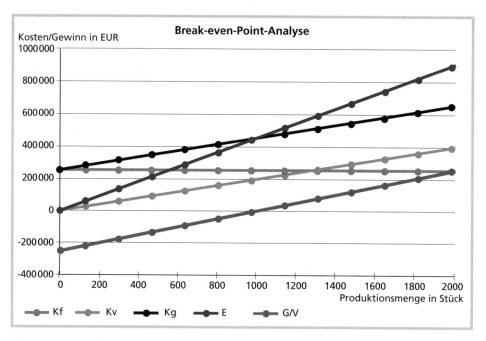

Die computergestützte Bestimmung des BEP ermöglicht es, Veränderungen der Kosten- und Erlösstruktur schnell und einfach auf ihre Auswirkungen hin zu untersuchen. Es müssen hierzu in der Tabellenkalkulation lediglich die Werte für Kf, Kv bzw. E neu eingegeben werden. Die Rechenergebnisse und die Grafik werden daraufhin automatisch angepasst.

● *Nachfrageorientierte Preisbildung*

Die Preisbildung darf nicht auf Kosten- und Gewinnberechnungen verzichten, sie muss sich aber vor allem an der Nachfrage orientieren. Hier sind die Preisvorstellungen möglicher Kunden zu berücksichtigen. Informationen hierzu muss die Marktforschung liefern. Man geht in vielen Fällen von der Annahme aus, dass die Kunden eher einen niedrigen als einen hohen Preis akzeptieren. Jedoch sind Kunden auch bereit, einen hohen Preis zu zahlen, wenn sie ein akzeptables Verhältnis zwischen dem Preis eines Produktes und ihrer individuellen Einschätzung des Nutzens (insbesondere des Zusatznutzens) erkennen können. Man sagt: „Das **Preis-Leistungs-Verhältnis** muss stimmen". Ein hoher Preis ist oft nur durch besondere Betonung des Zusatznutzens eines Produktes durchzusetzen. Jedoch sind hierzu erhebliche Investitionen in die Kommunikationspolitik für Produkte zu leisten. Die hierfür entstandenen Kosten werden in den Verkaufspreis der Produkte einkalkuliert.

Beispiel Zur Körperpflege benötigt der Mensch eigentlich pro Monat nur ein Stück einfache Kernseife zum Preis von 1,00 EUR (vielleicht kommen noch die Ausgaben für einen Waschlappen hinzu). Durch Betonung des Zusatznutzens (angenehmer Duft, Prestige, Imagegewinn usw.) konnte die „Seifenindustrie" in den letzten Jahrzehnten Milliarden Umsätze erzielen. So ist es nicht verwunderlich, wenn heute einige Menschen monatlich mehr als 100,00 EUR für ihre Körperpflege ausgeben, z. B. für Duschgels, Shampoos, Badeöle, Duftwässer, Cremes, Sprays, Parfüms usw. Ausschließlich durch die Fixierung der Kunden auf den Zusatznutzen der Körperpflege war es möglich, dass für Produkte, deren Materialkosten einige Cent betragen, bis zu dreistellige Preise auf dem Markt realisiert werden konnten.

Immer mehr Menschen sind bereit, für umweltverträgliche und „gesunde" oder „natürliche" Produkte tiefer in die Tasche zu greifen. Diese Bereitschaft wird von Unternehmen aufgegriffen und bei der Bestimmung der Preise berücksichtigt. Entscheidend ist hier, durch Marktforschung herauszufinden, welche Vorstellungen über Preisobergrenzen die jeweiligen Zielgruppen (Teilmärkte) haben.

● *Konkurrenzorientierte Preisbildung*

Neben Kosten- und Nachfragegesichtspunkten orientiert man sich an den Preisen der Konkurrenz. Zwei Formen sind üblich:

▷ **Orientierung am Branchenpreis** (durchschnittlicher Marktpreis): Diese Preisbildung setzt folgende Marktsituation voraus:

1. Die **Produkte** sind weitgehend **homogen** (gleichartig).
2. Es gibt **viele Konkurrenten** (Polypol).

Beispiel Die Preise für ähnliche Kaffee-/Teeautomaten der Mitbewerber der RAND OHG liegen zwischen 45,00 und 54,00 EUR. Somit beschließt die RAND OHG, ebenfalls in diesem Bereich ihren Preis festzulegen.

▷ **Orientierung am Preisführer:** Ein Preisführer ist ein Anbieter, dem sich die übrigen Konkurrenten aufgrund seiner starken Marktposition weitgehend anschließen, wenn er seine Preise variiert. Oft ist der Preisführer derjenige Anbieter mit dem größten Marktanteil. Preisführer können auch mehrere Anbieter gemeinsam sein.

Beispiel Wenn die großen Mineralölkonzerne den Preis für Benzin erhöhen, schließen sich kleinere Produzenten häufig an und erhöhen ihren Preis ebenfalls.

● *Preisstrategien*

Bisher wurden nur Preisunter- und -obergrenzen betrachtet. Eine Preisstrategie ist ein Verhalten des Anbieters auf dem Markt, das kurzfristig diese Grenzen unberücksichtigt lässt, um jedoch langfristig einen Umsatzzuwachs oder eine Erhöhung des Marktanteils zu erreichen.

▷ **Preisdifferenzierung:** Hierbei wird für ein und dasselbe Produkt von verschiedenen Abnehmern bzw. Abnehmergruppen ein unterschiedlicher Preis verlangt.

Beispiel Die Geschäftsleitung der RAND OHG möchte für ihren neuen „Öko-Design-Kaffee-/Teeautomaten" die Strategie der Preisdifferenzierung verfolgen, um möglichst viele Abnehmer individuell ansprechen zu können, und praktiziert folgende Preisdifferenzierungen:

Arten	Beispiele
❑ Mengenmäßige Preisdifferenzierung	Es wird eine Mengenrabatt-Staffel erstellt. Ein Kaffee-/Teeautomat kostet 45,00 EUR, ab 100 Stück 41,00 EUR und ab 500 Stück nur noch 38,00 EUR.
❑ Zeitliche Preisdifferenzierung	Der Listenverkaufs- oder Katalogpreis des neuen Kaffee-/Teeautomaten beträgt 45,00 EUR, während der Einführungsphase (sechs Monate) wird jedoch ein Sonderpreis von 39,00 EUR festgelegt.
❑ Personelle Preisdifferenzierung	Besondere Abnehmergruppen erhalten einen Sonderpreis von 40,00 EUR. Hierzu zählen z.B. karitative und soziale Einrichtungen (Rotes Kreuz, Behindertenwerkstätten, Jugendeinrichtungen).
❑ Räumliche Preisdifferenzierung	Inlandskunden zahlen den Normalpreis, Auslandskunden einen Zu- oder Abschlag, je nach Marktsituation.

▷ **Mischkalkulation (Ausgleichskalkulation):** Um ein Produkt auf dem Markt platzieren zu können, muss aus Konkurrenzgründen manchmal der Preis so niedrig angesetzt werden, dass kaum noch ein Gewinn übrig bleibt. Dann müssen andere Produkte zur Gewinnsicherung des Unternehmens beitragen. Fehlende Gewinne bzw. Verluste bei einigen Produkten (**Ausgleichsnehmer**) werden durch höhere Gewinne anderer Produkte (**Ausgleichsgeber**) ausgeglichen.

▷ **Psychologische Preisfestsetzung:** Der Preis wird so festgesetzt, dass der Abnehmer den Eindruck einer knappen Preiskalkulation erhält.

Beispiel

❑ In Supermärkten findet man sehr häufig Preise wie 0,79 EUR, 1,98 EUR usw. Sie erwecken den Eindruck, besonders genau kalkuliert zu sein.

❑ Aus diesem Grunde bietet auch die RAND OHG z.B. den Schreibblock „Schule" zu 0,97 EUR/Stück an.

▷ **Hochpreispolitik (Premiumpolitik):** Das Absatzprogramm eines Unternehmens zielt auf Abnehmer mit gehobenen Ansprüchen. Die Produkte werden als besonders exklusiv herausgestellt, um einen hohen Marktpreis erzielen zu können. Motto „Es war schon immer etwas teurer, einen besonderen Geschmack zu haben!"

▷ **Niedrigpreispolitik (Promotionspolitik):** Das Absatzprogramm zielt auf preisbewusste Abnehmer. Extrem niedrige Preise (Discountpreise) sollen zu hohen Absatzzahlen verhelfen.

▷ **Marktabschöpfungspolitik (Skimmingpolitik):** Es wird versucht, bei der Markteinführung möglichst hohe Preise zu realisieren, damit bereits in der Einführungsphase hohe Umsätze zu erzielen sind. Wenn später die Konkurrenz mit vergleichbaren Produkten auf den Markt kommt, kann das Preisniveau gesenkt werden.

▷ **Marktdurchdringungspolitik (Penetrationspolitik):** In der Einführungsphase werden besonders niedrige Preise verlangt, damit das Produkt sich möglichst schnell auf dem Markt festigen kann. Später werden die Preise dann angehoben. Meist ist damit eine Produktvariation verbunden.

Die preispolitischen Maßnahmen müssen immer mit den übrigen Instrumenten des Marketing abgestimmt werden, damit eine optimale Wirkung erzielt wird.

Preispolitik

◇ **Kostenorientierte Preisbildung** setzt eine genaue Analyse der Kostenstruktur eines Unternehmens voraus. Die Kosten werden unterteilt in fixe und variable Kosten, in Stück- und Gesamtkosten. Mit der Break-even-Point-Analyse wird für verschiedene Verkaufspreise ermittelt, ab welcher Absatzmenge die Gewinnzone erreicht wird.

◇ **Nachfrageorientierte Preisbildung** berücksichtigt zunächst die Preisvorstellungen der Abnehmer. Ein hoher Preis wird durch Betonung des Zusatznutzens des Produktes begründet.

◇ **Konkurrenzorientierte Preisbildung** richtet sich am Branchenpreis oder am Preisführer aus.

◇ **Preisstrategien:**
  ❏ **Preisdifferenzierung:** zeitlich, räumlich, Abnehmergruppen
  ❏ **Mischkalkulation:** Produkte mit hohem Gewinn gleichen niedrige Gewinne bzw. Verluste bei anderen Produkten aus.
  ❏ **Psychologische Preisfestsetzung:** Eindruck der knappen Kalkulation wird erweckt.
  ❏ **Hochpreispolitik:** Absatzprogramm zielt auf Abnehmer mit gehobenen Ansprüchen.
  ❏ **Niedrigpreispolitik:** Absatzprogramm zielt auf preisbewusste Abnehmer.
  ❏ **Marktabschöpfungspolitik:** Hohe Preise bei Markteinführung.
  ❏ **Marktdurchdringungspolitik:** Niedrige Preise bei Markteinführung.

---

1 *Das Rechnungswesen der RAND OHG liefert Daten für die kostenorientierte Preisbildung. Erläutern Sie mit Beispielen*
a) fixe und variable Kosten, b) Gesamt- und Stückkosten!

2 *Vervollständigen Sie die folgende Tabelle!*

Artikel	Ver-kaufte Menge Stück	Anteilige fixe Kosten EUR	Variable Kosten EUR	Ge-samt kosten EUR	Variable Kosten je Stück EUR	Fixe Kosten je Stück EUR	Gesamt-kosten je Stück EUR
Kaffee-automaten	4 500	25 000,00	98 000,00	?	?	?	?
Toaster	7 000	45 000,00	130 000,00	?	?	?	?
Wasser-kocher	3 000	30 000,00	72 000,00	?	?	?	?
Summen		100 000,00	300 000,00	?	?	?	?

3 *Erläutern Sie die Aussage „Das Preis-Leistungs-Verhältnis muss stimmen!" anhand von Beispielen aus Ihrem eigenen Erfahrungsschatz!*

4 *Beschreiben Sie die unterschiedlichen Strategien von Preisdifferenzierung und Mischkalkulation!*

5 ☞ *Herr Koch von der RAND OHG möchte bei der Markteinführung des „Öko-Design-Kaffee-/Teeautomaten" die Hochpreispolitik verfolgen. Frau Rand ist für die Niedrigpreispolitik.*
a) Erläutern Sie beide Strategien!
b) Finden Sie Argumente für Herrn Koch und für Frau Rand!
c) Entscheiden Sie sich für eine der beiden Strategien und begründen Sie Ihre Entscheidung!

7.3.3 Konditionen- und Servicepolitik

„Wenn wir den ‚Öko-Design-Kaffee-/Teeautomaten' in das Sortiment aufnehmen, müssen wir uns überlegen, ob wir nicht mal ganz neue Wege beschreiten. Insbesondere unsere Zahlungsbedingungen sollten wir neu gestalten. Ich denke da an eine Verlängerung des Zahlungsziels, indem wir den Kunden die Möglichkeiten bieten, die Ware sofort zu erhalten, aber erst nach fünf Monaten zu bezahlen", sagt Herr Koch. „Halt, so geht das aber nicht!", ruft Herr Lunau dazwischen. „Wir haben enorme Kosten, und die können wir nur tragen, wenn die Kunden möglichst schnell zahlen. Sollen die sich doch einen Kredit aufnehmen, wenn sie kein Bargeld haben. Außerdem beklagen wir ohnehin schon die schleppenden Zahlungseingänge unserer Kunden. Wenn wir schon die Zahlungsbedingungen ändern, dann so, dass unsere Kunden schneller zahlen müssen."

Arbeitsauftrag *Beschreiben Sie, wie die Zahlungsbedingungen der RAND OHG gestaltet werden können, sodass sie für Kunden einen Kaufanreiz bieten und den Wunsch der RAND OHG nach schneller Zahlung erfüllen!*

● Konditionenpolitik

Beim Absatz von Produkten legt der Produzent Konditionen (Bedingungen) fest, zu denen er seine Produkte verkaufen möchte. Dabei ist entscheidend, dass bei der Gestaltung der Konditionen Kaufanreize gegeben werden. Diese Kaufanreize müssen sich positiv von den Konditionen anderer Anbieter unterscheiden. Häufig liegen die Verkaufspreise für Produkte durch Marktgegebenheiten fest (Konkurrenzpreise). Gerade dann bleibt meist nur noch ein Gestaltungsspielraum im Rahmen der Konditionenpolitik für den Anbieter übrig. Sofern durch die Konditionen Kosten für den Anbieter anfallen, müssen sie in der Preiskalkulation berücksichtigt werden.

▷ **Lieferbedingungen:** Die Gestaltung der Lieferbedingungen ist ein wichtiges Instrument des Marketings. Oft sind für Abnehmer die Produkte verschiedener Hersteller austauschbar bezüglich Preis, Ausstattung und Qualität. Die Entscheidung für einen bestimmten Lieferer hängt dann z.B. von den Lieferkonditionen ab.

❑ **Beförderungskosten:** Nach der gesetzlichen Regelung muss sich ein Käufer seine Waren beim Lieferer auf eigene Kosten abholen (§ 448 BGB, vgl. S. 63). Im Rahmen der Konditionenpolitik kann jedoch ein Unternehmen seinen Kunden entgegenkommen, indem es einen Teil oder die gesamten Beförderungskosten übernimmt. Dies gilt ebenfalls für die Verpackungskosten und die Kosten für eine Transportversicherung.
Beispiel Die RAND OHG gewährt allen Abnehmern im Umkreis von 100 km, bei einem Mindesteinkaufsbetrag von 15 000,00 EUR, die Lieferung frei Haus.

❑ **Lieferzeit:** Für Käufer ist häufig entscheidend, dass sie die Lieferzeit selbst bestimmen können. So wünschen manche Abnehmer, dass die Lieferung sofort, zu einem festgelegten späteren Zeitpunkt oder in bestimmten Teillieferungen erfolgen soll. Durch eine kundengerechte Gestaltung der Lieferbedingungen können Kaufentscheidungen von Abnehmern günstig beeinflusst werden.
Beispiel Die RAND OHG vereinbart mit ihren Abnehmern flexible Lieferzeiten, bei Bedarf kann ein fester Lieferzeitpunkt gewählt werden.

▷ **Zahlungsbedingungen** (vgl. S. 62): Wenn über den Zahlungszeitpunkt im Kaufvertrag nichts ausgesagt ist, so gilt die gesetzliche Regelung, d.h., der Käufer hat sofort bei Übergabe der Ware zu zahlen. Auch hier kann eine großzügige Erweiterung dieser Regelung Kaufanreize bieten.

◇ **Zahlungsziel:** Ein Zahlungsziel liegt vor, wenn ein Verkäufer Ware liefert und dem Käufer einräumt, erst zu einem bestimmten späteren Zeitpunkt zu zahlen (vgl. S. 62). Dies kann beim Käufer zu erheblichen Kosteneinsparungen führen, insbesondere dann, wenn er den Kaufpreis mit Fremdkapital finanzieren muss.

❑ **Rabatte (Preisnachlässe,** vgl. S. 61): Preisnachlässe werden gewährt, um die Preise möglichst flexibel auf die Abnehmer abstellen zu können.

Rabattart	Erläuterungen
Mengenrabatt	Bei Abnahme von großen Mengen einer Ware erhält der Käufer einen Nachlass auf den Listenpreis. Der Käufer soll dadurch zum Kauf größerer Mengen veranlasst werden.
Naturalrabatt	Dieser Rabatt ist eine Sonderform des Mengenrabattes. Er wird in Form von Waren gewährt. ❑ **Draufgabe:** Der Käufer erhält statt zehn Artikeln einen Artikel zusätzlich ohne Berechnung. ❑ **Dreingabe:** Der Käufer erhält zehn Artikel, es werden ihm aber nur neun berechnet.
Treuerabatt	Dieser Rabatt wird von Lieferern bei bestimmten Anlässen langjährigen Kunden gewährt, damit sollen Stammkunden an einen Lieferer gebunden werden.
Einführungsrabatt	Dieser Rabatt wird insbesondere von Herstellern den Groß- und Einzelhändlern gewährt, um die Einführungsphase eines neuen Produktes zu verkürzen.
Wiederverkäuferrabatt	Hersteller gewähren Händlern (= Wiederverkäufern) einen Preisnachlass.
Bonus	Er stellt einen nachträglich gewährten Rabatt dar, bei dem dem Käufer nach einer bestimmten Periode (Quartal, Halbjahr, Jahr) bei Erreichung eines bestimmten Mindestumsatzes ein Nachlass auf den Gesamtbetrag, z.B. in Höhe von 2 %, gewährt wird.

❑ **Finanzierung:** Viele Großhandelsunternehmen bieten ihren Kunden Finanzierungshilfen an. Diese beinhalten insbesondere den Ratenkauf sowie den Kauf auf Kredit. Häufig werden die Kredite über bestimmte Kreditinstitute abgewickelt, mit denen die Unternehmen zusammenarbeiten.

Beispiel Die RAND OHG entschließt sich, neuen Kunden die Möglichkeit einzuräumen, Waren auf Kredit zu kaufen. Hierbei arbeitet sie mit der Stadtsparkasse Düsseldorf zusammen, die den Kunden der RAND OHG bei Bedarf einen Kredit zur Verfügung stellt.

◇ **Garantie, Kulanz:** Die Sachmängelhaftung für die Lieferung mangelfreier Produkte beträgt nach gesetzlicher Regelung zwei Jahre. Häufig verlängern Lieferer durch eine Garantie (vgl. S. 104f.) für weitere Jahre diese Frist, um ihren Kunden entgegenzukommen und sich von dem Angebot der Konkurrenz abzuheben. Im Rahmen der Kulanz kann ein Unternehmen auch Leistungen erbringen, zu denen es gesetzlich oder vertraglich nicht verpflichtet ist.

Beispiel Die ReWo eG kauft bei der RAND OHG einen Posten Polohemden. Nach einer Woche bittet die ReWo eG um Umtausch in andere Farben. Die RAND OHG ist rechtlich zu diesem Umtausch nicht verpflichtet. Im Wege der Kulanz liefert sie jedoch die neue Ware und nimmt die alte zurück.

● Service, Kundendienst

Service- und Kundendienstleistungen sind ein wichtiges Instrument des Marketing. Hierin kann für die Abnehmer ein entscheidendes Auswahlkriterium für die Wahl des Lieferanten bestehen. Diese Leistungen können für die Kunden entweder kostenfrei sein oder in Rechnung gestellt werden.

Beispiel Die RAND OHG bietet beim Verkauf ihrer Elektrohaushaltsgeräte folgende Leistungen an:
❏ Ersatzteilgarantie für zehn Jahre
❏ Rücknahme und Entsorgung von alten Elektrogeräten

Konditionen- und Servicepolitik

◊ Die **Gestaltung der Konditionen** muss darauf abgestimmt sein, dass für die Kunden Kaufanreize entstehen. Sofern durch die Konditionen Kosten verursacht werden, müssen sie in der Preiskalkulation berücksichtigt werden.

❏ Die **Lieferbedingungen** umfassen die Beförderungskosten und die Lieferzeit.
❏ Die **Zahlungsbedingungen** regeln das **Zahlungsziel, Skonto, Rabatte** und **Finanzierungshilfen.**
❏ Die **Garantie** kann über den gesetzlichen Rahmen (zwei Jahre) hinausgehen. Durch **Kulanz** kann sich ein Unternehmen von seinen Konkurrenten abheben.

◊ **Service und Kundendienst** können kostenfrei oder kostenpflichtig sein.

1 *Überlegen Sie sich Gründe, weshalb Lieferer ihren Kunden ein Zahlungsziel einräumen!*

2 *Geben Sie an, welche Vorteile die RAND OHG und einer ihrer Kunden durch die Ausnutzung von Skonto haben!*

3 *Ein Kunde erhält eine Rechnung über 12 000,00 EUR, das Zahlungsziel beträgt zwei Monate, innerhalb von zehn Tagen können 2 % Skonto in Anspruch genommen werden. Der Kunde möchte über einen Kredit (Zinssatz 9 %) von seiner Bank den Skonto ausnutzen. Berechnen Sie, ob sich dieser Entschluss lohnt!*

4 ☞ *Überlegen Sie sich, welche Kundendienst- und Serviceleistungen Sie als Privatverbraucher bereits in Anspruch genommen haben, und sammeln Sie die Ergebnisse in einer Liste!*

5 ☞ *a) Erstellen Sie eine Liste von Service- und Kundendienstleistungen, die die RAND OHG ihren Kunden anbieten kann!*
b) Formulieren Sie für die RAND OHG konkrete Konditionen für die Bezahlung und die Lieferung von Waren an ihre Kunden!

7.3.4 Distributionspolitik

Ein Teil der Entscheidungen für die Aufnahme des „Öko-Design-Kaffee-/Teeautomaten" in das Sortiment der RAND OHG ist gefallen. Nun steht wieder eine Besprechung an, zu der die Geschäftsführer alle beteiligten Mitarbeiter eingeladen haben. Oliver Rand ist schon gespannt auf diesen Termin, denn er hat – wie er meint – eine tolle Idee für die Vermarktung ausgeklügelt. Bei der Besprechung meldet er sich sofort zu Wort: „Meine Damen und Herren, bisher haben wir unsere Produkte ausschließlich an den Lebensmitteleinzelhandel und Warenhäuser verkauft. Was halten Sie davon, wenn wir die „Öko-Design-Produkte" den großen Warenhauskonzernen und den Einkaufszentren anbieten würden? Das wäre doch ein Knüller, wir könnten dadurch ganz neue Zielgruppen ansprechen."

Die Distributionspolitik (Distribution = Verteilung) beschäftigt sich mit Entscheidungen über Absatzformen und Absatzwege.

● **Absatzformen**

Es werden zwei Absatzformen unterschieden:

▷ **Absatz über unternehmenszugehörige Einrichtungen:** Der Absatz der Produkte wird vom **Hersteller allein,** ohne Einschaltung weiterer Unternehmen, durchgeführt. Der Hersteller steuert somit seinen Absatz, ohne die Dienstleistung anderer Unternehmen zu beanspruchen. *Beispiele* Reisende (Verkäufer im Außendienst), eigene Verkaufsabteilung, Verkaufsniederlassung

▷ **Absatz über unternehmensfremde Einrichtungen:** Für den Absatz seiner Produkte bedient sich der Hersteller der Dienstleistung fremder Unternehmen, mit denen er entsprechende Verträge abschließt. Hierzu gehören **Absatzmittler** und **Absatzhelfer.** Sie übernehmen für den Hersteller ganz oder teilweise den Absatz seiner Produkte an die Endverbraucher. *Beispiele* Absatzmittler: Großhandel und Einzelhandel (vgl. S. 254); Absatzhelfer: Handelsvertreter (vgl. S. 252), Kommissionäre (vgl. S. 252 f.), Makler (vgl. S.253).

● **Absatzwege**

Mit Absatzwegen sind alle Wege gemeint, die die hergestellten Produkte an die Endverbraucher bringen.

▷ **Direkter Absatz:** Beim direkten Absatz beliefert ein Hersteller den Endabnehmer direkt. Das ist nur möglich, wenn zu den Endabnehmern auch Kontakt hergestellt werden kann. Für den Direktabsatz sind verschiedene Formen denkbar:

❑ **Verkauf über eigenen Außendienst:** Ein Hersteller beschäftigt Mitarbeiter **(Reisende),** die im Außendienst Kunden beraten und Vertragsabschlüsse herbeiführen. Oft erhalten sie neben einem Grundgehalt und ihren Reisekosten zusätzlich Verkaufsprovision. Sie besuchen die Kunden in deren Geschäftsräumen und präsentieren dort ihre Produkte über Kataloge, Dia- oder Videovorführungen bzw. mit Mustern oder Modellen. Der Kontakt zu den Kunden kann auf verschiedenen Wegen hergestellt werden.
  Beispiele
  – Gezielte Werbebriefe
  – Anzeigen in Fachzeitschriften, auf die Kunden mit der Aufforderung zu einem „Vertreterbesuch" reagieren können
  – Anfragen von Kunden (vgl. S. 56)
  – Versenden von Angeboten
  – Kontakte auf Messen und Ausstellungen
  – Gezielte Anrufe bei Kunden **(Telefonmarketing)**
  – Internet

251

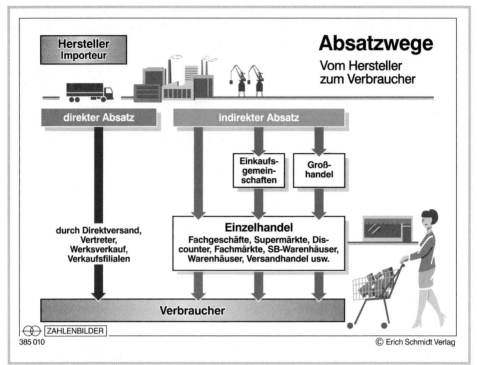

Absatzwege

Vom Hersteller
zum Verbraucher

Hersteller
Importeur

direkter Absatz

indirekter Absatz

Einkaufs-
gemein-
schaften

Groß-
handel

durch Direktversand,
Vertreter,
Werksverkauf,
Verkaufsfilialen

Einzelhandel
Fachgeschäfte, Supermärkte, Dis-
counter, Fachmärkte, SB-Warenhäuser,
Warenhäuser, Versandhandel usw.

Verbraucher

ZAHLENBILDER

385 010

© Erich Schmidt Verlag

❏ **Verkauf über Handelsvertreter:** Ein Handelsvertreter ist ein selbstständiger Gewerbe-
treibender, der ständig damit beauftragt ist, für andere Unternehmen Kontakte zu Kunden
herzustellen und Geschäfte zu vermitteln oder abzuschließen (§§ 84 ff. HGB). Hierfür
erhält er eine **Provision.**

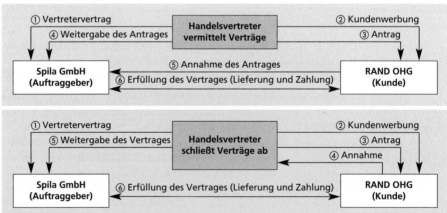

❏ **Verkauf über Kommissionär:** Der Kommissionär ist ein selbstständiger Kaufmann, der
gewerbsmäßig Waren auf Rechnung eines anderen im eigenen Namen verkauft (§§ 383 ff.
HGB). Beim Kommissionsgeschäft schließt der Käufer (Kommissionär) mit seinem Lieferer einen Kommissionsvertrag ab, wobei der Lieferer (Kommittent) Eigentümer der Ware
bleibt. Der Kommissionär wird lediglich Besitzer der Ware. Er verkauft sie in seinem

252

Namen, d.h., sein Kunde weiß nicht, dass die Ware dem Kommissionär nicht gehört. Die verkaufte Ware rechnet der Kommissionär mit seinem Lieferer ab und behält eine Provision ein. Nicht verkaufte Ware gibt er an den Lieferer zurück.

Beispiel Die RAND OHG schließt mit dem Kommissionär EBEKA eG einen Kommissionsvertrag ab. Die RAND OHG wird dadurch zum Kommittenten. Die EBEKA eG erhält von der RAND OHG Waren, die sie erst zu bezahlen braucht, wenn sie selbst die Waren verkauft hat.

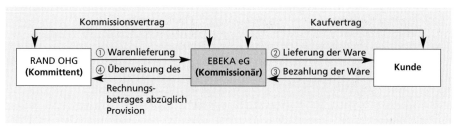

- ❏ **Verkauf über Makler:** Ein Makler (§§ 93 bis 104 HGB) vermittelt nur von Fall zu Fall den Abschluss von Verträgen. Er erhält für seine Dienstleistung eine **Courtage** (Maklerlohn). Sie ist i.d.R. je zur Hälfte von Käufer und Verkäufer zu tragen.

- ❏ **Verkauf in betriebseigenen Einrichtungen:** Um eine größere Nähe zu den Abnehmern zu erreichen, werden häufig **Verkaufsniederlassungen** (Verkaufsfilialen, -büros) errichtet. Hierbei kommt der Kunde zum Hersteller und kann Produkte betrachten, ggf. ausprobieren und nach einer Beratung auswählen.

  Beispiel Die Spila GmbH hat am Sitz ihres Werkes in Oldenburg und in Berlin ein Verkaufsstudio eingerichtet. Hier wird die gesamte Kollektion der Spielwaren ausgestellt.

- ❏ **Verkauf in betriebsgebundenen Einrichtungen:** Hierzu gehören Vertragshändler und das Franchising.

  - **Vertragshändler:** Ein Industriebetrieb und ein Handelsbetrieb schließen miteinander einen Vertrag, in dem sich der Händler verpflichtet, die Produkte des Herstellers nach dessen Marketingkonzept anzubieten. Der Vertragshändler ist rechtlich selbstständiger Unternehmer und vertreibt seine Produkte unter eigenem Namen. Er benutzt aber seinen Kunden gegenüber die Marke des Herstellers. Deshalb wirkt er auf einige Kunden wie eine Filiale (Außenstelle) des Industriebetriebes.

    Beispiel Automobilhersteller vertreiben ihre Kraftfahrzeuge häufig über Vertragshändler

  - **Franchising** (vgl. S. 226): Hierbei handelt es sich um eine enge Kooperationsform, bei der der Franchisegeber (Franchisor = Kontraktgeber) aufgrund einer langfristigen Bindung dem Franchisenehmer (Franchisee = Kontraktnehmer) das Recht einräumt, bestimmte Waren oder Dienstleistungen unter Verwendung der Firma, der Marke, der Ausstattung und der technischen und wirtschaftlichen Erfahrungen des Franchisegebers zu nutzen. Der Franchisenehmer tritt seinen Kunden gegenüber nicht in eigenem Namen auf, er verwendet den Namen seines Franchisegebers. Der Franchisegeber vergibt eine Konzession für ein von ihm entwickeltes Marketingprogramm, das sich bereits im Praxiseinsatz bewährt hat. Er erhält dafür in der Regel ein einmaliges Entgelt und/oder eine Umsatzbeteiligung. Hierdurch kann er ein Vertriebsnetz ohne großen Investitionsaufwand errichten, hohe Marktnähe erreichen und schnell expandieren.

    Beispiele McDonalds (Fast-Food), benetton (Textilien), OBI (Baumarkt), mobau (Baumarkt), Nordsee (Fisch), ASKO (Möbel), Lekkerland (Süßwaren), Ihr Platz (Drogerie), Coca Cola (Getränke), Holiday Inn (Hotels).

Vorteile für den Franchisenehmer	Nachteile für den Franchisenehmer
– Weitgehende Selbstständigkeit im Rahmen des Vertrages – Nutzung des Know-hows des Franchisegebers – Förderung des Absatzes durch einheitliche Verkaufsraumgestaltung, Werbung, Verkaufsförderung (vgl. S. 260) sowie ein abgerundetes Sortiment – Nutzung von Dienstleistungen des Franchisegebers, wie zentrales Rechnungswesen, Kalkulation	– Langfristige Bindung an ein Sortiments- und Präsentationskonzept – Keine selbstständigen Sortimentsentscheidungen – Hohe Kosten durch Eintritts- oder Franchiseentgelt – Insolvenzrisiko liegt bei Franchisenehmer

▷ **Indirekter Absatz:** Viele Industriebetriebe beliefern den Endverbraucher indirekt. Sie vertreiben ihre Produkte über selbstständige Handelsunternehmen, d. h. über betriebsfremde Einrichtungen, wobei auch hier Absatzhelfer wie Reisende, Handelsvertreter usw. eingesetzt werden können.

❑ **Großhandel:** Großhändler beziehen bei Industrieunternehmen Güter, die sie entweder an gewerbliche Kunden oder an Einzelhändler weiterverkaufen.
Beispiel Die RAND OHG bezieht Waren von zwölf großen Lieferanten und beliefert damit ihre Kunden im Bundesgebiet.

❑ **Einzelhandel:** Einzelhändler beziehen ihre Waren entweder bei Herstellern oder bei Großhändlern und verkaufen direkt an den Endverbraucher. Der Facheinzelhandel beschränkt sich dabei auf eine bestimmte Warengruppe (vgl. S. 240).
Beispiel Die RAND OHG beliefert sieben Kunden des Einzelhandels.

Distributionspolitik

▷ Distributionspolitik umfasst die **Auswahl und Kombination von Absatz- oder Vertriebswegen.**

▷ **Absatzformen:**
  ❑ Absatz über unternehmenszugehörige Einrichtungen
  ❑ Absatz über unternehmensfremde Einrichtungen

▷ **Absatzwege:**

Direkter Absatz (Verkauf direkt an Endabnehmer)	Indirekter Absatz (Verkauf über den Handel)
❑ **Reisende** (angestellte Mitarbeiter im Verkaufsaußendienst) ❑ Eigene **Verkaufsräume, Verkaufsniederlassungen** ❑ **Vertragshändler** ❑ **Franchising** ❑ **Handelsvertreter** ❑ **Kommissionäre** ❑ **Makler**	❑ **Großhandel** ❑ **Einkaufsgemeinschaften** ❑ **Facheinzelhandel** ❑ **Waren- und Kaufhäuser** ❑ **Versandhandel** ❑ **SB-Märkte** ❑ **Fachmärkte**

1 *Für viele Hersteller von Konsumartikeln (Lebensmittel, Gegenstände des täglichen Gebrauchs) ist der Einzelhandel der bedeutendste Absatzweg. Begründen Sie, weshalb die Hersteller diesen Absatzweg bevorzugen!*

2 *a) Beschreiben Sie die Vor- und Nachteile des Franchisingsystems aus der Sicht des Franchisegebers und -nehmers!*

b) Erläutern Sie den Absatz über Handelsvertreter, und nennen Sie Vor- und Nachteile für den Hersteller!

3 *a) Erläutern Sie, weshalb es für Unternehmen sinnvoll sein kann, mehrere Absatzwege zu kombinieren!*

b) Erläutern Sie, welche Gesichtspunkte zu berücksichtigen sind, wenn ein Unternehmen verschiedene Absatzwege kombiniert!

4 *Beschreiben Sie die Bedeutung des Großhandels für Industriebetriebe und für Endverbraucher!*

7.3.5 Kommunikationspolitik

Die Markteinführung des „Öko-Design-Kaffee-/Teeautomaten" geht gut voran. Viele Vorüberlegungen, wie z.B. die Preisfestlegung, sind schon angestellt. Oliver Rand hat einen geeigneten Kaffee-/Teeautomaten beschafft und den Mitarbeitern präsentiert. Er schwärmt: „Ökologie ist das Thema Nr. 1, dieser Artikel verkauft sich von selbst. Einfach absolute Spitzenklasse, super!" Sonja Koch bremst ihn in seiner Schwärmerei: „Nun mal halblang! Kein Produkt verkauft sich von selbst, mag es noch so toll sein. Bisher weiß doch noch niemand, dass es diesen neuen Artikel überhaupt gibt. Damit unsere Kunden davon erfahren, liegt noch eine Menge Arbeit vor uns." „Genau!", meldet sich Werner Krull, „Wir müssen ordentlich die Werbetrommel rühren, jeder im Lande soll davon erfahren, wir bringen Fernsehspots, wir lassen Zeppeline über ganz Deutschland fliegen, die Prospekte abwerfen, in allen Zeitungen erscheinen Anzeigen über den „Öko-Design-Kaffee-/Teeautomaten". Versonnen schließt er die Augen und träumt bereits davon, in einem Werbespot selbst aufzutreten. Frau Rand holt ihn wieder in die Wirklichkeit zurück. „Das ist doch dummes Zeug! Wir engagieren eine solide Werbeagentur, die macht für uns die Arbeit, denn dort sitzen die Spezialisten." Herr Lunau aus dem Rechnungswesen mischt sich sofort ein: „Bedenken Sie aber die Kosten, wir müssen sparsam mit unseren Finanzen umgehen." Werner Krull denkt bei sich: „Der sitzt auf dem Geld, als ob es sein eigenes wäre." Frau Rand meldet sich: „Wir wissen doch alle, dass Werbung alleine nicht genügt. Wir müssen unser gesamtes Unternehmen in ein positives Licht setzen und unser Image pflegen."

Arbeitsauftrag

❏ *Begründen Sie, weshalb ein gutes Produkt sich nicht „von alleine" verkauft und warum ein Unternehmen ein positives Image in der Öffentlichkeit braucht!*

❏ *Beschreiben Sie die Ziele und Arten der Werbung!*

❏ *Entwerfen Sie für die RAND OHG einen Werbefeldzug für den „Öko-Design-Kaffee-/Teeautomaten"!*

Die Kommunikationspolitik umfasst die Koordination von Werbung, Verkaufsförderungsmaßnahmen und Öffentlichkeitsarbeit.

● **Werbung**

Die Werbung informiert über Produkte und Dienstleistungen eines Unternehmens. Sie ist ein **Bindeglied zwischen Anbietern und Nachfragern** von Produkten und nimmt gezielt Einfluss auf Kaufentscheidungen von Abnehmern.

INFO

▷ **Ziele der Werbung:**

❏ **Bekanntmachung von Produkten bei den Abnehmern:** Nur durch Werbung können Abnehmer von der Existenz eines Produktes erfahren. Die Werbung informiert über den Grund- und Zusatznutzen eines Produktes bzw. einer Dienstleistung.

Dadurch können ein **bestehendes Marktpotenzial** (= die Menge aller möglichen Abnehmer eines Produktes) ausgeschöpft und **neue Abnehmer** gewonnen werden. Außerdem sollen bereits vorhandene Abnehmer, z. B. **Stammkunden,** gehalten werden.

Beispiele

– Die Motoren-AG in Würzburg stellt Heimwerker-Bohrmaschinen her. Ihr Marktpotenzial entspricht der Anzahl aller Haushalte in Deutschland, also etwa 50 Mio. Im letzten Jahr hat sie 650 000 Maschinen verkauft, also das Marktpotenzial nur zu 13 % ausgeschöpft. Einerseits benötigt nicht jeder Haushalt eine Bohrmaschine, andererseits wurden Konkurrenzprodukte gekauft. Durch Werbung möchte die Motoren-AG ihre Produkte bekannt machen, um mehr Maschinen absetzen zu können. Um dies zu erreichen, stellt sie in der Werbung z. B. heraus, dass ihre Bohrmaschinen leicht zu bedienen und geräuscharm sind, dass sie besonders preisgünstig sind, eine Garantie von drei Jahren haben usw.

– Die RAND OHG vertreibt ihre Waren u. a. über den Lebensmitteleinzelhandel und Warenhäuser. Diese Unternehmen müssen von der RAND OHG über die Produkte informiert werden, bevor diese Endverbrauchern angeboten werden können.

❏ **Weckung von Bedürfnissen:** Einen großen Teil der heute existierenden Produkte hat es vor 20 Jahren noch nicht gegeben. Die Bedürfnisse nach ihnen wurden erst durch Werbung geweckt. Es entstand ein Bedarf, da ein großer Teil der Bevölkerung bereit war, für diese Produkte Teile des Einkommens auszugeben. Durch das Wecken der Bedürfnisse entsteht ein neues Marktpotenzial und eine Nachfrage, die von Anbietern entsprechender Produkte befriedigt werden kann.

Beispiele

– **MP3-Player:** Die Unterhaltungsindustrie hat durch Werbung das Bedürfnis geweckt, jederzeit und überall, unabhängig von einer Steckdose bequem und individuell Musik hören zu können, ohne Mitmenschen durch eine Geräuschkulisse zu stören. Es entstand der Bedarf für den MP3-Player.

– **Faxgeräte:** Die Telekommunikationsindustrie weckte durch Werbung das Bedürfnis, schnell und kostengünstig schriftliche Mitteilungen zu versenden. Heute ist aus Unternehmen ein Faxgerät nicht mehr wegzudenken. Man wundert sich, wie noch vor zwanzig Jahren ein Unternehmen ohne „faxen" existieren konnte.

▷ **Arten von Werbung:**

❏ **Einzelwerbung:** Werbung eines Unternehmens für seine Waren.

Beispiel Die RAND OHG wirbt für ihren Kaffee-/Teeautomaten „Öko-Design" mit einer Anzeige in einer Fachzeitschrift für den Lebensmitteleinzelhandel.

❏ **Sammel-, Verbundwerbung:** Mehrere Unternehmen unterschiedlicher Branchen werben gemeinsam mit Angabe ihrer Firmen.

Beispiel Als Anzeige werden in der Tageszeitung die Namen aller sich in einem Einkaufszentrums befindlichen Unternehmen genannt.

❏ **Gemeinschaftswerbung:** Mehrere Unternehmen derselben Branche werben gemeinsam für ihre Belange.

Beispiel Im Werbefernsehen wird ein Spot mit dem Titel „Aus deutschen Landen frisch auf den Tisch" gesendet.

▷ **Grundsätze der Werbung:**

Die Werbebotschaften sind so zu gestalten, dass sie werbewirksam sind und zu Kaufhandlungen führen. Grundsätzlich sind solche Werbebotschaften wirksam, die nach der **AIDA-Formel** ausgerichtet sind. Danach ist folgender Ablauf anzustreben:

Attention	= **A**ufmerksamkeit erzielen (z. B. Schlagzeile, Blickfang, Farbgestaltung)	
I nterest	= **I** nteresse am Produkt erwecken (z. B. entsprechende Schaufenstergestaltung)	
Desire	= **D**rang, Besitzwunsch auslösen (z. B. Kostproben, Vorführungen)	
Action	= **A**ktion, Kauf bewirken (z. B. attraktive Preisgestaltung, Sonderangebote)	

Die AIDA-Formel stellt eine Regel für die Wirkung der Werbung dar.

Neben der Beachtung der Wirkungsfolge sind folgende **Werbegrundsätze** wichtig:

❑ **Wahrheit:** In erster Linie soll die Werbung der sachlichen Information der Kunden dienen. Zwar wird mit einer Werbebotschaft häufig versucht, bestimmte Assoziationen beim Kunden zu erwecken oder eine Scheinwelt mit Sachinhalten zu vermischen, um ihn zu einem Kauf zu bewegen. jedoch darf die Werbung keine Unwahrheiten beinhalten (vgl. S. 265).

Beispiele
– In einer Zigarettenwerbung wird behauptet: „Merlbarum – Der Geschmack von Freiheit und Abenteuer!" Hier wird dem Käufer zwar eine Scheinwelt vorgespielt, jedoch keine Unwahrheit behauptet.
– Ein Möbelfachhändler wirbt: „Alle unsere Stühle sind von der Stiftung Warentest mit „sehr gut" bewertet worden", obwohl nie ein Test durchgeführt wurde. Hier liegt ein grober Verstoß gegen das Gebot der Wahrheit in der Werbung vor.

❑ **Klarheit:** Der Werbezweck ist eindeutig und unmissverständlich anzustreben. Der Kunde soll eindeutig über die Vorzüge eines Produktes informiert werden.
Beispiel Ein Spielwarengroßhändler wirbt in der Vorweihnachtszeit für Modelleisenbahnen. Es soll die Produktlinie „Mini-Trax" durch besondere Preiswürdigkeit herausgestellt werden. In einer Anzeige wird aber nur ausgesagt: „Wir bieten Ihnen ein interessantes und preiswertes Angebot von Spielzeug aller Art!" Diese Aussage ist unklar und wird ihr beabsichtigtes Ziel nicht erreichen.

❑ **Wirksamkeit:** Die Art und Weise der Werbung muss den Werbezweck unterstützen und den Marketingzielen dienen, sie muss wirksam sein.
Beispiel Ein Käsegroßhändler in Oberammergau möchte für ein Sonderangebot an Weichkäse werben. Der Geschäftsinhaber denkt an einen Fernsehspot. Diese Werbemaßnahme ist unwirksam, da sie den Zielkreis der Umworbenen nicht trifft (starke Streuverluste).

❑ **Wirtschaftlichkeit:** Die finanziellen Aufwendungen für die Werbemaßnahmen müssen in einem angemessenen Verhältnis zu ihrem möglichen Erfolg stehen.
Beispiel Ein Möbelgroßhändler möchte eine neue Abteilung für Gartenmöbel einrichten und plant für das erste Jahr einen Umsatz von 1,2 Mio. EUR. Eine Werbeagentur gibt für eine Werbekampagne ein Angebot in Höhe von 650 000,00 EUR ab. Die Geschäftsleitung lehnt daraufhin das Angebot wegen Unwirtschaftlichkeit ab.

❑ **Stetigkeit, Einheitlichkeit, Einprägsamkeit:** Ein Einzelhändler sollte in seiner Werbung stets einen einheitlichen Stil verfolgen. Damit sichert er sich bei seinen Kunden einen **Wiedererkennungseffekt.** Oft werden hierzu bestimmte Symbole, Farben, Figuren, Slogans usw. verwendet. Ferner erhöhen regelmäßige **Wiederholungen** der Werbebotschaft den Erfolg der Werbemaßnahme, indem sie dem Umworbenen besonders gut in Erinnerung bleiben.
Beispiel Der Supermarkt „DOLDI" wirbt jeden Mittwoch in den Tageszeitungen mit einer ganzseitigen stets gleich aufgemachten Anzeige für seine Wochenendangebote. Alle Sonderangebote werden besonders herausgestellt mit dem Slogan: „DOLDI informiert … Preise, über die Sie nur lachen können!"

▷ **Werbeplan:** Es ist nicht sinnvoll, Werbung ohne sorgfältige Zielbestimmung, ohne Koordination mit den übrigen Marketinginstrumenten und ohne genaue Planung durchzuführen. In einem **Werbeplan** müssen deshalb folgende Punkte festgelegt werden:

Inhalt des Werbeplans	*Beispiele*
① **Streukreis** Das ist die Personengruppe, die umworben werden soll, sie kann in spezielle Zielgruppen unterteilt werden. Der Streukreis wird durch Marktforschung festgestellt.	❑ Ein Hersteller von Anrufbeantwortern möchte seinen Absatz vergrößern. Sein Marktpotenzial sind alle Besitzer eines Telefonanschlusses. Die Anzahl ist bei der Telekom zu erfahren. Der Streukreis der Werbung umfasst somit die Zielgruppen private Haushalte und Unternehmen. Diese beiden Zielgruppen können weiter unterteilt werden, z.B. private Haushalte mit 1, 2, 3, 4 oder mehr Personen, Haushalte mit Zweitanschluss usw. ❑ Die RAND OHG hat als Marktpotenzial alle Unternehmen, die die Artikel ihres Randsortiments benötigen. Hierzu zählen alle Lebensmitteleinzelhandelsunternehmen, Warenhäuser, SB-Warenhäuser, Verbrauchermärkte. Sie hat somit einen großen Streukreis mit unterschiedlichen Zielgruppen.
② **Werbebotschaft** Hier wird festgelegt, **was** in der Werbung der Zielgruppe mitgeteilt werden soll. Das Produkt soll vom Nachfrager eindeutig identifiziert werden können, z.B. durch einen einprägsamen Namen, durch die Marken, ein Logo, ein Symbol usw. Gleichzeitig muss in der Werbebotschaft der Zielgruppe ein besonderer Nutzen (Grund- und Zusatznutzen) des Produktes mitgeteilt werden. Ferner wird bestimmt, **wie** die Botschaft präsentiert wird, z.B. durch Auswahl geeigneter Sprache, Farben, Sounds, Aktionsformen usw.	❑ Botschaft: „Der neu entwickelte Bürostuhl der Bürodesign GmbH berücksichtigt neben formschönem Design die ergonomischen Bedürfnisse von Menschen. Ferner besteht er vorwiegend aus Naturstoffen, die umweltverträglich sind." Als Produktname wurde „ergo-design-natur" gewählt. ❑ Eine Werbung für Rasierwasser für sportliche, junge, dynamische Männer könnte folgende Botschaften enthalten: „Prickelnd, erfrischend, jung, klar, echt, rein ..." Wenn für dasselbe Produkt die Zielgruppe älterer gut verdienender Männer (Managertyp) geworben wird, könnten folgende Attribute verwendet werden: „Verführerischer Duft, exklusiv, edel ..." ❑ Die RAND OHG wählt für die Präsentation ihres Kaffee-/Teeautomaten „Öko-Design" eine klare informative Sprache, sie stellt den ökologischen Aspekt des neuen Produktes heraus.
③ **Bestimmung der Werbemittel** Mit Werbemitteln werden die Werbebotschaften an die Abnehmer herangetragen.	❑ Anzeigen, Inserate, Beilagen in Zeitungen, Internet-Anzeigen (Banner) ❑ Fernseh-, Kino-, Rundfunkspots ❑ Plakate, Prospekte, Kataloge, Flugblätter ❑ Schaufensterwerbung, Werbegeschenke, Werbebriefe ❑ Bandenwerbung bei Sportveranstaltungen ❑ Productplacement (Produkte werden in Kino- oder Fernsehfilmen eingesetzt. In einer Krimi-Serie benutzt ein Detektiv immer ein Auto eines bestimmten Herstellers usw.)

Inhalt des Werbeplans	Beispiele
④ Die Medien, die die Werbemittel an die Zielgruppen herantragen, heißen **Werbeträger**. Durch sie soll die in den Werbemitteln enthaltene Werbebotschaft gestreut werden.	❑ Zeitungen, Fachzeitschriften, Anzeigenblätter ❑ Fernseh- und Rundfunkanstalten ❑ Plakatwände, Litfaßsäulen, Schaufenster ❑ Adressbücher, Datenbanken, Internet ❑ Direktwerbung (Werbebriefe, Drucksachen, Wurfsendungen)
⑤ **Streuzeit** Hier werden Beginn und Dauer der Werbung kalendermäßig festgelegt. Meist wird in einem Ablaufplan auch bestimmt, in welchem zeitlichen Umfang die Vorbereitungsarbeiten für die Werbung stattfinden (Fristen für Anzeigen in Zeitungen, Fristen für die Erstellung von Werbespots usw.).	❑ Die Lebkuchenfabrik Schmitz & Co. in Erlangen möchte für ihren neuen Geschenkkarton „Lebkuchen – die leckere Auswahl" im Weihnachtsgeschäft werben. Bereits im März werden hierzu Sendezeiten bei den Fernsehanstalten gebucht, die Mitte November täglich fünfmal ausgestrahlt werden sollen. Im Mai werden zusammen mit einer Werbeagentur die Werbespots gedreht. ❑ Die RAND OHG möchte für den Kaffee-/Teeautomaten „Öko-Design" in Fachzeitschriften werben. Hierzu muss festgelegt werden, zu welchem Zeitpunkt die Anzeigen erscheinen sollen. Die Werbeabteilung entschließt sich, die Anzeigen erstmalig im Monat September zu schalten, weil die Kunden der RAND OHG zum Jahresende die neu im Sortiment aufzunehmenden Artikel festlegen.
⑥ **Streugebiet** Hier wird der geografische Raum für die Werbung festgelegt. Häufig bestimmt das Streugebiet die Auswahl der Werbemittel.	❑ Die RAND OHG hat bei ihrer Werbung als Streugebiet Westdeutschland festgelegt und wirbt hier in Fachzeitschriften mit Anzeigen.
⑦ **Werbeintensität** Sie ergibt sich als Verhältnis der eingesetzten Werbemittel zum Streugebiet und zur Zielgruppe und legt die Häufigkeit der Werbung fest. Wenn die Auswahl der Werbemittel und -träger nicht auf das Streugebiet und die Zielgruppe abgestimmt ist, kommt es zu Streuverlusten.	❑ Ein Mitbewerber der RAND OHG in München inseriert einmal pro Woche in einer bundesweiten Fernsehzeitschrift. Er muss mit einem enormen Streuverlust rechnen, da die allermeisten Leser nicht im direkten Umfeld des Geschäftes ansässig sind. Eine gezielte Direktwerbung mit Werbebriefen würde zu einer höheren Werbeintensität führen.

▷ **Das Werbebudget:** Das Werbebudget bzw. der Werbeetat ist der Betrag in EUR, der für Werbezwecke ausgegeben werden kann. Dieser Betrag kann für einzelne Produktgruppen oder Produkte aufgeteilt werden. Häufig wird er als Prozentanteil am Umsatz angegeben. Die Aufwendungen für Werbung werden in die Preiskalkulation der Produkte einbezogen.

Beispiel Die RAND OHG hat in den vergangenen Jahren regelmäßig etwa 4 % vom Jahresumsatz für Werbezwecke ausgegeben. Durch den Verkauf der Kaffee-/Teeautomaten werden im ersten Jahr etwa 100 000,00 EUR Umsatz erwartet. Da es sich um eine Neueinführung handelt, sollen die Werbeausgaben 6 % vom Umsatz betragen, also 6 000,00 EUR.

▷ **Die Werbeerfolgskontrolle:** Mit Werbemaßnahmen und -aktionen werden wirtschaftliche Ziele angestrebt. Sie verursachen Kosten. Deshalb ist es erforderlich, diese Maßnahmen auf ihren Erfolg hin zu kontrollieren. In jedem Unternehmen kann es geschehen, dass Produktentwicklungen nicht vermarktet werden können und zu einem „Flop" werden. Die Ursachen hierfür können im Produkt selbst liegen, z. B. wenn kein Bedarf für dieses Produkt auf dem Markt vorhanden ist oder der Preis zu hoch angesetzt war. Es kann aber auch eine „falsche Werbung" verantwortlich sein, wenn z. B. die Zielgruppe nicht richtig angesprochen wurde.

Beispiel Ein Software-Hersteller hat ein Programm entwickelt, das alle Finanzgerichtsurteile gespeichert hat. Der Benutzer gibt ein Stichwort ein, z. B. Abschreibung auf Fuhrpark, und erhält alle dazu gesprochenen Urteile, die er sich bei Bedarf ausdrucken lassen kann. Das Softwarehaus wirbt in allen Computerzeitschriften. Das Produkt wurde ein Flop, weil die Zielgruppe, z. B. Steuerberater, mit der Auswahl der Werbeträger nicht getroffen wurde.

Der wirtschaftliche Erfolg einer Werbeaktion ist durch Umsatz- bzw. Absatzsteigerungen messbar.

Beispiel Die RAND OHG hatte mit der Warengruppe Elektrohaushaltsgeräte einen Umsatz von 470 000,00 EUR. Innerhalb eines Jahres wurden in einer Aktion 200 ausgesuchte Unternehmen angeschrieben, die daraufhin Hausmessen mit den Elektrogeräten der RAND OHG durchführen. Die gesamte Aktion verursachte Kosten in Höhe von 10 000,00 EUR (Kosten für Schreibkräfte, Porto, Prospekte, Besuche des Außendienstes usw.). Nach einem Jahr ergab sich ein Umsatz mit Elektrohaushaltsgeräten von 567 290,00 EUR, also eine Steigerung um 20,7 %.

Neben den messbaren Größen und Absatz muss bei jeder Werbemaßnahme auch die psychologische Werbewirkung ermittelt werden. Hierzu zählt die Erhöhung des Bekanntheitsgrades des Unternehmens in der Öffentlichkeit.

▷ **Einschalten einer Werbeagentur:** Viele Unternehmen überlassen die Werbung Spezialisten einer Werbeagentur. Sie haben i. d. R. eine höhere **Fachkompetenz** und sind **Experten** für spezielle Probleme, z. B. die Auswahl geeigneter Werbeträger, die Gestaltung von Werbemitteln usw. Außerdem haben sie **gute Kontakte zu den Medien** und arbeiten mit Marktforschungsinstituten zusammen, deren Ergebnisse sie mehrfach und somit kostengünstiger nutzen können. Sie beraten das Unternehmen in allen Fragen der Werbung gegen ein vereinbartes Honorar.

● *Verkaufsförderung (Salespromotion)*

Die Verkaufsförderungsmaßnahmen dienen der Motivation, Information und Unterstützung aller Beteiligten am Absatzprozess, den Verkäufern im Innen- und Außendienst, dem Groß- und dem Einzelhandel. Ferner sollen sie die Werbung unterstützen, die sich an den Endverbraucher richtet. Gemessen an den Gesamtausgaben für die Kommunikationspolitik nahmen die Ausgaben für Verkaufsförderung in den letzten Jahren erheblich zu. In einigen Bereichen und Branchen, z. B. der Lebensmittelindustrie, haben sie einen Anteil von etwa 50 %. Die Maßnahmen der Verkaufsförderung lassen sich einteilen in Verkaufs-, Händler- und Verbraucherpromotion.

▷ **Verkaufspromotion:** Diese Maßnahmen richten sich an das **Verkaufspersonal im Innen- und Außendienst,** dessen Leistungsfähigkeit und -bereitschaft verbessert werden soll.

Beispiel Die RAND OHG lädt die Verkaufsleiter ihrer Kunden zu einer Produktpräsentation ein. Hier wird der „Öko-Design-Kaffee-/Teeautomat" vorgestellt.

▷ **Händlerpromotion:** Bei den Absatzwegen über Groß- und Einzelhandel müssen die Händler durch geeignete Maßnahmen bewegt werden, die vom Hersteller angebotenen Produkte in ihr Sortiment aufzunehmen und zu verkaufen. Hierzu werden folgende Promotionsaktivitäten eingesetzt:

Art der Händlerpromotion	Erläuterungen	Beispiele
❏ **Ausbildung und Information des Handels**	Das Personal der Groß- und Einzelhändler wird von den Herstellern geschult und ständig mit Produktinformationen versorgt.	Spezielle Händlerzeitschriften, die vom Hersteller herausgegeben werden, Händler-Meetings oder -Tagungen, Ausbildung von Verkäufern des Händlers (Herstellerseminare mit hauseigenen Zertifikaten)
❏ **Beratung bei der Gestaltung der Verkaufsräume und der Kundenbetreuung**	Der Hersteller gibt dem Händler konkrete Hilfen für den Verkauf seiner Produkte in seinen Verkaufsräumen und für seine Werbung.	Hilfen bei der Einteilung der Verkaufsfläche, der Warenplatzierung, Bereitstellen von Regalen, Vitrinen, Displays (Verkaufsständer, Poster, Schaufensterdekoration u. Ä.), Verpackungsmaterial, Druck von Prospekten und Katalogen für Händler usw.
❏ **Preis- und Kalkulationshilfen**	Der Hersteller empfiehlt den Händlern Verkaufspreise.	Einführungs- und Mengenrabatte, Verkaufsaktionen mit Sonderrabatten
❏ **Motivation des Handels**	Die Hersteller motivieren durch Anreize den Handel, ihre Produkte zu verkaufen.	Händlerpreisausschreiben, Händlerwettbewerbe, Produktdemonstrationen beim Händler, Ausrichten von Verkaufsshows beim Händler, Schaufensterwettbewerbe usw.

● *Öffentlichkeitsarbeit (Publicrelations)*

Maßnahmen der Öffentlichkeitsarbeit (PR-Arbeit) eines Unternehmens beziehen sich nicht auf ein bestimmtes Produkt oder eine Produktreihe, sondern auf das Bild des Unternehmens, sein Image in der Öffentlichkeit. Sie sind getragen durch den Gedanken

> „Tue Gutes und sprich darüber!"

▷ **Wirksamkeit der PR-Arbeit:** Für die PR-Arbeit wird wie für die Werbung und die Verkaufsförderung ein Etat bereit gestellt. Eine exakte Kontrolle der Wirksamkeit ist jedoch nicht immer möglich, da mit Öffentlichkeitsarbeit kein direkter Umsatzzuwachs bei einzelnen Produkten angestrebt wird. Jedoch kann eine gezielte PR-Arbeit auch **wirtschaftliche Erfolge** erzielen, wenn das Image eines Unternehmens in der Öffentlichkeit verbessert wird. Letztlich kann gute PR-Arbeit zum Überleben eines Unternehmens beitragen und seine Wettbewerbsfähigkeit stärken.

Beispiel Das Bild von Lebensversicherungsgesellschaften in der Öffentlichkeit war jahrelang geprägt durch Begriffe wie „Sterbegeld, Todesfall, Witwen, Waisen usw.". Umsatzzuwächse waren nur in bescheidenem Maße zu erzielen, weil Lebensversicherungen mit einem negativen

Image belastet waren. Durch aktive Öffentlichkeitsarbeit verschiedener Unternehmen konnte dieses Image korrigiert werden. Heute verbindet man mit einer Lebensversicherung (wie Umfragen ergeben haben) die Begriffe „Sicherheit, Sparen für den Ruhestand, Finanzierungshilfe usw.". Dadurch konnte die Zahl der abgeschlossenen Verträge erheblich gesteigert und der Bestand der Gesellschaften gesteigert werden.

▷ **Maßnahmen der PR-Arbeit:** Der Katalog möglicher PR-Arbeit ist unerschöpflich, es liegt an der Kreativität des einzelnen Unternehmens, sinnvolle PR-Aktivitäten zu initiieren. Häufig sind PR-Effekte auch recht preisgünstig zu erzielen. In jedem Fall ist es aber wichtig, die **Öffentlichkeit über diese Aktivitäten zu informieren.** Deshalb sind gute Kontakte zur Presse und zu den Medien Basis jeder PR-Arbeit. Auch hierbei können sich Unternehmen der Hilfe von Experten (PR-Agenturen) bedienen.

Beispiele Die RAND OHG hat im Rahmen ihrer Öffentlichkeitsarbeit folgende Maßnahmen und Aktivitäten durchgeführt:

❑ Jedes Jahr wird ein **Tag der offenen Tür** durchgeführt. Eingeladen sind neben der Presse alle Nachbarn der RAND OHG. Sie werden kostenlos bewirtet und erhalten einen Firmenprospekt sowie einen Katalog (vgl. S. 16 ff.).

❑ Die RAND OHG fördert einen örtlichen Fußballverein **(Sponsoring)**. Es werden Trikots mit Firmenaufschrift und Bälle zur Verfügung gestellt. Jährlich wird ein Fußballturnier ausgerichtet, das bereits Charakter eines kleinen Volksfestes hat. Ausgespielt wird der begehrte „Rand-Cup".

❑ Die Geschäftsführung der RAND OHG stiftet jährlich einen beträchtlichen Betrag für Kindergärten. Ebenfalls werden **Geld- und Sachspenden** für karitative Zwecke bereitgestellt.

❑ Frau Rand ist als Prüferin für die Ausbildungsberufe Industrie- und Bürokaufmann bei der IHK bestellt, sie schreibt regelmäßig Artikel zur beruflichen Aus- und Fortbildung mit Nennung ihres Unternehmens **(Veröffentlichungen)**.

❑ Die RAND OHG legt großen Wert auf **gute Ausbildung** in ihrem Hause. Über ihre Aus- und Fortbildungsaktivitäten berichtet sie regelmäßig in der Presse. Einige Schulungsveranstaltungen sind auch für betriebsfremde Interessenten zugänglich.

❑ Die RAND OHG gibt Schülern die Möglichkeit zur Absolvierung von **Betriebspraktika**.

❑ Die RAND OHG informiert über die Presse die Öffentlichkeit, dass sie ausschließlich umweltverträgliche Produkte vertreibt, die in ökologisch vertretbaren Produktionsverfahren hergestellt worden sind **(Umweltschutz)**.

▷ **Corporate Identity (CI):** Die Palette an Produkten und Dienstleistungen auf den Märkten wird immer größer. Gleichzeitig verwischen aber immer mehr die Unterschiede zwischen den einzelnen Produkten. Für Unternehmen, die sich auf dem Markt behaupten wollen, wird es daher zunehmend wichtiger, sich durch klare Image- und Profilgebung voneinander abzuheben.

Eine Möglichkeit, das **Unternehmen in der Öffentlichkeit als geschlossene Einheit** zu präsentieren, ist das Konzept des Corporate Identity. Hierbei handelt es sich um das Bestreben, eine eindeutige Identifizierung (Erkennung) des Unternehmens durch die Kunden, Lieferer und Mitbewerber zu ermöglichen. Corporate Identity zielt dabei auf eine Außenwirkung auf dem Markt. Dort sollen die Produkte mit dem Qualitätsmerkmal „made by ..." erkennbar sein. Vor allem bei Konsumgütern vermitteln Image und Wertigkeit eines Produktes einen für den Verbraucher erstrebenswerten Lebensstil. Zwischen zwei gleich bekannten Unternehmen wird der Kunde i.d.R. Produkte desjenigen Unternehmens bevorzugt kaufen, welches das bessere Image hat. Die gewünschte Außenwirkung wird durch das **visuelle Erscheinungsbild des Unternehmens** erreicht. Hierzu gehören z.B. einheitliche Firmenfarben und -symbole oder -logos, die sich von der Einrichtung der Gebäude, der Kleidung der Mitarbeiter bis hin zur Gestaltung von Briefköpfen und Vordrucken erstreckt **(Corporate Design)**.

Beispiele
- ❑ Die RAND OHG präsentiert ein einheitliches Firmenlogo (vgl. S. 60) auf allen Briefen, Rechnungen, Lieferscheinen, Lkw, Visitenkarten usw.
- ❑ Die Pullmann KG hat ihre Arbeitsabläufe und Verantwortlichkeiten in einem Qualitätsmanagement-Handbuch beschrieben und durch ein Autorisierungsunternehmen[1] zertifizieren (bescheinigen) lassen **(Qualitätsaudit ISO 9002).**

Corporate Identity zielt auch auf unternehmensinterne Wirkungen. Angestrebt wird eine **Identifizierung der Mitarbeiter mit dem Unternehmen.** Hierzu gehören ein einheitlicher Führungsstil in allen Abteilungen und Maßnahmen der Personalförderung und -entwicklung. Gut ausgebildete und motivierte Mitarbeiter sind ein wesentlicher Wettbewerbsfaktor für Unternehmen. In den Ausbildungsstand der Mitarbeiter müssen enorme Summen investiert werden. Durch die Identifizierung der Mitarbeiter mit ihrem Unternehmen soll erreicht werden, dass diese Ausgaben sich lohnen und qualifiziertes Personal nicht zu Mitbewerbern „abwandert".

Kommunikationspolitik

◇ **Werbung**
- ❑ Die Werbung ist ein **Bindeglied zwischen Anbietern und Nachfragern** von Produkten. Werbung bietet **für Unternehmen** eine Möglichkeit der **Bestandssicherung** und **für Verbraucher** die Möglichkeit, sich **über** ein vielfältiges **Warenangebot zu informieren.**
- ❑ **Ziele der Werbung:**
  - **Ausschöpfen eines bestehenden Marktpotenzials** durch Bekanntmachung von Produkten bei den Abnehmern
  - **Schaffung eines neuen Marktpotenzials** durch Weckung neuer Bedürfnisse
  - **Gewinnung neuer Kunden, Halten vorhandener Kunden**
- ❑ Im **Werbeplan** werden festgelegt:
  - **Werbemittel** (Anzeige, Fernsehspot)
  - **Werbeträger** (Zeitung, Fernsehanstalt)
  - **Streuzeit** (Beginn und Dauer der Werbung)
  - **Streugebiet** (geografischer Werbebereich)
  - **Streukreis** (umworbene Personengruppe)
  - **Werbebotschaft** (Inhalte der Werbung für Zielgruppe)
  - **Werbeintensität** (Häufigkeit der Werbung)
- ❑ Das **Werbebudget** legt die Höhe der Ausgaben für die Werbung fest.
- ❑ Die **Werbeerfolgskontrolle** überprüft, ob die Werbemaßnahmen zu einem Umsatzzuwachs geführt haben.
- ❑ **Werbeagenturen** übernehmen gegen Entgelt Planung und Realisation von Werbemaßnahmen. Sie helfen durch Fachkompetenz und Kontakte zu den Medien.

◇ **Verkaufsförderung (Salespromotion):** Diese Maßnahmen dienen der **Motivation, Information und Unterstützung** aller Beteiligten am Absatzprozess.
- ❑ **Verkaufspromotion** bezieht sich auf das eigene **Verkaufspersonal.**
  - **Schulungen** (Produktkunde und Verkaufstechnik)
  - **Motivationsmaßnahmen** (finanzielle Anreize)
  - **Verkaufsunterstützung** (Prospekte, Präsentationsmedien)
- ❑ **Händlerpromotion** richtet sich an **Groß- und Einzelhändler sowie an Handelsvertreter.**
  - Ausbildung und Information
  - Beratung bei Verkaufsraumgestaltung und Kundenbetreuung
  - Preis- und Kalkulationshilfen
  - Motivationshilfen (Verkaufswettbewerbe)

[1] TÜV-Cert, VDE

- ❑ **Verbraucherpromotion** richtet sich an den **Endverbraucher** am Ort des Verkaufsgeschehens **(POS = Point of Sale).**
  - – Preisausschreiben, Displays im Verkaufsraum, Produktproben
- ◊ Die Öffentlichkeitsarbeit (Publicrelations) eines Unternehmens bezieht sich nicht auf einzelne Produkte, sondern soll ein **positives Bild bzw. Image des Unternehmens in der Öffentlichkeit erzeugen** und verstärken.
  - ❑ **Maßnahmen** sind z.B.: Sponsoring, Spenden, Kundenzeitschriften, Berichte über erfolgreichen Umweltschutz usw.
  - ❑ Eine **Kooperation** mehrerer Unternehmen **bei der PR-Arbeit** ist sinnvoll, wenn das Image einer ganzen Branche in der Öffentlichkeit verbessert werden soll.
- ◊ **Corporate Identity** umfasst Maßnahmen, die das Unternehmen in der Öffentlichkeit als geschlossene Einheit präsentieren, und hilft Mitarbeitern, sich mit ihrem Unternehmen zu identifizieren.

1 Beschreiben Sie das Marktpotenzial von Herstellern für
a) Kühlschränke   c) Büroschreibtische   e) CD-Laufwerke für Computer!
b) Autoradios   d) Videoanlagen

2 Zählen Sie aus Ihrem Erfahrungsbereich Marktpotenziale auf, die vor fünf Jahren noch nicht vorhanden waren, und erläutern Sie, welche neuen Bedürfnisse damit geweckt wurden!

3 ☞ Die RAND OHG benötigt für die Vermarktung ihres Kaffee-/Teeautomaten „Öko-Design" einen Werbeplan. Sie sollen dabei behilflich sein. Als Werbebudget wird ein Betrag von 15 000,00 EUR zur Verfügung gestellt. Dokumentieren Sie alle Ihre Arbeiten in einer hierfür angelegten „Werbeplan-Mappe". Machen Sie sich für alle Arbeiten einen zeitlichen Ablaufplan!
a) Legen Sie den Streukreis fest! Dabei können Sie auch verschiedene Zielgruppen bestimmen!
b) Formulieren Sie die Werbebotschaft! Stellen Sie den Nutzen der Ware für die Zielgruppe(n) heraus, wählen Sie eine geeignete Sprache! Entwerfen Sie ein Poster!
c) Geben Sie an, welche Werbemittel und Werbeträger ausgewählt werden sollen! Entwerfen Sie eine Anzeige in einer Fachzeitschrift!
d) Legen Sie die Streuzeit fest!
e) Bestimmen Sie das Streugebiet!
f) Machen Sie Vorschläge, wie der Erfolg Ihrer Werbekampagne gemessen wird!

4 Erläutern Sie, welche Vorteile Sie durch die Einschaltung einer Werbeagentur haben!

5 ☞ Der Inhaber einer großen Werbeagentur behauptet: „Wir sind der Motor der Wirtschaft!" Sammeln Sie Argumente für und gegen diese Aussage und stellen Sie sie in einer Liste gegenüber!

6 Reisende erhalten ein festes Monatsgehalt und zusätzlich Verkaufsprovision. Zwei Möglichkeiten sind denkbar: 1. Hohes Gehalt und niedriger Provisionssatz, 2. Niedriges Gehalt und hoher Provisionssatz. Nehmen Sie Stellung zu beiden Alternativen
a) aus der Sicht eines Angestellten,   b) aus der Sicht seines Arbeitgebers!

7 Erläutern Sie den Grundgedanken der PR-Arbeit „Tue Gutes und sprich darüber!"

8 Beschreiben Sie an selbstgewählten Beispielen, weshalb der Erfolg der PR-Maßnahme nicht exakt gemessen werden kann!

9 Untersuchen Sie den Katalog für PR-Arbeiten der RAND OHG (vgl. S. 262)!
a) Welche Maßnahmen sind Ihrer Meinung nach besonders wirksam, welche sind weniger wirksam? Begründen Sie jeweils Ihre Meinung!
b) Machen Sie Vorschläge zur Ergänzung von PR-Maßnahmen, die kostengünstig, aber wirksam sind!

7.4 Rechtliche Rahmenbedingungen in der Absatzwirtschaft

Die RAND OHG hat viel Geld in die Bekanntmachung des Namens „Öko-Design" investiert. Aus diesem Grunde möchte sie sich davor schützen, dass Konkurrenten diesen Namen kopieren und damit ihrerseits an den Markt gehen. „Wir haben den Kaffee-/Teeautomaten doch nicht erfunden, deshalb können wir auch kein Patent anmelden", meint Herr Koch. „Aber den Namen können wir zumindest schützen lassen", antwortet Frau Rand.

Arbeitsauftrag
❑ *Stellen Sie fest, ob es möglich ist, den Namen eines Produktes schützen zu lassen!*
❑ *Erläutern Sie die wesentlichen Bestimmungen des UWG!*
❑ *Beschreiben Sie anhand eines Beispiels die Produkthaftpflicht eines Herstellers!*

● Gesetz gegen den unlauteren Wettbewerb

Um sicherzugehen, dass es im Kampf um Marktanteile fair zugeht, hat der Gesetzgeber eine Reihe von Gesetzen und Verordnungen erlassen, die Verbraucher und Mitbewerber vor unlauteren Maßnahmen schützen. Die wichtigste Rechtsgrundlage ist das **Gesetz gegen den unlauteren Wettbewerb (UWG).** Diesem Gesetz ist eine so genannte **Generalklausel** vorangestellt, in der es heißt:

> *§ 1 UWG: Wer im geschäftlichen Verkehre zu Zwecken des Wettbewerbs Handlungen vornimmt, die gegen die guten Sitten verstoßen, kann auf Unterlassung und Schadensersatz in Anspruch genommen werden.*

Das UWG verbietet folgende Handlungen:

Handlungen	Beispiele
❑ Irreführende Angaben	Ein Großhändler macht in der Werbung falsche Angaben über die Herkunft, die Herstellungsart, die Beschaffenheit oder den Preis seiner Ware.
❑ Benutzung fremder Firmen- und Geschäftsbezeichnungen	Ein Großhändler kopiert das Firmenlogo der RAND OHG, um von deren guten Ruf zu profitieren.
❑ Herabsetzen oder Anschwärzen eines Konkurrenten	Ein Unternehmer behauptet wider besseren Wissens Kunden gegenüber, sein Hauptkonkurrent stehe kurz vor dem Konkurs.
❑ Bestechung von Angestellten	Einkäufer des Kunden werden mit Schmiergeldern oder Geschenken bestochen.

Vergleichende Werbung ist grundsätzlich zulässig, wenn der Vergleich nicht irreführend ist, nachprüfbare und typische Eigenschaften miteinander verglichen werden und der Mitbewerber nicht herabgesetzt oder verunglimpft wird. Ferner dürfen Imitationen nicht mit dem Original verglichen werden.

Beispiele
❑ Erlaubt: „Leistungsstarke Bohrmaschinen – ab sofort 20 % billiger als beim Baumarkt XYZ"
❑ Verboten: „Bei uns steht der Kunde im Mittelpunkt – beim Baumarkt XYZ steht er nur im Weg!"

Was als lauter oder unlauter zu gelten hat, ergibt sich in der Praxis erst durch den **Richter-spruch**. In der Vergangenheit hat die Rechtsprechung folgende Verhaltensweisen als wettbe-werbswidrig verboten:

▷ **Zusendung unbestellter Ware** (vgl. S. 57) mit dem Hinweis, die Waren entweder zu be-zahlen oder zurückzusenden.

Beispiel Das Versandhaus Wuttke e. K. schickt allen Brautpaaren ein Aussteuerpaket im Wert von 400,00 EUR zu. In einem beiliegenden Schreiben wird das Brautpaar aufgefordert, das Paket bei Nichtgefallen innerhalb von sieben Tagen zurückzuschicken. Geschieht dies nicht, ist der Rechnungsbetrag innerhalb von 30 Tagen fällig.

▷ **Psychologischer Kaufzwang**

Beispiel Hermine Harms wird kostenlos in ein Ausflugslokal gefahren und zum Mittagessen eingeladen. Anschließend wird ihr im Rahmen einer Verkaufsveranstaltung eine Rheumadecke angeboten. Als Frau Harms kein Interesse zeigt, erinnert sie der Verkäufer an die Einladung zum Essen und die kostenlose Busfahrt und bringt sie so in eine peinliche Situation.

▷ **Anlocken mit übermäßigen Vorteilen**, die mit der angebotenen Ware nichts zu tun haben.

Beispiel Das Kaufhaus Klein e.K. bietet allen Kunden im hauseigenen Friseurladen einen kos-tenlosen Haarschnitt an.

▷ **Ruinöser Wettbewerb:** Grundsätzlich kann ein Kaufmann seine Ware so billig verkaufen, wie er will. Unzulässig ist aber die Werbung mit Niedrigpreisen, wenn erhebliche Teile des Sortiments unter den Selbstkosten verkauft werden. Dient das Unterbieten der Preise des Mit-bewerbers jedoch dazu, ihn vom Markt zu verdrängen, so ist dies wettbewerbswidrig.

Beispiel Gegenüber der Bäckerei Bach eröffnet ein Supermarkt mit eigener Backwarenabtei-lung. Bach verlangt 0,25 EUR für ein Brötchen. Der Supermarkt bietet sie für 0,15 EUR an. Nach-dem Bach den Preis auf 0,10 EUR reduziert, setzt der Supermarkt seinen Preis auf 0,05 EUR herab und bietet große Teile seines Backwarensortiments unter dem Selbstkostenpreis, bis Bach sein Geschäft schließen muss.

Wer gegen die Generalklausel des UWG oder gegen die genannten Tatbestände verstößt, kann auf Unterlassung verklagt und zu Schadenersatz herangezogen werden.

Damit es bei Verstößen gegen das UWG nicht immer gleich zu Prozessen kommt, gibt es bei den Industrie- und Handelskammern **Einigungsstellen**, die sich um eine gütliche Einigung der Beteiligten bemühen.

● *Preisangabenverordnung (PAngV)*

Gesetzliche Angaben	Freiwillige Angaben
❑ Bruttoverkaufspreis (einschl. Umsatzsteuer) ❑ Bezeichnung der Ware ❑ Verkaufs- oder Leistungseinheit ❑ Grundpreis bei loser Ware (Preis je kg, je Liter usw.) ❑ Handelsübliche Gütebezeichnung (Handelsklasse)	❑ Eingangsdatum ❑ Lieferanten-Nr. ❑ Artikel-Nr. ❑ Größe, Farbe (bei Textilien)

§ 2 Preisangabenverordnung: Waren, die in Schaufenstern, Schaukästen innerhalb oder außerhalb des Verkaufsraumes auf Verkaufsständern oder in sonstiger Weise ausgestellt wer-den, und Waren, die vom Verbraucher unmittelbar entnommen werden können, sind durch Preisschilder oder Beschriftung der Ware auszuzeichnen.

Durch die Pflicht zur Preisauszeichnung soll für den Verbraucher die Möglichkeit eines klaren Preisvergleichs geschaffen werden. Ein Preisschild muss gesetzliche und kann freiwillige Angaben enthalten.

● Gewerblicher Rechtsschutz

Bestimmte Leistungen genießen den Rechtsschutz durch den Gesetzgeber, um sie vor Missbrauch zu schützen.

Gewerb- liche Schutz- rechte	Patent	Gebrauchs- muster	Marke	Geschmacks- muster
Gegenstand des Rechtsschutzes:	**Erfindungen** (Gegenstände, Stoffe, Herstellungs- und Arbeitsverfahren)	**Erfindungen** (Neuerungen an Gegenständen, keine Verfahren)	**Wort-, Bild-, Hör- marken, 3D-Marken** zur Kennzeichnung und Unterscheidung von Waren oder Dienstleistungen	**Muster und Modelle** in gewerblicher Verwendung
Voraus- setzungen:	Neuheit, Erfindungshöhe, Anwendbarkeit auf einem gewerblichen Gebiet	Neuheit, Erfindungshöhe, Anwendbarkeit auf einem gewerblichen Gebiet	Unterscheidungs- kraft	Neuheit und Eigentümlichkeit der Gestaltung
Erteilung der Schutzrechte durch:	**Deutsches Patentamt**	**Deutsches Patentamt**	**Deutsches Patentamt**	**Deutsches Patentamt**
Schutzdauer:	20 Jahre	3 Jahre (Verlängerung bis höchstens 10 Jahre)	10 Jahre (Verlän- gerung um jeweils weitere 10 Jahre)	5 Jahre (Verlängerung bis höchstens 20 Jahre)

ZAHLENBILDER

© Erich Schmidt Verlag   128 710

▷ **Patentschutz:**

§ 1 Patentgesetz: Patente werden für Erfindungen erteilt, die neu sind, auf einer erfinderischen Tätigkeit beruhen und gewerblich anwendbar sind.

Patente werden im Patentblatt bekannt gemacht. Bei einem **Sach- oder Erzeugnispatent** wird die erfundene Sache geschützt, bei einem **Verfahrenspatent** wird ein Herstellungsverfahren geschützt. Ein Patentinhaber kann seine Erfindung einem anderen überlassen, indem er ihm gegen eine Entschädigung eine **Lizenz** erteilt.

Der Patentschutz dauert höchstens 20 Jahre, danach kann jedermann die bisher geschützte Erfindung verwerten.

▷ **Markengesetz:**

(1) Als Marken können alle Zeichen, insbesondere Wörter einschließlich Personennamen, Abbildungen, Buchstaben, Zahlen, Hörzeichen, dreidimensionale Gestaltungen einschließlich der Form der Ware oder ihrer Verpackung sowie sonstige Aufmachungen einschließlich Farben und Farbzusammenstellungen geschützt werden, die geeignet sind, Waren oder Dienstleistungen eines Unternehmens von denjenigen anderer Unternehmen zu unterscheiden.

Marken dienen dazu, in Wort und Bild eigene Erzeugnisse von denen anderer Hersteller oder Händler zu unterscheiden. Sie sind ein wichtiges Werbemittel auf Geschäftsbriefen, in Anzeigen und Katalogen. Nach der Anmeldung beim Patentamt werden sie zehn Jahre lang geschützt.

▷ **Gütezeichen:** Sie werden von verschiedenen Herstellern als Garantie für bestimmte Mindestqualitäten ihrer Produkte verwendet und von Verbänden und Organisationen vergeben. Die Überwachung der Gütezeichen wird durch eine Einrichtung des Deutschen Normenausschuss, dem Ausschuss für Lieferbedingungen und Gütesicherung (RAL), durchgeführt.

▷ **Gebrauchsmusterschutz:**

> **§ 1 Gebrauchsmusterschutzgesetz:** *Als Gebrauchsmuster werden Erfindungen geschützt, die auf einem erfinderischen Schritt beruhen und gewerblich anwendbar sind.*

Geschützt werden Neuerungen an Arbeitsgerätschaften und Gebrauchsgegenständen (Werkzeuge, Haushaltsgeräte), jedoch keine Verfahren.

Beispiel   Die Hage AG baut in ihren Kaffeeautomaten eine Zeitschaltuhr ein.

▷ **Geschmacksmusterschutz:**

> **§ 1 Geschmacksmusterschutzgesetz:** *Das Recht, ein gewerbliches Muster oder Modell ganz oder teilweise nachzubilden, steht dem Urheber desselben ausschließlich zu. Als Muster oder Modell im Sinne dieses Gesetzes werden nur neue und eigentümliche Erzeugnisse angesehen.*

Als **Muster** werden Darstellungen in der Fläche (zweidimensional) einschließlich der verwendeten Farbkombinationen bezeichnet.

Beispiele   Tapeten-, Stoffmuster, Schriftzeichen

Modelle sind dreidimensionale Erzeugnisse. Hier können Formen und Farbkombinationen geschützt werden.

Beispiele   Geschirr, Möbel, Schmuck

● *Produkthaftungsgesetz (ProdHaftG)*

> **§ 1 Gesetz über die Haftung für fehlerhafte Produkte:** *Wird durch den Fehler eines Produktes jemand getötet, sein Körper oder seine Gesundheit verletzt oder eine Sache beschädigt, so ist der Hersteller des Produktes verpflichtet, dem Geschädigten den daraus entstehenden Schaden zu ersetzen.*

Der Hersteller eines Produktes haftet für alle Schäden, die aus dem Ge- oder Verbrauch fehlerhafter Ware entstehen. Er ist zu Schadenersatz verpflichtet. Die Haftung ist auf 80 Mio. EUR begrenzt.

Beispiel   Wenn die Hage AG einen fehlerhaften Kaffeeautomaten ausliefert und ein Benutzer dieses Kaffeeautomaten damit einen Unfall erleidet, so haftet die Hage AG für den entstandenen Schaden.

Gegen das Risiko der Produkthaftpflicht können Versicherungsverträge abgeschlossen werden.

● *Geräte- und Produktsicherheitsgesetz (GPSG)*

Mit diesem Gesetz wird der **vorbeugende Verbraucherschutz** gestärkt. Die Behörden können bei Vorliegen von Produktgefahren Warnungen an die Bevölkerung veranlassen oder selbst aussprechen, den Rückruf unsicherer Produkte anordnen und den weiteren Verkauf untersagen. Grundsätzlich ist der Hersteller der primär Verantwortliche für die Produktsicherheit. Gleichwohl verpflichtet das Geräte- und Produktsicherheitsgesetz auch den Händler, dazu beizutragen, dass nur **sichere Produkte in den Verkehr gebracht** werden dürfen. Der Hersteller oder Händler darf somit kein Produkt verkaufen, von dem er weiß oder anhand der ihm vorliegenden Informationen oder aufgrund seiner Tätigkeit als Hersteller oder Händler wissen muss, dass das Produkt nicht sicher ist. Für den Fall, dass der Hersteller oder der Händler wissentlich ein unsicheres Produkt in den Verkehr bringt, sieht das Gesetz eine Ahndung als Ordnungswidrigkeit bis zu 26 000,00 EUR vor.

Rechtliche Rahmenbedingungen in der Absatzwirtschaft

◊ **Gesetz gegen den unlauteren Wettbewerb:** Verboten sind u.a. Handlungen, die gegen die guten Sitten verstoßen, irreführende Angaben, ruinöser Wettbewerb.

◊ Wer gegen die Tatbestände des UWG verstößt, kann auf **Unterlassung** und **Schadenersatz** verklagt werden. In bestimmten Fällen muss er sogar mit einer **Freiheitsstrafe** rechnen.

◊ **Preisangabenverordnung:** Es müssen im Einzelhandel Bruttoverkaufspreis, Bezeichnung der Ware, Verkaufs- und Leistungseinheit (kg, l, m), Handelsklasse angegeben werden.

◊ **Gewerblicher Rechtschutz** (Missbrauchsschutz durch gesetzliche Vorschriften):
❑ Patentgesetz ❑ Geschmacksmustergesetz
❑ Markengesetz ❑ Gebrauchsmustergesetz
❑ Gütezeichenschutz

◊ **Produkthaftungsgesetz:** Der Hersteller eines Produktes haftet für alle Schäden, die aus dem Ge- oder Verbrauch fehlerhafter Ware entstehen.

◊ **Geräte- und Produktsicherheitsgesetz:** Hersteller und Händler dürfen nur sichere Produkte in den Verkauf bringen.

---

1 a) Erläutern Sie den Sinn des Gesetzes gegen den unlauteren Wettbewerb!
b) Bilden Sie fünf eigene Beispiele für Verstöße gegen das Gesetz gegen den unlauteren Wettbewerb!

2 Ein Mitbewerber der Bürodesign GmbH wirbt mit folgender Aussage: „Jeder, der einen Schreibtisch kauft, erhält gratis einen Bürostuhl!" Erläutern Sie, ob der Mitbewerber der Bürodesign GmbH gegen gesetzliche Vorschriften verstößt!

3 Erläutern Sie Patent-, Marken-, Gütezeichen-, Gebrauchs- und Geschmacksmusterschutz mit je einem Beispiel!

4 Erläutern Sie, wie die RAND OHG den Namen „Öko-Design" vor Missbrauch schützen kann!

5 Erläutern Sie an selbst gewählten Beispielen das Problem der Produktsicherheit für den Haushaltsgerätehersteller Hage AG!

6 Erläutern Sie an einem Beispiel das Produkthaftungsgesetz!

---

1 Die Hage AG, ein Hersteller für Elektrohaushaltsgeräte und Lieferant der RAND OHG, plant die Einführung eines Kaffee-/Teeautomaten, der dem Anspruch nach umweltschonender Herstellung und anspruchsvollem Design genügen soll.

Das Gerät soll aus recyceltem Kunststoff hergestellt und nach Ablauf der Lebensdauer im Rahmen einer Rücknahmegarantie dem Recycling zugeführt werden. Die Gestaltung wird von einem bekannten Designer vorgenommen, der dem Gerät eine unverwechselbare Form geben soll. Das Gerät soll dem Großhandel unter dem Namen „Öko-Design-Kaffee-/Teeautomat" zu einem um 10% über dem Branchendurchschnitt liegenden Preis angeboten werden.

Als das Projekt auf einer Konferenz der Abteilungsleiter vorgestellt wird, sind diese eher skeptisch. Man ist der Meinung, der Verbraucher sei nicht bereit, einen höheren Preis für einen „Öko-Design-Kaffee-/Teeautomaten" zu zahlen. Und außerdem seien die Kunden, die auf Ökologie und anspruchsvolles Design achten, grundverschieden.

a) Sonja Koch macht den Vorschlag, die Wünsche der Kunden im Rahmen der Marktforschung zu ermitteln. Stellen Sie fest, welche Marktdaten die Hage AG zur Neueinführung des Kaffee-/Teeautomaten benötigt, und machen Sie Vorschläge, wie die erforderlichen Daten beschafft werden können!

b) Die Geschäftsleitung legt fest, dass die Daten über den Markt im Rahmen einer Befragung von 30 Großhandelsbetrieben erhoben werden sollen. Sie erhalten den Auftrag, den erforderlichen Fragebogen zu erstellen. Formulieren Sie geeignete Fragen für diesen Fragebogen!

Die Auswertung der Befragung zeigt, dass das Thema „Umwelt" von 68% der Befragten als wichtigstes Thema angesehen wird. 63% sind bereit, für ein ökologisch vertretbares Produkt einen 10% über dem Durchschnitt liegenden Preis zu zahlen. 80% der Befragten sind der Meinung, dass ökologisch vertretbare Produkte und anspruchsvolles Design gut zusammenpassen.

c) Auf der Grundlage der Befragung entscheidet die Geschäftsleitung, dass der „Öko-Design-Kaffee-/Teeautomat" produziert werden soll. Legen Sie eine Marketingstrategie für das neue Produkt fest und erläutern Sie Ihre Entscheidung!

d) In einer weiteren Sitzung der Geschäftsleitung wird die Preisstrategie diskutiert. Der Verkaufsleiter möchte im Rahmen der „Skimmingpolitik" einen deutlich hohen Einführungspreis festlegen, der Produktionsleiter ist für die „Penetrationspolitk", d. h. einen niedrigen Einführungspreis, um eine schnelle Markteinführung zu sichern. Sie werden aufgefordert, die Vor- und Nachteile dieser preispolitischen Strategien darzustellen und eine begründete Auswahl für eine Strategie zu treffen!

e) Im Rahmen der Konditionen- und Servicepolitik sollen Sie Vorschläge ausarbeiten, die die gewählte Preisstrategie sinnvoll unterstützen!

2 a) Die Abteilungsleiter der Hage AG diskutieren Möglichkeiten der Distributionspolitik. Die Leiterin des Rechnungswesens schlägt vor, den Einzelhandel direkt zu beliefern und den Großhandel auszuschalten. So könne man zu günstigeren Preisen anbieten als die Konkurrenz. Sammeln Sie Argumente für die Beibehaltung der Belieferung des Großhandels. Argumentieren Sie aus der Sicht der RAND OHG!

b) Die Hage AG möchte den Verkauf der Kaffee-/Teeautomaten im Einzelhandel durch Maßnahmen der Verkaufsförderung unterstützen und bittet Sie, hierzu Vorschläge zu erarbeiten. Besuchen Sie ein Warenhaus oder einen Supermarkt und stellen Sie fest, welche Maßnahmen der Verkaufsförderung in diesen Unternehmen eingesetzt werden!

c) Erstellen Sie einen Katalog von Verkaufsförderungsmaßnahmen für die Hage AG!

d) Die Hage AG möchte die geplanten Verkaufsförderungsmaßnahmen durch Öffentlichkeitsarbeit unterstützen. Erarbeiten Sie Vorschläge für konkrete Publicrelations-Maßnahmen!

e) Stellen Sie eine Liste der wettbewerbsrechtlichen Regeln zusammen, die die Hage AG bei den geplanten Maßnahmen beachten muss!

3 Welche der folgenden Sachverhalte bilden einen Verstoß gegen das Gesetz gegen den unlauteren Wettbewerb?

a) Ein Warenhaus veranstaltet ein Kinderfest und verschenkt dabei Luftballons.

b) Ein Großhändler kopiert das Geschäftssymbol eines bekannten Herstellers auf sein Geschäftspapier.

c) Der Einkäufer einer Supermarktkette erhält von einer Wurstfabrik einen Geschenkgutschein über 25 Meter Dauerwurst.

d) Ein Ausbilder beauftragt seinen Auszubildenden, in der Berufsschule seine Klassenkameraden über die Preiskalkulation der Konkurrenz zu befragen.

e) Ein Großhändler gewährt allen Kunden 2,5% Rabatt bei Zahlung innerhalb von 25 Tagen nach Rechnungseingang.

4 Welche der folgenden Gesetze gehören zum gewerblichen Rechtsschutz?

a) Patentgesetz
b) Kartellgesetz
c) Produkthaftungsgesetz
d) Produktsicherheitsgesetz
e) Gewerbesteuergesetz
f) Gebrauchsmustergesetz

5 Was versteht man unter Marktanalyse?

a) Die methodische Untersuchung der fortlaufenden Marktentwicklung.
b) Die methodische Untersuchung der Marktverhältnisse zu einem bestimmten Zeitpunkt.
c) Die methodische Untersuchung der Marktverhältnisse zurückliegender Zeiträume.
d) Die permanente Untersuchung der Marktverhältnisse.
e) Die langfristige Vorhersage einer zu erwartenden Marktsituation.

6 Ein Produkt soll auf dem direkten Absatzweg vertrieben werden. Welcher Sachverhalt beschreibt diese Art des Verkaufs?

a) Erzeuger – Einzelhandel – Endverbraucher
b) Erzeuger – Großhandel – Endverbraucher
c) Erzeuger – Reisender – Endverbraucher
d) Erzeuger – Handelsvertreter – Großhandel – Endverbraucher
e) Erzeuger – Kommissionär – Endverbraucher

7 Ein Unternehmen untersucht während eines Jahres fortlaufend den Markt für ein Produkt. Wie lautet der Fachausdruck für diese Untersuchung?

a) Markterkundung
b) Marktanalyse
c) Marktbeobachtung
d) Marketing
e) Konkurrenzbeobachtung
f) Marktprognose

8 Welche der folgenden Marketingaktivitäten gehören nicht zu einem Werbeplan?

a) Festlegung des Verkaufspreises
b) Bestimmung der Zielgruppe
c) Festlegung des Streukreises
d) Produktvariation und -elimination
e) Entscheidungen über Werbeträger und -mittel

9 Ordnen Sie die folgenden Entscheidungen den einzelnen marketingpolitischen Instrumenten zu!

a) Festlegung der Verkaufspreise
b) Festlegung von Lieferbedingungen
c) Sortimentsgestaltung
d) Festlegung der Absatzwege
e) Auswahl von Werbemitteln und -trägern

1. Kommunikationspolitik
2. Distributionspolitik
3. Preispolitik
4. Sortimentspolitik
5. Konditionenpolitik

10 Bei welchem Beispiel handelt es sich um Sammelwerbung?

a) Ein Kaufmann lässt an alle Haushaltungen einen Werbebrief verteilen.
b) An der Bushaltestelle werden Plakate angebracht mit der Aufschrift: „Fahr mit der Bahn".
c) Im Werbefernsehen wird ein Spot eingeblendet mit dem Text: „Aus deutschen Landen frisch auf den Tisch".
d) Als Anzeige werden in der Tageszeitung die Namen aller am Bau eines Einkaufszentrums beteiligten Unternehmen genannt.
e) Auf einer Messe werden kostenlos Kosmetikbehandlungen mit Produkten eines Herstellers angeboten.

11 Beschreiben Sie, wie sich die RAND OHG bei folgenden Marketingstrategien verhält:
a) Strategie der Anpassung
b) Strategie der Differenzierung
c) Strategie der Marktdurchdringung
d) Strategie der Markterschließung
e) Strategie der Marktsegmentierung
f) Kombination von Strategien

12 Die RAND OHG möchte den „Öko-Design-Kaffee-/Teeautomaten" auf den Markt bringen. Bisher gibt es noch keine nennenswerte Konkurrenz für dieses Produkt.
a) Welche Marketingstrategie empfehlen Sie kurz- und langfristig? Begründen Sie Ihre Antwort!
b) Welche Preispolitik empfehlen Sie?

13 Unterscheiden Sie Marktanalyse, -beobachtung, -prognose und erläutern Sie, welche Maßnahmen ein Unternehmen für diese Teilaufgaben der Marktforschung durchführen kann!

14 Produktinnovation, -variation und -elimination stehen im Zusammenhang mit dem Lebenszyklus eines Produktes. Erläutern Sie diese Begriffe
a) am Beispiel des Produktes „Schallplattenspieler",
b) an einem selbst gewählten Beispiel!

15 Erläutern Sie mit Beispielen, wie Zahlungs- und Lieferungskonditionen von der RAND OHG gestaltet werden können, damit sie für ihre Kunden einen Kaufanreiz darstellen!

16 „Ohne Werbung würden die meisten Produkte für die Verbraucher preiswerter zu erwerben sein, Werbung verteuert die Waren nur sinnlos!" Nehmen Sie kritisch Stellung zu dieser Aussage!

17 Bilden Sie Beispiele für Werbung, die
a) gegen gesetzliche Vorschriften verstößt,
b) gegen den „guten Geschmack" verstößt oder ethisch-moralische Grenzen überschreitet!

18 Verkaufs- und Einzelhändlerpromotion sind Maßnahmen, die für einen Großhandelsbetrieb mit erheblichen Kosten verbunden sind.
a) Erstellen Sie einen Katalog dieser Maßnahmen!
b) Welchen Erfolg erwartet ein Unternehmen von den Aktivitäten der Salespromotion?

19 Der Erfolg von Öffentlichkeitsarbeit ist nur schwer messbar. Führen Sie Gründe an, weshalb Unternehmen trotzdem Publicrelations-Arbeit betreiben!

20 ☞ a) Erstellen Sie eine Tabelle, in der Sie die verschiedenen Distributionswege für ein Industrieunternehmen aufführen!
b) Betrachten Sie das Sortiment der RAND OHG und geben Sie für zehn Artikel begründete Entscheidungen an, welchen Distributionsweg ein Hersteller für diese Artikel wählen könnte!

21 Welche Arten der Preisdifferenzierung treffen auf die folgenden Maßnahmen zu?
1. räumliche Preisdifferenzierung
2. sachliche Preisdifferenzierung
3. zeitliche Preisdifferenzierung
4. persönliche Preisdifferenzierung

a) Ein bestimmtes Produkt ist in Italien preiswerter als in Deutschland.
b) Markenartikelhersteller verkaufen einen Teil ihrer Produkte als preiswertere „no-name-Produkte".
c) Schüler, Studenten und Auszubildende erhalten Rabatte.
d) Die Telekom verlängert ab 22:00 Uhr den Takt für eine Telefoneinheit.
e) Die Preise sind in der Vorsaison günstiger als in der Hochsaison.

22 Man unterscheidet Werbeträger und Werbemittel. Kreuzen Sie die Werbemittel an!
a) Zeitungen
b) Handzettel
c) Litfaßsäulen
d) Werbebriefe
e) Kino
f) Prospekte

Finanzierung und Investition

8.1 Investitionen als Finanzierungsanlässe

Werner Krull und sein Klassenkamerad Jörg Lehmann haben in der Berufsschule das Fach Betriebswirtschaftslehre. Das Stundenthema lautet: „Arten und Ziele von Investitionen". Nach der Unterrichtsstunde diskutiert Werner mit Jörg. „So ein Unsinn, was der Schneider mal wieder erzählt hat. ‚Investionen in Mitarbeiter und Öffentlichkeitsarbeit', als ob ein Betrieb sein Geld nicht für sinnvollere Investitionen ausgeben könnte", sagt Jörg. „Du hast mal wieder nicht aufgepaßt", antwortet Werner, „natürlich ist ein Betrieb an der Qualität seiner Mitarbeiter interessiert. Nimm doch nur die RAND OHG. Erst letzte Woche waren einige Mitarbeiter während ihrer Arbeitszeit zu einem Seminar." „Aber das ist doch keine Investition. Eine Investition liegt doch nur dann vor, wenn ich eine Maschine, einen Lkw oder ein Gebäude kaufe." „Du bist ein hoffnungsloser Fall", erwidert Werner, „natürlich ist die Fortbildung von Mitarbeitern eine Investition."

Arbeitsauftrag
❏ *Überprüfen Sie, ob Werner mit seiner Ansicht Recht hat!*
❏ *Stellen Sie fest, welche Ziele und Arten von Investitionen sich unterscheiden lassen!*

● Zusammenhang zwischen Finanzierung und Investition

▷ Bei einer **Investition** werden finanzielle Mittel in **Sachvermögen** (z.B. Grundstücke, Gebäude, Maschinen, Waren usw.), **Finanzvermögen** (z.B. Aktien) oder **immaterielles Vermögen** (z.B. Patente, Fortbildung von Mitarbeitern) umgewandelt. Investitionen zeigen sich auf der Aktivseite der Bilanz in den Positionen Anlage- und Umlaufvermögen.

Ein Unternehmen wird nur dann Kapital investieren, wenn erwartet werden kann, dass die Ausgaben für die getätigte Investition in angemessener Zeit durch Verkäufe wieder in das Unternehmen zurückfließen. Wird durch den betrieblichen Umsatzprozess Kapital wieder freigesetzt (= Kapitalrückfluss in Form von Einnahmen), spricht man von **Desinvestition.**

Beispiel Die RAND OHG kauft einen Lieferwagen für 30 000,00 EUR. Das in diesem Investitionsgut gebundene Kapital wird über die Verkaufserlöse der mit diesem Lieferwagen verkauften Waren dem Unternehmen wieder zugeführt, denn die Investitionsausgaben werden als Kosten (Abschreibungen, Wartungs- und Reparaturkosten usw.) in die Verkaufspreise einkalkuliert und fließen somit im Laufe der Zeit als Einnahmen in das Unternehmen zurück.

▷ Die **Finanzierung** dient der Kapitalbeschaffung. Das Kapital kann beschafft werden durch eigene Einlagen des Unternehmers **(Eigenkapital)** oder durch Aufnahme von Krediten **(Fremdkapital).** Alle Maßnahmen zur Beschaffung von Geld- oder Sachkapital für die Unternehmung werden als **Finanzierung** bezeichnet.

Beispiele
❏ **für Sachkapital:** Einkauf von Waren auf Ziel, Kauf eines PC gegen Bankscheck
❏ **für Geldkapital:** Bareinlage des Gesellschafters, Aufnahme eines Darlehens bei der Bank

Investition und Finanzierung bedingen einander, denn **Kapitalverwendung (Investition)** setzt immer **Kapitalbeschaffung (Finanzierung)** voraus. Kapital wird in einem Unternehmen ständig gebunden und wieder freigesetzt, d.h., es findet ein ständiger Prozess von Investition, **Desinvestition** und neuerlicher Investition **(Reinvestition)** statt. Die Beschaffung und Verwendung des Kapitals ist aus der **Bilanz** eines Unternehmens zu ersehen.

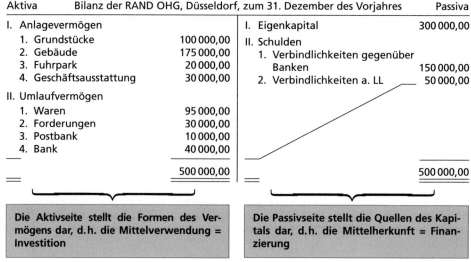

Aktiva   Bilanz der RAND OHG, Düsseldorf, zum 31. Dezember des Vorjahres   Passiva

I. Anlagevermögen		I. Eigenkapital	300 000,00
1. Grundstücke	100 000,00	II. Schulden	
2. Gebäude	175 000,00	1. Verbindlichkeiten gegenüber	
3. Fuhrpark	20 000,00	Banken	150 000,00
4. Geschäftsausstattung	30 000,00	2. Verbindlichkeiten a. LL	50 000,00
II. Umlaufvermögen			
1. Waren	95 000,00		
2. Forderungen	30 000,00		
3. Postbank	10 000,00		
4. Bank	40 000,00		
	500 000,00		500 000,00

Die Aktivseite stellt die Formen des Vermögens dar, d.h. die Mittelverwendung = Investition	Die Passivseite stellt die Quellen des Kapitals dar, d.h. die Mittelherkunft = Finanzierung

Kapitalbeschaffung ist kein einmaliger Vorgang, der nur bei Gründung eines Unternehmens erforderlich ist, sondern eine laufende Tätigkeit des Unternehmens.

Beispiele   Die RAND OHG muss u.a. Umbaumaßnahmen durchführen, Betriebserweiterungen realisieren, veraltete Einrichtungsgegenstände erneuern, neue Regalsysteme kaufen.

● **Ziele von Investitionen (Investitions- und Finanzierungsanlässe)**

Unternehmen investieren aus verschiedenen Gründen. Diese Gründe lassen sich anhand folgender Investitionsziele unterteilen:

▷ **Ökonomische Ziele:**
❏ Ersatz verbrauchter oder veralteter Betriebsmittel durch neue Betriebsmittel zur Erhaltung der Betriebsbereitschaft (**Ersatzinvestition**)
❏ Kapazitätserweiterung durch zusätzliche oder leistungsfähigere Betriebsmittel (**Erweiterungsinvestition**)
❏ Anpassung der Betriebsmittel an den technischen Fortschritt
❏ Ertragssteigerung durch Erhöhung der Leistungsfähigkeit mit produktiveren oder kostengünstigeren Betriebsmitteln (**Rationalisierungsinvestition**)
❏ Investition in andere Bereiche, um eine Risikostreuung zu erreichen
❏ Umstellungsinvestitionen, bei Änderung der Produktionsziele muss die Nutzung vorhandener Anlagen verändert werden (**Umstrukturierung**)
❏ Forschung und Entwicklung zur Verbesserung von Zukunftsaussichten eines Unternehmens

▷ **Soziale Ziele:**
❏ Sicherung von Arbeitsplätzen
❏ Verringerung von Unfallgefahren am Arbeitsplatz
❏ Verbesserung der Arbeitsumgebung

▷ **Ökologische Ziele** (vgl. S. 33):
❏ Vermeidung von Umweltbelastungen
❏ Verringerung des Verbrauchs von knappen Rohstoffen

● **Arten der Investition**

Investitionen lassen sich in Sach-, Finanz- und immaterielle Investitionen unterscheiden:

▷ **Sachinvestitionen:** Sie unterteilen sich in Anlage- und Vorrats- oder Lagerinvestitionen. Anlageinvestitionen führen zu einer Erweiterung des Anlagevermögens, Vorratsinvestitionen zu einer Erweiterung des Umlaufvermögens.

Beispiele
❑ Anlageinvestition: Die RAND OHG kauft einen neuen Geschäftswagen.
❑ Vorrats- und Lagerinvestitionen: Die RAND OHG kauft 200 Kaffeeautomaten „Aromastar" ein.

▷ **Finanzinvestitionen:** Sie unterteilen sich in Beteiligungs- und Forderungsrechte. Finanzinvestitionen erhöhen das Finanzanlagevermögen eines Unternehmens.

Beispiele
❑ Beteiligungsrechte: Die RAND OHG kauft 100 Aktien der HaWa AG Haushaltswaren.
❑ Forderungsrechte: Die RAND OHG gewährt der Tempelmann GmbH & Co. KG ein Darlehen über 50 000,00 EUR.

▷ **Immaterielle Investitionen:** Durch Investitionen für Forschung, Werbung, Aus- und Weiterbildung wird die Wettbewerbsfähigkeit des Unternehmens erhalten bzw. gesteigert. Der Nutzen dieser Investitionen ist oftmals nicht unmittelbar erkennbar.

Beispiel Kapital, das von der RAND OHG im Absatzbereich, z.B. für Publicrelations-Maßnahmen, investiert wird, erbringt nicht unmittelbar höhere Umsätze. Man erhofft sich jedoch für die Zukunft durch den positiven Ruf des Unternehmens bessere Marktchancen.

Die immateriellen Investitionen erscheinen nicht im Vermögen der Bilanz, sondern sie gehen als Aufwendungen in die GuV-Rechnung ein. Sie senken somit den Jahresgewinn.

● **Überprüfung der unternehmerischen Zielsetzung**

Um die finanziellen Lage des Unternehmens beurteilen zu können, kann ein Unternehmer seine Bilanz und sein Gewinn- und Verlustkonto untersuchen. Mithilfe von **Bilanzkennziffern** und Auswertungen des Gewinn- und Verlustkontos beurteilt man die wirtschaftliche Lage eines Unternehmens. Die Bilanzkennziffern geben **Auskunft über Kapitalaufbau (Finanzierung) und Liquidität (Zahlungsbereitschaft)** des Unternehmens. Durch die Auswertung des Gewinn- und Verlustkontos und der Bilanz ermittelt man die **Rentabilität** eines Unternehmens.

Beispiel Die nachfolgenden Kennzahlen sollen anhand der Bilanz (vgl. S. 274) und der GuV-Rechnung der RAND OHG, 40221 Düsseldorf, ermittelt werden:

Soll		GuV	Haben
Aufwendungen für Waren	1 050 000,00	Umsatzerlöse	1 355000,00
Löhne und Gehälter	120 000,00		
Abschreibungen	45 000,00		
Sonstige Aufwendungen	55 000,00		
Gewinn	85 000,00		
	1 355 000,00		1 355 000,00

Die Fremdkapitalzinsen belaufen sich auf 4 000,00 EUR.

⇨ **Kapitalaufbau (Finanzierung):** Das **Verhältnis von Eigen- zu Fremdkapital** gibt Aufschluss über den **Kapitalaufbau (Finanzierung)** des Großhandelsbetriebes. Das Eigenkapital ist das Haftungskapital eines Unternehmens. Es bestimmt neben dem Vermögensaufbau und der Zahlungsbereitschaft die Kreditwürdigkeit eines Großhandelsbetriebes. Hinzu kommt, dass ein verhältnismäßig großes Eigenkapital den Betrieb krisenfest macht. Fremdkapital dagegen bringt eine ständige Belastung für den Betrieb durch Zinsen und Rückzahlungen. Außerdem führt ein hohes Fremdkapital oft zu betriebsfremder Einflussnahme auf die Geschäftsführung. Je nach Branche gibt es im Großhandel unterschiedliche Kennziffern für den Kapitalaufbau.

> Je mehr das Eigenkapital die fremden Mittel überwiegt, desto kreditwürdiger, krisenfester und unabhängiger ist ein Großhandelsbetrieb.

Beispiel

$$\text{Kapitalaufbau} = \frac{\text{Eigenkapital}}{\text{Fremdkapital}} = \frac{300\,000}{200\,000} = \underline{\underline{1,5}}$$

Das Eigenkapital ist 1,5-mal so groß wie das Fremdkapital. Die Gesellschafter, Renate Rand und Werner Koch, sind mit einem hohen Eigenkapitalanteil an ihrem Unternehmen beteiligt. Hieraus ergibt sich für die RAND OHG eine große finanzielle Stabilität.

⇨ **Zahlungsbereitschaft (Liquidität):** Erfüllt ein Großhandelsbetrieb seine Zahlungsverpflichtungen nicht pünktlich, kann er seine Kreditwürdigkeit (vgl. S. 283) verlieren. **Daher sollte jeder Betrieb über so viele flüssige Mittel (Zahlungsmittel) verfügen, dass die kurzfristigen Schulden stets gedeckt werden können.** Zu den Zahlungsmitteln zählen die Guthaben der Konten Kasse, Bank und Postbank. Die **Liquidität spiegelt die Zahlungsbereitschaft** eines Betriebes wieder.

Bei der **Liquidität** setzt man die Zahlungsmittel zu den kurzfristigen Verbindlichkeiten ins Verhältnis.

Beispiel

$$\text{Liquidität} = \frac{\text{Zahlungsmittel} \cdot 100}{\text{kurzfristige Verbindlichkeiten}} = \frac{50\,000 \cdot 100}{50\,000} = \underline{\underline{100\,\%}}$$

Die Barliquidität von 100 sagt aus, dass zum Bilanzstichtag 100% der kurzfristigen Verbindlichkeiten sofort beglichen werden können. Dieses ist eine sehr günstige Situation.

● *Rentabilität*

Die **Rentabilität** ist das **Verhältnis des Reingewinns zum eingesetzten Eigenkapital oder zum erzielten Umsatz.** Mit der Rentabilität wird die Ertragskraft eines Unternehmens gemessen. Man unterscheidet **drei Arten der Rentabilität:**

⇨ **Eigenkapitalrentabilität (Unternehmerrentabilität):** Die Unternehmerrentabilität ist ein Maßstab dafür, mit welchem Erfolg das Eigenkapital eingesetzt wurde.

Beispiel

$$\text{Unternehmerrentabilität} = \frac{\text{Gewinn} \cdot 100}{\text{Eigenkapital}} = \frac{85\,000 \cdot 100}{300\,000} = \underline{\underline{28,33\,\%}}$$

Die Unternehmerrentabilität von 28,33 % besagt, dass sich das eingesetzte Eigenkapital bei der RAND OHG mit diesem Zinssatz verzinst hat.

▷ **Rentabilität des Gesamtkapitals (Unternehmungsrentabilität):** Die Unternehmungsrentabilität zeigt, ob der Einsatz des Fremdkapitals für das Unternehmen günstig war.

Beispiel

$$\text{Unternehmungsrentabilität} = \frac{(\text{Gewinn} + \text{Fremdkapitalzinsen}) \cdot 100}{\text{Gesamtkapital}} = \frac{89\,000 \cdot 100}{500\,000} = \underline{\underline{17,8\,\%}}$$

Das Ergebnis von 17,8 % besagt, dass sich das gesamte eingesetzte Kapital (Eigen- und Fremdkapital) bei der RAND OHG mit 17,8 % verzinst hat.

▷ **Umsatzrentabilität:** Sie gibt den prozentualen Anteil des Gewinns am Umsatz zu Verkaufspreisen an:

Beispiel

$$\text{Umsatzrentabilität} = \frac{\text{Gewinn} \cdot 100}{\text{Umsatzerlöse}} = \frac{85\,000 \cdot 100}{1\,355\,000} = \underline{\underline{6,27\,\%}}$$

Bei 100,00 EUR Umsatz hat die RAND OHG einen Gewinn von 6,27 EUR gemacht. Dieses ist eine
günstige Gewinnsituation.

Investitionen als Finanzierungsanlässe

◊ **Finanzierung** = Beschaffung von Kapital (Mittelherkunft)

◊ **Investition** = Verwendung von finanziellen Mitteln für die Anschaffung von Sach-,
Finanz- oder immateriellem Vermögen (Mittelverwendung).

◊ Investitionen können **ökonomische, soziale und / oder ökologische Ziele** haben.

◊ Zur Beurteilung der finanziellen Lage eines Unternehmens benutzt man **Bilanzkennziffern und Auswertungen aus dem Gewinn- und Verlustkonto.**

◊ **Kapitalaufbau (Finanzierung)** $= \dfrac{\text{Eigenkapital}}{\text{Fremdkapital}}$

◊ **Zahlungsbereitschaft (Liquidität)**

$$\text{Liquidität} = \frac{\text{Zahlungsmittel} \cdot 100}{\text{kurzfristige Verbindlichkeiten}}$$

◊ **Rentabilität**

$$\text{Eigenkapitalrentabilität (Unternehmerrentabilität)} = \frac{\text{Gewinn} \cdot 100}{\text{Eigenkapital}}$$

$$\text{\textbf{Rentabilität des Gesamtkapitals} (Unternehmungsrentabilität)} = \frac{(\text{Gewinn} + \text{Fremdkapitalzinsen}) \cdot 100}{\text{Gesamtkapital}}$$

$$\text{Umsatzrentabilität} = \frac{\text{Gewinn} \cdot 100}{\text{Umsatzerlöse}}$$

1 Ein Großhandelsunternehmen hat folgende Zahlen vorliegen:

Eigenkapital am Jahresanfang 2 720 000,00 EUR Umsatzerlöse 13 600 000,00 EUR
Gesamtkapital am Jahresanfang 5 200 000,00 EUR ZInsaufwendungen 204 000,00 EUR
Reingewinn im
neuen Geschäftsjahr 680 000,00 EUR

Ermitteln Sie
a) die Unternehmerrentabilität,
b) die Unternehmungsrentabilität,
c) die Umsatzrentabilität!

2 Erläutern Sie die Begriffe Investition und Finanzierung!

3 Folgende aufbereitete Bilanz ist auszuwerten:

A	Bilanz der Großhandlung Keller & Co. KG, zum 31. Dezember ..		P
Anlagevermögen	900 000,00	Eigenkapital	1 350 000,00
Warenbestand	1 020 000,00	Langfristiges Fremdkapital	500 000,00
Forderungen	30 000,00	Kurzfristiges Fremdkapital	250 000,00
Flüssige Mittel	150 000,00		
	2 100 000,00		2 100 000,00

Ermitteln Sie
a) den Anteil von Eigen- und Fremdkapital am Gesamtkapital in Prozent,
b) den Anteil von Anlage- und Umlaufvermögen am Gesamtvermögen in Prozent,
c) die Liquidität,
d) den Kapitalaufbau,
e) die Unternehmerrentabilität bei einem Reingewinn am Ende des nächsten Jahres von 270 000,00 EUR im neuen Geschäftsjahr !

4 Erklären Sie inwieweit man aus einer Bilanz die Kapitalherkunft und die Kapitalverwendung ersehen kann!

5 Erläutern Sie den Vorgang der Desinvestition an einem Beispiel!

6 Bilden Sie je zwei Beispiele für jede Investitionsart, die von der RAND OHG durchgeführt werden kann!

7 ☞ „Jede Investition sollte auch ökologische Ziele verfolgen". Sammeln Sie Argumente für diese Aussage und suchen Sie zehn Beispiele für die RAND OHG, bei denen ökologische Ziele berücksichtigt werden sollten!

8.2 Finanzierungsarten

Die Geschäftsführer der RAND OHG haben sich entschlossen, zur Erweiterung der Lagerkapazität einen Lagerraum mit einem neuen Regalsystem im Werte von 40 000,00 EUR auszustatten. Von der Hausbank hat die RAND OHG ein Darlehensangebot über 30 000,00 EUR zu einem Zinssatz von 8,5 % bei einer Laufzeit von zehn Jahren vorliegen, Geschäftsführerin Rand könnte die restlichen 10 000,00 EUR einbringen. Als Alternative dazu macht ein Hersteller von Lagereinrichtungen, die Karl Laga & Co. KG, das Angebot, sich durch Übernahme aller Kosten an der OHG als Gesellschafter zu beteiligen. Herr Koch und Frau Rand überlegen, welche der Alternativen sie in Anspruch nehmen sollen.

Arbeitsauftrag Sammeln Sie Argumente für die beiden Finanzierungsalternativen!

Ein Unternehmen kann eine Finanzierungsmaßnahme mit Eigenkapital (**Eigenfinanzierung**) oder Fremdkapital (**Fremdfinanzierung**) vornehmen. Der Kapitalbedarf eines Unternehmens hängt u. a. ab von

- ❏ der Branche
- ❏ den erforderlichen Bau- und Einrichtungskosten
- ❏ den laufenden Betriebskosten
- ❏ der Umschlagshäufigkeit des Lagers
- ❏ den Zahlungszielen der Lieferer
- ❏ der Kreditgewährung an die Kunden.

Nach der Herkunft des Kapitals unterscheidet man **Außenfinanzierung** (Kapitalzuführung erfolgt von außen) und **Innenfinanzierung** (Kapitalbildung im Unternehmen).

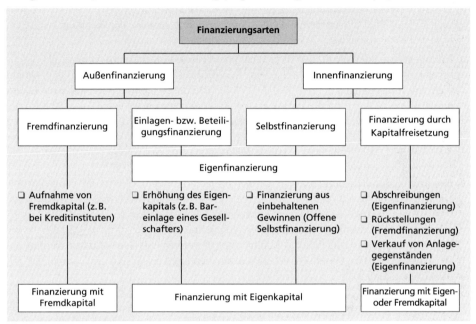

● *Außenfinanzierung*

Bei der Außenfinanzierung wird dem Unternehmen Kapital von den Eigentümern oder Kreditgebern zugeführt.

▷ **Fremdfinanzierung:** Bei dieser Finanzierung fließt der Unternehmung **durch Kreditgeber Kapital von außen zu.** Die Kreditgeber werden als **Gläubiger** bezeichnet. Gläubiger können **u. a. Kreditinstitute, Lieferer, Kunden** sein. Sie haben einen Anspruch auf Verzinsung und pünktliche Tilgung ihres Kredites. Allerdings haben sie kein Mitspracherecht im Unternehmen und keinen Anspruch auf einen Gewinnanteil. In der Bilanz des Unternehmens erscheint der Kredit auf der Passivseite als Fremdkapital. Die Innenfinanzierung durch Rückstellungen zählt ebenfalls zur Fremdfinanzierung, da Rückstellungen als Verbindlichkeiten auf der Passivseite der Bilanz ausgewiesen werden (vgl. S. 281 f.).

Nach der Laufzeit der Kredite (Überlassungsfrist) wird unterschieden in

- ❏ **langfristige Kredite:** Zu ihnen zählt man Darlehen mit einer **Laufzeit von über fünf Jahren.** Es sind meistens Kredite, die zur Finanzierung des **Anlagevermögens** aufgenommen werden. Das Unternehmen muss dem Kreditgeber entsprechende Sicherheiten (Verpfändung, Grundschuld, Sicherungsübereignung usw., vgl. S. 292 ff.) bieten können.

279

❑ **mittelfristige Kredite:** Zu ihnen zählen Darlehen mit einer **Laufzeit von ein bis fünf Jahren.** Sie werden für die Finanzierung kurzlebiger Güter des **Anlagevermögens** aufgenommen (z. B. Fuhrpark, Maschinen, Computer).

❑ **kurzfristige Kredite:** Sie haben eine **Laufzeit bis zu einem Jahr** und werden in erster Linie für die Finanzierung des **Umlaufvermögens,** insbesondere der Waren, aufgenommen (vgl. S. 284 ff.).

Beispiel Die RAND OHG kauft das Schreibset „Kugelschreiber mit Bleistift" im Werte von 4 400,00 EUR bei der Drupa AG Schreibwarenherstellung auf Ziel ein **(Lieferantenkredit).**

▷ **Einlagen- bzw. Beteiligungsfinanzierung (Eigenfinanzierung):** Hier wird dem Unternehmen Eigenkapital auf unbestimmte Zeit zur Verfügung gestellt, der Kapitalgeber ist am Gewinn und Verlust beteiligt.

❑ **Einlagenfinanzierung:** Stellen der Eigentümer **(Einzelunternehmung)** bzw. die Gesellschafter **(OHG, KG,** vgl. S. 214 ff.) dem Unternehmen das Kapital zur Verfügung, spricht man von Einlagenfinanzierung. Bei dieser Finanzierung erwirbt der Kapitalgeber Eigentum am Unternehmen. In der Bilanz erscheint das eingebrachte Kapital unter dem Posten **Eigenkapital** (Haftungskapital) auf der **Passivseite.** Das Eigenkapital steht i. d. R. der Unternehmung unbefristet zur Verfügung.

Beispiel An der Wollmann OHG beteiligt sich ein zusätzlicher Gesellschafter mit 180 000,00 EUR. Mit diesem Kapital wird eine neue Lagerhalle finanziert.

❑ **Beteiligungsfinanzierung:** Bei der **GmbH** bringen die Gesellschafter mit ihren Stammeinlagen das im Gesellschaftsvertrag festgelegte Stammkapital auf. Bei der Beteiligungsfinanzierung in einer GmbH können entweder das Stammkapital der vorhandenen Gesellschafter erhöht oder neue Gesellschafter aufgenommen werden (vgl. S. 220 ff.). In der Bilanz erscheint das eingebrachte Kapital unter **Eigenkapital / Gezeichnetes Kapital** auf der **Passivseite.** Die Gesellschafter gehen ein beschränktes Risiko ein, da sie nur mit ihrem Anteil haften.

Einlagen- bzw. Beteiligungsfinanzierung

Vorteile	Nachteile
❑ Eigenkapital steht zeitlich unbefristet zur Verfügung. ❑ Keine laufenden Zins- und Tilgungsraten, dadurch wird die ständige Zahlungsbereitschaft (Liquidität) nicht beeinflusst; zwar muss das Eigenkapital in Form von Gewinnausschüttungen verzinst werden, die Höhe dieser Ausschüttungen wird aber von den Eigentümern selbst festgelegt. ❑ Kreditwürdigkeit steigt, da das Haftungskapital größer wird, es kann somit leichter Fremdkapital beschafft werden. ❑ Risikoverteilung bei der Einlagenfinanzierung, wenn neuer Gesellschafter aufgenommen wird, da mehrere Personen haften.	❑ Bei Aufnahme neuer Gesellschafter als Vollhafter sind diese an der Geschäftsführung und am Gewinn zu beteiligen. Insbesondere bei der OHG wird sehr genau zu überlegen sein, ob neue Gesellschafter aufgenommen werden, da bei dieser Rechtform ein enges Vertrauensverhältnis der Gesellschafter bestehen muss. ❑ Teilhafter sind bei der KG nur dann zu gewinnen, wenn eine höhere Verzinsung der Einlage als auf dem Kapitalmarkt zu erzielen ist. ❑ Bei der GmbH sind Gesellschafter oft nur dann zu gewinnen, wenn ihnen als Geschäftsführer Einflussmöglichkeiten auf das Betriebsgeschehen eingeräumt wird. Dieses bedeutet einen Verlust an Selbstständigkeit.

● *Innenfinanzierung*

Bei der Innenfinanzierung fließt das Kapital dem Unternehmen nicht von außen zu, sondern es stammt aus einbehaltenen Gewinnen, Rückstellungen, Abschreibungen oder den Erlösen aus Anlagenabgängen.

▷ **Selbstfinanzierung (Eigenfinanzierung):** Hierunter versteht man eine Finanzierung aus erwirtschafteten und einbehaltenen Gewinnen **(Gewinnthesaurierung).** Durch diesen Vorgang erhöht sich das Eigenkapital. Das Unternehmen finanziert sich aus eigener Kraft mit den Mitteln, die erwirtschaftet wurden. Bei dieser Finanzierung spricht man auch von **offener Selbstfinanzierung,** weil der einbehaltene Gewinn in der Bilanz offen ausgewiesen wird. Bei Einzelunternehmen und Personengesellschaften werden die Gewinne den Kapitalkonten der Inhaber gutgeschrieben. Bei der GmbH wird der Gewinn den offenen Rücklagen zugeführt. Bei der GmbH bleibt das gezeichnete Kapital wegen der Haftungsbeschränkung konstant.

Beispiel Die RAND OHG hat im vergangenen Geschäftsjahr einen Gewinn in Höhe von 85 000,00 EUR erzielt. Herr Koch und Frau Rand entnehmen ihren Gewinnanteil nicht, sondern verwenden ihn für eine Betriebserweiterung. Somit erhöht sich das Eigenkapital des Unternehmens um 85 000,00 EUR.

Selbstfinanzierung

Vorteile	Risiken
❏ Das Unternehmen bleibt unabhängig, keine Verschiebung der Herrschaftsverhältnisse in der Unternehmensführung. ❏ Keine Kreditkosten, Zinsen, Tilgungsraten: Die Liquidität des Unternehmens wird nicht eingeschränkt. ❏ Erhöhung des Eigenkapitalanteils: Die Kreditwürdigkeit steigt. ❏ Verringerung des Fremdkapitalanteils ❏ Das Kapital steht i. d. R. unbefristet, auch für langfristige Investitionen zur Verfügung. Dies gilt nicht für die in Steuerrückstellungen enthaltenen stillen Rücklagen.	❏ Gefahr von Fehlinvestitionen: Bei der Investition von nicht ausgeschütteten Gewinnen erfolgt keine wirkungsvolle externe Überprüfung der Wirtschaftlichkeit dieser Investition. Da Eigenkapital häufig keiner strengen externen Rentabilitätskontrolle unterliegt, kann dieses ein Unternehmen zu Investitionen veranlassen, die nicht durch die Marktlage gerechtfertigt sind. Deshalb ist es wichtig, bei der Selbstfinanzierung die gleichen strengen Maßstäbe anzulegen wie bei der Kreditvergabe von Kreditinstituten.

▷ **Finanzierung durch Kapitalfreisetzung:**

❏ **Finanzierung aus** | Abschreibungen: | Jedes Unternehmen kalkuliert Abschreibungen in seine Verkaufspreise ein. Infolgedessen fließen die Abschreibungen über die Verkaufspreise in das Unternehmen zurück **(Refinanzierung).** Da diese Geldmittel dem Unternehmen kontinuierlich zufließen, stehen sie lange vor dem Ersatzzeitpunkt des Anlagegutes zur Verfügung und können für Finanzierungszwecke verwendet werden.

Beispiel Die RAND OHG hat einen Lieferwagen zu einem Listeneinkaufspreis (netto) von 30 000,00 EUR + 19% USt. gekauft. Am Ende des 1. Nutzungsjahres kann die RAND OHG vom Lieferwagen bei einer geschätzten Nutzungsdauer von vier Jahren 25% linear abschreiben. Somit ergibt sich am Ende des 1. Nutzungsjahres ein Abschreibungsbetrag von 7 500,00 EUR, der über die Umsatzerlöse freigesetzt wird und im 2. Jahr zur Verfügung steht. Da die Neuanschaffung des Lieferwagens erst nach Ablauf der Nutzungsdauer von vier Jahren anfällt, kann der freigesetzte Kapitalbetrag zur Finanzierung anderweitiger Investitionen eingesetzt werden.

❏ **Finanzierung aus** | Rückstellungen: | Rückstellungen werden für Aufwendungen des abgelaufenen Geschäftsjahres gebildet, deren Höhe und/oder Fälligkeit am Bilanzstichtag noch nicht feststehen. Rückstellungen sind Verbindlichkeiten und werden auf der Passivseite der Bilanz ausgewiesen.

Beispiele
- erwartete Gewerbesteuernachzahlungen
- Prozesskosten für einen laufenden Rechtsstreit

Mit der Bildung von Rückstellungen werden Teile des Gewinnes für längere Zeit an den Betrieb gebunden. Sie sind demnach **langfristiges Fremdkapital,** da zwischen der Ansammlung und der Auszahlung zum Teil viele Jahre liegen.

❑ **Finanzierung durch den Verkauf von nicht mehr benötigten Anlagegegenständen.**

Finanzierungsarten

◊ Bei der **Fremdfinanzierung (Außenfinanzierung)** gewähren Kreditinstitute, Versicherungsgesellschaften, Kunden und Lieferer dem Unternehmen kurz-, mittel- oder langfristige Kredite gegen Zinszahlung. Das Fremdkapital erscheint in der Bilanz unter dem Posten Verbindlichkeiten.

◊ **Einlagen- bzw. Beteiligungsfinanzierung (Außenfinanzierung)** liegt vor, wenn der bzw. die Eigentümer Kapital in das Unternehmen einbringen. Das Eigenkapital bzw. gezeichnete Kapital des Unternehmens wird größer.

◊ Bei der **Selbstfinanzierung (Innenfinanzierung)** werden einbehaltene Gewinne des Unternehmens wieder investiert.

◊ Bei der **Finanzierung durch Kapitalfreisetzung (Innenfinanzierung)** erhält das Unternehmen die Abschreibungen durch deren Berücksichtigung in den Verkaufspreisen zurück. Diese Geldmittel stehen dem Betrieb wieder für Investitionen zur Verfügung. Eine andere Form der Finanzierung durch Kapitalfreisetzung stellt die **Finanzierung aus Rückstellungen** dar (sie zählt auch zur Fremdfinanzierung) und durch den **Verkauf von Anlagegegenständen** dar.

1 *Beschreiben Sie die Einlagen- und die Beteiligungsfinanzierung!*

2 *Geben Sie an, welche Finanzierungsart in den folgenden Fällen beschrieben wird!*

a) Ein Komplementär erhöht seine Einlage.

b) Eine GmbH nimmt einen neuen Gesellschafter auf.

c) Ein Einzelunternehmer investiert seinen Gewinn in den Kauf eines Geschäftsgrundstücks.

d) Ein Unternehmer wandelt seine Einzelunternehmung in eine OHG um und nimmt einen Gesellschafter auf.

e) Eine GmbH nimmt bei ihrer Bank ein Darlehen auf.

f) Die Vollhafter einer KG belassen ihren Gewinn im Unternehmen, damit ein Grundstück gekauft werden kann.

3 ☞ *Die Geschäftsführer der RAND OHG planen, eine neue Lagerhalle mit Kosten von 80 000,00 EUR zu errichten. Die Geschäftsführerin, Frau Rand, schlägt vor, die Halle ausschließlich mit Eigenkapital zu finanzieren. Herr Koch ist der Ansicht, dass es vorteilhafter sei, einen Kredit bei der Bank aufzunehmen.*

a) Stellen Sie in einer Übersicht für Frau Rand die Vorteile einer Finanzierung mit Eigenkapital dar!

b) Sammeln Sie Argumente, die für den Vorschlag von Herrn Koch sprechen!

c) Bilden Sie zwei Gruppen und diskutieren Sie die unterschiedlichen Ansichten stellvertretend für die Geschäftsführer!

4 *Erläutern Sie die Selbstfinanzierung!*

5 *Albert Richmann, Diskontlebensmittelhandel, ist Kunde der RAND OHG. Herr Richmann ist alleiniger Inhaber. Er möchte seinen Betrieb erweitern. Hierzu sind 200 000,00 EUR erforderlich. Herrn Richmann stehen 120 000,00 EUR Kapital zur Verfügung. Einen Bankkredit möchte Herr Richmann wegen der Zins- und Tilgungsbelastung nicht aufnehmen. Er sucht Gesellschafter und denkt an die Gründung einer OHG, einer KG oder GmbH!*
a) Beschreiben Sie, wie sich in den drei Fällen die Kapitalbeschaffung vollzieht!
b) Erläutern Sie die jeweiligen Vor- und Nachteile, die sich aus der entsprechenden Kapitalbeschaffung ergeben!

6 *Unterscheiden Sie die Kredite hinsichtlich ihrer Laufzeit und geben Sie an, ob sie für die Finanzierung des Anlage- oder Umlaufvermögens aufgenommen werden!*

7 *Erläutern Sie die Finanzierung durch Abschreibung! Geben Sie an, welche Bedeutung dieser Finanzierungsform in Unternehmen zukommt!*

8 ☞ *Gehen Sie zu Kreditinstituten und beschaffen Sie sich Unterlagen zur Kreditvergabe an Privatpersonen und Unternehmen! Vergleichen Sie die Konditionen (Zinsen, sonstige Kosten) der Kreditinstitute miteinander!*

8.3 Kreditarten bei der Fremdfinanzierung

Die RAND OHG hat sich entschlossen, ein Bankdarlehen über 40 000,00 EUR für die Erweiterung des Lagers und der dazugehörigen Regalsysteme aufzunehmen. Frau Rand beauftragt ihren Sohn Oliver damit, einen Termin mit dem zuständigen Sachbearbeiter der Hausbank zu vereinbaren. Zum Abschluss des Telefongesprächs sagt der Sachbearbeiter zu Oliver Rand: „Bringen Sie bitte nächste Woche die üblichen Unterlagen mit."

Arbeitsauftrag
❑ *Überlegen Sie, welche Unterlagen ein Kreditinstitut vom Kreditnehmer haben möchte!*
❑ *Erläutern Sie die unterschiedlichen Darlehensarten, die die RAND OHG in Anspruch nehmen kann!*

● Der Kreditvertrag

Der **Kreditvertrag** wird üblicherweise **schriftlich** abgeschlossen und kommt durch die Bewilligung des Kreditantrages und die Einverständniserklärung des Kreditnehmers zustande. Kreditinstitute haben zu diesem Zweck bereits vorgefertigte Vordrucke.

Über folgende **Inhalte** werden im Kreditvertrag Vereinbarungen getroffen:
❑ Höhe des Kredites
❑ Sicherung des Kredites
❑ Rückzahlung und Tilgungsrate des Kredites
❑ Verwendungszweck des Kredites
❑ Zinssatz und Fälligkeit der Zinsen
❑ Laufzeit des Kredites

Bevor ein Kreditinstitut einen Kredit gewährt, wird eine Kreditprüfung vorgenommen. Hierbei wird die **Kreditfähigkeit** und die **Kreditwürdigkeit (Bonität)** des Kunden überprüft. **Kreditfähig** sind
❑ alle natürlichen Personen, die voll geschäftsfähig sind,
❑ alle juristischen Personen,
❑ alle Personenhandelsgesellschaften (OHG, KG).

Bei der **Kreditwürdigkeit** wird überprüft, ob ein Kreditnehmer in der Lage ist, einen aufgenommenen Kredit zurückzuzahlen. Hierzu werden eine sachliche und eine persönliche Kreditwürdigkeitsprüfung der Person des Kreditnehmers vorgenommen. Im Rahmen der **sachlichen Kreditwürdigkeitsprüfung** können u. a. überprüft werden:

❏ GuV-Rechnung, Bilanz, Anhang, Lagebericht, Geschäftsbücher

❏ Handelsregister-, Grundbuchauszüge

❏ Steuerunterlagen

❏ Gesellschaftsvertrag

Ferner können **Betriebsbesichtigungen** vorgenommen werden, um sich ein Bild vom Zustand des Unternehmens zu verschaffen. Kreditinstitute bedienen sich zudem der Hilfe von **Wirtschaftsauskunfteien**. Diese verfügen über Informationen der kreditnehmenden Unternehmen, die laufend auf dem neuesten Stand gehalten werden. Die Auskunfteien erteilen die Auskünfte gegen Entgelt.

Beispiel Auskunfteien bieten Auskünfte als Normalauskunft (schriftlich, telefonisch), Telefaxauskunft oder Online-Auskunft mittels direkter Datenleitungen an.

Zur **persönlichen Kreditwürdigkeitsprüfung** zählen bei natürlichen Personen die Überprüfung von

❏ **persönlichen Daten**

   Beispiele Unterhaltszahlungen bei Ehescheidungen, Vertrauenswürdigkeit, Zahlungsgewohnheiten, ehelicher Güterstand, Tüchtigkeit, Vermögensverhältnisse

❏ **fachlichen Qualifikationen**

   Beispiele Prüfungsabschlüsse, Studium, unternehmerische Fähigkeiten

❏ **persönlichen Haftungsverhältnissen**

   Beispiele Komplementär in einer OHG oder KG

Auskünfte von Kreditinstituten können nur in begrenztem Umfange genutzt werden, da das Bankgeheimnis die Auskunftsmöglichkeiten einschränkt.

Besteht eine längere Geschäftsbeziehung zwischen Unternehmen und Kreditinstitut und hat das Kreditinstitut gute Erfahrungen mit dem Unternehmen gemacht, besitzt dieses Unternehmen eine hohe Bonität. Kreditinstitute sind oft bereit, nur aufgrund des **Firmen- oder Geschäftswertes (= Goodwill oder guter Ruf)** eines Unternehmens Kredite zu vergeben. Nach der zufrieden stellenden Überprüfung der Kreditwürdigkeit des Antragstellers erfolgt die Kreditbewilligung durch das Kreditinstitut.

● *Kurzfristige Fremdfinanzierung*

Zu den kurzfristigen Krediten zählen der Kontokorrent-, Lieferanten-, Kunden- und Wechselkredit.

▷ **Kontokorrentkredit:** Hat ein Unternehmen die Möglichkeit, **sein Konto bei einem Kreditinstitut bis zur Höhe eines vereinbarten Betrages (= Kreditlimit) in Anspruch zu nehmen,** d. h., das Unternehmen kann sein Betriebskonto bis zu diesem Betrag überziehen, liegt ein Kontokorrentkredit vor. Für das Unternehmen fallen **folgende Kosten** an:

❏ Für den in Anspruch genommenen Kredit müssen **Zinsen (Sollzinsen)** bezahlt werden.

❏ Da das Kreditinstitut das Kapital für das Unternehmen bereithält, kann es dieses Kapital nicht für andere Zwecke verwenden. Deshalb verlangt das Kreditinstitut auch für den nicht in Anspruch genommenen Kredit eine **Kreditprovision (Bereitstellungsgebühr).**

❑ Für die Kontoführung wird **Umsatzprovision** berechnet.

❑ Wenn das Unternehmen das Kreditlimit überschreitet, berechnet das Kreditinstitut zusätzlich zu den Sollzinsen **Überziehungsprovision.** Dies ist ein Zinssatz, der zusätzlich zu den Sollzinsen erhoben wird.

Sollte das Kontokorrentkonto ein Guthaben aufweisen, hat das Unternehmen Anspruch auf Habenzinsen. Der Ausgleich eines in Anspruch genommenen Kontokorrentkredits erfolgt durch Zahlungseingänge auf das Konto, z. B. Überweisungen von Kunden, Bareinzahlungen.

Beispiel Die RAND OHG unterhält bei der Stadtsparkasse Düsseldorf ein Kontokorrentkonto. Im Monat Januar hat die RAND OHG den Kontokorrentkredit für 10 Tage über 50 000,00 EUR und für die letzten 20 Tage über 60 000,00 EUR in Anspruch genommen. Es wurden 130 Überweisungen an Lieferer getätigt. Das Kreditlimit beträgt 80 000,00 EUR, Sollzinsen 8 %, Habenzinsen 0,5 %, pro Buchung 0,15 EUR Buchungsentgelt (Umsatzprovision), das Bereitstellungsentgelt (Kreditprovision) beträgt 3 % vom nicht in Anspruch genommenen Kredit. Die Sparkasse führt zum Monatsende folgende Abrechnung durch:

Sollzinsen	50 000,00 EUR für 10 Tage = 111,11 EUR
	60 000,00 EUR für 20 Tage = 266,67 EUR
Umsatzprovision	130 · 0,15 EUR = 19,50 EUR
Kreditprovision vom nicht in Anspruch	30 000,00 EUR für 10 Tage = 25,00 EUR
genommenen Kredit	20 000,00 EUR für 20 Tage = 33,33 EUR
Insgesamt	455,61 EUR

Das Kontokorrentkonto der RAND OHG wird mit 455,61 EUR belastet.

Bei Unternehmen ist diese Kreditform wegen der **folgenden Vorteile** sehr beliebt:

❑ Stetige Anpassung an den jeweiligen Finanzbedarf des Kreditnehmers, der Kontokorrentkredit stellt somit einen Puffer für die kurzfristige Finanzierung dar.

❑ Bequeme Inanspruchnahme, da nach der Kontokorrentvereinbarung keine besonderen Anträge an das Kreditinstitut gestellt werden müssen.

◊ **Lieferantenkredit:** Beim Lieferantenkredit räumt der Lieferer seinem Kunden für gelieferte Waren ein **Zahlungsziel** ein. Das bedeutet, dass der Kunde seine Schuld erst zu einem späteren Zeitpunkt bezahlen muß (vgl. S. 62).

Beispiel Zahlungsbedingung der RAND OHG „Zahlbar innerhalb von 30 Tagen netto Kasse oder innerhalb von 14 Tagen unter Abzug von 3 % Skonto" (vgl. S. 68)

Ein Unternehmen sollte immer bemüht sein, Skonto auszunutzen, da die Inanspruchnahme des Zahlungsziels zu den teuersten Krediten gehört.

Beispiel Die RAND OHG erhält von der Hage AG Elektrogeräteherstellung am 30. September eine Rechnung über 13 600,00 EUR. Als Zahlungsbedingung ist vermerkt: „Zahlbar in 30 Tagen nach Rechnungserhalt netto Kasse oder innerhalb von 10 Tagen abzüglich 2 % Skonto." Herr Koch überlegt, ob er aufgrund fehlender Barmittel den notwendigen Betrag bei seiner Bank als Kredit aufnehmen soll. Die Bank verlangt 9 % Zinsen.
a) Wie hoch ist der effektive Zinssatz für diesen Liefererkredit?
b) Ermitteln Sie den Finanzierungsgewinn aus der Inanspruchnahme von Skonto!

Lösung Die RAND OHG braucht erst am 10. Oktober zu zahlen, um den Skonto auszunutzen. Also nimmt sie erst am 10. Tag den erforderlichen Bankkredit auf, wenn sie nicht über genügend flüssige Mittel verfügt.
a)   20 Tage = 2 %
     360 Tage = x %   x = 36 %   Der effektive Zinssatz für den Liefererkredit beträgt 36 %.

b) Wenn die RAND OHG bei vorzeitiger Zahlung 2 % Skonto von 13 600,00 EUR abzieht, braucht sie bei ihrer Bank nur noch 13 328,00 EUR als Kredit aufzunehmen.

$$\text{Zinsen} = \frac{\text{Kapital} \cdot \text{Zeit} \cdot \text{Zinssatz}}{100 \cdot 360} = \frac{13\,328 \cdot 20 \cdot 9}{100 \cdot 360} = 66{,}64 \text{ EUR}$$

Die Kosten des Bankredits betragen 66,64 EUR. Somit ergibt sich folgende Ersparnis:

Skonto	272,00 EUR
– Kosten des Bankkredits	66,64 EUR
= Finanzierungsgewinn	205,36 EUR

Für viele kleine, mit wenig Kapital ausgestattete Unternehmen stellt der Lieferantenkredit eine wesentliche Finanzierungsform dar, insbesondere, wenn der Betrieb nicht über die notwendigen Sicherheiten für entsprechende Bankkredite verfügt. Die Lieferer verlangen aber meistens eine Absicherung des Kredites in der Form, dass sie die **Ware nur unter Eigentumsvorbehalt** (vgl. S. 76) **liefern.**

Im Rahmen der Debitorenverwaltung werden in Unternehmen zunehmend Computerprogramme eingesetzt, um die optimale Ausnutzung gegebener Zahlungsziele vornehmen zu können.

▷ **Kundenkredit:** Während beim Lieferantenkredit der Lieferer einem Unternehmen einen Kredit gewährt, tritt bei Anzahlungen der Kunde eines Unternehmens als Kreditgeber auf. Der Kunde zahlt bereits, bevor das Unternehmen seine Leistung erbracht hat. Gründe für Anzahlungen können sein, dass es sich um Sonderbestellungen oder um neue Kunden handelt, bei denen unsicher ist, ob sie zahlungsunfähig sind.

Beispiel Die RAND OHG soll für die Tempelmann GmbH & Co. KG einen Sonderposten Spielwaren beschaffen, die mit dem Logo der Tempelmann GmbH & Co. KG versehen sind. Da diese Waren an keinen anderen Kunden verkauft werden können, verlangt die RAND OHG eine Anzahlung in Höhe von 50 % des Rechnungsbetrages.

▷ **Wechselkredit** (vgl. S. 147 ff.)**:** Der Handelswechsel dient der kurzfristigen Finanzierung von Waren. Der Verkäufer (Aussteller) räumt dem Käufer (Bezogenen) für die Laufzeit des Wechsels ein Zahlungsziel ein. Somit stellt der Wechselkredit eine Art Lieferantenkredit dar.

Der Lieferant, der Waren gegen ein Wechselakzept verkauft, ist aufgrund der Strenge des Wechselrechts besser gegen einen Forderungsausfall geschützt als bei einem gewöhnlichen Verkauf von Waren auf Ziel.

● *Langfristige Fremdfinanzierung*

Ein Unternehmen nimmt langfristiges Fremdkapital auf, wenn zu erwarten ist, dass die Mittel zur Tilgung erst nach längerer Zeit aufgebracht werden können.

Zu den langfristigen Krediten zählt das **Darlehen.** Kreditinstitute bieten Unternehmen für die Finanzierung des Anlagevermögens **mittel- und langfristige Darlehen (= Investitionskredit).** Hierbei verlangen sie i. d. R. Sicherheiten wie Bürgschaften oder Pfandrechte (vgl. S. 283 ff.).

Das Darlehen gilt als Grundform der langfristigen Fremdfinanzierung. Man versteht darunter die Hingabe von Geld oder anderen vertretbaren Sachen gegen Zins mit der Vereinbarung, dass vom Schuldner nach Ablauf der Laufzeit Geld bzw. Sachen gleicher Art, Güte und Menge zurückgegeben werden.

Nach der Art der Tilgung lassen sich folgende **Darlehensarten** unterscheiden:

Darlehensarten	Art der Tilgung	Kreditkosten
❑ **Festdarlehen**	Darlehen wird zum Ende der Laufzeit in einer Summe zurückgezahlt	– Zinsen vom Darlehen
❑ **Annuitätendarlehen**	Der Kreditnehmer erbringt jährlich gleich bleibende Leistungen (Tilgung + Zinsen)	– Zinsen von der jeweiligen Restdarlehensschuld
❑ **Abzahlungsdarlehen**	Der Kreditnehmer erbringt jährlich fallende Leistungen (Tilgung + Zinsen)	– Zinsen von der jeweiligen Restdarlehensschuld
❑ **Ratenkredit**	Darlehen wird in festen monatlichen Raten zurückgezahlt	– einmaliges Bearbeitungsentgelt – Zinsen (Monatszinssatz vom Anfangsdarlehen)

Die Darlehenszinsen werden vom Zeitpunkt der Bereitstellung berechnet. Der Zinssatz ist niedriger als bei Kontokorrentkrediten, da das Kreditinstitut bei Darlehen langfristiger planen kann. Meistens ist der Auszahlungsbetrag etwas niedriger als die Darlehenssumme, die zurückgezahlt werden muss. Man nennt den nicht ausgezahlten Teil des Darlehens **Disagio (Abgeld) oder Damnum.** Als Ausgleich für das Disagio zahlt der Kreditnehmer einen geringeren Zinssatz als bei einem Darlehen ohne Disagio.

Beispiel

Darlehensgewährung	100 %	40 000,00 EUR
– Disagio (Damnum)	2 %	800,00 EUR
tatsächlich zur Verfügung gestellter Betrag	98 %	39 200,00 EUR

Bei den Finanzierungskosten muss zwischen **Nominal- und Effektivzinssatz** unterschieden werden. Beim Nominalzinssatz werden nur die Verzinsung des Darlehens ohne Berücksichtigung von Disagio, Bearbeitungsentgelte usw. angegeben, während beim Effektivzinssatz (= tatsächlicher Zinssatz) alle zusätzlichen Kosten berücksichtigt werden. Die Kreditinstitute müssen für alle Darlehen **Effektivzinssätze** angeben.

Häufig werden von den Kreditinstituten bei der Darlehensgewährung **Bearbeitungsentgelte** verlangt. Diese Entgelte werden prozentual von der Kreditsumme oder pauschal berechnet, und zwar unabhängig von der Laufzeit des Kredits.

Beispiel Zwei Kreditinstitute bieten der RAND OHG ein mittelfristiges Darlehen über 40 000,00 EUR für eine Laufzeit von zwei Jahren zu folgenden Konditionen an:

1. Bank: Auszahlung 100 % = 40 000,00 EUR, Nominalzinssatz 9,5 %, Bearbeitungsentgelt 0,5 % von der Darlehenssumme

2. Bank: Auszahlung 98 % = 39 200,00 EUR, Nominalzinssatz 8,5 %, Disagio 2 %

Die Rückzahlung des Darlehens erfolgt nach Ablauf der zwei Jahre in einer Summe. Herr Koch ermittelt den Effektivzinssatz für beide Kredite.

Die Effektivverzinsung kann auf zwei Wegen errechnet werden:

1. Sämtliche Kosten, die über die Laufzeit des Kredites entstehen, werden addiert (Zinsen, Bearbeitungsentgelt, Spesen, Disagio) und dann als Jahreszinssatz zum eingesetzten Kapital ausgedrückt.

2. Da ein Teil der Kosten schon als Jahreszinssatz (Zinsen) angegeben ist, genügt es, die übrigen Kosten, die für die Laufzeit des Kredites entstehen, als Jahreszinssatz auszudrücken und zum Zinssatz des Kredites zu addieren.

Lösung

Angebot 1. Kreditinstitut

9,5 % Zinsen für 2 Jahre	40 000,00 EUR	7 600,00 EUR
+ 0,5 % Bearbeitungsentgelt von	40 000,00 EUR	200,00 EUR
Kosten des Kredits		7 800,00 EUR

Angebot 2. Kreditinstitut

8,5 % Zinsen für 2 Jahre	40 000,00 EUR	6 800,00 EUR
+ 2 % Disagio von	40 000,00 EUR	800,00 EUR
Kosten des Kredits		7 600,00 EUR

Die Kosten des Kredites entstehen für die Laufzeit von zwei Jahren.

$$\text{Zinssatz } 1. \text{ Kreditinstitut} = \frac{7\,800 \cdot 100}{40\,000 \cdot 2} = \underline{\underline{9,75\,\%}} \qquad \text{Zinssatz } 2. \text{ Kreditinstitut} = \frac{7\,600 \cdot 100}{40\,000 \cdot 2} = \underline{\underline{9,5\,\%}}$$

Es ist für die RAND OHG günstiger, das Angebot des zweiten Kreditinstitutes anzunehmen, da der Effektivzinssatz für dieses Darlehen geringer ist.

Kreditarten bei der Fremdfinanzierung

◊ Vor der Kreditvergabe wird die **persönliche und sachliche Kreditwürdigkeit (Bonität)** und die **Kreditfähigkeit** des Kreditnehmers durch den Kreditgeber überprüft.

◊ Beim **Kontokorrentkredit** kann das Unternehmen sein laufendes Konto bis zu einem vereinbarten Betrag überziehen.

◊ Beim **Liefererkredit** wird dem Käufer ein Zahlungsziel durch den Lieferer gewährt.

◊ Beim **Kundenkredit** tritt der Kunde als Kreditgeber auf.

◊ Auch bei der Zahlung mit einem **Wechsel** wird ein Liefererkredit durch einen Wechselkredit abgelöst.

◊ **Darlehenskredite** sind mittel- oder längerfristige Kredite, insbesondere für die Finanzierung des Anlagevermögens, wobei die Auszahlung in einem Betrag oder in Teilbeträgen und die Rückzahlung in einer Summe oder in Teilbeträgen nach einem Tilgungsplan erfolgen kann.

1 Die RAND OHG will einen Kredit für die Neuanschaffung eines Lieferwagens bei der Stadtparkasse Düsseldorf aufnehmen. Geben Sie an, über welche Inhalte in dem Kreditvertrag Vereinbarungen getroffen werden sollten!

2 Die RAND OHG bezieht von einem Lieferer Waren im Werte von 34 200,00 EUR. Die Zahlungsbedingung lautet: „40 Tage netto Kasse, bei Zahlung innerhalb von 14 Tagen 3 % Skonto." Für einen Kontokorrentkredit der Hausbank wären 14 % effektiver Jahreszins zu entrichten. Die RAND OHG möchte den Skonto in Anspruch nehmen, muss dafür aber das Kontokorrentkonto nutzen.

    a) Ermitteln Sie den Überweisungsbetrag nach Abzug von Skonto!

    b) Ermitteln Sie die Zinsen für den in Anspruch genommenen Kontokorrentkredit!

    c) Ermitteln Sie den Finanzierungsgewinn, wenn der Skonto unter Inanspruchnahme des Kontokorrentkredites ausgenutzt wird!

    d) Ermitteln Sie den Effektivzinssatz für den Skonto!

3 Erklären Sie die verschiedenen Arten des Darlehens!

4 Beschreiben Sie, auf welche Weise Kreditinstitute die Kreditwürdigkeit ihrer Kunden überprüfen!

8.4   Kreditsicherung

Die RAND OHG möchte den Kredit zur Anschaffung der Regalsysteme in Höhe von 40 000,00 EUR betragen. Bei der Beantragung des Kredites stellt der Bankangestellte der Stadtsparkasse Düsseldorf der Geschäftsführerin Renate Rand die Frage: „Sie haben sich sicherlich Gedanken über die Absicherung des Kredites gemacht!" Frau Rand weiß, dass in der RAND OHG aufgrund der in den letzten Monaten getätigten Investitionen momentan ein Liquiditätsengpaß besteht. Aber in den nächsten drei Monaten ist mit dem Eingang von Forderungen in Höhe von 60 000,00 EUR zu rechnen.

Arbeitsauftrag   Stellen Sie fest, welche Möglichkeiten Frau Rand hat, der Bank Sicherheiten für den Kredit anzubieten. Nehmen Sie hierzu auch die Bilanz der RAND OHG zuhilfe (vgl. S. 284)!

● *Personalkredite*

Bei der Kreditgewährung haftet entweder ausschließlich die Person des Kreditnehmers **(reiner Personalkredit)** oder neben dem Kreditnehmer als Hauptschuldner haften weitere Personen als Nebenschuldner **(verstärkter Personalkredit).**

▷ **Der reine Personalkredit (Blankokredit):** Bei diesem Kredit sind für den Kreditnehmer **keine Sicherheiten erforderlich,** da das Kreditinstitut auf die sichtbar guten Ertrags- und Vermögensverhältnisse und den guten Ruf des Kreditnehmers vertraut. Diese Kredite werden meist nur kurzfristig gewährt, in der Regel als Kontokorrentkredite, seltener als Darlehen.

▷ **Der verstärkte Personalkredit:**

❑ **Bürgschaftskredit:** Die Bürgschaft (§§ 765 ff. BGB, §§ 349 bis 351 HGB) entsteht durch einen Vertrag zwischen dem Kreditgeber und dem Bürgen, wonach der Bürge für die Erfüllung der Verbindlichkeiten des Kreditnehmers haftet. Für Bürgschaftsversprechen ist per Gesetz die **Schriftform** vorgeschrieben. Nur **Kaufleute können auch mündlich bürgen.**

Beispiel Oliver Rand, Sohn der Geschäftsführerin Renate Rand, hat einen Kredit über 20 000,00 EUR aufgenommen, für den Frau Rand eine Bürgschaft übernimmt.

Eine Bürgschaft kann einerseits für bereits bestehende Schulden, andererseits auch für künftige Schulden übernommen werden.

Wird ein Bürge von einem Kreditgeber in Anspruch genommen, kann er das Geld vom Kreditnehmer zurückverlangen. Haften bei einem Bürgschaftskredit mehrere Bürgen neben dem Kreditnehmer, spricht man von einer **gesamtschuldnerischen Bürgschaft.** In diesem Fall kann der Kreditgeber seine Forderungen an alle oder auch nur an eine der bürgenden Personen richten.

Die Bürgschaft erlischt, wenn die Schuld getilgt wird oder wenn der Gläubiger auf die Forderung verzichtet.

Man unterscheidet zwei Arten der Bürgschaft:
– **Ausfallbürgschaft** (§ 771 BGB): Bei dieser Bürgschaft muss der Bürge erst dann zahlen, wenn der Kreditgeber nachweisen kann, dass der Kreditnehmer zahlungsunfähig ist. Der Bürge hat somit das **„Recht der Einrede der Vorausklage"** . Der Nachweis ist erbracht, wenn der Kreditgeber gegen den Kreditnehmer erfolglos eine Zwangsvollstreckung betrieben hat.

Beispiel Für den Kredit des Oliver Rand beim Geschäftsfreund Peter Pade hat seine Mutter, Frau Renate Rand, eine Ausfallbürgschaft übernommen. Nach dem Fälligkeitstermin für die Rückzahlung des Darlehens, den Oliver nicht eingehalten hat, mahnt Peter Pade zweimal vergeblich. Danach wendet sich Herr Pade an die Bürgin mit der Aufforderung zur Zahlung. Die Bürgin Rand nimmt das Recht der Einrede der Vorausklage in Anspruch, d. h., sie ist erst dann zur Zahlung verpflichtet, wenn ihr der Kreditgeber nachweisen kann, dass eine Zwangsvollstreckung erfolglos war.

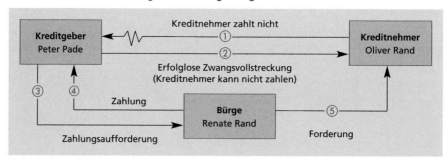

– **Selbstschuldnerische Bürgschaft** (§ 773 BGB): Bei dieser Art der Bürgschaft haftet der Bürge wie der Hauptschuldner, da er auf das „Recht der Einrede der Vorausklage" verzichtet. Der Bürge kann vom Kreditgeber schon dann zur Zahlung herangezogen werden, wenn der Kreditnehmer den Kredit nicht rechtzeitig zurückzahlt. Kreditinstitute verlangen immer eine selbstschuldnerische Bürgschaft. Unter Kaufleuten ist eine Bürgschaft immer eine selbstschuldnerische Bürgschaft (§ 349 HGB).

Beispiel Oliver Rand hat bei seiner Bank ein Darlehen über 20 000,00 EUR aufgenommen. Seine Mutter, Renate Rand, hat hierfür eine selbstschuldnerische Bürgschaft übernommen. Als Oliver am Fälligkeitstag nicht zahlt, verlangt die Bank sofort die Zahlung vom Bürgen. Frau Rand muss als Bürgin zahlen, da sie eine selbstschuldnerische Bürgschaft übernommen hat.

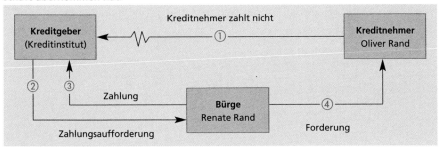

❑ **Zessionskredit:** Bei einem Zessionskredit tritt ein Kreditnehmer eine oder alle Forderungen zur Sicherung eines Kredites an den Kreditgeber ab (= **Forderungsabtretung**). Ein Zessionskredit hat für solche Unternehmen eine Bedeutung, die ihre Waren an Kunden auf Ziel verkaufen. Kreditgeber und Kreditnehmer schließen über die Forderungsabtretung einen **Zessionsvertrag** ab. Beim Zessionskredit werden zwei Arten unterschieden:

– **Stille Zession: Erfährt der Schuldner des Kreditnehmers nichts von der Forderungsabtretung,** dann spricht man von einer stillen Zession. Der Schuldner des Kreditnehmers zahlt seine Warenschuld an den Kreditnehmer, der das Geld unverzüglich an den Kreditgeber weiterleitet. Der Vorteil der stillen Zession ist darin zu sehen, dass keine anderen Personen von der Forderungsabtretung erfahren. Somit bleibt die Bonität des Kreditnehmers gewahrt.

Beispiel Die RAND OHG nimmt bei ihrer Bank einen Kredit über 60 000,00 EUR auf, da sie auf einer Versteigerung ein Regalsystem erwerben möchte. Zur Sicherheit tritt sie an die Bank ausstehende Kundenforderungen in Höhe von 60 000,00 EUR ab. Sobald die Kundenzahlungen der RAND OHG gutgeschrieben werden, muss sie diese unverzüglich an den Kreditgeber abführen.

– **Offene Zession:** Bei dieser Kreditform wird dem Schuldner des Kreditnehmers die Abtretung der Forderung mitgeteilt. In diesem Fall darf der Schuldner nicht mehr an den Kreditnehmer, sondern nur noch an den Kreditgeber zahlen. Zahlt er trotzdem an den Kreditnehmer, ist er gegenüber dem Kreditgeber nicht von seiner Zahlungspflicht befreit.

Beispiel Die RAND OHG nimmt bei der Stadtsparkasse Düsseldorf einen kurzfristigen Kredit über 60 000,00 EUR auf. Zur Sicherheit tritt sie eine Kundenforderung über 60 000,00 EUR an die Stadtsparkasse ab. Die RAND OHG informiert den Kunden von der Forderungsabtretung. Der Kunde vergisst die Forderungsabtretung und zahlt an die RAND OHG. Die Stadtsparkasse kann die nochmalige Zahlung vom Kunden verlangen.

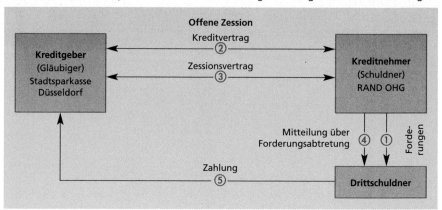

❑ **Diskontkredit** (vgl. S. 147 f., 296): Wechsel gelten wegen der **„Wechselstrenge"** (vgl. S. 149) als besonders sicher, da das Wechselgesetz alle Einzelheiten dieser Finanzierungsform genau vorschreibt. So haftet jeder, der an irgendeiner Stelle auf dem Wechsel unterschreibt, einem späteren Wechselinhaber für die Zahlung.

● *Realkredite*

Bei den Realkrediten werden die Forderungen des Kreditgebers durch ein unmittelbares **Zugriffsrecht auf bewegliche (z. B. Schmuck, Wertpapiere) und unbewegliche Sachen oder Vermögenswerte (z. B. Grundstücke, Gebäude) des Kreditnehmers** abgesichert. Realkredite werden auch als **dinglich gesicherte Kredite** bezeichnet. Zu den Realkrediten zählen Lombard-, Sicherungsübereignungs- und Grundpfandkredit.

▷ **Lombardkredit:** Bei diesem Kredit (= Faustpfandkredit, §§ 1204 ff. BGB) wird meist **ein kurzfristiger Kredit gegen Verpfändung von beweglichen, wertvollen Sachen** (z. B. Schmuck, Wertpapiere, Lebensversicherungen) gewährt. Zwischen Kreditgeber und Kreditnehmer wird neben dem Kreditvertrag ein **Pfandvertrag** geschlossen. Das Pfand geht dabei in den **Besitz des Kreditgebers** über, der **Kreditnehmer bleibt Eigentümer.** Der Kreditgeber stellt dem Kreditnehmer aber nicht den vollen Wert des verpfändeten Gegenstandes zur Verfügung, sondern nur den so genannten Beleihungswert. Dieser beträgt je nach Pfand bis zu 90 % des Pfandwertes. Kommt der Kreditnehmer am Fälligkeitstag seiner Zahlungsverpflichtung nicht nach, kann der Kreditgeber nach vorheriger Androhung das Pfand versteigern lassen. Das Pfandrecht erlischt, wenn der Kreditnehmer seine Schulden bezahlt hat.

Beispiel Zur Absicherung eines kurzfristigen Kredits über 40 000,00 EUR überlässt der Geschäftsführer der Robert Blusch GmbH der Bank Schmuck im Werte von 60 000,00 EUR. Da die Robert Blusch GmbH am Fälligkeitstag ihren Zahlungsverpflichtungen nicht nachgekommen ist, erhält der Geschäftsführer von der Bank die schriftliche Mitteilung, dass der Schmuck nach zehn Tagen versteigert wird, wenn die Robert Blusch GmbH ihrer Zahlungsverpflichtung nicht nachgekommen ist. Nach Ablauf der zehn Tage wird der Schmuck für 45 000,00 EUR versteigert. Die Bank schreibt dem Konto der Robert Blusch GmbH nach Abzug der Kosten (= 440,00 EUR) und dem Ausgleich des Kredites über 40 000,00 EUR noch 4 560,00 EUR gut.

Kreditgeber (Gläubiger)	Kreditvertrag ①	Kreditnehmer (Schuldner)
Pfandvertrag ②	
Übergabe des Pfandes ③ (= Besitzüberlassung)	
wird Besitzer des Pfandes		bleibt Eigentümer des Pfandes

▷ **Sicherungsübereignungskredit:** Bei der Sicherungsübereignung (§ 930 BGB) wird im Gegensatz zum Lombardkredit der **Kreditgeber Eigentümer der Sicherungsgegenstände (mittelbarer Besitzer),** während der **Kreditnehmer der unmittelbare Besitzer der Gegenstände** bleibt. Der Kreditnehmer kann also mit den übereigneten Gegenständen weiterarbeiten. Übereignet werden meistens Gegenstände des Anlagevermögens (z.B. Fuhrpark, Geschäftsausstattung), gelegentlich auch Warenvorräte. Beim Sicherungsübereignungskredit wird neben dem Kreditvertrag zwischen dem Kreditgeber und dem Kreditnehmer ein **Sicherungsübereignungsvertrag** abgeschlossen. Bei Nichtrückzahlung des Kredits durch den Kreditnehmer kann der Kreditgeber die sicherungsübereigneten Gegenstände verwerten.

Beispiel Die Spila GmbH nimmt bei ihrer Bank ein Darlehen über 30 000,00 EUR auf. Zur Sicherheit übereignet sie der Bank durch die Übergabe der Zulassungsbescheinigung Teil 2 zwei Lieferwagen im Wert von 45 000,00 EUR. Am Fälligkeitstag erfolgt durch die Spila GmbH keine Tilgung des Darlehens. Die Bank hat das Recht, die Lieferwagen sofort abholen und versteigern zu lassen. Sollte beim Verkauf ein höherer Preis als 30 000,00 EUR erzielt werden, erhält die Spila GmbH den höheren Betrag nach Abzug der entstandenen Kosten gutgeschrieben.

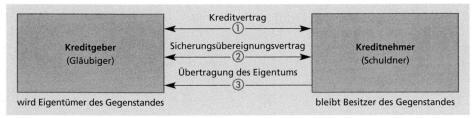

Kreditgeber (Gläubiger)	Kreditvertrag ①	Kreditnehmer (Schuldner)
Sicherungsübereignungsvertrag ②	
Übertragung des Eigentums ③	
wird Eigentümer des Gegenstandes		bleibt Besitzer des Gegenstandes

Mit der Tilgung des Kredites durch den Kreditnehmer geht das Eigentum automatisch wieder auf den Kreditnehmer über. Für den Kreditgeber und den Kreditnehmer können sich bei der Sicherungsübereignung **folgende Vor- und Nachteile** ergeben:

	Vorteile	Risiken
Kreditgeber (KG)	❑ KG hat im Insolvenzfalle Recht auf Absonderung, d. h., er kann Befriedigung aus der Verwertung des Sicherungsgegenstandes verlangen, wobei der Sicherungsgegenstand verkauft wird, und der Kreditgeber erhält sein Geld. ❑ KG kann bei Zahlungsverzug des KN Sicherungsgegenstand sofort verkaufen.	❑ Auf den übereigneten Gegenständen ruht Eigentumsvorbehalt des Lieferers. ❑ Verlust des Eigentums des KG beim Weiterverkauf vom KN an gutgläubige Dritte. ❑ Gegenstände sind bereits anderweitig vom KN sicherungsübereignet worden. ❑ Übereignete Gegenstände können beschädigt oder zerstört werden.

	Vorteile	Risiken
Kreditnehmer (KN)	❑ KN kann sowohl mit dem sicherungsübereigneten Gegenstand als auch mit dem Kredit arbeiten. ❑ Übereignung ist nach außen nicht erkennbar.	❑ KG kann bei Zahlungsverzug den übereigneten Gegenstand sofort verkaufen lassen.

Beispiel Bei der Kreditsicherung durch Fahrzeuge muss der Kreditnehmer dem Kreditgeber die Zulassungsbescheinigung Teil 2 übergeben. Damit wird der Weiterverkauf an gutgläubige Dritte verhindert. Ferner kann der Kreditgeber sicher sein, dass das Fahrzeug nicht bereits an Dritte sicherungsüber-eignet ist. Das Risiko der Beschädigung oder Zerstörung wird durch Versicherungen abgedeckt.

Kreditsicherung

▷ Der **reine Personalkredit (Blankokredit)** wird ohne Sicherheiten aufgrund der besonderen **Bonität des Kreditnehmers** gewährt.

▷ **Verstärkter Personalkredit** = Sicherung durch Personen

Bürgschaftskredit	Zessionskredit	Diskontkredit
Ein oder mehrere Bürgen haften zusätzlich zum Kreditnehmer (KN). ❑ **Ausfallbürgschaft:** Bürge hat Recht der Einrede der Vorausklage ❑ **Selbstschuldnerische Bürgschaft:** Bürge hat nicht das Recht der Einrede der Vorausklage	Abtretung von Forderungen an den Kreditgeber (KG). ❑ **Stille Zession:** Schuldner des KN wird nicht von der Forderungsabtretung informiert ❑ **Offene Zession:** Schuldner des KN wird von der Forderungsabtretung informiert	Der Kreditnehmer verkauft (diskontiert) bei seinem Kreditinstitut noch nicht fällige Wechsel.

▷ **Realkredite** = dingliche Sicherung (bewegliche und unbewegliche Sachen haften für eine Forderung)

Lombardkredit (Faustpfandkredit)	Sicherungsübereignungskredit
Verpfändung von beweglichen wertvollen Gegenständen oder Wertpapieren an den KG, wobei KG Besitzer wird, KN bleibt Eigentümer.	Bewegliche Gegenstände des Anlagevermögens oder Warenvorräte werden zur Sicherheit vom KN an den KG übereignet. KG wird Eigentümer, KN bleibt Besitzer. Gegenstände: Fuhrpark, Maschinen, Geschäftsausstattung, Waren.

1 *Erläutern Sie die Bürgschaft und ihre Arten!*

2 *Worin liegt der Vorteil der stillen Zession für den Kreditnehmer?*

3 *Geben Sie an, welche Vorteile bzw. Risiken die Sicherungsübereignung*
a) für den Kreditgeber,
b) für den Kreditnehmer hat!

4 *Nennen Sie die Merkmale des Lombardkredites!*

8.5 Leasing als Sonderform der Finanzierung

Die RAND OHG hat ihr Lager mit dem neuen Regalsystem ausgestattet. Allerdings erfordern die neuen Regale einen neuen Gabelstapler, da der alte Gabelstapler die höheren Regalzonen nicht mehr erreicht. Die RAND OHG hat aber für die Lagererweiterung momentan ihren Kreditrahmen ausgeschöpft. Als Frau Rand ihrem Sohn Oliver davon erzählt, meint dieser: „Das ist doch überhaupt kein Problem, wir leasen einfach einen Gabelstapler."

Arbeitsauftrag

❑ *Überprüfen Sie, welche Gegenstände von Unternehmen geleast werden können!*

❑ *Stellen Sie die verschiedenen Leasingarten gegenüber!*

Ein Unternehmen hat die Möglichkeit, benötigte Gegenstände zu leasen (= mieten oder pachten) statt zu kaufen. Beim Leasing werden in einem Leasingvertrag die Nutzungsrechte an Gütern des Anlagevermögens (Grundstücke, Gebäude, Fahrzeuge, Geschäftsausstattung) für eine bestimmte Zeit vom Leasinggeber auf den Leasingnehmer übertragen, wobei der Leasingnehmer die geleasten Gegenstände in seinem Betrieb einsetzt. Der **Leasingnehmer wird Besitzer, der Leasinggeber bleibt Eigentümer** der geleasten Gegenstände. Am Ende der vertraglich vereinbarten Leasingdauer kann der Leasingnehmer den geleasten Gegenstand zurückgeben oder zum Restwert kaufen. Das **Leasingentgelt** richtet sich nach der Vertragsdauer und beträgt

❑ bei dreijähriger Vertragsdauer monatlich etwa 3 % des Kaufpreises

❑ bei zweijähriger Vertragsdauer monatlich etwa 4 % des Kaufpreises

Unter der Voraussetzung, dass mit den Leasingobjekten ein zusätzlicher Gewinn erwirtschaftet wird, kann ein Unternehmen mit Leasing seine Anlagegegenstände erneuern oder erweitern, ohne Eigen- oder Fremdkapital in Höhe der Anschaffungskosten beschaffen zu müssen. Die Leasingraten können als Betriebsausgaben abgesetzt werden, sie mindern somit die Gewerbe-, Einkommen- bzw. Körperschaftsteuer.

▷ **Leasinggeber** kann

❑ der Hersteller des Anlagegutes sein, z.B. Maschinen-, Fahrzeughersteller (= **direktes Leasing**)
❑ eine Leasing-Gesellschaft sein, die die Gegenstände vom Hersteller gekauft hat und sie nun im Rahmen des Leasing gegen Entgelt zur Verfügung stellt (= **indirektes Leasing**)

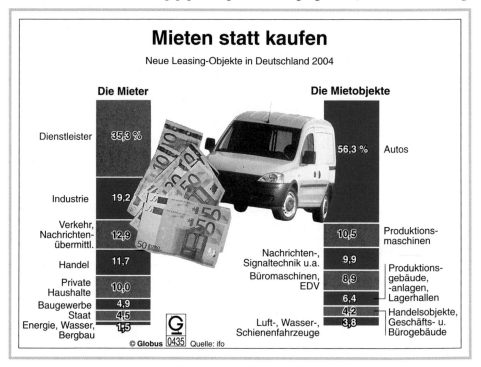

Mieten statt kaufen

Neue Leasing-Objekte in Deutschland 2004

Die Mieter — Die Mietobjekte

Dienstleister	35,3 %
Industrie	19,2
Verkehr, Nachrichtenübermittl.	12,9
Handel	11,7
Private Haushalte	10,0
Baugewerbe	4,9
Staat	4,5
Energie, Wasser, Bergbau	1,5

Autos	56,3 %
Produktionsmaschinen	10,5
Nachrichten-, Signaltechnik u.a.	9,9
Büromaschinen, EDV	8,9
Produktionsgebäude, -anlagen, Lagerhallen	6,4
Handelsobjekte, Geschäfts- u. Bürogebäude	4,2
Luft-, Wasser-, Schienenfahrzeuge	3,8

© Globus 0435 Quelle: ifo

▷ **Leasingverträge** können unterschieden werden in

❑ **Operating-Leasing:** Bei dieser Form hat der Leasingnehmer das **Recht, den Vertrag jederzeit kurzfristig zu kündigen,** da keine feste Grundleasingzeit vereinbart worden ist. Der Leasinggeber trägt somit das volle Investitionsrisiko. Der Leasingnehmer hat immer die neueste Technologie zur Verfügung. Es handelt sich um Leasingobjekte (Kraftfahrzeuge, Fotokopiergeräte, Büromaschinen), die nach Beendigung des Leasingverhältnisses vom Leasinggeber problemlos erneut anderen Leasingnehmern zur Verfügung gestellt werden können.

❑ **Financial-Leasing** (Finanzierungsleasing): Hier handelt es sich um **langfristige Verträge,** die **während der Grundleasingzeit unkündbar** sind. Nach Ablauf der Grundleasingzeit kann der Leasingnehmer entscheiden, ob er den Vertrag verlängern oder einen neuen Vertrag über ein neues Leasingobjekt abschließen will. Er kann das Leasingobjekt auch vom Leasinggeber kaufen. Bei dieser Leasingform trägt der Leasingnehmer das Investitionsrisiko, d.h. das Risiko der wirtschaftlichen Wertminderung durch technischen Fortschritt. Beim Financial-Leasing handelt es sich bei den Leasingobjekten in der Regel um Gegenstände, die häufig eigens für den Leasingnehmer hergestellt worden sind.

▷ Hinsichtlich der **Leasingobjekte** kann man unterscheiden in:

❑ **Leasing von beweglichen Gegenständen = Mobilien-Leasing**

   Beispiel Maschinen, Computer, Fotokopierer, Regalsysteme, Arbeitskleidung, Fahrzeuge, Telefonanlagen, Büroausstattung

   Das Leasing einzelner Ausrüstungsgegenstände wird auch als **Equipment-Leasing** bezeichnet.

❑ **Immobilien-Leasing**

   Beispiel Lagerräume, Verwaltungsgebäude, Grundstücke

   Das Leasing ganzer Betriebsanlagen wird auch als **Plant-Leasing** bezeichnet.

❑ **Personal-Leasing:** Auch Personal kann durch Arbeitskräftevermittlungen (Zeitarbeit) geleast werden.

Leasing bringt **für den Leasingnehmer folgende Vor- und Nachteile:**

Vorteile	Nachteile
❑ Geleaste Objekte sind meistens auf dem neuesten Stand der Technik, vorausgesetzt es wurden keine langfristigen Leasingverträge vereinbart. ❑ Leasingnehmer hat bestimmte monatliche Raten, die genaue Kalkulation ermöglichen. ❑ Verringerung des Kapitalbedarfs ❑ Kreditsicherheiten sind nicht erforderlich. ❑ Leasingkosten können aus den laufend erwirtschafteten Erträgen des Leasingobjektes bezahlt werden. ❑ Keine Aktivierung der Leasinggüter in der Bilanz, steuerliche Abzugsfähigkeit der Leasingraten als Betriebskosten.	❑ Hohe Fixkostenbelastung des Betriebes durch Leasingraten. ❑ Leasing ist i.d.R. teurer als eine Finanzierung des Gegenstandes beim Kauf. Die Leasingrate setzt sich aus Zinsen und einem Entgelt für die Überlassung und Nutzung der Leasinggegenstände zusammen. ❑ Beim Financial-Leasing ist der Leasingnehmer vertraglich lange gebunden.

Leasing als Sonderform der Finanzierung

▷ Beim Leasing werden **Güter des Anlagevermögens geleast,** wobei die Leasinggeber Hersteller oder Leasinggesellschaften sein können.

▷ Es können sowohl **Immobilien als auch bewegliche Güter** geleast werden.

▷ Beim **Financial-Leasing** werden langfristige Verträge abgeschlossen, der Leasingnehmer hat nach Ablauf der Vertragsdauer ein Kaufrecht des geleasten Gegenstandes (Maschinen, Betriebs- und Geschäftsausstattung usw.). Leasinggegenstände werden häufig eigens für den Leasingnehmer angefertigt.

▷ Beim **Operating-Leasing** kann der Vertrag jederzeit vom Leasingnehmer gekündigt werden (Fotokopiergeräte, Kfz usw.).

▷ **Hauptvorteil** für den Leasingnehmer ist ein **verringerter Kapitalbedarf,** Hauptnachteil sind die anfallenden Kosten.

1 Geben Sie Beispiele an, welche Gegenstände von der RAND OHG geleast werden könnten!

2 ☞ Die Geschäftsführer einer Büromöbelfabrik überlegen, ob man den Kunden Büromöbel als Leasingobjekte anbieten soll. Sammeln Sie Argumente, mit denen Sie die Kunden der Büromöbelfabrik von der Vorteilhaftigkeit dieser Möglichkeit überzeugen können!

3 Erläutern Sie Operating- und Financial-Leasing!

4 ☞ Die RAND OHG will einen neuen Mittelklasse-Pkw als Geschäftswagen leasen. Besorgen Sie sich bei Autohändlern Leasingangebote für Pkw und vergleichen Sie diese in einer Übersicht miteinander!

1 Den Geschäftsführern der RAND OHG, Frau Rand und Herrn Koch, liegt zum Ende eines Geschäftsjahres folgende Bilanz vor:

Aktiva	Bilanz der RAND OHG, Düsseldorf, zum 31. Dezember ..		Passiva
I. Anlagevermögen		**I. Eigenkapital**	300 000,00
1. Grundstücke	100 000,00	**II. Schulden**	
2. Gebäude	165 000,00	1. Verbindlichkeiten	
3. Fuhrpark	35 000,00	gegenüber Banken	165 000,00
4. Geschäftsausstattung	40 000,00	2. Verbindlichkeiten	
II. Umlaufvermögen		a. LL	50 000,00
1. Waren	105 000,00		
2. Forderungen	35 000,00		
3. Postbank	5 000,00		
4. Bank	30 000,00		
	515 000,00		515 000,00

Der erwirtschaftete Gewinn betrug im abgelaufenen Geschäftsjahr 70 000,00 EUR.

a) Berechnen Sie die Liquidität und beurteilen Sie das Ergebnis im Verhältnis zur durchschnittlichen Liquidität von 15 % in der Branche!

b) Nennen Sie drei Möglichkeiten der kurzfristigen Fremdfinanzierung und erklären Sie diese mit je einem Vor- und Nachteil für die RAND OHG!

c) Erläutern Sie, welche Sicherheiten die RAND OHG grundsätzlich laut der vorliegenden Bilanz für

1. einen kurzfristigen,

2. einen langfristigen Kredit anbieten könnte!

d) Frau Rand und Herr Koch wollen die RAND OHG erweitern. Für die Geschäftserweiterung sind voraussichtlich 150 000,00 EUR erforderlich. Sie beabsichtigen, einen weiteren Gesellschafter in die bestehende Unternehmung aufzunehmen.

1. Nennen Sie drei Vorteile, die die Aufnahme eines Gesellschafters gegenüber der Fremdfinanzierung bietet!

2. Frau Rand und Herr Koch haben sich entschlossen, die RAND OHG in eine KG umzuwandeln, um einen Kommanditisten aufzunehmen. Aufgrund der Einlage des Kommanditisten berechnet Frau Rand einen möglichen neuen Gewinn von 90 000,00 EUR. Dem Kommanditisten (Einlage 150 000,00 EUR) bietet sie einen Gewinn von 4 % der Einlage und eine Verteilung des Restgewinns im Verhältnis von 6:1 an. Führen Sie die Gewinnverteilung bei der Annahme der obigen Bedingungen durch!

2 Die Bilanz des Möbelgroßhändlers Artur Thur & Söhne KG weist zum Jahresende folgende Vermögensposten aus:

Fuhrpark	160 000,00 EUR	Geschäftsausstattung	90 000,00 EUR
Waren	300 000,00 EUR	Kundenforderungen	160 000,00 EUR
Kassenbestand	26 000,00 EUR	Bankguthaben	130 000,00 EUR

a) Beschreiben Sie, in welcher Weise diese Vermögenswerte zur Kreditsicherung herangezogen werden können!

b) Die kurzfristigen Verbindlichkeiten betragen 140 000,00 EUR, die langfristigen Verbindlichkeiten gegenüber Banken 100 000,00 EUR. Für einen zusätzlichen Ausstellungsraum benötigt der Möbelgroßhändler 150 000,00 EUR. Beraten Sie den Möbelgroßhändler dahingehend, welche Kreditform er für die Finanzierung der Investition wählen sollte!

c) In seiner Bank wird die Artur Thur & Söhne KG auf das Leasing von Anlagevermögen hingewiesen. Erläutern Sie Leasing!

3 Der Feinkostgroßhändler C. Kuhne & Co. OHG benötigt für einen erweiterten Kundendienst zwei neue Lieferwagen. Die Anschaffungskosten für beide Fahrzeuge würden 79 800,00 EUR betragen. Der Großhändler steht vor der Frage, ob er die Fahrzeuge leasen oder kaufen soll. Die Leasingkosten liegen 25 % über der Kaufsumme.

a) Beschreiben Sie den Unterschied zwischen Operating- und Financial-Leasing!

b) Geben Sie Gründe dafür an, ob der Großhändler trotz der hohen Leasingkosten die Fahrzeuge leasen sollte!

c) Erläutern Sie weitere Finanzierungsmöglichkeiten für die beiden Lieferwagen!

4 Die RAND OHG stellt bei der Stadtsparkasse Düsseldorf, Postfach 1760, 40213 Düsseldorf einen schriftlichen Antrag zur Bereitstellung eines langfristigen Kredits in Höhe von 140 000,00 EUR. Der Betrieb plant aufgrund steigender Nachfrage eine Erweiterung des Lagers. Schreiben Sie einen Brief unter Berücksichtigung folgender Gesichtspunkte:

a) Wählen Sie eine mögliche Finanzierungsart und schreiben eine Kreditanfrage!

b) Begründen Sie diese mit den betrieblichen Vorgängen!

c) Bieten Sie dem Kreditinstitut eine sinnvolle Kreditsicherung an. Nehmen Sie hierzu die Bilanz der RAND OHG von S. 284 zuhilfe!

5 Elmar Reis und Wolfgang Wendt betreiben gemeinsam den Vertrieb von Sanitärartikeln in der „Reis & Wendt OHG". Beide beschließen, dringend notwendige Investitionen für Umbaumaßnahmen vorzunehmen.

a) Elmar Reis ist der Ansicht, dass das notwendige Kapital von 150 000,00 EUR durch Bankkredite beschafft werden sollte. Erläutern Sie diese Möglichkeiten mit ihren Vor- und Nachteilen!

b) Wolfgang Wendt hingegen setzt sich dafür ein, einen neuen Gesellschafter in die OHG aufzunehmen. Geben Sie für diese Finanzierungsform die Vor- und Nachteile an!

c) Erläutern Sie, wovon es abhängen wird, für welche der beiden Möglichkeiten sich die Gesellschafter entscheiden werden!

6 Vervollständigen Sie unten stehende Satzteile durch die aufgeführten Begriffe zu richtigen Aussagen!

1. Leasing
2. Lombardkredit
3. Sicherungsübereignungskredit
4. Zessionskredit
5. Liefererkredit

a) Bei einem ... tritt der Kreditnehmer Forderungen, die er gegenüber Dritten hat, an den Kreditgeber ab.

b) Bei einem ... verpfändet der Kreditnehmer, z. B. Wertpapiere, an den Kreditgeber.

c) Bei einem ... bleibt der Kreditnehmer im Besitz von Gegenständen, deren Eigentumsrecht an den Kreditgeber zeitweilig übertragen wird.

d) Bei einem ... verkauft der Gläubiger Ware auf Ziel.

e) ... ist die Vermietung oder Verpachtung von Anlagegütern.

7 *Der Inhaber einer Einzelunternehmung bringt privates Vermögen zusätzlich zu seinem bisherigen Eigenkapital ein. Um welche Finanzierung handelt es sich?*

a) Außenfinanzierung　　　　　　　*d) Fremdfinanzierung*

b) Innenfinanzierung　　　　　　　*e) Selbstfinanzierung*

c) Eigenfinanzierung

8 *Bei welcher der nachfolgend beschriebenen Finanzierungen handelt es sich um*

1. Beteiligungsfinanzierung　　　　*3. Selbstfinanzierung*

2. Fremdfinanzierung　　　　　　　*4. Finanzierung aus Abschreibungen?*

a) Das Stammkapital einer GmbH wird erhöht.

b) Die Gesellschafter einer GmbH verwenden den erzielten Gewinn für eine Betriebserweiterung.

c) Der Unternehmer bringt ein privates Fahrzeug in die Unternehmung ein.

d) Eine Unternehmung begleicht eine Verbindlichkeit mit Akzept.

e) Ein neuer Gesellschafter leistet seine Kapitaleinlage.

f) Bei einem Kreditinstitut wird ein Darlehen aufgenommen.

g) Eine Unternehmung kalkuliert den Werteverzehr im Verkaufspreis ein und verwendet ihn bis zur Neuanschaffung für Finanzierungszwecke.

9 *Welche der folgenden Aussagen zur Sicherungsübereignung sind richtig?*

a) Es wird dem Kreditgeber ein dauerndes Eigentumsrecht übertragen.

b) Gerät der Schuldner in Zahlungsverzug, so kann der Gläubiger als Eigentümer die Herausgabe der übereigneten Sachen verlangen und sie verwerten.

c) Neben dem Kreditvertrag wird ein Sicherungsübereignungsvertrag abgeschlossen.

d) Nur entbehrliche Sachen werden übereignet.

e) Die Sicherungsübereignung kann nur in Verbindung mit Grundstücken und Gebäuden zur Kreditsicherung eingesetzt werden.

f) Der Kreditgeber wird Eigentümer, der Kreditnehmer bleibt Besitzer des übereigneten Gegenstandes.

10 *Welche der unten stehenden Aussagen trifft auf „Leasing" zu?*

a) Durch Vertrag erwirbt der Leasingnehmer das Recht, Waren unter Verwendung von Namen, Marke und Verkaufskonzept gegen Entgelt zu verkaufen.

b) Durch Vertrag erwirbt der Leasingnehmer das Recht, Anlagen gegen Entgelt zu nutzen.

c) Durch Vertrag mit einem Kreditinstitut über den Verkauf einer Kundenforderung an das Kreditinstitut erhält der Unternehmer den Rechnungsbetrag vor Fälligkeit der Forderung.

d) Durch Vertrag mit einem Hersteller erwirbt der Unternehmer das Recht, Waren in seinem eigenen Namen für eine bestimmte Zeit für Rechnung des Herstellers zu verkaufen und dafür eine Vergütung zu erhalten.

11 ☞ *Erstellen Sie ein Kurzreferat zum Thema: „Ziele und Arten von Investitionen und deren Finanzierung"!*

12 *Erläutern Sie den Zusammenhang zwischen Finanzierung und Investition!*

13 ☞ *Erstellen Sie eine Übersicht auf einem großen Bogen Papier zu den Finanzierungsarten und hängen Sie diesen in der Klasse aus!*

AktG	Aktiengesetz
ArbZG	Arbeitszeitgesetz
AO	Abgabenordnung
BBiG	Berufsbildungsgesetz
BetrVerfG	Betriebsverfassungsgesetz
BGB	Bürgerliches Gesetzbuch
BundUrlG	Bundesurlaubsgesetz
EStG	Einkommensteuergesetz
GebrMG	Gebrauchsmustergesetz
GeschmMG	Geschmacksmustergesetz
GewO	Gewerbeordnung
GewStG	Gewerbesteuergesetz
GG	Grundgesetz
GmbHG	GmbH-Gesetz
GPSG	Geräte- und Produktsicherheitsgesetz
GWB	Gesetz gegen Wettbewerbsbeschränkungen
HGB	Handelsgesetzbuch
JArbSchG	Jugendarbeitsschutzgesetz
KreislWG	Kreislaufwirtschaftsgesetz
KSchG	Kündigungsschutzgesetz
KStG	Körperschaftsteuergesetz
MarkenG	Markengesetz
MitbestG	Mitbestimmungsgesetz
MuSchG	Mutterschutzgesetz
PAngV	Preisangabenverordnung
PatG	Patentgesetz
ProdHaftG	Gesetz über die Haftung für fehlerhafte Produkte
SchG	Scheckgesetz
SchwbG	Schwerbehindertengesetz
StGB	Strafgesetzbuch
TVG	Tarifvertragsgesetz
UmweltHG	Umwelthaftungsgesetz
UStG	Umsatzsteuergesetz
UWG	Gesetz gegen den unlauteren Wettbewerb
VerpackV	Gesetz über die Vermeidung von Verpackungsabfällen
WG	Wechselgesetz
ZPO	Zivilprozessordnung

Sachwortverzeichnis